日本政党成立史序説

渡辺隆喜

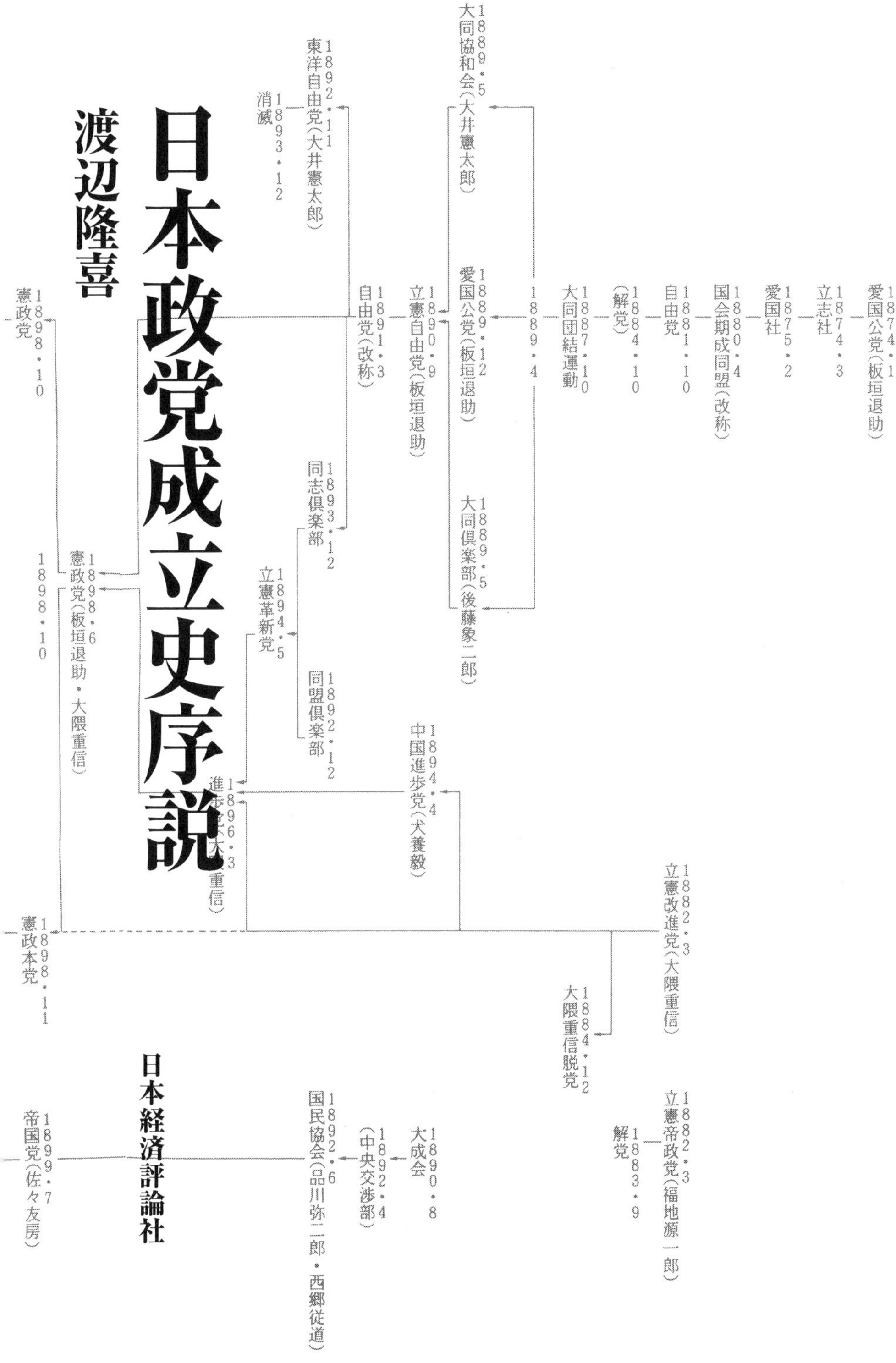
1874・1 愛国公党（板垣退助）
1874・3 立志社
1875・2 愛国社
1880・4 国会期成同盟（改称）
1881・10 自由党
1884・10 （解党）
1887・10 大同団結運動
1889・4
1889・5 大同協和会（大井憲太郎）
1889・12 愛国公党（板垣退助）
1889・5 大同倶楽部（後藤象二郎）
1890・9 立憲自由党（板垣退助）
1891・3 自由党（改称）
1892・11 東洋自由党（大井憲太郎）
1893・12 消滅
1893・12 同志倶楽部
1892・12 同盟倶楽部
1894・5 立憲革新党
1894・4 中国進歩党（犬養毅）
1896・3 進歩党（大隈重信）
1882・3 立憲改進党（大隈重信）
1884・12 大隈重信脱党
1882・3 立憲帝政党（福地源一郎）
1883・9 解党
1890・8 大成会
1892・4 （中央交渉部）
1892・6 国民協会（品川弥二郎・西郷従道）
1899・7 帝国党（佐々友房）
1898・6 憲政党（板垣退助・大隈重信）
1898・10 憲政党
1898・10
1898・11 憲政本党

日本経済評論社

序

日本における「政党」の語は、明治四年、加藤弘之の明治天皇への進講を稿本とした『国法汎論』に起源があるという。ブルンテュリのアルゲマイネ・スターツレヒトに関する一節で、「文明開化ニテハ政治方法ノ議論ニ就テ、衆民ニ数党派分ル。各党是トシ可ト思フ所ヲ主張シテ相競ヒ、以テ遂ニ政令ノ方向ヲ変セシムルノ勢力アリ。之ヲ政論党派ト云フ」とあり、この「政論党派」を縮めて表現したものが政党であるという。（尾佐竹猛『明治政党史点描』六八頁）

尾佐竹は時代の如何にかかわらず政党の存在を指摘しつつも、近代日本の政党の最初を「愛国公党」に求めている。本来の政党は、市民階級の勃興にともなう政治的意見を同じくする人々の組織であり、時の政治権力に対立しながら、その力を強める性格をもっている。近代民主主義の根幹をなす政党は、しかしその国の歴史的事情や制度的伝統、民族的特性を背景として、各々異った背景のもとに成立する。それゆえ政党成立史の研究は、近代国家成立史の特性を明らかにする重要な一環ともなる。

政党政派に関する明治初期の、わが国における論潮の分析は、今回行うことが出来なかったが、いずれにしても政党論は、理念、組織、活動、派閥、機能、財政などさまざまな部分の指摘がなされたであろうことは想像に難くない。形成期の問題に限れば、当時の社会状況を背景にした組織化の過程が、利害調整との関連で重要課題となる。財政が政治と経済との対話とされるように、政党もまた国家と社会との対話とされる所以である。

本書は、近代日本の政党形成期の諸問題を、地域史をふまえ、経済的利害とかかわる組織形成を検討したものである。より正確に言えばそれも明治前期を中心に、地租軽減の自由民権運動の消長に焦点をあて考察している。

尾佐竹憲政史にみられる土佐藩幕末憲政思想から民選議院設立建白書の提出、愛国公党の結成が日本政党史の源流という立場はとっていない。農村および地域の利害のうえに、国家との関連を考察する。つまり明治国家成立史上の政治運動史的特色を、農村的潮流のうえに究明したものである。検討対象は埼玉、栃木、福島の三県に限られているが、全国的動向に留意しながら述べられている。上向的視点からの検討のため、政党成立の基礎過程的考察となっており、地租改正中心の日本資本主義形成問題が前提になっている。

二〇〇七年四月一五日

著　者

日本政党成立史序説　目次

序章　資本主義の形成と農民

1　はじめに

本章は、明治前期における日本資本主義の形成と農民との関連を、財政・勧業政策と農民層の対応として、政策施行過程における農民分解のあり方に留意しながら考察することを課題とする。いうまでもなく、農民層の分解こそは資本・賃労働関係の創出過程、つまり資本の原始的蓄積過程である。日本においては小生産者層の分解に帰結する商品経済が、自主的に資本・賃労働関係をつくり出しえず、権力による政策が、強力的に資本・賃労働関係を生み出す結果となった。

この過程における政策と農民層の実態との関連について、従来の研究は政策史的研究に限られがちであり、実態との関連は必ずしも十分に究明されたとはいいがたい。ここでは従来の政策史的研究の水準を明らかにしながら、農民層との関連に留意し、あわせて政策展開の論理を明らかにすることを主題とする。政策の施行と農民層の分解とは整合的に理解されねばならないであろう。

ところで、農民層分解の問題は、戦後の維新史研究の主要な課題の一つであり、それ自体多くの蓄積をもっている。この研究史的整理は省略するが、今日、この時期の分解論について次の如き特徴的な二つの見解が提起されている。

一つは、当時における経済発展に、自生的な農民層のブルジョア的発展―分解をおしすすめる「変革的コース」＝「下からの道」[1]の存在を認める見解である。この見解はさらに、この農民層のブルジョア的発展―分解をおしとどめ、絶えず小作貧農を生み出しながら、しかもそれ自体、他律的条件のもとで推転を余儀なくされた商人資本＝寄生地主の上からの産業資本への転化の道とが、対抗関係をはらみつつ進行するものと主張する。他は、原蓄過程の特質を前史をなす幕末の歴史過程にみ、商品生産による農民層分解は、結局のところ豪農の前期的高利貸資本的本質を否定しえず、領主＝国家権力に連繫する豪農と、没落より生ずる半プロ＝貧農層を生み出すのみとみる見解[2]である。ブルジョア的分解を基礎におく前者に対し、後者は地主・小作分解を基本とみるのである。開港以来、とりわけ明治政権によっておし進められた国内市場の再編成と小商品生産との関連を如何にみるかが、この問題を解く鍵となろう。ここでは課題の性質上、小商品生産自体からではなく、勧業諸政策と流通の問題より農民層分解の問題に接近することとする。

2　地租改正と農民層

地価算定法

農民層分解の形態を規定する第一の契機は地租改正である。この改正事業の特質は、地価算定法に集約的に表現される。「旧来ノ歳入ヲ減セサルヲ目的」（「地租関係書類彙纂」『明治前期財政経済史料集成』第七巻、明治文献資料刊行会、一九六三年）とする旧租水準の維持・継承という改正上の基本課題は、地価算定法のなかに含まれている。地価算定の検査例は、公布当初、在地に形成された現実の売買見込の価格＝売買地価を算出するために第二則（小作地方式）を「適実」なものとした。しかし、地域的差異を含むこの方式の矛盾に気づいた政府は、最終的に検査例一則

(自作地方式)に統一し、政府の予定地租・地価＝法定地価を押しつけるにいたった。

この売買地価より法定地価への変化の過程で、各地に成立した算定法と検査例との差異を示すと、第1表のようになる。筑摩県では本庁つき村々で平均四二・五%の種肥代が、飯田支庁つき村々では地位等級に応じて三〇%より六五%の種肥代が控除される。神奈川県は現実収穫量より現実生産費のうち後に合法的に控除される一五%を残した部分を最初に控除し、これをその土地の生産高として申告される(x')。この申告収量より一五%の種肥代、地租、村費が控除され、形式的に検査例一則にならっているものの、実際には平均五三%の種肥代が控除されることになっている。浜松県は自作地・小作地の両方式の折衷方式となっており複雑であるが、控除部分を検査例以上に見積っている点に特色がある。

算定法の多様さにもかかわらずめざされていることは一つ、つまり現実生産費の控除である。この在地的現実に、最終的に検査例一則による算定が強制される。その結果、利子率、種肥代ともに統一され、算出される地価は倍増する。したがって高額地租の配賦となり、相対的に低減していた旧租をはるかに超えて封建貢租率に匹敵する(三四%の国家取分)。全国的に調整された新地租は、貢租の相対的低下によって生じはじめていた小商品生産化の方向をと

第1表　地価算定法の実際

	地価　収穫量　種肥代　地租　村費　利子率
筑摩県(本庁つき村々)	$p=\left(x-\frac{42.5}{100}x-\frac{3}{100}p-\frac{p}{100}\right)\frac{100}{6}$
筑摩県(飯田支庁つき村々)	$p=\left(x-\frac{30\sim60}{100}x-\frac{3p}{100}-\frac{p}{100}\right)\frac{100}{7}$
神奈川県	$p=\left\{\overbrace{\left(x-\frac{38}{100}x\right)}^{x'}-\frac{15}{100}x'-\frac{3p}{100}-\frac{p}{100}\right\}\frac{100}{6}$
浜　松　県	$p=\left\{\overbrace{\left(x-\frac{20}{100}x\right)}^{x'}-\frac{15}{100}x'-\frac{19}{100}x'-\frac{3p}{100}-\frac{p}{100}\right\}\frac{100}{4}$
検査例(一則)	$p=\left(x-\frac{15}{100}x-\underbrace{\frac{3p}{100}-\frac{p}{100}}_{34\%}\right)\frac{100}{6}$
	100%　15%　34%　51%

(注)　1)　筑摩県本庁、神奈川県の種肥代は県内平均値と思われるもの。
2)　拙稿「松本地方の地租改正」(『土地制度史学』29号)、同「地租改正の進行と農民の動向」(古島敏雄『明治前期郷土誌研究法』朝倉書店、所収)、同「神奈川県地租改正事業の特色」(『神奈川県史研究』4号、神奈川県、所収)、同「地租改正と遠州民会」(中村雄二郎・木村礎編『村落・報徳・地主制』東洋経済新報社、所収)参照。

ざすこととなる。

改正と農民

地租改正は土地丈量と地価算定＝新地租の確定を内容とする土地・税制の改革である。この改正の全国的結果は、新反別は旧に比較し四八％余の増加、新地租は貢租水準を維持するものとなっている。[3] だが地域的にみると、反別ではとくに山梨、長野、秋田などの諸県が増加し、新地租は埼玉、新潟、小田、群馬、筑摩県に増租率が高い。つまり東海、東山、関東を中心に東北地域が増租となっており、これら地域は養蚕、綿作、茶などの商品生産が畑作中心に展開していた地方である。

ちなみに、関東地方の改正結果を示すと第2表のようになる。地域全体で二四万円余の増租となっているが、この数値は埼玉県を筆頭とする増租県に千葉、茨城県の減租分を相殺したものである。減租県は水田地租の減少によって生じ、増租県は畑租の増加によっている。畑方の地価算定の基本となる収穫量の査定は、当初、水田の二作三作地の一作主義に応じて、「桑・茶・棉・藍・甘蔗・麻・紅花等ノ諸作ハ、姑（しばら）ク物産蕃殖ヲ勧奨スルノ意ヲ以テ（中略）、原租ヲ賦スルナカラント」（「地租改正例規沿革撮要」『史料集成』七巻、明治文献資料刊行会、一九六三年）した。これが一八七五（明治八）年七月以降、水田の二作三作地の「其地味相当ノ穫量」（前同）調査方針への転換に応じて、商品作物栽培地も近傍米麦地の多毛作地の収量と同じに扱われることとなった。この商品作物地での収穫量の上昇はそのまま算出される地租の増額となる。金納制とあいまって、負担の増大は商業・高利貸資本の収奪に二重の意味でさらされることになった。

このように、農民層にとって改正は水田を多く所有する地主に有利（ただし無税地、寛税地を集積していた村方地主は不利）に、畑地、新田などの新開地を相対的に多く所有する中・貧農に不利に作用する。検査例による生産費控除率の低さも、地主以上に劣悪地を所有する中・貧農を不利にする原因であった。くわえて地主層にもしわよせされ

第２表　関東地方の新旧租額比較表

県名		石代相場平均貢租（明治６～８年平均）	新地租	差引増減	合計
茨城	田	1,203,297円	919,627円	－　283,670円	減　78,445円
	畑・宅	182,985	388,210	＋　205,225	
神奈川	田	666,408	465,329	－　201,079	増　45,470
	畑・宅	132,426	378,975	＋　246,549	
栃木	田	686,933	602,960	－　83,973	増　75,094
	畑・宅	125,419	284,486	＋　159,067	
千葉	田	1,557,054	1,155,784	－　401,270	減　294,460
	畑・宅	232,394	339,204	＋　106,810	
群馬	田	607,918	499,465	－　108,453	増　139,192
	畑・宅	150,611	398,256	＋　247,645	
埼玉	田	1,192,777	1,102,196	－　90,581	増　300,238
	畑・宅	203,709	594,528	＋　390,819	
東京	田	239.646	220,911	－　18,735	増　58,756
	畑・宅	42,776	120,267	＋　77,491	
合計	田	6,154,033	4,966,272	－1,187,761	増　245,845
	畑・宅	1,070,320	2,503,926	＋1,433,606	

（注）『明治初年地租改正基礎資料』下巻、有斐閣。

た増租は、小作料の引上げによって小作人に転嫁され、かつ権力により地主層の絶対的権利が認められるにいたった。この改正を契機に、地租を中核とする新租税体系は、さらに新税創出・地方税整備によって国家収奪が強化される結果を生み出している(4)。

地租改正反対運動

地租改正反対闘争は惣百姓一揆の形態をとって、とくに東海・東山地域を中心に展開するが、それらは改正時における地位等級、収穫押しつけを直接的契機として発生した。この過程では筑摩県下伊那地方では運動の指導を立志社系の法律事務所北洲舎に求め、石川県越前七郡でも立志社に指導を求めている。ここに一揆から民権運動への転換の第一歩をみるのである。

この場合、豪農層の在地における指導と一般農民層の同盟を評価し、この惣百姓一揆的闘争を、商人資本＝地主と小作＝半プロとの対抗である世直し一揆的闘争との重層性において把握し、「豪農民権」的闘争と「農民民権」的闘争の萌芽を、この重層構造のなかに探る見解がある(5)。他方、闘争の重層性を否定し、重層構造を示す諸闘争を半プロ層を基軸に理解する立場がある。[6] これらはいずれも農民層分解論にかかわる問題である。前者は地租改正を、「事実上の農民的土地所有」に対するその潰滅の必然性とだきあわせにした私的所有の公認とみるように、この時点でのブルジョア的発展に地主・小作分解の要素が加わった点に重層性の根拠を求めている。後者は開港以降顕著となる豪農層の領主＝国家権力への連繋、地主＝商人資本家への転身を中・貧農層との関連に重点をおいてみており、必然的に世直し一揆を主流とみるのである。

地価算定にともなう収穫量の押しつけ、石代換算の問題は、旧租水準維持の国家要求を完遂するために一律にもたらされたもので、その限り惣百姓一揆的形態の反対闘争を誘発する。にもかかわらず、現実の闘争では民権運動を一揆とはパラレルの場合が多い。所有権強化と小作料引上げを可能とする地主豪農層はともかく、豪農層の合法的政治闘争の基礎には、生産の破滅に瀕した中・貧農層の原動力があったことが重視されねばならない。

3 殖産興業政策の展開

大隈財政の性格

遣欧使節として欧米先進国をまわった大久保利通が帰国すると、殖産興業に熱心な大隈重信を大蔵卿にすえ、自らは殖産政策の所轄庁として内務省を創設し、工部卿の伊藤ともくんで内務、工部、大蔵三省一体の資本主義育成策を推進する。大久保は政府主導の民産奨励、すなわち上からの殖産興業を国家富強の根源とみ、かつての工部省中心の機械的模倣的な西欧化を反省し、民産振興政策を併進させようとしたものであった。[7]

この政治的路線のもとで財政を担当した大隈は、当面の経済的危機の原因を、国内産業の未発達と関税自主権の未確立に求め、現状を輸入超過（正貨流出）→正貨欠乏→金銀騰貴の連環で認識、正貨流出による財政難を、外貨輸入制限と国産振興による直輸出貿易によって外債償却をはかろうとした。
このような大隈財政に関し、かつて「流通中心主義」的財政か、あるいは「商人資本の産業資本への転化の財政」かが論じられた。[8]両者の見解の差異は、われわれの課題との関連でいえば、「輸入防遏（ぼうあつ）」の名のもとに民産奨励がどのように行なわれたか、輸出産業の保護育成の内容如何、これらと関連して商業資本の産業資本への転化が地方的にどのように助成されたか、の評価にかかわっている。[9]これらの政策が在地の市場・流通構造にどのようにかかわり分解を規定したかを、以下それぞれの政策に応じて検討しよう。

輸入防遏政策

輸入防遏の主対象となった綿業は、すでに在来綿業の発展のなかから棉作、紡糸、織布の三工程が分化していた。開港以来、輸入綿製品による在来産業の破壊は、紡糸、棉花部門に顕著であった。棉作部門は輸入防遏政策による外国種棉品種の導入、国内優良棉種の相互試作なども効果ないまま、経営の零細性と過重な地租負担のもとで急速に衰退した。

紡糸部門は明治期には在来の手紡糸により輸入の機械制紡績糸に転換する。この過程で、ガラ紡の発明や織布工程でのジャカード、バッタンの採用により在来紡績業はなお自発的発展の途を維持しえていた。しかし、政府はこの在来紡績業を保護育成せず、特権的豪農商、旧上級士族を担い手とする洋式機械紡績の移植によって、紡糸部門を機械制大工業として確立した。これによりガラ紡、手紡、棉作部門は急速に没落する。綿布部門においても、綿織業の少数の機業地への集中の過程で、多数の後進機業地や手紡生産を潰滅している。開港以降の綿市場の再編成あるいは、明治政府の対応とあいまって、独立小生産の没落と停滞とを商業資本への従属のもとに生み出していった。

直輸出政策

直輸出は「輸入物品ヲ以テ外債償却」（『大久保利通文書』第六巻、一九二八年刊、一九六八年覆刻、東京大学出版

会）することを目的に、国内商人の直輸出商社を奨励し、居留地貿易における外商の優位性をくつがえそうとしたものである。したがって、従来の生産者↓地方荷主↓売込商↓外商の居留地貿易ルートに、新たに生産者↓地方直輸出会社↓貿易商社の貿易ルートを対置したことになる。問題はかかる流通機構の編成替えによって、当時の主要輸出品の生糸、茶とりわけ生糸の、従来の伝統的な農家副業的手工業の狭隘な生産的基盤を変革し、ブルジョア的発展を惹起する条件を生み出しうるか否かである。

最近の研究では、直輸出を推進する区戸長クラスの豪農層の性格は、勧業政策のもとで起業資金をえて、農民層の分解とは無関係に、つまり経営上の内的必然性なしに製糸所を設立してくる寄生的性格の強さが指摘されている。[10] 資本主義的発展の最先端にたつといわれる信州諏訪製糸業の生産者が、直輸出に無関係であったばかりか、売込商体制のもとに金融的にも市場的にも包摂された存在であったことも明らかにされている。売込商体制に対する直輸出体制は、財政的必要から生み出された点で相違しながら、ともにブルジョア的分解の直接的所産ではなく、かえって分解自体を強く規制する性格をもつものであった。直輸出推進の豪農層の性格はさらに検討されねばならないが、勧業資金との関係では次の如き性格ももつのである。

勧業政策

綿業に対する輸入防遏とともに勧業政策の中核となったのは養蚕、製糸、製茶業の改良発展である。そのため勧業資金の貸付けは、一八七三（明治六）年より八一年までに「勧業資本貸」として総額約五三〇〇万円支出されている。その貸付け先と金額の分析は省略するが、[11] その配分から銀行・商社のほか直輸出保護と華族・旧高級官僚・特権的政商の保護に重点がおかれていることが判明する。民間への資金貸付けはわずか八〇万円にしかすぎない。それも、七八年募集の起業公債中、民間貸付けにまわされた三〇〇万円と同様に士族授産事業の助成金的性格をもつのである。貸付け対象は養蚕・製糸・織物・牧畜などを営む旧士族層のほかに、地方の特権的な大地主・商人資本であるところ

から、勧業資本貸の特権的・流通資本的性格も指摘されている。(12)

だが、現実には勧業資本金貸与の対象は、一般的な区戸長クラスの豪農にまで達し、流通中心主義的な財政運用だけではないかにみえる。問題はその内容である。たとえば、埼玉県では地租改正の前提としての安石代・定石代の改正にともなう「申増」（明治五壬申年増租）と称する畑方増租分の二〇％が勧業資本金に充当され、器械製糸場、狭山製茶会社、生産会社などに内務省の許可をえて貸与されている。この方法は群馬県、山梨県でも同様であり、民間貸付金八〇万円のほとんどは、増租の直接的な割戻し的性格をもつものと思われる。これら政府の勧業資本金のほか、各府県において勧業資本の創出、貸付けが行なわれたが、それらは埼玉県の民務準備金、小菅県より埼玉、東京、千葉県に移管された報恩社仕法金、浜松県の資産金貸付所、筑摩県の開産社の如く、小前層より凶歳救恤（きゅうじゅつ）を目的に集積した積立金を勧業資本金に転用し、県庁主導ないし県庁の意をうけた区戸長層によって運用され、彼らと同じ基盤にたつ豪農層に貸与されている。一般農民層への営業資金貸与は量的にも少なく、貧窮農民層への救恤授産資金としての貸与はつけたりでしかなかった。

府県レベルでの在来産業の改良育成は、資金的にも意図されながら、その資金創出は直接的増租分の還元か救恤積金の転用であり、その運用も地域的特権をもつ豪農層に委ねられていた。製糸・製茶会社の経営がやがて破綻するように、豪農層の勧業資金借入れ経営も、経営の内的発展というよりは前貸資金として機能する場合が多い。大隈財政のもとでの商業資本の産業資本への転化も、多分に寄生的性格を色濃くもって行なわれるのである。

4　松方財政と農民層

松方財政の性格

官業払下げから農商務省の成立を経て、一四年政変にはじまる松方財政の性格については、その前提をなす大隈財政との関連で種々論議されている。すでに述べた如き大隈財政の流通主義的財政に対し、松方財政の産業資本的財政とみる財政上の比較から、古くは民間産業の勃興による極端な干渉主義から自由放任主義へ、または模倣官営から民営保護へ、資本配分の総花的から重点的へという転換説[13]、新しくは経費削減という財政的必要から生じた勧業費削減や配分変更説[14]、または産業・階級編成にかかわる政策転換、すなわち大隈財政期の豪農層を政策基盤・対象とした在来産業の保護育成策の放棄説[15]などが提起されている。このような政策転換の理解に関する資本創出機能の性格や産業・階級構成など全機能的理解への変化は、農民層とのかかわりからは当然に留意されねばならないであろう。

ところで、松方財政の特徴的な政策は、①海外荷為替制度による正貨貯蓄、②紙幣整理と正貨兌換制度の整備、③日本銀行の設立による近代的通貨・信用体制の整備、③軍備拡張のための軍事費の増大などである。われわれの主題に関連する①、②を問題とすれば次のようになる。松方の財政・通貨危機に対する認識は、

紙幣下落↑正貨欠乏↑正貨流出↑貿易収支の逆調↑物産未繁殖↑金融梗塞↑貨幣信用制度の未確立[16]

となる。危機の原因を紙幣下落、正貨欠乏に求め、その対策として正貨蓄積と紙幣整理が課題となった。正貨蓄積に関しては、制度的には大隈財政の時期にみられた直輸出による海外荷為替制度を踏襲したが、その精神は大隈的殖産路線の否定のうえに展開されている。すなわち、生産地から横浜までの内地荷為替を全廃し、生産者や在方荷主への金融を絶ち、外国商人に対する荷為替取組みのみを残すことによって、生産地豪農商に政策基盤を求めた大隈財政期

の方式から、事実上の居留地貿易＝売込商体制の方式に移行する。つまり、巨大売込商と外商との妥協による国内市場の支配の確立という先進国への従属化の資本主義路線を確定し、大資本優先の近代的通貨信用制度を創出するのである。このもとでの輸出入の動向は、伝統的な棉、菜種、甘蔗生産を崩壊させ、輸出産業としての製糸業、製茶業においても、売込商体制に包摂されるもとでの経営的発展と没落という在来産業編成の全面的転換をもたらした。

紙幣整理と農民

松方財政の特質の他の一つは、紙幣償却のための歳入剰余金の捻出にあった。そのための方策を、一方では歳出の緊縮・抑制に、他方では増税に求めている。この一般経費の緊縮は、軍事費の増大と並行するという矛盾を含みながら、他の諸経費の別途会計への移譲と地方財政への転嫁によってもたらされたから、農民層にとっては酒税、たばこ税などの消費税の強化による増税に加えて二重の苛酷さとなった。

このような増税は、必然的に農民経済に決定的な影響をおよぼした。この紙幣整理期における農産物に対する諸税の徴収率を、水田の場合でみると、一般の農民経営は地方税の収奪強化によって領主的収奪に匹敵するほどの国家収奪に直面する。ことに一八八四（明治一七）年度の国家取分は最高の三四％に達し、封建的収奪以上となっている。(17)このため自営小農のみでなく、中小地主をふくむ全階層的な没落現象が起こったが、他方では増税にもとづく耕地価格の低落が、急速な地主的土地集中をもたらした。一八七三年の推定小作地率二七・四％は、八三、八四年には三五・九％に達し、八七年には三九・五％と拡大するのである。紙幣整理こそ、明治期を通じて地主的土地所有のもっとも急激に拡大した時期であった。

勧業政策の転換

大隈財政より松方財政への政策転換に関する前述の如き理解は、また農商務省中心の勧業政策の展開過程についても関連する。松方財政の勧業政策は、財行政整理の要請による殖産事業縮小の結果として、かつての殖産興業にかかわる新たな保護政策の出現しない「一種の政策喪失の状況[18]」ともいわれる。だが、後述の如くこの時期もまた民権陣営から政府の保護・干渉政策への批判が展開されたように、勧業政策は存在したとみるべきである。それは直接的な模範勧奨や保護干渉主義を撤回した「間接誘導方針[19]」のなかにである。逆説的にいえば、財行政整理のための財政削減は、逆に整理に対応する財行政の新たな基盤創出をめぐって、間接保護のなかにその政策意図を鋭く表現することになろう。たとえ政策的な試行錯誤がくりかえされるとはいえ、自治制のもとで政権に連繋する寄生地主=商人資本家の保護を意図する。紙幣整理がこれを助長していたのである。

この点、当時の農商務省の省務の実質的推進者である前田正名の主導した『興業意見』の作成過程の特色とも関連する。最近の研究では、『興業意見』の定本は「前田本来の構想の残骸[20]」で、本来的構想はその未定稿に含められた豪農層の主観的願望を政策体系にまで高め、豪農を政策基盤に把握しようとしたものであることが明らかにされている。その本来的構想は、直輸出と興業銀行構想を二大支柱として、在来産業と小生産者保護の立場を、生産と流通に対する保護と統制として体系化したものである。この未定稿より定本となる過程で、財政的裏づけをともなう直輸出と興業銀行構想が、軍拡財政推進の大蔵省により否定されることをもって、直ちに豪農層を政策基盤から除外するものとはいえないのである。

『興業意見』の成立、すなわち本来的構想の二大支柱の削除は、直輸出を通じ自生的発展を志向する豪農層を、上からの資本主義化と対抗するものとしてではなく、その資本主義化を推進するための、「売り込み問屋への政策的金融の結果として、いわば吸引=誘発されたところの『発展[21]』」に編成替えする契機をなす。そのことにより、かえって前田の志向した豪農層を中心とする小農保護・統制の立場は、『興業意見』起草の一方の立場すなわち実学的・生産主義的立場が、編成替えのもとでの「発展」への「豪農地主・小ブルジョア層を体制の側へ『下から』組織化し吸収[22]」する産業主義を生み出すことになる。また、他方では豪農層の地主的転回への反政党的・天皇主義的思想による技術改良的な勧業政策として、主観的にも客観的にも登場することを可能としたのであった。政策転換とは、同じく豪農基盤を認めながらも、その性格転換の強制を通じて行なわれる。

勧農政策と豪農層

大隈財政期の在来産業の保護育成は、輸出産業の改良発展に重点がおかれながら、蚕糸業や日本農業の根幹をなす稲作とは無関係な英米農法が直輸入された結果、在来農法と遊離する結果となった。

この遊離を克服する試みは、英米農法よりドイツ農法への変更、熊谷県への老農船津伝次平の起用、民間に開かれていた農事改良に関する諸会の活用を通じて努力されている。すでに内務省勧農局では、一八七九（明治一二）年、老農を会し農業会議・農区会議を起こすことを意図し、豪農的指導力を体制側にひきよせ系統化することを目的としたが、農商務省の成立はこの点をよりいっそうおしすすめる。農商務省の成立のころから顕著となった小農主義による在来農法の改良路線は、地主的豪農層の直接的官僚統制をはかる一方、民間団体の組織化を通じてその意図を貫徹しようとする。八一年、全国各地の農談会を組織化した大日本農会は、一応民間団体でありながら、勧農政策の民間への伝達機関となっている。このことが、民権派から「政党に走るを防ぐの一手段」（『農業雑誌』三二二号、一八八八年）とする批判を生みだしている。また、その勧業政策に対しても、「政府と官吏との関係を保ち、随分、其保護干渉を蒙」（『絵入東海新聞』一八八七年一〇月二三日社説、以下同じ）り、「培養農理」にのみ拘泥する勧業熱心家に対する国事熱心家よりする「芋茹子相談方（法）」の勧業たる批判ともなる。これら農会・農談会は、農業改良面における農民に対する地主的指導の集会・団体としての性格をもち、農談会指導者は国粋的な国家主義者の線につらなる「反政治（反民党）的実業家——農業党（農本主義者）」[23]であり、その指導下の集会は、中央・地方官庁の勧農行政・農家支配の末端を形成する。

民間団体の右の如き利用のほか、政府は各府県に勧業諮問会ならびに勧業委員会制度を整備し、勧業政策推進の末端機構を創出する。あわせて同業組合準則を定め、自主的な組合仲間による規則という形をとりながら、実質的には資金上の独占を背景として、地方官憲の指導のもとに商人資本の直接生産者支配の機構を拡大するのである。地主的豪農層を自由民権運動より切り離し、堅実な実業ないし農事に専心せしめようとする勧農政策は、結果的に、既存の生産関係の枠内での零細経営を、伝統的集団秩序のうちに効果的に維持・温存することとなる。地主的豪農を基盤とする老農主義は、容易に農本主義に転化するのである。

財政批判と豪農層

最後に、松方財政のもとでの勧業政策（勧農政策）に、早くから系列化する反政党的な地主的豪農に対し、自由・改進両党に結集していた豪農層の立場を、財政問題との関連でみておこう。

大隈財政期における経済危機の原因を、不換紙幣の増発に求める民権派は、紙幣増発の責任を政府に追及し、人民からの租税の増徴によってではなく、政府自らの歳出の節約によって財政整理をすべきことを主張する。そのうえで自生的発展をとげるため、政府の勧業保護・干渉政策を批判した。自由党系の経済学者田口卯吉は、〈国内物産の未繁殖→輸出入不平均→金貨流出→金貨欠乏→金貨騰貴→紙幣下落〉とする見方に反論し、〈紙幣増発→紙幣下落・物価騰貴→輸出入不平均→金貨流出〉という論理で「都市小ブルジョア」[24]の立場を代弁し、兌換制度の樹立、紙幣鎖却の方策を提起した。その紙幣鎖却の方法は、自由党に近い嚶鳴社系より、租税増徴・軍備拡張に必ずしも反対しない三田派まで包含し、政商資本家から俸給生活者までを含む農村・都市小ブルジョアの立場を代弁した。

だが、自生的発展の立場より一貫して政府批判を展開したのは、自由党系の経済論というよりは改進党左派の嚶鳴社系の人々（＝東京横浜毎日新聞）である。彼らこそ外資導入論に反対し、保護貿易による綿業・製糸業の育成を、地租軽減＝民力休養にもとづく余財の集積による生産資本の創出、工場設立との関連で主張し、「自興自殖」の豪農層主体の資本主義構想を説いている[25]。この立場から松方財政期の軍備拡張財政と、それによってもたらされた増税を鋭く批判する。しかし、豪農層の自生的発展を代弁したとはいえ、早くから商工立国的立場を明らかにしており、農業自体はその基盤として民力休養の対象とはなるものの、土地所有関係の改変までは意図されてはいない。別の立場から農業におけるブルジョア的発展の主張[26]——地主・小作関係の改善を前提とする機械使用による労働生産力の増大、移住、転職などを骨子とする——もみられたが、松方デフレ期の推移のなかで、拡大しつつある地主的土地所有の現実によって容易にその観念性を暴露する。こうして、豪農層は編成替えのもとでの産業活動と地主制への移行を通じて、地主的豪農層主導の勧農施策に吸収される性格をもつにいたった。

5　むすび

資本主義国家形成のための主要財源を確保するべく実施された地租改正は、在地の実態を無視した地価算定により、農民層の経営的発展をおしとどめるにいたった。結果的には水田に減租、畑地・新田に増租となることによって、元来水田中心に展開していた地主制に有利に、畑地中心に展開していた商品生産に不利に作用したからである。この不利性を脱けるため、多様な所有地目構成に応じて増租となった豪農層を先頭に、地租軽減の合法闘争が、中・貧農層の世直し的闘争を基礎に重層的に展開する。

このような農民層への地主・小作分解の強制によって得られた地租をはじめとする国家財源の配分は、行政費、国債費、軍備費など資本主義国家形成の基盤整備に充当されたが、行政費に占める殖産興業費の割合は、当時の民産奨励のスローガンにみられるほど多くはない。とりわけ、殖産興業費のなかでも特権大商業資本・旧士族層をのぞく、地方豪農層を対象とする融資はごくわずかにすぎなかった。したがって、資金的にも無視された農民層の経営発展の志向は、殖産興業政策全般においても国家優先策に従属される結果となる。

綿業の新器械の発明による自生的発展への志向も、所詮は大商業資本中心の洋式機械制紡績業にとってかわられ、数百万にのぼる綿関係生産者の没落と、継続せる生産者の問屋制生産への従属を必然化させた。製糸業における工場設立や国内流通機構の変化も、横浜中心の特権的流通機構のもとでの経営的発展に編成替えされる。これらの過程にみられる勧業資本の撒布と地域的な勧業資本の創出も、結果的には豪農層の前貸的性格を補充するものとなる。松方財政は軍拡財政と特権商業資本中心の資本主義体制を確立することによって、大隈財政の意図を継承しかつ拡大強化し、農民層の地主・小作分解を決定的なものとした。財政的締めつけと直接的な勧業補助のとり消し、その勧業上の直接・間接的な官僚統制とによって、来たるべき新自治制の構造的体質を整備したのである。

(1) 大石嘉一郎『日本地方財行政史序説』(御茶の水書房、一九六一年)
(2) 佐々木潤之介『幕末社会論』(塙書房、一九六九年)
(3) 福島正夫『地租改正の研究』(増訂版、有斐閣、一九七〇年)四四六頁以下
(4) 丹羽邦男「地租改正と農業機構の変化」(楫西光速編『日本経済史大系』5〈近代上〉東京大学出版会、一九六五年)
(5) 大石嘉一郎「明治維新と階級闘争」(『歴史学研究』三三九号、一九六八年)
(6) 佐々木潤之介「〈豪農〉論について」(『一橋論叢』六四巻五号、一九七〇年)
(7) 石塚裕道『日本資本主義成立史研究』(吉川弘文館、一九七三年)
(8) 大江志乃夫「明治維新史についての若干の試論」(『歴史学研究』二三五号、一九五九年)
(9) 大石嘉一郎「維新政権と大隈財政」(『歴史学研究』二四〇号、一九六〇年)
(10) 海野福寿「貿易史上における一八八〇年代」(『歴史学研究』二五三号、一九六一年)、同「直輸出の展開」(『横浜市史』第二編第三章)
(11) 高橋誠『明治財政史研究』(青木書店、一九六四年)五一頁

(12)　大江志乃夫『日本の産業革命』（岩波書店、一九八六年）四七頁
(13)　歴史学研究会編『明治維新史研究講座』第六巻（平凡社、一九五九年）
(14)　石塚、前掲書、一四九頁
(15)　海野福寿「松方財政と地主制の形成」（岩波講座『日本歴史』15〈近代2〉一九七六年）
(16)　大石嘉一郎「松方財政と自由民権家の財政論」（『商学論集』三〇巻二号、一九六二年）
(17)　丹羽、前掲論文、二七二頁
(18)　永井秀夫「殖産興業政策論」（『北大文学部紀要』一〇号、一九六一年）
(19)　石塚、前掲書、一一八頁
(20)　有泉貞夫「『興業意見』の成立」（『史学雑誌』七八編一〇号、一九六九年）
(21)　石井寛治『日本蚕糸業史分析』（東京大学出版会、一九七二年）四四七頁
(22)　長幸男「ナショナリズムと『産業』運動」（長幸男・住谷一彦編『近代日本経済思想史』I、有斐閣、一九六九年）
(23)　小倉武一「明治前期農政の動向と農会の成立」『日本農業発達史』第三巻（中央公論社、一九五四年）二七七頁
(24)　大石、前掲論文「松方財政と自由民権家の財政論」
(25)　海野福寿・渡辺隆喜「明治国家と地方自治」（中村政則編『大系日本国家史』4〈近代I〉東京大学出版会、一九七五年）
(26)　伝田功『近代日本経済思想史の研究』（未来社、一九六二年）一八七頁以下

第1章　民権結社の成立と地方民会論

1　はじめに

大衆社会成立時の大正デモクラシー期に、普通選挙制と陪審制を主張し、地方政治の成長を通じて明治維新史または日本近代史を説明しようとした尾佐竹猛[1]は、その主著『日本憲政史論集』（昭和一二年九月刊）において、次のように述べている。

明治維新の本質とは、封建制の解体と立憲制の形成である。上級武士に対する下級武士の反発が、政権移動を起し、やがて一般民衆の政権要求が政党運動として続発する。藩閥打破の自由民権運動、つまり政党運動は「幕末の勤王運動へ継続[2]」したとみる。公議輿論は直に一般民衆のものとなったのではなく、列藩会議論が上下両院論とかかわって、大名の貴族院と一般民衆の衆議院とに区別する考えが維新期に成立し、フランス革命と異った明治維新は、外来思想の導入をつうじて開化したという。維新変革の性格から、土佐藩を中心とする議会論の輸入が、封建議会、官僚議会をつうじ立憲議会が成立する、としており、立憲議会の形成の基礎は、明治五、六年から起る地方民会であり、これが明治八年四月の立憲政体樹立の詔勅に帰結すると説いている。この間、憲法においては伊藤博文一派の手柄ではなく、国家の根本法としての憲法論と、国民参政権を基礎とする憲法論が、国政の相談場に過ぎないとする議会論と、民主参政権を要件とする議会論とが、二大潮流として対立的に存在したことが指摘されている。

当時の尾佐竹の研究段階では、外来思想の上下両院論が、国内に浸透する過程として説かれ、一方では自由民権運動と政党運動の、内在的動向との関連が明確ではなかったが、戦後に至って、この観点は大きく前進することになった。すでに前述の尾佐竹の指摘のなかにあった、参政権を主とする憲法思想および民衆の政治的成長の視点は、戦後に主流となる、この点を巧みに表現したのが服部之総である。彼は維新変革とその後の状況について、次のように述べている。

「自由民権運動の第一頁を、板垣らの『民撰議院設立建白書』（明治七年一月）から記述するのは、この建白をもって単なる『上流民権論』とかたずけさるのと同様に不当である。『建白書』の提出は、その前提として二つの動きをもっていた。一つは廃藩置県以後、先駆的な各府県で形成され始めた『地方民会』における、素朴な民主主義政治への動向であり、この転換期を表象する全国的な農民反抗の、解職された封建家臣団の、やり場のない不平不満が、しおさいのごとく、その背景にどよめいていた。[3]」

以上の表現のなかにみられる当時の重層的動向は、板垣的な士族民権コースに対し、豪農民権的な地方民会コースが、農民民権的な世直しコースと、士族反乱の士族反対派コースとともに四重の構造として、成立しつつある大久保政権に、対抗していたことを明らかにしているのである。当時の歴史は五重の構造の、相互関係として説かれねばならないとするわけで、ここでは尾佐竹的先進西欧思想の浸透史観にかえて、幕末以来の世直し的状況のうえに、資本主義化を推進する豪農層中心の政治運動として定置されているのである。

しかし、この視点も指摘のみで、具体的に検証されたわけではない。筆者はかつて地租改正事業とかかわる農民的土地所有確立に向けての動きとして、地方民会の形成とその実態を分析したことがある。[4]これは上記視点を充分にふまえたものであった。しかし、ここでは地方民会の実態分析に重点をおいたため、民会形成の背景としての民権結社と民会論の性格の検討を度外視してきた。本章は尾佐竹の提起を、更に一歩前進させるため、地方民会の思想的政治的背景について検討することを目的とする。

2　尾佐竹憲政史の特色

服部之総が指摘する民選議院設立建白書の前提としての二つの動きとは、地方民会の動きと、それを生み出す農民の反抗、すなわち世直し状況の動きであった。開明的地方官の開明性ゆえの西欧的地方会議の形成としての地方民会は、本来は府藩県三治時代においても、地方会議の創出として各府県で努力されていた。もちろん、最初は村役人改革と重って大小惣代会議として始ったが、もとをたどれば、江戸時代の寄場組合や統治上の、各藩、天領内の代官支配域村々の会合上に成立してきたと思われる。大庄屋や大小惣代の会議慣行が、そのまま維新期に移動したか否かは、各地の戊辰戦争前後の世直し状況と関連する。会議構成者は、系譜的に特権惣代役人層の横すべりが見られるが、多くは世直し状況の洗礼をうけ、維新期の革新的議員として登場する。

時代的制約から公選要求の地域的動向をふまえながらも、官選議会として諮問会化する傾向にあったが、明治国家の登場にともない、地域開化の先頭で発言を強める存在であった。服部が指摘する二つの前提的動向は、わかち難く結びついて進行しており、尾佐竹の指摘する開明的地方官の開明性ゆえの、上からの議会的要請に下から実態を与えるものとなっていた。

尾佐竹は前掲書の第四章において、「藩議院と地方民会」を論じている。著書全体三八五頁のうち二八二頁を占める。全体の八割弱がこのテーマである。尾佐竹憲政史のなかでこのテーマの占める大きさがわかろう。

明治元年一〇月二八日の藩治職制において、「大ニ議事ノ制ヲ立ラルベキニ付キ、藩々ニ於テモ各其制ヲ立ツヘシ」

とされたことに応じたもので、封建議会ともいうべき中央の公議所、集議院に対応して、各藩で開設された藩議院の議事規則を分析する。そして、その根拠が五箇条の御誓文にあるもの（大垣、加賀、高槻、津山藩）、藩治職制の命によるもの（長島、高松、大垣藩）、中央政府の施設を模倣したもの（多数の諸藩）、漠然と言路洞開を主張したもの（丹南、中村藩等）、漢学者流の輿論説に拠るもの（館林藩）、英米流の議会思想の採用（高知、吉田、浅尾藩）などの類型にわけ、これらは規則編成上の相違であって、実態の相違ではないとする。藩庁役人の議員を主とする藩議院に、農民代表を加えたもの（浅尾、大垣、明石、郡上、吉田の各藩）があったが、「民衆の参政権の思想などは勿論発達して居らなかつた」[5]としている。この明治元年から四年までの府県会については、何の指摘もない。

明治五年以降の府県会、つまり地方民会については明治五年八月の愛知県議事条例のほか、四七県の県会議事規則を史料として掲げている。藩議院と比較し、「際立って進歩的」[6]であるこの地方民会は、欧米文化の流入により西洋議院の制に倣ったものが多いとする。これまた形式的な規則分析が主で、実態分析が行なわれているわけではない。自由民権運動の前史として地方民会を見ながら、その民権運動への参入の仕方が問われていないのである。

尾佐竹著『明治政治史点描』が出版されたのは昭和一三年二月である。『日本憲政史論集』の「姉妹編」[7]であるという。この第六章で、「政党の発生」を検討している。文久二年、第二回目の洋行として竹内下野守一行の随員となった福沢諭吉が、「党派には保守党と自由党と、徒党のやうな者があって、双方負けず劣らず鎬を削って争ふて居ると云ふ。何の事だ。太平無事の天下に、政治上の喧嘩をして居るといふ。サア分らない。コリャ大変なことだ」[8]といった現状認識であったから、政党論は「市民層、民衆が政治的無能力者としてこれに没交渉」[9]であったゆえ、誕生しなかったと述べている。五ヶ条誓文でも徒党強訴が禁止されたので、為政者はその後も政党無用の立場にあった。

日本における最初の政党の用語は、明治四年刊の加藤弘之訳『国法汎論』にある。「文明開化国ニテハ、政治方法ノ議論ニ就テ、衆民ハ数党派分レ（中略）、之ヲ政論党派ト云フ」[10]とされる政論党派が政党になったと予測する。日本においてこの政党は、明治一四年から組織されるが、その前提にすでに政党への萌芽があったとする。彼の言葉によれば、「固より初期の政党にも農民の加はったものが多かった。政党に地方的根拠の生じたのは、この農民党であるが、それも今日の意味の農民運動でもなければ民衆運動でもなく、また今日の地主党といふよりも軽き意味であった。その所謂農民といっても地主の門閥家で（中略）、これがその下に経済的に隷属せしめ居る小作人等を頤使して、これを数とし、農民の名に於て政権の分け前を要求[11]」したという。「初期の政党運動なるものは、維新勤王運動の継続」で、担当者は準士族階級であったと述べている。農民を問題にしている点に新しさがみられるが、門閥的地主層や準士族が担い手とする点に限界があり、しかも勤王運動の継続性を主張しているので、倒幕運動を起した草莽層を対象にしているのであろう。

この視点は、板垣退助や後藤象二郎らの「民撰議院設立建白書」の見解に近い。建白書の立場に立つ愛国公党の人々は、「今夫れ斯議院を立るも、亦遽かに人民其名代人を揮ぶの権利を一般にせんと云ふに非ず。士族及び豪家の農商等をして独り姑く、此の権利を保有し得せしめん而已[12]」と主張するが、続いて「是の士族農商等は、即ち前日彼の首唱の義士、維新の功臣を出せし者[13]」としている。草莽志士を輩出した「豪家の農商」のみを、有権者とするものであったから、尾佐竹政党論もこの考えの延長上に構築されていることがわかる。これは戦前における革新派の政党論であったが、戦後に至ってこれは板垣的自由党史理解として否定されることになる。

戦後は土佐藩中心の士族的自由民権運動に対し、在村的潮流とされる全国各地の農村内部からの運動と理解されるようになった。このような理解は、地方民会路線とか県議路線とし、各県の議会体験が国会開設運動の底流と理解されたものの、実証の不充分さは否めなかった。この過程につき、地租改正による農民的土地所有化への動向が地租軽減論を生み、一方では民間営業の活発化の要求が、財力の地方分散と地方産業の育成というブルジョア的要求となったことを私は明らかにしたつもりである。しかし、そこでは政党の前提としての政社、つまり自由民権結社の検討や地方民会論については何ら触れるところがなかった。それゆえ政社、政党の動向を、地方民会論とのかかわりで検討するのが本章の課題である。

この点を検討する前に、従来の見解である土佐民権運動と政党との関係を要約しておこう。尾佐竹は前記「政党の発生」のなかで、「政党の萌芽」として愛国公党から書き始める。明治六年一〇月、征韓論争に敗れ下野した板垣、後藤らは、民選議院設立の建白を目的に、京橋区銀座三丁目に「幸福安全社」という倶楽部を開設した。建白の過程で集った同志をもって、明治七年一月一二日に「愛国公党」を組織する。その趣意書で「天ノ斯民ヲ主スルヤ、必ス之ニ付スルニ通義権理ヲ以テス、斯通義権理ナル者ハ、天ノ均ク以テ人民ニ賦スル所ノ者ニシテ、人力ノ以テ之ヲ移奪スルヲ得サル者ナリ」(14)という天賦人権論を主張する民権的政治組織であった。この結社が「いつとはなく解消」(15)した後に登場するのが立志社である。

明治七年四月、板垣は片岡健吉、林有造らと帰郷し、政社を組織し立志社と名づけ、別に学舎、商局、法律研究所を開き、公会堂において討論演説会を開き、自由民権論を鼓吹した。社長片岡、副社長福岡精馬である。立志社の趣意書は愛国公党に重なり、愛国公党の地方版であったが、これに呼応したのが阿波の自助社であり、明治九年の埼玉県の進修会であったという。

前に愛国公党を組織した人々は、明治八年二月、大阪において「愛国社」を組織する。その後、大阪会議により板垣入閣がきまって、自然立消えとなった愛国社が、再興されるのは明治一一年四月である。全国各社の連絡機関としての愛国社に、集り来るもの数十名、立志社惣代西山志澄が中心となり、愛国社再興合議書をきめている。明治一二年三月、第二回大会を大阪に開き、集った地方有志者は八〇余名、一七県二一社の代表が参加した。尾佐竹の説く政社政党成立史は、以上のように愛国公党—立志社—愛国社と推移する土佐民権派中心の、愛国社的潮流を主とみている点に特色があった。これは前述したごとく、板垣的自由党史的士族民権路線つまり上流の民権説として、戦後は批判されることになった。戦後は愛国社的潮流に対し非愛国社的潮流の地方的動向が明らかにされることになったからである。非愛国社的潮流はまた在村的潮流とも云われ、下流の民権説として地域的実態の解明が進んでいる。しかしそれ自体も、今後一層深化されねばならないのである。

3　民権結社の生成

現在、判明している民権結社の生成過程を、図表化すれば第1表のようになる。明治六年頃から結社が組織されはじめ、明治一四、五年がピークになる。第1表では表示していないが、明治一三、四、五年には全国的に結社化が進み、国会開設請願運動や憲法草案起草の動き、および自由・改進党結党に向けての演説活動が、この時期、全国的に展開する。

第1表　民権結社の年次別成立状況

明治六年　講義社（埼玉県）、海南義社（高知県）、求我社（岩手県）

明治七年　立志社（高知県）、同心社（愛媛県）、共憂社（大分県）、自助社（名東県）、集義社（愛媛県）、耕耘社（小田県）、蛙鳴社（小田県）、地方民会（福島県）、中立協和社（筑摩県）

明治八年　阿波自助社（名東県）、通志社（東京府）、自明社（佐賀県）、七名社（埼玉県）、協同会（浜松県）、天橋義社（兵庫県）、忠告社（石川県）、石陽社（福島県）、中津公会（大分県）、開進会（佐賀県）、民会（大分県）、愛国社（東京府）、山陽社（広島県）

明治九年　解疑社（福井県）、錦川社（山口県）、桐蔭社（長野県）、進修会（埼玉県）、共同会（埼玉県）、自治

社（愛媛県）、蟻封社（筑摩県）、明八会（福島県）、有志社（山形県）、鳴時社（山形県）、蟄竜社（宮城県）

明治一〇年　精義社（埼玉県）、嚶鳴社（群馬県）、三師社（福島県）、公共社（愛媛県）、北辰社（福島県）、天民社（愛媛県）、自興社（愛媛県）、保権社（愛媛県）、共同社（愛媛県）、興風社（福島県）、明十社（新潟県）、尽性社（山形県）、盤鴻社（長野県）、開墾社（福岡県）、成美社（福岡県）、亦一社（大分県）、協同社（群馬県）、有信社（群馬県）

明治一一年　精義社（石川県）、実学社（和歌山県）、演説会社（京都府）、共之社（岡山県）、実行社（岡山県）、自衛社（岡山県）、立志社（香川県）、相愛社（熊本県）、観光社（熊本県）、共立社（大分県）、覆立社（愛知県）、交誼社（大阪府）、同倫社（茨城県）、絹水社（茨城県）、共同会（青森県）、鶴鳴社（宮城県）、有為社（長野県）、向陽社（福岡県）、通見社（埼玉県）

明治一二年　参同社（静岡県）、巳卯社（静岡県）、以文会（千葉県）、交親社（愛知県）、自治社（兵庫県）、尚志社（島根県）、笠津社（島根県）、自郷社（福井県）、薫風社（茨城県）、東洋回天社（青森県）、益友社（青森県）、博愛社（青森県）、合同社、一心社、北斗社、伸権社（青森県）、協同社（岩手県）、喈々社（宮城県）、時習社、断金社（宮城県）、嚶鳴社（神奈川県）、民政社（大阪府）、就光社（兵庫県）、開進社、大壮社、有信社、立誠社（岩手県）、草荷社（大阪府）、演説社（大阪府）、義奮社（福井県）、耕腸社（石川県）、如水社（埼玉県）、有信社（徳島県）、履信社、浩然社、義烈社、渭北同盟、南溟社、秋栄社（徳島県）、共愛会（福岡県）、画一社（大分県）、正徒社（太田県）、自存社（秋田県）、共立社（鳥取県）、扶桑社（静岡県）、静陵社（静岡県）、豆南社（静岡県）、北溟社（秋田県）

戦後、この時期（一四、五年）の研究がもっとも進んでいる。全国的総結社数は一万社を下らないと思われるが、第１表で結社のみられなかった府県、たとえば栃木、神奈川、山梨、三重、広島県などでも簇生するからである。全国的総結社の研究は、いまのところ行なわれていない。従来、盛んに行なわれた府県史編集と、それにともなう府県史研究により大分明らかになった筈である。これらを集計するだけでも相当数の結社数が判明しよう。これらの検討は後日に譲らざるを得ない。

ここでは従来より指摘されていた愛国社大会へ代表を送った各府県結社について触れておこう。(16)

第2表　愛国社大会出席結社

明治一一年九月　再興第一回大会（大阪）

松山公共社、鳥取共立社、福岡成美社、土佐立志社、有信社、南洋社、南嶽社、共行社（以上高知県）、宿毛合立社、「大阪に来り集る者数十名」

明治一二年三月二年日　第二回大会（大阪）「十八県廿一社」

熊本相愛社、同観光社、名古屋羈立社、三河交親社、松山公共社、久留米共勉社、福岡正倫社、雲州尚志社、西京正心社、東京親睦社、丹後天橋義社、因州共立社、土佐立志社、嶽洋社、開成社、合立社、南山社（以上高知県）

「其他岡山、和歌山、石川、大分、山口諸県の有志合計八十余名」

明治一二年一一月七日　第三回大会（二十余の同盟社）

熊本相愛社、磐城三師社、石陽社、久留米共勉社、豊津合一社、福岡共愛会、出雲笠津社、松山公共社、高松立志社、鳥取共立社、三河交親社、越前自郷社、常陸潮来社、土佐立志社、宿毛合立社、土佐連合各社

明治一三年三月一五日　第四回大会（大阪）「国家期成同盟」成立
「愛国社同盟二十七社」「二府廿二県八万七千余人代表」
大阪民政社、磐城三師社、福岡向陽社、鳥取共応社、宿毛合立社、土佐自動社、土佐純民社、徳島立志社、
土佐開成社、土佐直遥社、松山公共社、土佐嶽洋社、広島立志社、土佐立志社、土佐有信社、土佐誘義社、
姫路正鐘社、高松立志社、三河交親社、越中北立社、松本奨匡社、丹波自治社、土佐開運社、仙台本立社、
土佐修立社、出雲笠津社、磐城石陽社、丸亀立志社、東京北辰社、酒田尽性社、岩代愛身社、岐阜岡村党、
宮津天橋義社、熊本相愛社

明治一一、一二年は愛国社大会に出席する同盟社が増加するが、土佐立志社のほかは福岡向陽社、金沢精義社、三河交親社が中心となったように、士族的民権結社が同盟の核であった。これが明治一二年一一月から河野広中の石陽社、杉田定一の自郷社、一三年から窪田畔夫らの奨匡社など豪農民権結社が合流する時期である。

当初、主導した士族民権結社とは云え、士族的要求が中心であったのではない。すでに明治一〇年六月の立志社建白が、国会開設、地租軽減、条約改正、地方自治を主張していたように、地域住民の繁栄に主眼がおかれており、士族指導にかかわらず豪農層中心の、民権的要求に留意されていたのである。たとえば、和歌山県の実学社は愛国社大会の同盟結社として名前は出していないが、第一回大会には山東直樹、児玉仲児、千田軍之助の三人が出席している。この結社は第二回大会には同盟社となったが、本来は地租改正反対運動を指導した、有力者達の結社である。粉河騒動と呼ばれた反対運動の本拠地、那賀郡粉河村に本部を設置したこの結社は、運動の中心人物児玉仲児を中心に組織した一四五人の結社で、地租改正反対運動の体験を基礎に、国会開設、憲法制定を要求する民権運動の推進母体となったのである。(17) このように、愛国社的潮流は農民的な非愛国社的潮流を含みつつ、民権運動を高揚させる時期が明治

一〇年代初頭であって、愛国社同盟結社数の増大はこの現実を反映したものであった。

このような傾向は、明治一〇年以降一層強まる。立志社—愛国社の自己変革をともないつつ、在地の農民的結社に影響を与える過程であった。立志社—愛国社の士族的民権路線に対し、在地の結社がどのように生成するかが問題である。いくつかの事例を検討し、この問題の傾向をみておくことにしよう。

事例の第一は、青森県の共同会（明治一一年）の場合である。青森県では明治五年一一月、私立東奥義塾が設立される。慶応義塾を模範とし福沢諭吉流の実学精神と、キリスト教精神とにより建学理念が定められ、反官的性格をもつものであった。この東奥義塾を母体に、関係者の菊地九郎、本多庸一を中心に結成されたものが共同会である。民権を伸張し生命財産の安固をはかり、地域開化をはかることをこの結社は目的としていた。

青森県では八戸地区に暢権社が結成されるが、それまで岩手県の民権結社救我社の活動と連携し、運動を展開した[18]。救我社は東京でキリスト教の学僕をしていた鈴木舎定が帰郷し、盛岡で結成した組織である。本来は南部家の家令山本寛次郎が設立した、青年士族達の書籍展覧所として出発した。これに帰省した鈴木が参画する明治一一年をもって政社化するのである。その発行した「盛岡新誌」はキリスト教的自由主義、民主主義を主張する雑誌型新聞であった。この書籍展覧所の政社化は、東奥義塾という学校の政社化との二つの政社化コースの一つの例を示すものであった。

学校の政社化は、このほか宮津の天橋義塾、福岡の成美義塾または向陽義塾などがある。直接に学校がそのまま政社化したものでない場合もある。長野県では明治五年飯山の顔戸開成所、明治六年九月の飯田の募開学舎、七年三月長野の開陽学舎、九年三月豊科の猶興義塾、一〇年三月飯山の協心義塾などが、自由民権論の基盤をなしたという[19]。同じ学校を基礎とする政社化のコースでも、天橋義塾や向陽義塾が士族的変革を通じての民権結社化であるのに対し、長野県のそれは、農民的結社化の基盤の成立の意味である。

書籍展覧所の政社化は、意外に多いコースである。例えば埼玉県における最初の結社たる七名社もこれである。明治八年四月組織の七名社は、熊谷駅周辺の大庄屋クラスの七人によって結成されたもので、文明開化の波を地域で直接にうける人々であった。各自出資し東京から書籍を購入し、転読しつつ読書会を開いたのが始まりで、やがて演説討論会を開くようになった。「社員一名コト二各月一円出金シテ購求書籍ノ代価ニ充」[20]て、その書籍は社中「熟議」で購入を決定した。そして「輪次之ヲ読ンテ疑義ヲ討論」するもので、明治七年中より準備されていた。読書会の政社化である。このような自由民権の波が、同じ熊谷に進修会を生み、会員五〇名で「自由ノ心思ヲ発表シ、自治ノ精神ヲ培養」[21]し、「言論及ビ出版ノ自由ヲ許シテ公議輿論ヲ皇張」させ、「中央国会、地方民会ヲ興シテ与政ノ習慣ヲ養成」することを目的とした。尾佐竹はこの進修会を、立志社系の結社とするがその根拠は不明である。埼玉県ではこのほか幸手に共同会が組織されたが、各大区有力者を網羅した結社である。実態は不明である。

埼玉県には明治一〇年末に結成された精義社がある。岩槻周辺の人々の新聞解読会がその発端である。設立中心人物は「参政自治ノ権理」を主張し、周辺有志者の政治的成長の場ともなった。結社化されないまでも、布告布達や新聞購読会が県下各地に開設され、開明的な地域的グループを生み出しつつあった。[22]

新聞購読会からの政社化のコースは、当時は結社化の中心コースと思われる。当時、全国的に小学校が設立され、県庁とともに新聞購入が義務づけられる。そのため教師層や学校世話役のちの学務委員らが新聞にふれ、政治的に成長する。前述の学校の政社化コースとは異なるが、全国的にはこのコースが一般的で、開明的人物を中心に結社化する場合もあったのである。

新聞従覧所または新聞購読会を通じ、成長する事例の代表的なものは山梨県である。県庁の広報誌的性格をもつ甲府新聞にかわり、官に批判的な「民間雑誌」、「生読新聞」が誕生するのは明治一一年である。「自由権利ヲ旨トスル人民」養成を主張する新たな新聞に同調し、甲府新聞も性格を変えるが、明治一二年三月発行の「峡中新報」は、その後の民権運動の指導的役割を果すことになった。民会議員を中心に発行された反県庁政論紙としてのこの新聞は、その主張が「新聞解話会」[23]を通じ県民に浸透する。この解話会を基盤に、交益社ほか一六社の政治的結社が成立する。つまり新聞解話会または新聞購読会もまた政社化の主要コースであったことを示すもので、政社化の第三コースと云ってよいであろう。先述の天橋義塾にも「書籍新聞従覧所」がおかれていた。豊後国でも「新聞展観所」[24]が設置されている。

政社化の第四のコースは、岡山県津山で組織された共之社の場合である。明治一一年成立の「共之社」の設立趣旨によれば、二一名の愛国の志操あるものが「協意し、結会して国家の資益を興し、衆議を以て社会の鴻益を謀らん」[25]ことを盟約した。この盟約を実践するため、結社設立と同時に村内に立石岐を所長に「私立養蚕伝習所」を設置し、養蚕による富国化をめざした。しかもこの伝習所は、藩閥県令の殖産興業政策に対抗し、津山の県立農事試験所に対応して設立されたもので、遅れた作州農村への新産業の導入を、民の立場から積極化しようとするものであった。この共之社に結集した豪農層は、国会開設請願運動を通じ、地方自治、民力休養を要求する。明治一三年には岡山県で「郷党親睦会」が組織され、二〇五人の会員が共済制度により相互扶助を要請し、やがて美作同盟会へとつらなってゆく。つまり、このコースの特色は、反官的な地域産業の育成による富裕化の養成が、政社化を促し、地方自治、民選議院要求の基本におかれているのである。地域経済の活性化が政社化の基礎であった。

政社化の第五のコースは、前述の和歌山県の実学社の場合である。地租改正反対運動の延長上に政社化する。農民的土地所有の確立をめざす農村動向が、高地租を保証する検査例に対し、測量法や収穫量調査をめぐる反対運動に発展する。これらは地租軽減という自由民権運動のスローガンに収斂されるとともに、租税共議思想にもとづく国会開設要求に連っていく。この地租問題を最重要課題とし、第四コースの地域産業育成が、在村的潮流の基本要求になった。

実学社と同じ性格をもったものに、越前の自郷社がある。自郷社は当初、自郷学舎といい学校の政社化のコースも代弁する。福井県の自由民権運動は、明治八年、杉田定一の帰省から始まると云われる。愛国社再興に努力した杉田が、本格的に運動に着手するのは明治一二年七月、坂井郡波寄村に自郷学舎を設立してからである。「天賦自由ノ権利ヲ恢弘シ、社会開明国家富強ノ一助」[26]にするための学習結社の設立であった。これが地租改正反対運動を契機に、政治結社「自郷社」に変質する。自郷社員は地租改正反対運動の村々の地主とその子弟達であった。士族的学校の政社化ではなく、まさに農民的学校の政社化の典型であった。

このような地租改正や殖産興業の、基本的要求をふまえて豪農層は、区戸長会でも自己の利害を実現しようとする。区戸長会は官製会議であるため、公選議員による民会化を要求し、その基礎構築のために政社を組織する場合があった。大分県中津の明治八年結社の「民会」、福島県の「地方民会」はその例であろう。また小田県の「耕耘社」、「蛙鳴社」もその例であった。

明治七年に、全国的に最も先進的な県民会を成功させたのは小田県である。この推進者は、「多くは安那郡内の小豪農と神官、僧侶、医師などのプチブル・インテリ層」[27]であった。彼らは小田県民選会議において、自作、小作貧農層を代弁し、士族や大豪農商ら特権的インテリ層と対立した層であったという。「蛙鳴群規則」[28]において彼らは、「各小田ノ蛙タルコトヲ忘レズ（中略）、只群蛙一般ノ甘苦利害上ニ就キ、愛国ヲ主トシテ鳴キ立ツ可シ」と遠慮して述べている。小田県民選会議が多分に啓蒙的で、かつ観念的であったことに対する反省から、より着実な足を地につけた運動に切り換えたもので、地域の政社化への第一歩となった。

明治七年一〇月結成の「耕耘社」[29]もその例である。耕耘という社名自体が、政治思想の培養を意味し、社則によれば毎月一回「毎会課題を降し、各書取を以、協議対論」すべきこととされた。決議は社名をもって新聞社へ投書し、広く世論の形成に役立たせようとしていた。

以上、政社化のコースを六つに区分して述べたが、いずれも地域発展を課題としていたことは当然であった。

4　法律結社と民権運動

前記「蛙鳴群規則」によれば、第七条に「蛙鳴会ハ一月一度（中略）、午前十時ヨリ正午十二時迄二時間、法律書会読、余ハ雑鳴ス可キ事」とある。政治的学習結社「蛙鳴社」の基本は、二時間の法律研究にあり、その余が雑鳴つまり政治社会問題の討論であった。当時、法律は天賦人権論を展開する際の基礎知識であったから、法律研究を基礎におくことは当然であった。ここでは民権結社が政社化するうえで、法律知識をどのように得ていたかを検討してみよう。

この時期、全国的に大きな影響をもった法律結社に北洲舎がある。明治法律学校をはじめとする専門の法律学校が簇生する明治一〇年代以前、それまでこの北洲舎が実務と教育を担当する中心機関であった。そこでまず北洲舎を含む法律結社の発生年次表をみておこう(30)。

明治　四年	九月	明法寮	
明治　五年	八月	同寮　生徒二〇名募集　岸本辰雄、宮城浩蔵ら入学	
明治　七年	四月	土佐立志社設立	
同	四月	法律研究所	島本仲道
明治	六月	北洲舎　大阪	北田正董
同	七月	便宜商社　大阪	紫山正憲
同	八月	北洲舎　東京	島本仲道

同　　　一〇月　仏学塾　東京　中江兆民
同　　　一一月　鞭駘義塾　東京　木村一歩
同　　　冬　　　薫風社　兵庫豊岡　石黒函一郎
明治　八年　一月　北洲舎新潟分社
同　　　　　　　北洲舎愛知分社
同　　　五月　法律学舎　東京　元田直
同　　　七月　保権社　東京
同　　　九月　尽辞社　東京
同　　　一一月　三洲舎　東京
同　　　一〇月　法律研究所　飾磨
明治　九年　三月　貴知法社　東京　吉川忠彦
同　　　三月　尊義社　東京　大島貞敏
同　　　六月　保権社　東京　田村訥
同　　　九月　東京開成所法学部
同　　　九月　講義舎　東京
同　　　　　　天水舎　東京　沼間守一
同　　　　　　保安社　東京
明治一〇年　一月　賛成舎　大阪　小里忠里
同　　　一月　講法学舎　東京　北畠道龍

同　　　　三月　法律学舎　横浜　塩谷俊雄
同　　　　四月　東京大学法学部　東京
同　　　　四月　仲権社　西京　飯塚銀弥
同　　　　五月　明治学社　東京　大井憲太郎
同　　　　　　　守成舎　東京
明治一一年　一月　政友社　東京　疑々社、審法社合併
同　　　　一月　富田信英代言社　東京
同　　　　二月　同人社　東京　中村正直
同　　　　四月　茂松法学社　東京　茂手木慶信
同　　　　六月　研法社　東京
同　　　　八月　仲権社　東京　方波見祐助
同　　　　　　　審法舎　東京　中島又五郎

明治一一年までである。表示された法律結社は、生成期の法律知識供給機関であったが、これにより公事師と呼ばれた江戸時代の弁護士は、近代的代言人へ変化する契機が与えられている。国家による免許制度が確立し、正式に代言人とし登録されたものは、明治九年が最初で一七四人、明治一〇年四五七人、明治一一年五七七人、明治一二年六七七人と確実に増加する。明治一六年には一〇一五人に達している。いずれも政治活動をする人が多く、自由民権運動には新聞記者、教師とともに代言人が中心的役割を果している。

このような法律担当人口の先がけとなったのは、政府の明法寮設置にともなう法制官僚養成が最初であった。当初、

二〇名の学生で始った明法寮生徒が、民間に法思想を普及させるために、法律学校を開設するのは明治一〇年以降である。明治一三年にパリから帰国し、講法学舎で教鞭をとり、その解散後、明治法律学校を創設する岸本辰雄、宮城浩蔵は、その代表的存在であった。

しかし、この政府養成の人材による法律普及のコースを辿らない、民間主導の法律普及のコースが、既に存在していたことは注意しなければならない。それが明治七年四月の土佐立志社の法律研究所の設置である。前述、小田県の蛙鳴会が、法律研究会を組織するのもこの明治七年である。立志社の法律研究所は、「先きに司法大丞たりし島本仲道之に主として其事務を裁せり。島本は官を辞せる後ち、北洲社なるものを興し、我邦民間に於ける法律普及の権輿たりしが、今帰りて立志社に於ける法律研究所の長とはなれるなり」(31)とされている。自由党史のこの記事が正しいとすれば、土佐立志社に先んじて、北洲社を設立していたことになる。前述結社表では、北洲舎設立は立志社の二カ月後となっているが、民間においては土佐のみでなく、法律知識を要請する風潮が早くからあったことがわかる。

この北洲舎は当初、大阪に本社をおき、間もなく東京に進出し、新潟、愛知、その他に分社をおくことは表からも判明する。草創期法知識普及の先駆的役割を担当したのである。北洲舎が最初に設けられたのは、明治七年六月である。大阪北浜二丁目に事務所を設け、代書代言に従事した。当初は寺村富栄、北田正董、都志春暉、岩神昂、岩成寿雄らが始めたものであった。

中心人物の寺村富栄は滋賀県蒲生郡武佐村の人で、武蔵川越藩領に属し、明治初年、京都で川越藩の周旋方となり、会計掛を兼務したという(32)。明治二年二月、奈良県に出仕し、聴訟方下調となり、ついで断獄掛を兼務し、法律業務にたずさわった。この経歴はその後大阪府少属として、聴訟、断獄二課の勤務に生かされ、明治五年四月、奈良県に転任し、聴訟課長となり典事に出世した。同年五月に辞職し、大阪に出た時は三三歳であった。

北田正董は千葉県東金の人、後藤象二郎の食客となり、後藤が大阪府知事当時、警備担当の難波隊の隊長となった人物である。その後、大阪府取締大区長となり、警察事務を担当した。七年三月に辞職する。岩神昂は土佐藩老深尾氏の臣古沢南洋の子で、古沢滋の兄であり、明治五年に司法省一〇等出仕、翌年権少検事として京都裁判所に在勤した。七年三月辞職し、大阪に出た人物である。土佐系、関東系の維新期法律事務担当者が集まり、大阪の田部密の出資を得て開業した。社名の北洲舎は、北浜の北と、浜の別称の洲を採用し名づけたものという。

出発間もなく、北洲舎は舎中に代書、代言、庶務、会計の四課をおき、社員のほか生徒をおき、舎員とともに生徒にも月給を支給した。寺村富栄、北田正董、都志春暉が二五円で最高俸、以下三円までの舎員一五名の出発であった。このとき、司法省三等出仕で大検事警保頭の島本仲道が辞職し、立志社創立に参加、社中におかれた法律研究所の責任者となったが、帰京のため大阪に来た時、岩神昂が説得し、北洲舎長に迎えることになった。七月一七日には北洲舎は、今橋一丁目五番地の岩成寿雄家の空家に移り、規模を拡大し、法律研究所設置を府庁に届出た。

これより会則を修正し、舎員を五等に分け舎長に一五〇円の月給を、三等舎員は五〇円、四等四〇円、五等三〇円に増額した。生徒も五等に分ち、五円から二〇円を月給としている。生徒は成績により舎員に昇格する仕組みであった。明治七年七月当時の舎員は一一人、生徒は八人、小使二人であった。明治七年八月、島本仲道が東京に帰ったので、日本橋北鞘町五番地に北洲舎を設け、これを本舎とし大阪を支舎とした。新たに「日雇筆耕生」をおいている。一〇月には東京でも法律研究所を設置した。

明治七年一二月、広島に、八年一月堺に、八年四月博多に支舎を設けたが、成績不良で間もなく閉舎する。九年三月堺に再設、また京都に支舎を置いている。この間、舎員の等級を拡大し、舎長以下一〇等に分け、生徒を六等とした。明治一三年一月、北洲舎改革により、東京北洲舎長に北田正董が、大阪北洲舎長に寺村富栄が就任し、島本仲道は顧問になった。舎員は代言人試験合格者である。この時、舎員は一五人、生徒は一〇人、無給生徒三人であった。その後、白井政夫らが入舎しているが、すでに九年当時、白井は北洲舎員として筑摩県地租改正反対運動を指導している。前々から関係があったと思われる。

法律研究会としての北洲舎が集めた書籍は次のようなものであった。仏国憲法、仏国商法、仏国訴訟法、刑法、治罪法、新条約書、司法職制法、憲法類編、仏国商法講義、訴訟提綱、玉篇、第二憲法類編、司法省日誌、新律綱領、性法略、司法省布達全書、仏国政典、地租改正条例規則、米規則、仏国民法契約法講義、仏国證拠法、日新真事誌などである。蔵書貸付手続なる規則を定め、舎員、生徒が借り出し勉強したものと思われる。明治一〇年二月には「仏蘭西法律書を会読することとし、総則を定む[33]」とされており、木曜日は仏蘭西民法、月曜日は仏蘭西刑法を研究した。大阪上等裁判所在勤の、司法省雇フランス人リップマンが、北洲舎のフランス法講義を担当したという。

島本仲道が立志社に関係し、土佐派の人であったためか、フランス法研究が北洲舎の中心であったようである。民権主義的性格がつよく、当時の世相に開化上大きな影響を与えたと思われる。「島本仲道の東京北洲舎を日本橋北鞘町に設くるや、名声隠然として天下に聞え、兼務漸く盛にして、新潟、名古屋、大津等に支舎を置き、明治八、九年の頃最も好況を呈したり[34]」という。舎員中より有名な民権家も輩出する。

5　地方民会論の成立

地域的民権結社が明治六年を契機に簇生し、また法律普及結社が明治七年を契機に普及し始めると、明治七年一月一七日の民選議院設立建白書提出の新聞報道とあいまって、地方民会論も盛んになる。高校日本史教科書では、いまだこの民選議院設立建白書の提出をもって、自由民権運動の第一頁とするが、服部が指摘するように気運はその前に醸生していた。地方民会開設論は下議院論とともに、民間ですでに五年頃より主張されはじめていた。

改めて現在、判明している地方議会開設論および国会議院論を掲げると次のようになる。

明治　四年　三月　公選村会開設建議　小田県
明治　五年　二月　公選県会開設建議　筑摩県
同　五年　五月　府県議院・下院取立建議　少議官　大給恒
同　五年　五月　立憲為政立略議　犬上県農　福島昇
同　五年　六月　大集議開会建議　滋賀県　竹内成由
同　五年　九月　大小区会・県会・国会議員開設建白　小田県医　窪田次郎
同　五年一〇月　公選県会開設建議　筑摩県
明治　六年　一月　公選議員建議　入間県
同　六年　一月　民選県会開設建議　足羽県
同　六年　一月　国議院・民議院設立建議　司法大輔　福岡孝弟
同　六年　三月　府県集議所設置建議　浜田県　富永景知
同　六年　三月　各地方議会創立意見書　東京記録権少属　島村泰
同　六年　四月　上下両院議員設置建議　東京　河原田盛美
同　六年　五月　下議院設立建議　浜松県　岡田良一郎
同　六年　五月　議事会開設建議　神奈川県　大江卓
同　六年　五月　区県国会開設建議　兵庫県　神田孝平
同　六年　五月　民会議事開設建議　筑摩県高山　大沢正道
同　六年　六月　県会開設建議　島根県
同　六年　六月　国議院開設建議　青森県　岩淵惟一

同　六年　八月　府県下問局設置建議　三潴県　小西虎五郎
同　六年一〇月　民会開設建議　磐前県　河野広中
同　六年一二月　州議院開設建議　山形県　筒井明俊
同　六年一二月　県民会創立建議　新治県　古渡資秀

右建議中、人物名を記載したものは『明治建白書集成』（筑摩書房）第二巻に掲載されたものである。その他は拙著『明治国家形成と地方自治』に掲載したもので、各県の有力者連名の建議である。これら建議からは、明治四年から各県で議会開設の動きがあり、五年を契機に、地方議会論が国会論と重って主張されはじめることが判明する。土佐立志社に結集する板垣、後藤らによる民選議院設立建白に先立って、多くの議会論が主張されていたのである。廃藩置県による新行政区域の成立が、新たな地域内の利害の把握を必要とし、地方民会論は一方では行政技術論として主張されたものの、多くの場合は、地域実態掌握のうえでの、公正な行政実現をめざす豪農層の主張として展開されていた。

これら府県議会論の特質について検討しておこう。この府県議会論および地方民会論の背景には、すでに実施されていた江戸時代以来の、郡中惣代会議や寄場の大小惣代会議があり、また村寄合の伝統があったことは云うまでもない。戊辰戦争後の府藩県三治時代における生成期の近代的会議慣行もあった筈である。藩議院への農民の登用にくわえ、政府は明治二年の県治条例で、各県に「議事ヲ興スコト」と指示したため、新設府県では府県会開設準備が進んでいたのである。この動きで現在明らかになっているのは、韮山県、浦和県、宮谷県などである。いずれも地元の会議体験を深めるものであった。

管見のかぎり、府藩県三治時代から、廃藩置県後の地方民会開設へと、会議慣行がつみ重ねられるのは、小田県である。明治二年、福山藩制改革において新設された政事堂は、公議局を設け、藩士会議的性格の「上局」と、農民公選議員からなる「下局」の、二院体制を採用する。「下局」は「人物身分に不拘、入札選挙を経、郡市惣代として下局議院[35]」一〇人で構成された。任期二年で半数改選制であった。この公選議員成立の背景は、幕末藩政への改革派の登用があり、「下情採択」が公議再編の、重要な目標になっていたという[36]。

この福山藩下の農村は、明治四年三月代議人制度が創設され、上申のうえ認可され、実際に議員が公選された。これにより小作貧農を含む自作農中心の村会が成立した[37]。庶民教化の拡充を意図して設置されていた「啓蒙社」の活躍がその背景をなしたと思われる。啓蒙社は明治三年一二月、医師窪田次郎の建議により、四年一月に実現したもので、各村に啓蒙所を設置し教育普及を図ったものであった。

明治五年九月、小田県開庁後、「管内民庶ノ名代ニシテ、下議院職ニ当ル[38]」ものとして、庁下に小田県議事所を開設した。これは各郡の戸長惣代会議であったから、純粋の公選議員による会議ではなかった。そのため、この議事所を批判する公選民会、国会論が窪田次郎により構想される。大小区会を基礎に、県会を組織し、県会議員一名を左院に出し、「下議院」にあてるものとする。「議政ハ下ヨリ昇」るものという。農村でこのような体系的構想を、この時期に明らかにしたのは窪田次郎は最初の方であったと思われる。同じ考えは、一年後、兵庫県令神田孝平も主張し、同県下では実践しはじめるのである。

もう少し、窪田の意見を詳しくみておこう。窪田は平民で医師であるが、明治四年二月、福山藩権大属として藩庁の民政「顧問」の立場にあった。彼は民衆による富の蓄積こそ、真の富国であるという民衆的富国論のもち主で、その立場から各種の政治的発言がなされている。彼が藩内の教育改革として始めた啓蒙社の運動は、やがて「学制」下の小学校教育の前提となったし、啓蒙所周旋方の会議も、着実に会議慣行を養成するものになっていた。

彼は明治四年一〇月、福山藩を代表して上京した公議人岡田吉顕（大参事）の、「参謀」としての地位を離れ辞任する。これより翌五年三月帰郷するまで、東京で多くの勉強をしたらしい。自分が参謀として随従した公議人制度が、貢士から公務人を経、名称を公議人と変えても、「空論ヲ指シテ虚名ノ員ニ列(39)」するのみと批判するとき、改めて民意反映の、壮大な民選議院構想を生む原動力となっている。もちろん、福山藩議院および小田県議事所も、上から開設された限り同様に批判の対象であった。

明治五年九月構想の、彼の民会制度は次のようなものであった。まず小区会を組織すること。これは小区内の各村五人組中より一人、「職業貧富不才不学ニ拘ハラズ」議員に選出する。これを名代人として戸長、組頭、取締役ともに「区内ノ事ヲ協議」する。大区会は小区会議員のうち一人を、順番に出して戸長らと協議する。県会は官員をのぞき、各大区より一人の議員を出し、「一県ノ事ヲ協議」する。「天朝下議院」つまり国会下院は、県会議員のなかより県下の戸長、教員、取締、社人らに公選させ、一人の議員を出すこと、となっている。選出法は輪番制と選挙制を用いているが、区—県—国会議員へと複選的方法を採用する。この建議は明治六年一月二一日付の日新真事誌に掲載されている。

当時としては先進的な意見であったが、意外と穏健的でもある。会議に戸長、組頭、取締などを一緒にし、官民共治的性格にしていることや、国会を二院制とし、「下議院」しか話題にしていないのである。議院数も各一人と少数である。「議政ハ下ヨリ昇」るとしながら、「為政ハ上ヨリ降ル(40)」とする調和的側面にも配慮している。国家体制にも言及がないのは、当時の政権に遠慮したためであろう。彼にとって「人材陶冶ノ為メ、政教一場ノ局ヲ設」くるものとし、啓蒙所と会所を、同じ場所に設置するよう提案していた。

このような窪田の態度は、やがて明治七年六月の、「民撰議院設立の願書(41)」となる。小田県権令矢野光儀宛に提出されたこの建議は、また同年七月の「矢野権令ニ奉ル書(42)」となり、臨時民選議院論として兵庫県令神田孝平の県下告示を利用し、「先ツ県庁ニ於テ、公然タル臨時議院ヲ開キ、毎一小区ヨリ両三名ヲ撰ヒ出シ（中略）、上国律租法ヨリ、下細民ノ交際ニ至リ、天朝議院ノ則ニ傚ヒ、忌憚ナク究論[43]」させると述べている。県権令はこの決議をもって天朝議院に出席すれば、それは県下五〇万余人の「立派ナル名代人」になるという。

　このような建議に、県当局は翌月、「区会議概則[44]」を公布し、窪田建議の趣旨を生かし、臨時民選議院を急遽開催するのは、翌八月のことであった。この小田県臨時民選議院の様子については次節で触れるが、この会議終了後、明治七年一二月に学習結社「蛙鳴群」の結成が宣言される。啓蒙的で観念的な臨時民選議院のあり方を反省し、改めて政治活動を基本から、やり直すための勉強会の設置を宣言したのである。この点は前述したので、これ以上は触れない。他地域では学習結社、演説結社が先に成立し、その啓蒙と建言を武器として地方民会開設の政治運動が展開するのと反対に、現実の議会活動を経、その反省から政治結社化的学習結社が組織されるのである。

　学習結社化が、啓蒙性または観念性の反省として生じた真因は、次のような事情にあったらしい。保守的な庁下詰合区長らの批判をみると、当時の議員の実情を、次のように伝えている。

議員事情上申書

去八月中、区会議発行之御趣旨ニ付テハ、万機公平無私ノ会議ヲ可起ト相心得、毎大区会議ヲ発起候処案ニ反シ、中ニ者誹謗暴言ノ論議ヲ建、只管議員ノ権威ヲ主張シ、罵言ヲ以テ参庁ノ者江孤疑ヲ生シサセ、甚シキハ小前之衆庶江、已ハ議政之者、正副戸長并保長諸締ハ行政ノ者、依テ向来ハ村用之大細ニ不拘、議政掛リヲ以、可立会𪜈以ノ外、本旨ヲ取違候者モ有之哉ニ相聞、惣議員之内、多分其存念ヲ抱キ、盲昧之小前ヲ煽動シ、区内ノ混雑促シ候村方モ間々有之趣、今ニ至リ存外之行成、誠ニ以恐入次第ニ御座候、右者一時民情被聞召、御趣意之処前件之次第ニ付、先般議員名称ヲ一旦相廃シ、尓後、再会議之節ハ、更ニ公明ヲ議スルノ良民ヲ推撰為致度、此段御聞届被下度、上申仕候也

明治七年九月八日
庁下詰合区長　諏沢熊太郎
牧　丈平
小田県権令矢野光儀殿

（朱字）書面議長議員共、全ク先般ノ会議限ニ候条、心得違無之様、区長ニテ急度取締可致候事[45]
明治七年九月八日　県印

議員層の高揚した姿を垣間見ることができる。しかし、逆に追い込まれた行政担当の区戸長層の反発を招き、結局、民選議会は一回限りの「臨時」に終っている。学習結社はこのまき返しのための、基礎づくりの意味をもったと思われる。

小田県以外の、各県の様子をみると、次のようになる。まず、明治五年当時の議会論についてみれば、同年五月、犬上県の福島昇は、「立憲為政之略議」[46]なる建白で、国家経営は「上下ノ両院」を設け、「上院ハ先ツ従来ノ三院ヲ以テシ、下院ハ全国各府県ノ僧侶、神職或ハ庶民ノ中ニ於テ、各入札ヲ以テ各一人宛」選出し議員とする。正院、右院、左院の旧来の三院を合して上院とし、下院を民選議員とする。これにつづいて、各府県で「管下各大区ニ一ツノ議事社ヲ相設ケ、各小区人望ノ帰スル者ヲ選挙」して議員とする。民選大区会設置を要求したこの建白は、官吏登用法、富国策とともに、地方民会論を基礎としたものであった。彼は同九月の建白で、「各府県ニ民政議員ヲ相設ケ、諸民ノ中ニ於テ各入札[47]」することを主張している。

滋賀県の農民竹内成由もまた、国家統合は「人民協議ヲ竭シ、以テ至公ノ施政被為在ニアルヘシ[48]」と、「大集議事ヲ以、公法ヲ被為得」べきとした。「人民有ツテ政府ヲ立、人民亦タ議事ヲ建テ、一ツニ帰シテ国基テ振起」すべきとした。明治五年当時は、建白書の単なる取継所に堕した集議院に対する批判が強く、ようやく府県を基礎とする民選議院論が展開されはじめた時期であった。この傾向は、六年に入っても続く。

明治六年一月、富永景知の建白も、各府県に集議所を設置することが、集議院改正とともに論ぜられている。しかし、これは「諸府県官員ノ合議所」で、地方民会ではない。高山県の大沢正道は、「民会議事」[49]を殖産興業との関連で建白する。だが、これも国会論と地方議会論とが、明確に区分され主張されてはいない。

明治六年後半になると、議院論の性格も明らかになる。同年五月、兵庫県令神田孝平は、「地方裁判所ノ議ニ付建白」[50]を提出し、全国各地で紛争が発生するのは、「地方ノ権利ヲ殺クノ過度ナル」ことと、「財費浩繁用度給セサル」ためという。これを是正するためには、「選挙ノ権地方ニ帰シ、裁判ノ権ト相持シテ平均」させるべきものと主張する。そのためには、法律学校を設立し法知識を広め、「訟師ノ業ヲ免許スル事」とし、あわせて区会、府県会、国会の開設を要望する。この民選議員は併立させるべきだが、もし性急にいうならば、まず町村会を優先せよという。

彼の主張は単なる議論にとどまらなかった。訟師免許はこの後代言人制度に結実するし、兵庫県政のなかに反映される。同年一一月の大蔵省高官による府県調査のなかで、次のように兵庫県が報告されている。同県は「漸次民会ヲ起シ、町村規則、区内規則、県内規則等議定シ、其権限ヲ明ニシ、到底各民ヲシテ権利之有る所を知」（明治六年「地方巡廻報知書類」国立公文書館）らしめたという。大阪府もまた民会開設の意向が示される。

明治六年一二月、山形県筒井俊明は「州議院」[51]設置を建白した。民選議院による州会、大小区会の開設を要望する。明治五、六年の地方民会論は国会議院論とかかわり、その基礎として構想されはじめていた。行政上の都合論としての民会論が主であったが、神田孝平の如く、地方繁栄論のうえに明確に民会を構想した人は少ない。しかし「民庶ノ大議ヲ建ル」[52]要求は確実に増し始めていた。

6 地方民会論の展開

明治七、八年頃になると、地方民会論の位置は明確化する。明治六年政変で下野した人々が、明治七年一月、民選議院設立建白書を提出し、日新真事誌の同月一七日に掲載されて以来、全国的に議論が活発化する。この過程で、地方民会論の性格もはっきりするのである。

明治七年に地方民会の具体的活動を通じ、成長するのは小田県の人々である。小田県では、前述の如く、窪田次郎らの建白をうけて、明治七年八月臨時民選議会が開催された。「区会議概則」として県庁よりこの会議に、示された「会議稟目」(53)は三五議目に達した。その主なものを示せば、以下の通りである。

一、各区へ議院ヲ置クノ議
一、御布達書活字ノ入費幾分ヲ、下民ニ課スルヲ非トスルノ議
一、官費民費分界ノ議
一、区画ヲ改正シ村費ヲ減スルノ議
一、官途ニアリテ商業営利ヲ禁スルノ議
一、官私学校分界ノ議
一、養蚕ノ議
一、戸長検査ノ議
一、外債急ニスヘカラサルノ議

一、貧院ヲ設ケ立ツルノ議
一、学校資金方法ノ議
一、区戸長ノ給与官私分界ノ議
一、地価甲乙平均ノ議

一三項目のみを示したが、この議案の出し方からして、一定の傾向をみることができる。まずこの民選会議は、各大区に臨時に設置されたものであるため、恒常化に向け第一歩としようとしていること。布告布達費および村費減少を基本とする官民費区分、戸長検査および区戸長給与分界を明確化する町村理事者としての性格の確認、官による民業圧迫の禁止、地租改正の公正化と、地域からする殖産興業の地域経済発展論を基盤とした外債留意議案となっており、すべてにわたって民の自立的視点、つまり地方自治の立場からの議案となっていたのである。

　議案がこのような性格であるから、会議による審議もまた当然同じ立場からのものとなる。第六大区安那郡の民選議会の決議をみれば[54]、二一議案をめぐって次のように決議している。最初に第一条で「国体ノ事」を議し、「上院エハ君族及ヒ諸省寮使ノ名代人出勤、下議院エハ各府県ノ名代人出勤、合シテ左院ト称シ、下モ県会・区会一切ノ議政官之ニ属」すとし、太政大臣以下の官吏を公選する、政府各省庁体制も決めている。第二条「官費民費ノ事」に関しては、官の命によるものは太政大臣より小区戸長まで、すべて官より給し、人民の企てたもののみ民費とする。官費は人民の疑を招くことが多いので、毎年大蔵省より歳入出明細表を公布すること。第三条「万民一族ノ事」は、穢多非人の名称が廃止されたので、華士族も廃止し、「人民一般」にすべきこと。第四条「任務期限ノ事」は、太政大臣より区戸長に至る迄任期を定め、かつ選挙の節は多札を得たもの四、五名の札数を記し、選挙民に公表すること、第五条「国債ノ事」では、何故国債が必要かはすべて下問すること、しかもなるべく国内で賄えるか否かを下問し、人民より献策がない場合のみにすること。もし、下問のないまま負債が発生した場合は、国債とせず関係省庁の官債とすること。第一一条「地租改正ノ事」は、「先般地券ヲ賜リ、尽ク人民ノ私有ニ帰シテ、其実私有ノ名アリテ私有ノ利ナキ者」、新税確定しても「人民悲難」となるので、「御公議ヲ仰ク所ナリ」という。雑税に関しても同様で、「租税平均ノ実効至急御立下サル可」きである。

第一四条「地方裁判ノ事」は、地方裁判所は莫大な経費がかかるので、設置は当分延期し、司法省において各府県を巡回し、裁判する体制にすべきである。第一五条「工部省ノ事」は、御雇外国人を批判し、鉄道敷設もできたので工部省は廃止すること、という。その他の議決については省略する。いずれも議案と同様、民間の利害を優先した決議を行っており、まさに、「国憲民法不撰細大、租税賦課等ノ件ニ至ルマテ、施政上ノ便不便、民間ノ利害得失ヲ熟考シ、心付次第無忌憚」討議した。

いまだ地方議会の権限論が展開されていなかったので、国体論、憲法論、財政論にまで審議がおよんでおり、この決議が実現されれば、全くの民主主義国家が実現する筈であった。このような「御国体并御政体之事」にかかわる議論が、地方議会の審議にふさわしくないと思った議員層は、詰合区戸長や県庁の攻勢の前で、反省として学習結社蛙鳴会の結成にかかわっている。窪田は投書のなかで、「事頗ル高遠ニ馳セ、語殆ント不敬ニ渉ル、実ニ道理世情ヲ弁へザルノ到ス所」であったと述べている。同時にこの体験は、「他日ノ補益となり、愛国の基礎になると主張する。

同年一二月の「小田県蛙鳴群規則[55]」によれば、その第一条で、「各小田ノ蛙タルコトヲ忘」ズ（中略）、只群蛙一般ノ甘苦利害上ニ就キ、愛国ヲ主トシテ鳴キ立ツ可シ」と、遠慮のなかでの愛国精神を強調する。この蛙鳴群（会）は、明治八年一月から活動を開始する。蛙鳴会の目的の一つは、各新聞社とくに日報社（報知新聞）を通じて、広く意見を公表し、全国的に議論を拡張することにあったから、最初から全国的にも注目されるに至った。蛙鳴会の第一回では窪田次郎が、「文教論」を演説し、これを新聞に投稿している。第二回は同年二月開催され、窪田が再び「大麻奉仕社式につき四方有識者に質す[56]」と題する演説についても「私有地ノ権利全ク愚民等ニ帰ス可シ」とし、「租税御改正ノ今日ニ切迫シテ、国民尚未ダ其国体政体ノ確説ヲ知ラズ（中略）、何人ト御盟約ニ相成リ、人民ノ名代議院モ御延引ニナリタレバ、何ヲ定規トシテ三分ナリ一ナリ（地価一〇〇分の三または一）、御割リ出シニ相成リシヲ知ラズ（中略）、責テ租税御改正ハ、議院ト共ニ暫時御延引」すべきだという。明らかに、実質的私有地を保証する低租の地租改正は、人民代表者の集う議院で審議すべきことと主張しているのである。

そして、「小田県蛙鳴群ト名ツケテ脩身斉家愛国護政府ノ修行社中ヲ結ビ、徐ニ功績ヲ成サント欲（中略）、報知新聞ニ依頼シテ、国体政体租税法ノ義ヲ質問シ（中略）、衆力ヲ合シ衆説ヲ考ヘ……蛙鳴群ヨリ左院ヘ奉ラン」とした。民間からの国体論、政体論を地租改正論とともに構築しようとしたのである。そのため脩行社なる結社をつくったが、この目的に応じた研究結社は、同年夏頃までには起天会、思元会、資生会、啓行会、晩翠会、蛙鳴会、流彩会、博聞会、同胞会、同盟会として組織され、この総括組織が「蛙鳴群」であった。

このような、民間からする国体政体構築論は、「愚民等ノ国体等ヲ議セシハ、吾身体ノ現在出生シ、吾足脚ノ現在行歩スル所ノ、卑近ナル日本国、国体等ニシテ、決シテ高天源極楽世界等、高遠諸国ノ国体等ニ非ルナリ」、「公然ト新聞紙上ニ弁論セバ、是コソ雑費少キ民撰議院」であると、世論形成の道筋を明らかにする。同時に、六月開催の地方官会議への期待とともに、積極的言論活動を行う契機となった。この地方官会議は官選であるが、傍聴人の出席に期待する。この傍聴人は「吾輩ノ晴雨計」で、「民権ヲ青雲ノ上ニ振ハント期スルノ人」であるから、「吾日本国憲ノ基礎ヲ定ムル大任ヲ帯フ」と大きく期待したのである。それゆえ、地方官会議は民選議会化への移行過程とし、「日本未曽有ノ大変革ナル租税法ヲ確定シ玉フ深意[57]」であろうと推測していた。この立場を新聞に投稿し、「諸府県平民達」に訴えていた。

地方官会議が民権派の期待を裏切ったことがわかった七月一一日、蛙鳴会演説会で窪田次郎は、小田県傍聴人二人が県権令と共に、秘密裏に上京したことに「君主国ノ威風」と見つつも、蛙鳴会は「抵抗」するための組織ではないとし、一層の忍耐努力を要請した。やがて蛙鳴会は政談を止め変質するが、「君主」国政府への幻滅が背景になっていた。

7　地方民会論と民選議院論

明治七年一月の民選議院設立建白は、全国的な議論の口火になった。この建白を、日新真事誌から転載した東京日日新聞は、江湖叢談欄で紹介しており、[58]全国的に一層周知されるに至った。かつてロンドン万国博物館に日本館を出店した清水卯三郎は、早速、この建白に賛意を表し、民選議院の急務を説いた。[59]加藤弘之の民選議院尚早論に対する大井憲太郎の反論も、「今直チニ民撰議院ヲ置クヲ要セス、只或ハ地方会議ヲ設ケハ如何」[60]と提議したものの、本意は民選議院優先論者であった。

この民選議院論それ自体の論争は、自由党史や「民選議院集説」に譲り、ここでは触れない。むしろ議論のなかの一つの傾向であった、明治六年開始の大蔵省主催の地方官会同の民会化の動向につき検討しておこう。大井憲太郎も当時、指摘したように「今般政府ヨリ各地方長官ヲ会同シ、施政上ノ緩急当否ヲ議シ、大ニ国是ヲ議定シ、漸次民選議院ヲ起立ス可キ目的アリト（中略）、其議員タル者ハ、既チ全国人民ノ代議士トシテ、議事ス可キノ論告アリ」[61]とみて、民選議員への移行を目指す代弁機関とみたのであった。このことが、出席する開明的地方官や、地方有識者に期待を抱かせる結果になった。

開明的地方官が、大蔵省会同に出張するに際し、県下実態を知るため、実質上の県会を開設する場がみられたからである。たとえば滋賀県令松田道之は、県治所見を公にし、新聞に報道されたが、それによれば、「政府立法ノ根元皆人民ニアルヲ以テ（中略）、県令ノ事務皆民ノ事ナリ（中略）、即チ人民自主自由の権利ヲ束縛シ、保護ノ官却ヲ即チ妨害者トナル[62]」ことを恐れている。当時の府県令によっては当然なことながら、この意見は革新的であった。兵庫県令神田孝平、千葉県令紫原和とともに三賢令とされ、民間に迎えられている。浜田県でも「夫レ県官ハ何タル者ナル哉、朝廷之ヲ設ケテ人民ヲ保護セシムルニ外ナラズ[63]」とし、そのため「今般人民ヲ会同シテ議事ヲ興シ、上下ノ情ヲ開暢」するものとし、公選県会を開設した。三重県でも、五月頃より県下巡回し、「民撰議員設立ノ命ヲ下シ、且ツ議員ヲ公撰[64]」したという。県下は一時歓迎したが、その後の沙汰がないことに気をもんでいることが報道されている。

東京会議所代理依田百川も、知事大久保一翁に建議し、「地方の長官人民に代るの事ならば、勢ひ人民の会議を興す[65]」べきことを主張した。新治県でも「一回も人民と御集議無之候テハ、人民惣代の名義に於て、如何有之哉[66]」とし、県下の民選議員興立とともに、「両三輩御撰奉御登京の節御召還、議事拝聴為致」たいと要求していた。

兵庫県では政府の地方官会議に、「諸民之代議人として地方長官被召寄、律法御確定」（「東京日日新聞」明治七年六月一四日）の沙汰があったが、「諸民代議の職掌」として自分が出席する以上、県下の意向を把握してからでないと出席できない。そのため出席前に、「管下一同の見込を篤と承度」として、臨時県会を布達した。そして県民代表の傍聴人を一ないし二名同道し、地方官会議に出席することを公約している。小田県下の民選議員開設は、この兵庫県布達を拠り所として、県下意志のある所を、権令が要約すべきものとして要求されたのであった。

このような民選議院化の要求に対し、豊岡県令田中光儀は、県下に布達し、「皇上特載ノ御政体ヨリ成立処ノ、官撰議員トシテ光儀『田中豊岡県令』上京イタシ候[67]」と述べ、「民撰議員左祖ノ者ハ、管内僅々ノ書生輩而已ニテ、五十余万人中ヨリ視レハ九牛ノ一毛」だときめつけていた。地方官会議の性格と地方官の出席上の立場が問題となり、やがて全国的な民間の動向に逆行し、官選議員におちつくのである。そのうえ、征台の役を理由に、この地方官会議は延期されてしまった。その戦費も人民代議の場で、審議が必要とする民間の意向も、専制化を強める政府により、おし流されてしまう。

当時、民権派地方官の府県は云うまでもなく、日和見の府県でも、民選議員とのかかわりで地方民会論が高揚した。神奈川県においても、「議事開発ニ付、県令ヨリ各議員ニ会議ノ大旨ヲ告ル文」[68]が布達されるのもこの時期である。三潴県も区戸長議員ながら、「議事定則」[69]を設けている。各県下で議院研究会としての「共和会同」[70]も始まっていた。

兵庫県では地方官会議の中止、延期をうけて、そのために開設した県会での審議結果を、「一県公論」[71]とし七カ条を明らかにした。「坑夫戸籍之議」、「農税減少ノ議」、「雑税改正ノ議」、「徴兵資本金賜方ノ議」、「地租改正ノ議」、「地所入札払ノ議」、「潰地除税ノ議」などである。総体として農税減少議案が、「地価百分一ヲ地租」とするように、地租軽減のうえに民力涵養すべき公論となっていた。明治七年九月、石川県では地方官会議に出席する県令内田政風宛に、有志連盟で建議し、有司専制の是正、地租改正による税法確定のための民選議院の必要を力説していた。「政府ヨリ出ル者常ニ減シ（中略）、民ニ取ル者常ニ増大」[72]の状況を改善せよという。県会を開設しない県令に対する、切なる建言であったが、この建議は県庁より左院にまわされ握りつぶされている。頼みの地方官会議が延期されると、再び民選議院論が地方民会論とのかかわりで議論されるようになった。地租改正が地租軽減との関連で、議論の中心におかれていた。

大分県農民帆足亮吉は投書して、「今日ノ計宜ク県会（各県人民其地方ニ会議スル者ヲ云フ、下之ニ同シ）テ昿張シ、全国協議ノ法ヲ設ケ、地方官会議ノ遺漏ヲ弥縫スルニ若クナカルヘシ」[73]と主張した。地方官会議で欠ける分を、全国県会協議会をつくり是正せよというのである。岐阜県平民高木真蔭も、一郡一県より惣代員を公選し、二、三年後に東京に、「人民の出張所」[74]を開くべきことを提議した。

明治八年になると、各地に結成された民権結社が、活発に意見するようになった。結社はこの時期に拡大する。たとえば、明治八年早々に設置された東京通志社は、「稟議」[75]のなかで、「民選議院の起るや近きに在り、人々宜しく自ら修め、自ら勉めさる可らす（中略）。吾徒、今日に在スハ、上民選議院を建ると否とを問ハす、下吾徒草莽に於て、我々一箇の民会議社を設けて、民選議院建立の日に至るまで、専ら自勉自修」するものとしていた。名東県でも、「自助社なる者を創業し、主として人民の権利義務の何物たるを講究し（中略）、人民も亦其結社を嘉し、今其支社を布置する数所、市在会場に上るもの凡二千余人」[76]に達した。これは「民議を盛んにせんと、大阪の会議所の自助社、土の立志社に連合せんと」するものであった。それゆえ、四月一四日の立憲政体樹立の詔勅に対し、自助社名で祝詞を投書している[77]。

同年五月五日、地方官会議再開が布達された。「此会議ハ源を民選議院の論に取り、其論の汎論せしより起りしものにして、即ち民選議院論の第一果」[78]として、再び民選議院論を活発化させた。この地方官会議に付記された議案は、道路堤防橋梁の事、地方警察の事、地方民会の事、貧民救助方法の事のほか、小学校設立及び保護法が追加され、五議案であった。この五議案の限定に対し、当時の最重要課題であった地租改正がないという批判が展開された。地租「改正ハ全国安危ノ係ル所、不容易ノ大事ニ付キ、広ク公議ヲ尽サレシ上ノ事ニ思シニ、本月五日、地方官会議御諮問条中、此件ヲ載セズ（中略）、民会ヲ開」[79]くべきを、熊谷県平民吉田六三郎は主張する。保守的論潮で御用紙的な東京日日新聞でさえ、「実地ニ通暁シタル地方官ト人民トノ共議ニ非ザル以上」、「地方官ヨリ之ヲ区会民会ニ下シ、実地ノ利害得先ヲ詳ニシタル後」[80]、改正すべきことを主張していた。

この時、酒田県治を糾弾し、政府のあり方をしばしば建白していた森藤右衛門も、「人民の租税を納る所以の者ハ、政府の保護を仰く所以にして、政府の租税を収むる所以の者ハ、人民を保護する所以なり。故に政府の財用を出納する必す人民をして与り知らしめすんはある可らさるなり」[81]と、租税共議思想を根拠に、区戸長層の民費賦課を公正にするためにも、「県会を設く」ることを建言している。地租改正や県庁による県民使役など、三島通庸県令の施政をも疑い、元老院に建白していた。

森藤右衛門と同様、地方官会議の傍聴人として上京していた筑摩県の窪田畔夫は、地方民会開設論を建言すると同時に、独自の民会論を元老院に建白した。その趣旨は次のようなものであった。傍聴人として上京した理由は、「郷里数兄弟の推す所となり、止を得すして来る者」[82]であるが、「会議御推問や地租改正の件に付ては、是非公撰民会御取り開き無之テハ、人心悦服致ささる事あれハ、之を各地方官に質して上陳を希ハんと」するためであった。地方官会議は民情を知るため、傍聴人に諮問あるものと期待し、自弁で上京したが、果して効果があったのかと自問し、まして公選民会が実現せず、官選区戸長会の地方会議となったことに愕然となった。一二県二六名の傍聴人有志とともに、公選民会開設を政府に建議したが、何の指示もない。これでは地租改正の公正も期しがたい。「租税なる者之を人民に取りて、以て天下の須用に供するところなれハ、必す人民の同く服して、同く然りとする所に出」なければならない。実際をみれば、「官吏ハ惟た地価の低下して税額の欠減」を恐れている。新法は旧税額を減ずるどころか、かえって増加がみられる。もし、「政府の目途とする所を以地税を賦課せハ、一村の人民其土地を保護する能ハす」。「租税ハ一国経済の基本にして、人民の利害休戚に関する之より大なるハなし。必らす人民の公議を採り、天下の承諾を得て然後之を徴集せさるへからず」、そのためには「公撰民会を各府県に開くにあるのみ」。改正は民会で衆議すべきだという。

窪田畔夫は蟻封社や、その後の民権結社奨匡社の中心人物であるが、筑摩県下有志の公約数的意見を代弁したのである。かつて私は筑摩県地租改正事業の特色について検討したことがある。[83]筑摩県においては、この時、先行府県として大きな矛盾に逢着していたのである。すでに筑摩県では、明治六年以来、下問会議と称し、県令主導の県会や大区会が開設され、その民会化への動きが強まってはいたが、あえて純粋な民会でなければ、事態の解決になり得ないことを認識しての建言であった。筑摩県下では農民的地価算定法ともいうべき、減租率の高い「田畑割引法」[84]を生み出していた飯田支庁つき村々では、検査例一則の強制により騒然となり、一揆寸前に達していた。これを北洲舎（社員白井政夫来県）に依頼し、法廷闘争に訴えてもいるのである。戦後研究史は、この闘争方式を一揆から民権の言論闘争への変質として、大きな評価を与えたが[85]、自由民権運動への転換の第一歩となるものでもあった。

窪田畔夫の地租改正を基本とする地方民会論は、明治八年当時の日本の世論を、最も適確に反映したものであった。明治七年の兵庫県会の審議が、地租改正および農税減少問題に集中したことは前述した。したがって、地方民会論は民選議院（国会）論とともに、地租改正を基本に要請され、租税共議思想を実現する場として定着していた。この時期、一方では区戸長公選化も重要課題となり、淡路自助社「区戸長公撰の義建言[86]」や、佐賀自明社の「区戸長公撰の議[87]」が提出され、地方行政上の理事部門の公選化要求も激しくなる。租税を基礎に、総体として地方自治要求が、政治課題となった時であった。

8　おわりに

明治九年、埼玉進修会は「自由ノ心思ヲ発展シ、自治ノ精神ヲ培養[88]」するため、「言論及ビ出版ノ自由ヲ許シテ、公議輿論ヲ皇張」する「中央国会地方民会ヲ興シテ、与政ノ習慣ヲ養成」することを目的に組織された。八年までの経験をふまえ、民権結社による民権思想の養成が課題となった時である。地方自治を基礎に、一〇年代の自由民権運動が準備される時でもあった。

それゆえ、明治五年から八年までは、基礎事業たる地租改正事業の試行錯誤の時期であり、生成する諸矛盾への対応が迫られた時期であった。折からの開明的地方官による地方議会の開設や、下野参議達による民選議院設立建白は、農村的潮流とも云うべき地租軽減、地方自治の民会路線に、大きな影響を与えたものの、一貫して下流の民間路線は伏在しつつ表面化する時期であった。

廃藩置県後、新県における県治が始まった明治五年を契機に、地方議会の開設が、開明的地方官により豪農層の要請もうけて開始される。地方議会の構成は、区戸長議員から公選議員による民会化が進むが、これに応じて、地方官の諮問会的性格が薄れ、本来的にもった地域産業の育成、開明化の要請を、地域の課題として提起し、解決しようと試みるに至った。当初、統制され整理されないこともあって、地域問題に限らず、地租改正を含む国政全般にわたる審議へと、拡大される傾向にあったことは小田県民会が典型的に示している。

このような地方民会化をめぐる現実の地方議会での、官と民との対立にくわえ、その体験をふまえての地方民会論が展開され、同時に、権利意識にめざめた法律知識普及のための法律結社や、天賦人権論からする民権結社が普及することになった。立志社中心の愛国社的潮流とも云うべき士族的民権運動の影響も強かったが、これとは別に、全国的に農村のなかから地域的民権運動が展開し、法律思想の影響を受けつつ、民権結社を組織し、地方民会論を民選議院論、つまり民選国会論との関連で主張するようになっていた。

明治五年から八年当時は、素朴な両院論や地方民会論が展開されたが、公選化を強めながらも具体的な選挙権論は展開されていなかった。漠然と「ミツドルクラス」論が前提におかれていたようであるが、地租改正利害論も地域産業論も、この立場から発言されていた。当時の経済論は貧富平均論が前提にあり、農村における階層分化問題が論潮に登場するのは、明治一〇年以降である。それゆえ政治論や産業論に、直接に階層問題が投影されることはなかった。政治論、経済論、法律論、組織論ともに、階層的視点を欠いたまま、政府対抗的に主張されていたのが、この時期の特徴であった。

（1）　拙稿「尾佐竹史学の成立とその特色」『大学史紀要』（明治大学）第八号

(2) 尾佐竹猛『日本憲政史論集』（育生社、一九三七年）六頁
(3) 服部之総「絶対主義論」『同著作集』第四巻（福村出版、一九七三年）二六八頁
(4) 拙著『明治国家形成と地方自治』（吉川弘文館、二〇〇一年）
(5) 尾佐竹猛『日本憲政史論集』九一頁
(6) 右同　一四二頁
(7) 尾佐竹猛『日本政治史点描』（育生社、一九三八年）序文二頁
(8) 福沢諭吉『福翁自伝』（岩波書店、一九四四年）
(9) 尾佐竹猛『明治政治史点描』五九頁
(10) 加藤弘之訳『国法汎論』（文部省）
(11) 尾佐竹猛『明治政治史点描』七三頁
(12)、(13) 板垣退助『自由党史』（岩波文庫）上　一〇七頁
(14)、(15) 右『自由党史』上　八七、七九頁
(16) 板垣退助『自由党史』上　二四六頁以下
(17) 高嶋雅明『和歌山県の百年』（山川出版社、一九八五年）三六頁以下
(18) 宮崎道生『青森県の歴史』（山川出版社、一九七〇年）二二二頁
(19) 青木孝寿、上条宏之『長野県の百年』（山川出版社、一九八三年）八四頁
(20) 『新編埼玉県史』資料編一九　近代・現代1（埼玉県、一九八三年）三五二頁
(21) 「郵便報知新聞」明治九年九月二二日　投書
(22) 拙稿「埼玉県における自由改進両党組織化の特質」（『埼玉県史研究』二号）
(23) 飯田文弥「新聞解話会と山梨県の民権運動」（『信濃』二二―一）
(24) 「日新真事誌」明治八年一月二四日
(25) 谷口澄夫『岡山県の歴史』（山川出版社、一九七〇年）一七四頁

(26) 自郷学舎については『杉田鶉山翁』（鶉山会、一九二八年）一二七六頁以下
(27) 有元、甲斐、頼、青野『明治期地方啓蒙思想家の研究』（渓水社、一九八一年）九〇頁
(28) 『広島県史』近現代資料編（広島県、一九七三年）四六〇頁
(29) 「郵便報知新聞」明治七年一一月八日　投書
(30) 新藤東洋男「自由民権運動と代言社」（『日本近代史研究』第六号）
(31) 板垣『自由党史』（岩波文庫）上、一四五頁
(32) 『大阪弁護士史稿』（大阪弁護士会、一九三七年）上　五六七頁　以下同
(33)、(34) 右同　六一六、六二三頁
（注）なお『大阪弁護士史稿』の北洲舎部分の草稿と思われる論文は奥平昌洪「北洲舎始末」（司法資料）である。この論稿は「法律新報」大正一三年五月の第二号以降に連載されている。また、これらを用いた論文に中瀬寿一「一八七四〜一八七七六（明治七〜九）年大阪における自由民権運動の勃発とその史的考察」（『大阪産業大学論集』社会科学編六九）がある。
(35) 有元、甲斐、頼、青野『明治期地方啓蒙思想家の研究』五四頁　再引用
(36) 『広島県史』近現代資料編　一四四頁
(37) 注（35）四三七頁
(38)、(39)、(40)、(41)、(42)、(43)、(44) 注（36）四四五頁以下
(45) 広島県立歴史資料館　諏沢家文書
(46)、(47)、(48) 「公文録」明治五年『建白書』国立公文書館
(49) 『明治建白書集成』第二巻（筑摩書房、一九九〇年）六八〇頁
(50) 「公文録」明治六年府県景況　国立公文書館
(51) 「公文録」明治六年建白書　国立公文書館『明治建白書集成』第二巻　一〇六頁
(52) 「東京日日新聞」明治六年三月二三日

(53)『広島県史』近現代資料編　四五六頁
(54)右同　四五八頁
(55)右同　四六〇頁
(56)有元、甲斐、頼、青野「前掲書」三七四頁
(57)『広島県史』近現代資料編　四七七頁
(58)「東京日日新聞」明治七年一月一九日　江湖叢談
(59)「郵便報知新聞」明治七年二月一九日　投書
(60)「民選議院集説」『明治文化全集』第一巻、憲政編（日本評論社、一九六七年）三六一頁以下
(61)「日新真事誌」明治七年六月二九日　投書
(62)「東京日日新聞」明治七年二月一〇日　江湖叢談
(63)右同　明治七年
(64)右同　明治七年六月一三日　江湖叢談　日新真事誌　明治七年五月二二日　県新聞
(65)「郵便報知新聞」明治七年七月四日　投書
(66)「東京日日新聞」明治七年六月一四日　江湖叢談
(67)右同　明治七年七月二八日　江湖叢談
(68)「日新真事誌」明治七年五月三一日　県新聞
(69)右同　明治七年六月二九日　県新聞
(70)右同　明治七年九月二〇日　投書
(71)右同　明治七年九月二三日　県新聞
(72)右同　明治七年一〇月一三日　左院録事
(73)右同、明治八年一月四日　投書
(74)「郵便報知新聞」明治七年一二月一二日　建言

(75) 右同　明治八年二月一七日　投書
(76) 右同　明治八年四月一五日　投書
(77) 右同　明治八年四月二七日　投書
(78) 右同　明治八年五月八日　論説
(79) 「東京日日新聞」明治八年五月二〇日　寄書
(80) 右同　社説
(81) 右同　明治八年五月二三日、「郵便報知新聞」明治八年五月二日
(82) 「郵便報知新聞」明治八年七月二六日　投書　以下
(83) 拙稿「松本地方の地租改正」（『土地制度史学』第二九号）、同「増租地帯における地租改正」（『駿台史学』第一七号）、同「地租改正の進行と農民の動向」（古島敏雄編『明治前期郷土史研究法』『郷土史研究講座』第六巻所収）
(84) 拙稿「増租地帯における地租改正」（『駿台史学』第一七号）
(85) 後藤靖「自由民権運動と農民一揆」（『京都大学人文学報』七）
(86) 「郵便報知新聞」明治八年八月四日　投書
(87) 右同　明治九年五月一五日　諸県報知
(88) 右同　明治九年九月二三日　投書

第2章　地租改正と地方民会

1　はじめに

「民意調達」、それは地租改正にとって最大の課題であった。土地・税制改革の基礎作業としての地租改正は、農村生活の基本とかかわり、地方官にとって改正作業の無事推進のためには、民意の動向は最も注意すべきものであった。幕藩体制下において年貢負担問題は一揆の前提として、多くの民政担当者が苦心するところであったから、その一大改正作業は新生明治政府の命運を堵すものとなった。当時の多くの地方官が、地域の実態に注目すべきことを説いたのも、こうした現実と無関係ではない。

しかし、民意調達もそれほど簡単な仕事ではなかった。政策上の意図と民意とはしばしば対立するからである。本章ではこの間の事情を明らかにするため、改正作業推進上、民意は如何に調達され統制されたかを課題とする。したがって前章で提起された地方民会論の根拠を問うことになる。対象県は福島県である。

ここにおいては中央集権国家形成のため、統一的画一性のもと国家意志の貫徹を図らねばならない地方官独自の立場と、結局はそれをスムーズに推進するために、政策実行の現場責任者として農村生活の厳しさの反映をめぐる立場とが、如何に調和的に体現化し得たかが問題となる。第一回地方官会議の地方民会審議において、公選民会支持論と官選県区会支持論の間には以上の如き立場の差が、政治的には集権と分権とをめぐって交差していたのである。

地租改正と民意調達の相関につき地価算定問題に限ってみれば、筆者はかつて次の如き指摘をしたことがある。筑摩県では早期実施の改正作業が、必然的に在地に成立している地価把握の方式を統合化させることになり、農民的地価算定法を生み出し、旧貢租維持方針をかかげ、これを算定法化した検査例（国家的意図）と対立することを明らかにした(1)。地価算定上の官と民との対立は、地租増徴に対する負担軽減闘争からやがて自由民権運動に接続したことを指摘している。

神奈川県では売買地価主義の原則からする小作地方式から収穫米軽減方式を生み、地租軽減を意図しながら結果として検査例による官定地価が配布されたこと(2)、浜松県では農民申告収穫量と、大蔵省の机上の予想収穫量の配付＝押付け反米との差を解決するため、浜松県会が開設され、公選民会から自由民権運動に移行することを明らかにしている(3)。埼玉県では逆に地租改正作業の多忙を理由に民会開催を中断している(4)。岡山県では農民申告収穫量と、政府の押付け米との差に悩んだ民権派地方官は、結局辞任に追いこまれ、後任には旧薩摩藩士の高崎五六が就任し、政府の方針を貫徹するのである(5)。

他の研究においては、直接地方官の辞任の形式をとらないまでも、府県統合を通じ改正の在地方式重視の諸県を消滅させ、中央集権的府県の創出を行なっている。たとえば小田県はその典型である(6)。民会における地租改正の自由な討議を否定する。結局、地租改正と算定上の民意の問題は、集権化による国家意志の貫徹に終るのである。

ところで地方官が熱心な公選民会論を主張し、かつ幕末以来、大規模な世直し闘争が展開し、明治十年代には自由民権運動が展開する福島県は、この点を解明する恰好の地域であった。民会もまた早期に発達する県である。河野広中が馬上でミルの自由論を読んで民権運動に熱心になったという説明のみでは、幕末期と明治十年代とを結ぶ説明としては不充分である。

かつてこの点を、福島県で地租改正との関連で検討したのは庄司吉之助氏であった(7)。同氏の研究は地租改正を理解するため、地租問題全般におよぶ改正研究の前史的位置を占める。ここでは民権運動への移行も旧福島県と磐前県の合併により生じた石代相場の差から反発闘争として理解されているのみである。地租改正史研究の先駆的業績ではあるが、改正作業それ自体の矛盾として解明されてはいない。課題は地租改正事業自体のなかに存在する民意調達のあり方と実態の矛盾に触発されて生ずる民権化の契機を明らかにすることである。ここでは地価算定上の方式を中心に、事業全般と民会のあり方を問題にしたい。

2　福島県地租改正の位置

福島県は明治二年八月十八日に成立する。明治四年十一月、二本松県に合併するが、同月十四日に再び福島県の名称となる。その後、明治九年八月二十一日に磐前県、若松県を合して新福島県が成立する。本章では耕宅地の地租改正を対象とするため、主に旧福島県が課題となる。

一般に地租改正は前提たる壬申地券交付事業の開始たる明治五年二月の売買譲渡地への地券交付を最初とする。以来、山林原野の地租改正作業が終了する明治十四年まで続く。この間、改正前史と本史に二分される。明治六年七月の地租改正条例の公布を界とする前史の壬申地券交付事業と本史の地租改正作業（改正地券交付作業）とである。

だが、これも条例公布という法令上の二分割にすぎず、各地の実態は壬申地券交付事業が六年七月までに終らず、七年にずれこむ場合が多かった。しかも条例上の改正趣旨が貫徹せず、特に売買地価主義から法定地価主義への転換の認識の深化が明治七年を通じて行なわれたため着手が遅れ、現実に地租改正事業が活発化するのは政府に地租改正事務局が設置され統一方針が確立し活動が始める明治八年五月以降である。

明治政府は耕宅地の改正事業は明治九年をもって終了するよう命じたから、改正事務局設置後一年半がピークであった。福島県はまさにこの時期に集中する、福島県の地租改正は明治九年一月から始まる。壬申地券交付事業が七年十一月まで継続したうえ、約一年間の中断期間があるからである。着手された耕宅地改正事業は急速に進捗し、明治十年一月に終る。約一年間の作業であった。

福島県は壬申地券交付事業が最も長かった県の一つである。明治六年一月から本格化した交付事業が、長期にわたった理由は、幕藩制下の土地台帳および土地所有関係の乱れによるものであった。壬申地券交付は本来、検地帳、名寄帳を基本台帳として地価の総額を調査する事業である。土地台帳が整備され所有関係が正確に記載されてさえいれば、事業自体は短期に終ったはずである。

明治六年九月、福島県は「問議十条」[8]を県下戸長層に諮問した。地租改正に関する一種の県会である。[9]諮問の第一条以下は次のようなものであった。

第一条

地租之儀ハ旧法ニ据置カ、本年ヨリ新法ノ御施行ヲ可願哉如何。

第二条

各村ノ等級表ヲ製スヘキ事、但、製表別紙ニ示ス。

第三条

各村地所売買常ニ何分ノ利ヲ以普通トスル哉、申出事

第四条

収穫米金ヲ正実ニ書上ヘキヤ如何

此儀収穫ヲ正実ニ書上サレハ、人民ノ休戚ニ関スル大患ニ付、本年改正成難シ、

　不得止旧法ニ据置ノ外策ナシ、此見込如何。

すでに地租改正条例が七月に公布されていたから、その「新法」との対応を諮問したのである。これに対し、戸長層は「新法御施行奉願候」[10]と答申した。県下の近代的改正への期待をみてとった県当局は、地租改正を「当年より施行致候段一統之望」[11]と理解した。つまり幕藩制下の土地台帳を基礎とする性格の曖昧な壬申地券交付事業より、明確な所有関係を把握する地租改正を希望したのである。

第二条以下は地位等級表を各村で作成し、土地売買上の利子を調査し、収穫米金調査を徹底するか否かを問うたものである。これに対し戸長層は、「別紙取調指上候」（第二条）、「従前地所売買無御座ニ付、相訳リ不申候」（第三条）、「村々取調正実ニ為書上可申候」（第四条）と答えている。土地取引が一般化していない当時、しかも地主小作関係も未成熟な当時にあって、利子率の一般的形成を知ることは出来なかったが、地位等級表の作成や収穫調査は、「旧法ニ据置」ことを良しとせず、早急に調査して提出することを誓っている。

新法による収穫調査は、当然その基盤となる土地調査とかかわる。問議では第八条、九条に「最前調上ル所ノ反別ノ外」に脱漏、隠田などがないか問うているが、戸長層は「敢テ不審ト相察シ候村々無御座候」と答えている。果して土地調査に問題はなかったのであろうか。「最前調上ル所ノ反別」を単なる検地帳、名寄帳の反別ではなく、ある程度の土地丈量の結果によるものとみれば、戸長層の右の如き確信をもった返答は理解できる。とすれば幕藩制的土地所有慣行の是正が、壬申地券交付事業の開始とともに始ったとみられ、土地丈量を基本とする収穫調査という事実上の地租改正への移行が、この時問題になっていたのである。

第1表　壬申地券期土地調査表

（明治7年）

郡名	旧反別	新反別	改出率
	町　畝	町　畝	%
信夫	8621.73	8086.79	0.94
伊達	2283.74	11799.64	5.17
安達	1073.86	10172.34	9.47
安積	4637.55	4519.01	0.97
岩瀬	6592.85	5787.94	0.88
白河	6677.05	5410.78	0.81
合計	49886.77	45776.49	0.92

（注）明治7「福島県地券調査一覧表」『今泉家文書』郡山市立資料館。

いま、年月不明であるが壬申地券交付事業の結果集約表とも云うべき「福島県地券調査一覧表」[12]により、壬申期土地調査と地租改正による土地丈量結果とを比較してみれば第1表のようになる。各郡別の土地調査表であるが、旧反別を幕藩制下の検地帳・名寄帳登載の面積とすれば、新反別は壬申地券期の調査面積ということになる。福島県全体(統計)の比率(=改出率)をみると〇・九二パーセントと調査反別の方が減少していることがわかる。この数値は、郡別にみる安達郡の九・四七倍、伊達郡の五・一七倍の増率と、白河郡の〇・八一パーセントの減反率を平均したものである。

このような県内のアンバランスが何故生じたのかは大きな問題である。この数値が正しいとすれば、この結果は幕藩制下の土地制度に起因しよう。この間の事情につき、のち地租改正期には次のように指摘されている。「各郡収穫米の同じからざるは、地味の厚薄に依るは論を俟たずと雖も、丈量の広狭による亦少なからず。故に信達の岩白に劣るを怪む勿れ。信達丈量六尺竿、両安同六尺五寸竿、岩白同六尺三寸竿」[13]とされている。地租改正時には六尺竿に統一されたことからくる竿の長短が、土地改出率の相違に影響したのである。また次のようにも云う。「信夫伊達郡ハ旧幕府代官検地之節、数万ノ石高ヲ打出シ候為メ、悉ク縮縄、安達安積郡ハ丹羽家旧封ニテ免相頗ル高苛、且無反別束苅ノ法ヲ用来、岩瀬白川郡ハ本多家封土中過分ノ新田ヲ打出シ、村ニ寄本新ニ重高モ不少、漸々苛法ニ苦来候」[14]。まして「安達安積両郡ニ二本松藩旧封ニ而検地帳無之」状況であった。支配者別による土地問題の錯綜がうかがえよう。これに加え、この数値の背景にある各地の経済活動を基礎とする地目変化も、見落すことができない。

結局、土地関係の錯綜さが「一村地押」[15]を許すことになり、当時の丈量機械として小法儀、分度矩、コンパス、金曲尺、竹尺度、十字木、定矩(三角、丸)、間縄、旗、札などが用いられている。これにより発行された安達郡の地券総枚数は一万四一〇三枚である。土地一筆毎の発行ではなく、「合筆一紙之券状」[16]であった。

この壬申地券期の調査結果を、さらに地租改正期の測量結果と比較すれば第2表のようになる。この表は改正率の

第2表　壬申・改正地券期比較表

	安達郡			福島県		
	壬申 A	改正 B	比率 B/A	壬申 A	改正 B	比率 B/A
	町 畝	町 畝	%	町 畝	町 畝	%
旧反別	1073.86	11054.18	10.29	49886.77	45164.23	0.91
新反別	10172.34	13445.61	1.32	45776.50	57640.55	1.26
地価	54万1844円	346万0695円	6.39	264万3177円	1607万5594円	6.08

（注）明治7「福島県地券調査一覧表」『今泉家文書』『二本松市史』資料編5、49頁。『明治初年地租改正基礎資料』中巻、966頁。

第3表　福島県地租改正結果表(1)
—土地改出率—

		磐前県	若松県	福島県
		万 町	万 町	万 町
旧	田	2.2283	2.4165	2.3392
	畑宅	1.6396	1.7735	2.1772
新	田	3.2281	2.4377	3.0862
	畑宅	2.0227	2.0134	2.6778
		%	%	%
率	田	1.45	1.01	1.32
	畑宅	1.23	1.14	1.23

（注）「明治初年地租改正基礎資料」中巻。

最も多かった安達郡と福島県全体を比較したものである。安達郡は測量反別で一・三二倍となり、福島県全体でも一・二六倍と増加する。安達郡は壬申期の旧反別に比較すれば、実に一二・四三倍になる。福島県は壬申期の減反が正確な測量によって、新たに土地が改出されている。地価は安達郡も福島県も六倍余の増加である。売買地価主義を原則とした壬申地券期と、法定地価主義を採用した改正期の相違である。また前者が農民自己申告を主としたのに対し、後者は政府の予定地価の配賦額であったことによる違いでもある。土地改出率から福島県をみれば第3表のようになる。県全体の一・二六倍は全国平均より少ないが、磐前県の水田一・四五、畑宅地一・二三に対し、若松県は水田一・〇一、畑宅地一・一四の中間であった。

土地改出の割合が、生産力および地価にどのような影響を与え、結果として新地租額が

第4表　福島県地租改正結果表(2)
―生産高および貢地租増減率―

		磐前県	若松県	福島県
		万石	万石	万石
水田	旧高	25.1283	28.1493	29.4957
	旧租	10.1775	10.7655	7.6429
	新高	39.0685	30.4855	39.2366
	新租	10.0648円	7.7038円	10.0196円
畑宅	旧高	10.4849	8.9470	12.8414
	旧租	2.2560	4.0838	3.7282
	新高	8.9391	14.8566	12.8830
	新租	2.4563円	3.7748円	4.2040円
		%	%	%
比率	水田石高	1.55	1.08	1.33
	田租	0.99	0.72	1.31
	畑宅石高	0.85	1.66	1.00
	畑宅地租	1.09	0.92	1.13

（注）　出典、前同。

第5表　福島県地租改正結果表(3)
―改租結果概評―

		磐前県	若松県	福島県
地租増減		3038円34銭増	8万円余減	9万9679円63銭増
理由	地勢	山岳原野過半 耕地其間ニ散布 平坦ナルハ沿海ノ一帯ノミ	地形タル山岳□□岡陵 起伏耕地其間ニ星散ス	北ナル伊達郡地質最モ厚ク南ニ従イ薄ク、物産金融富庶ノ如キモ亦北ヨリシテ南ニ移ル
	税	安石代アリ　畑税ノ薄キ等アリテ此因ヲ起ス	全ク管地反別ノ伸縮ト旧税ノ苛斂ナルトニ因ル	安石代ニヨリ旧税薄キタメ

（注）　出典、前同。

どのように決定されたかをみると第4表のようになる。磐前県の場合、水田は旧石高二五万石余に対し、新高は二九万石余になる。比率にして五五パーセントの増である。一応、検地以来、江戸期を通じ明治九年までに五五パーセントの生産力の伸びがあったとみてよいだろう。畑宅地はその逆で、旧高一〇万石余が新高では八万石余に減少する。比率は一五パーセントの減となる。検地時の石高は実勢を反映しないほど高めにつけられていたものと思われる。その結果、江戸期の貢租に対する地租改正による新地租は、水田〇・九九とほぼ変わらず、畑宅地も一・〇九とそれほど変わらない。総体として磐前県は旧貢額を維持、継承した県ということになる。

若松県の場合をみれば、水田石高は比率が一・〇八パーセントでほぼ変わらないものの、畑宅地は一・六六パーセントに増加する。しかし新地租は水田、畑宅地とも旧貢租額を下まわって〇・七二パーセント、〇・九二パーセントにしか当らない、江戸期貢租の相対的高さが指摘されてよかろう。

これに対し福島県は、水田は一・三三に増すが畑宅地は不変である。水田はこれに応じ新地租も一・三一パーセントに増し、畑宅地は一・一三パーセントと増す。三県のなかで増租率の最も高い県である。この増租率が額のうえでどの程度になるかをみたものが第5表である。磐前県は三〇三八円余増加したに過ぎず、若松県は逆に八万円余減っている。福島県は九万円余の増租となった。若松県の減税は旧貢租が苛酷であったこと、また反別が増していないことを理由としているが、磐前県と福島県は安石代による旧貢租の軽税が増租をもたらしたことが指摘されている。

3　安石代と安場県令

右の如く、福島県の増租が安石代に起因したとすれば、その問題は地租改正において、いかに処理されどのような意味をもったかを明らかにする必要があろう。

政府は明治五年八月、田方米納、畑方金納を原則とし、田租も石代納の場合、最寄市場での上米平均値段での納入を認めることになった。あわせて「安直段安石代を以て相納候分、本年より悉皆廃止」(17)されている。さらに翌月、田畑定金納、甲州の大小切、関東畑永などの旧来の軽税地は「相当之増税之見込相立」るべきことを布達した。これに応じ、福島県は十一月に「当県下貢納半高七石代、或は三石二斗、三石七斗二合算の安石代（中略）等、壬申より管内六郡半石半永の旧慣一切令改正[18]」ることを宣言している。

明治六年四月、福島県が政府に提示した改正案は次の通りであった。[19] 明治六年の正租米合計は一七万七二九四石余、このうち半石に相当する八万七二四九石余が米納、残り半石分の九万〇〇四五石余が永納であった。当時この永納分が問題であった。この永納額は二万二四二〇貫文余が上納額で、当時の至当代金に換算すると一四万六〇八七円余に相当するという。ところがこの永納米高は前述の如く九万〇〇四五石余に相当するので、これを当時米価で換算すると六万六六五四円余（これは改正高の二分七厘に相当する）となり、これより元来の永納分をそのまま金換算した二万二四二〇円を控除し、残り四万四二三三円余を「改正ニヨリ元永ヨリ増加[20]」分として増租たることを承諾した。この増租率は一九七パーセントに達するのである。しかし、改正趣旨をそのまま生かして上納すれば外に一七万九四三二円余（改正案の七分余に相当する）が必要となったが、これは「御用捨被下分[21]」として上申した。つまり改正増租額の二七パーセントを止むを得ず認め七三パーセントの免除を願い出たのである。

政府はこれに対し、この安石代改正案は隣県増租案より低いこと、かつ信夫伊達郡は岩代磐城中で最も上等の土地柄にもかかわらず、増租分の低いことを理由に難色を示したが、結局上申通りと認めるに至った。そのため福島県は政府の予想した増租額ではないにしても、明治六年以降実質的増租となっている。村々では安石代すなわち実質上の軽税据置き運動が起る。県下村々は明治二、三年凶作にともなう貢租借用分の返済がこの時期に集中し、安石代の改正にともなう増租分とともに二重の負担となって問題化した。

福島県は安石代処理による地租改正への移行については、政府と密接な連絡をとっていた。しばしば県令が上京し指示をあおいでいる。このような最中、政府は全国の地方官を召集し、民情を掌握することを計画していた。明治七年八月予定の地方官会議は、征台の役を理由に開催されていないが、福島県令安場保和は地方官会議開催にあたってはその民選議院化、そこでの税制統一化の要請を他の県令と共同で、しばしば建議をしていた。[22] この背景には県下において合意による県政の運営をめざし、県会、区会の体系化を準備する一方、町村会編成に着手した事情があった。

　明治五年八月、福島県議事会を組織し、戸長層への諮問的県会をはじめた福島県は、明治七年三月、議事概則、議席規則を制定し、同四月に区会議規則、同十一月に県会議事、議員心得書を公布している。ここで県会は「県政ノ利害得失ヲ更生シ、以テ将来施設ヲ確立[23]」せんとするものであったが、「県令ヲ以テ議長」とし、県官および区長を議員とする官選議会が「漸次村会、区会ノ興起スルニ方ッテハ其標準トナル」べきものとされた。区村会の体系化は進んではいなかったが、四月には「春秋両度宛日数ヲ定メ、区々ノ会議ヲ開キ（中略）、村々ヨリ名代人ヲ撰ミ」会議する方針は決めていたのである。同年六月には「村会議人[24]」＝公選村会議員（代議人ともいう）も選出され町村会が組織され始める。同十月には山林原野調査会議に代議人が参加しているが、壬申地券交付事業にこれら区村会がいかにかかわったかは明らかでない。

　町村会、区会が体系化され機能しだすのは明治八年四月である。この直接的契機になったのは地方官会議の開催である。安場県令は自分の主張を実践する意味で、地方官会議に出席する自分の立場を補強するため、県下世論のあるところを知ろうとしたからである。

　福島県は四月から五月にかけ区村会規則を定め、県下各区村で区村会を開き、地方官会議下問四ヵ条につき討議させている[25]。道路堤防橋梁修繕工事、地方民会之事、貧民救助方法之事、地方警察之事の四件について下問をうけた石母田村は、地方民会案については「農蚕之節五六十月除之外、毎月十三日村会可仕候事[26]」と決議している。県会、区会は自明とし、自分達の村落の問題として答申したのである。農繁期以外の毎月開催制は、恐らく従来村の協議機関であった寄合を基礎として村会化しようとしたものと思われる。このような答申は当時の福島県下の動向を明確化しようとしたもので、民意調達による県政運営の方向性を確認したものであった。

　県令安場保和は、明治八年六月、第一回地方官会議に上京の際、県下の現実に臨む地方官の立場から地方改革の方針を具申した。上京中の地方官会議々員（＝各府県地方官）のうち建議者は東京府知事大久保一翁、筑摩県権令永山盛輝、滋賀県権令籠手田安定、福島県令安場保和、鹿児島県令大山綱良、名東県権令古賀定雄、大分県令森下景端らであったが、いずれも地方官会議への諮問案に対する管轄府県の現状を具申したものであり、大山鹿児島県令の民会尚早論を除けば、安場福島県令の建議は宅地税軽減論を主張する永山筑摩県権令、公選民会論主張の古賀名東県権令と軌を一にし、それ以上に体系的地方制度改革論になっていた。

この安場県令の「建議ノ大意」[27]は、「内重ク外軽キノ弊ナルヲ以テ、内外権衡ヲ得ント」する県政均衡論と、「農民歎苦地租減少セサル可ラス」とする地租軽減論に立つ県内行政論の二本柱から成り立っていた。前者には私考県治職制、私考民費概表が、後者には人民貧富表、士族禄制論、区吏改正論、営繕費論が付属資料としてつけられている。いずれにしても建議の基調は、地租軽減論に立つ県政運営論であった。

財政面から彼の主張を要約すれば、県政運営上の政費は、「議政行政司法ニ係レル官院府県等ノ費用、全国歳入総額ヨリ賞典秩禄等ヲ除去シ、残高ヲ三分シ、其ノ二ヲ国費トシ（中略）、其一ヲ府県トシ地方一切ノ費ニ供ス」とする。明治六、七年の国家財政表を基礎に立案されたこの主張は、三分の一を府県費に充当した場合、石高割として福島県に配当さるべき一七万円余について常費、勧業、学務、土木、警察、教育などの内訳を論じている。若干生ずる不足分は臨時歳入か賦金によるものとされ、将来的な県政の見通しを述べている。それは当然に県内財政のあり方とかかわるものであった。

士族授産の奨励による有期的士族消滅論と、区戸長の門閥を廃止し官吏とし、区を廃し郡に復し郡長郡生を置くこと、県庁営繕費はすべて官費とすることを主張した。地方行政の末端に位置し、県政の実効をあげるのは区戸長の手腕にあるとして「民政上ノ正統官」たる彼等は、官位を与え行政の便を図るべきとする。旧来、区戸長経費は民費でありながら負担する人民は「積年奴視軽看ノ因襲」のなかにあり、明治六、七年の石代高騰もあいまって負担増を招き、そのうえ「一種民費ト号スルノ税目ヲ負担」する「今ノ民タル良ニ憐ムベシ」とした。「是臣去ル明治六年十二月中屢上請、決ヲ得テ県下ノ区画民吏ヲ改洗スル所以ノ微志也」とされている。

とすれば租税の現実からする県下住民への同情から、機能的な区戸長行政官論が展開されているわけで、それ自体は中央集権化をすすめる大久保政権と矛盾するものではなかった。問題は租税に対する同情と民意調達の姿勢である。

安場県令の地租軽減論は次のように組み立てられている。「租税ハ政府人民ヲ保護スル所以ノ費ニシテ、人民政府に托シ其保護ヲ受ル所以ノモノ」といい、農税のみでなく商工の職業、物品二税も当然必要である。政府の保護は農工商同一に受くる以上、農に負担が偏重してはならない。福島県は全国と同様に四分の三は農民であるが、重租の因襲は続けるべきではない。県下上等農家にやや余分ありといえども、中等農家以下は赤字である。生活の現状からは「其元気ヲ充養シ国事ヲ負担スル」状況にはない。政府は諸税を改正し、軽重を平準化しようとしているが、地価税の如きは「公私所得ノ平均比較ヲ明了シ、後チ其額ヲ定メサレハ所謂百分ノ三ナルモノ名ヲ改メ法ヲ異ニスルノミ、其実新旧同轍ニ帰スルノ状アリ」と批判する。職業税、物品税を起し地租を軽減し、「勉メテ民力ヲ寛ニスルニ如カス」という。

政府財政を定める場合、実地施行について「議会ヲ開キ（村市会郡会ニ根帯シテ県会ヲ起シ、年々三四両月国会ヲ開クヲ例トス）、設施ノ条目ヲ熟議シ、決議条目ノ外、官省府県共ニ独裁費消スル事ヲ得サラシム」としている。この件は今回の地方官会議に付し「議論精決アラン事ヲ」願っている。福島県下の商工税の現況につき区村会を開き調査しているところよりみれば、地租軽減論、民会議論は単なる理想論ではなく、具体性をもって主張されていたことがわかる。ここでは有能な開明的地方官としての姿勢が後退し、民意反映の正当な政治をめざす「仁人」の立場が強調されている。

安場県令が重視した当時の貢租が、人々にいかなる負担になっていたかを第6表でみておこう。福島県下で経済的

第6表　明治8年福島県農家負担表

郡県／収支	信夫・伊達郡			福島県
	上等農家	中等農家	下等農家	全体
所有地	水田1町歩畑1町歩2反歩山林1町5反歩	水田8反歩畑7反歩5畝歩山林1町歩	水田3反歩畑3反歩山林3反歩	反別45302町歩余
	円 銭	円 銭	円 銭	万 円
総収入	208.99	140.43	42.02	326.8149
種肥代	18 （9%）	12 （9%）	4.50（11%）	28万円余（9%）
貢租	19.25（9%）	12.83（9%）	4.81（11%）	36万円余（11%）
区村費	5.76（3%）	3.79（3%）	1.44（3%）	11万円 （3%）
諸経費	144 （69%）	111.60（79%）	40.54（96%）	267万円余（82%）
合計	187円01銭	140円22銭	51円29銭	343万0784円
差引	21円97銭過	20銭過	9円26銭不足	16万2634円不足
戸数	1559戸	5487戸	13051戸	4万2493戸

（注）　明治8年6月「福島県令安場保和建議ノ大意」（人民貧富表）。国立公文書館。

に最も進んだ信夫郡と伊達郡および県全体の人民貧富度を示したものである。両郡は上等および中等農家はともに貢租は九パーセント、区村費は三パーセントにしか過ぎない。下等農家と県全体は貢租一一パーセント、区村費三パーセントである。貢租および区村費合わせて一二〜一四パーセントは、数字からみれば地租改正の検査例以上の国家取分（地租＋村費）三四パーセントと比較して比率は大きくはない。

それでも安場県令が地租軽減を主張しなければならなかった理由は何か。それは経費とされる一般的家計費の確保にある。そのためには上等農家に多少の余裕を生みながら、中等農家は僅か二〇銭の黒字で、収支あい等しい。下等農家は多額の赤字となっているが、県全体でも同様であり、この赤字解消のための地租軽減であったと考えられる。

とすれば県令の軽減論は全く正当なものであった。このことは旧貢租額を減ぜざることを目的とする地租改正には批判的にならざるを得ない。地方官会議における「公議」の要求とは、果してこの立場からのものであったのではあろうか。否そうではあるまい。この立場を貫徹すれば地方官としての自己否定に行きつく筈である。彼の真意は農民の生活擁護にあったとしても、地租改正それ自体に反対したわけではないであろう。農民の生活が先か、国家財政の確保が先か、その調整を地方官会議に期待したのであろう。

４　改租事業の特色

表７表　福島県改租推進体制表

区別	会　所	担　当　戸　長	顧　問　人
第１区	福島町	中山重英、鈴木精、近野元右衛門	阿部治三郎、阿部察
第２区	桑　折	魴林衛、斉藤義一	後藤惣右衛門
第３区	保　原	菊田和平、宮口鼎、福尾勝利	菅野攻
第４区	川　俣	榊策、西田耕治	佐藤新、武藤覚治
第５区	二本松	橋本直之助	石川安右衛門
第６区	本　宮	中野善道、原文輔	伊藤八郎
第７区	開成山	斉藤大三郎、国分伴内、山岡山三郎	今泉作右衛門
第８区	須賀川	荒木介治、矢吹源三郎	矢部長敬
第９区	矢　吹	常松収三、根本虎二郎	関根永作
第10区	白　河	佐藤行重、橋本久七郎	佐藤勇右衛門、梅沢運蔵

（注）　明治８年１月「日誌附込」『庄司家文書』福島県文化センター歴史資料館。

地方官会議の開かれた明治八年六月は、中央で地租改正事務局が設置され、全国的な実施体制が完成する時期である。福島県においても壬申地券交付事業が終り、本格的な地租改正に向けて準備が急がれる時期であった。県下の現実を強調し地租軽減を主張し、人民生活の安定を説く安場県令は、地租改正事業をいかに推進しようとしたかが問題になる。

前述の如く、新福島県は旧若松、磐前、福島の三県を統合し、明治九年八月に設置されている。地租改正事業は統合前に各県で開始され、耕宅地作業は終りに近づいていた。したがって耕宅地は旧県単位で新租施行が認可されており、山林原野改正のみが新福島県で実施される。

耕宅地に関する福島県の地租改正事業推進体制をみれば第７表のようになる。若松県は明治七年十一月着手（実際は明治八年四月着手）、明治九年三月に終る。磐前県は明治六年六月着手（実際は八年二月着手）、明治九年四月に終了する。福島県は明治九年一月着手、十年二月に終る。いずれも九年中に終了すべしとする政府方針を遵守した全国的にも中位の終了県である。

福島県に比し、若松、磐前県が早く着手しているが、これは壬申地方券交付事業と関連する。磐前県は地租改正条例公布より前に地租改正着手とされている点は検討されねばならない。普通そんなことはあり得ない。恐らく前述の福島県の如く、土地丈量を開始した時点を着手時としているのであろうが、地価調査の基本方針は、決定されていなかったからである。それゆえ、実際の改正着手が八年二月にならざるを得ない。六年六月から八年二月の形式的着手と実質的着手の間は試行錯誤の期間であった。地価に対する認識も売買地価主義から法定地価主義に深化する時期である。若松県も同様であるが、全国的にも明治八年五月まで実際上の着手体制は整っていない。

福島県は前述の安場県令の地方官会議における地租軽減論からする改正上の公議の採用、すなわち「百分ノ三ナルモノ名ヲ改メ法ヲ異ニスルノミ、其実新旧同轍ニ帰スル」（前掲）とする。人民所得確保上からする封建的租法と収納の実質的継承の地租改正法に対する批判に根ざす、新法樹立の期待があって、着手の時間がのびていたとも思われる。そのため福島県の改正上の問題はより深刻であった。県令は地方官会議で自己主張が採用されないことを知り、急拠、この時認められた公選民会開設県の継承方針を利用し、改正の推進をはかる態度にかえている。それも人民所得の確保という基本姿勢を後退させながらである。

福島県が地租改正事業の着手にあたって、「地租改正人民心得書」を公布するのは八年七月頃と思われる。正式な年月が印刷されていない。それに追加改正されたものが十二月に公布され、全県的に実施体制を組む契機となった。この月、地租改正県会が開かれるからである。福島県会はすでに明治五年八月から開設されているが、七、八年の具体的な状況は明らかではない。明治七年に前述の如く県区議会が法的に体系化されるが、八年五月区議会が具体的に動き出しても、県会の動向は明らかではなかった。政府の村会優先開催論に配慮したのかも知れない。しかし、地租改正のいよいよの着手にあたっては、全県統一の施行体制を組むうえで県会の必要が迫っていた。

明治八年十二月十六日、県会が開催された。議員は正副区戸長、学区取締ら九三人である。議案は次の通りであった。

県会議目ノ順席[28]

第壱案

一、各区正副戸長ノ内弐名ヲ改正掛専務トセシムル事

但、弐名テ専務差支アルトキハ相応手馴候者雇、区費ヲ以テ弁スル等ノ事

第弐条

一、各区顧問人一名ツ、撰挙ノ事

第三条

一、丈量間竿一般六尺竿ニ改ムル事

第四条

一、各村ニ於テ改正事務掛惣代人撰挙、尤民撰、其人員給料等ノ事

等、合計一二カ条である。この席上、出席者のなかから改正掛専務とそれ以外から顧問人が決められている。それは次のような人々であった（表7）。官選区戸長と同クラスの人々による事業翼賛体制の創出を意味していた。

この県会は地租改正事業実施のための各区担当者をきめ、全県体制を整える区戸長会であった。第五条以下は「改正趣旨ヲ示スニ区会ヲナスノ時日ヲ定ムル事」「村惣代人民撰其外等ニ付、村会ヲナス時日ヲ定ムル事」のほか、事務取扱場の設置、丈量用具の準備などが諮問されている。この審議では改正事務の担当専務は区長ゆえ、改めて「改正掛専務」はおかず、担当戸長を一、二名互選すること（第一条）、顧問人は原案の如く、各区一人を原則とし区毎に選出すること（第二条）、丈量用具は各区適宜準備するが、間縄、十字木、標杭は統一すること（第三条）、村惣代人は村会で決定すること（第四条）、「区会ヲ先トシ村会ヲ後トシ時日ノ順序」を定めること等が決められている。総

第8表　地租改正と県区村会

時期	年月日	事項
	明治8.12	地租改正県会
土地測量期	明治9.1.4	区会（作業実施体制）
	1.12	村会
	2.5	道路巾員屈曲復旧修繕
	5.9	実地丈量落成、検査済
村位地位等級期	5.13	区会……「地位等級及収穫定等」
	5.18	村会……「地位等級調査人」公選
	8.5	耕宅地等級位付落成
収穫調査期		村民一般閲覧のため村会
	8.14	村中集会……「小前江モ見セ置」確定
	8.15	岩根村村会……「惣村出頭」
	9.13	収穫帳提出
	10.6	第6区収穫表完成
	10.14	地租改正実地丈量絵図、野取帳突合済、提出
収穫配布期	10.27	収穫県会
	11.25	区会……「改租収穫調査（中略）委細区会ニ於テ決議」
	12.5	村会……「納得之上等級帳」提出
	明治10.2.23	新税実施伺提出

（注）明治9年「邑内雑誌」本宮町関下、『岡部家文書』。

体として県提出の原案に大きく修正するものではなかった。小会議において「入費取立遺払者、区会村会ニ附スト決ス」とされたが、地租改正諸経費は区戸長議員において決定しながら、賦課は、必ず民意を得る体制を準備したのである。

この県会決議にもとづいて、翌九年一月より区村会を開き事業が開始される。事業の進捗にともなう区村会の有様は後述するとして、ここでは事業の概況を述べれば次のようになる。第8表は福島県地租改正の進行度と区村会開催時の関係をみたものである。明治九年一月早々に区会、ついで村会が開かれ、改正着手の準備が整えられ、早速、地押丈量にとりかかっている。土地測量が五月頃まで続き、その後八月頃まで地位村位等級の決定が行なわれる。八月から十月までは収穫調査期であるとともに、土地丈量野帳、切絵国の作成期であった。十月二十七日には全県の収穫量調整のため収穫県会が開かれ、この決定収量の確認が区会、村会で行なわれ、この平準化された収穫量が各村の地位等級に応じ配賦される。これにもとづいて各村の収穫高が提出されるのが十二月から翌年一月であった。これは県庁に対する各村の反別、収穫、地価承諾の請書の意味をもっている。

こうして得た村々の同意をもとに、福島県は二月二十三日に新税施行伺を政府に提出する。これをもって耕宅地の改正が終了したのである。福島県は地租改正事業を区村会を通じ民意調達した模範県ということになる。

5　改正作業と区村会

明治九年一月、地租改正事業の実施がいかになされたかを見ておこう。民意調達は安場県令の、云いかえれば福島県地租改正の基本路線であったから、八年十二月県会はその直接の出発点といってもよい。しかし、その県会意志の確認作業ともいえる区村会が終る九年一月をもって、土地丈量という具体的作業に着手したという意味で、この一月が正式な地租改正着手期であった。

九年一月の区村会は、たとえば第三区の区村会は用掛、代議人をもって区会を構成し、「此会議者専ら地租改正ノ事而已トス」[29]る議場則をもつ村会は、「代議人を以議長トシ、用掛ヲ以幹事及ビ什長ヲ以書記」とし、「一村ノ小前ヲ以議員」とした。九年中の区村会は地租改正議案が多いこともあって、基本的にこの方式が各区で採用されている。

九年一月の区会議案と審議結果を整理すれば第9表のようになる。丈量実施に向けて具体的審議が行なわれていることがわかる。各区において議案に若干の相違がみられるが、基本において変化のないことは表示された議目によって明らかである。この区会の特徴を云えば、改正推進の中心人物としての惣代人の決定、用掛、什長ら行政末端担当者の繁務にともなう増給、改正事務所の設置、測量師雇入れと縄引人足動員の件などの推進体制と丈量器具の準備、境界線の画定、改正経費賦課法および出納担当者選出法などが課題であった。

細部の違いについてみれば、改正事務所または改正調所と名称が異る改正事務取扱所は、各村に置かれる場合（第三区）と大村と小村合併型（第四区）、最初より合併型（第一、二区）がある。測量師雇入れについても第一、四、七区で決定しつつも、二、三区会は明確でない。第六区の場合、「改正仮規則」[30]を設け、測量教師の各村派遣を決め、区内二八カ村を三組に分け、「教師雇生」を七等級にわけて日当をきめ、組担当とし四月十日までに測量終了を決めている。縄引人足も村会決定の場合があり一定してはいない。

明治九年一月開催の村会審議についてみれば次のようになる。[31]

結果表

第　4　区　会	第　6　区　会	第　7　区　会
2～5人	2人以下	2～4人
20銭	20銭　泊30銭	20銭
大村1、小村合併	村会審議	各村
各村対応	改正教師雇入	丈量人雇入
縄引人2組16人	畦畔際より	模範測量
字限測量	一筆毎、字図作成	字限り図作成
	畝杭4尺巾2寸	持地標杭
	村会組合11組	1戸1人出席
	交換分合	字名称用
100石100円高掛	石高割、改正後反別	改正反別、地価割
各村2人公選、月50銭	事務掛担当	什長1名、50～75銭
泊15銭　1里4銭	事務掛公選	
20銭		
測量人雇入7～10円		耕地等級
	道路道巾定	丈量6尺竿

議法」白沢村ふれあいセンター、明治9「地租改正ニ付区会村会議」『安

安達郡田沢村会決議（第四区）

道路并作場巾定ノ議
改正事務ノ取扱所設置之議
総代人選挙入札見立、用掛什長ヲ除カサル議
改正ニ付手伝人定員ヲ定之議　附日給定之議
縄引人足弐名、定員外人足給有無定之議
他村ヨリ丈量人雇カ雇ハサルノ議
形杭并毎日之小杭幅尺ヲ定ムル議
耕地宅地等級之訳方之議

安積郡大槻村会決議（第七区）

改正取調所設之事
調所小遣人之事
縄引人足之事
道路之事
小祠并路傍ニ有之供養塔等之事

第９表　明治９年１月区会審議

課　　　目	第　１　区　会	第　２　区　会	第　３　区　会
第１条村々惣代人	大村３、中村２、小村１名	１村２名、手伝人足立	２～５人公選
第２条惣代人日当	正25銭、副20銭	惣代25銭、手伝人20銭	20銭
第３条改正事務所	数ヶ村合併	区内３ヶ所	各村設置
第４条丈量用具	測量師30人、用具世話	製造、試験	会所で統一
第５条丈量着手法	縄引人、各村決定17銭	縄引人足雇15銭	惣代見込、18銭
第６条１筆測量	村会審議	一筆限り測持	
第７条畝積建設法		字杭村持、畝杭持主	３寸角６尺、村持
第８条村会定日		18日より21日	22日以降
第９条区域分界改正	村会審議	村会審議	交換分合
第10条改正費賦課	反別割	改正反別、地価割	
第11条出納掛設置		１村２人村会選出	各村２人、年給７円
第12条惣代、手伝人旅費	会所規則準用	出県10銭　泊20銭	
第13条村落合併	村会審議		筆算生適宜
第14条用掛村長増給	会所見込		18銭
その他	夜勤手当 道路道巾定		

（注）　明治８「日誌附込」『庄司家文書』県立文化センター歴史資料館。明治９「地租改正区会決斉家文書』郡山市歴史資料館。

地租改正費割賦并取立法
田畑建杭村会後相立法
改正人足多分ニ付、村方並勤務之事

地租改正事務所ないし改正調所の設置、手伝人、事務所小走人、縄引人足、丈量教師雇入、畝杭巾、改正経費割賦法などが審議されているが、その多くは区会決議の追認的なものであった。区会はその後五月まで開かれていないが、その間村会は継続的に開かれ、実地丈量推進のため必要な決議を行なっている。惣代人は村会で公選されたが、彼らは小前一同より委任状をとり、一方では改正に努力すべき念書とも云うべき「答書」を小前一同へ提出した。

一月二十六日の仁井田村会（第六区）では、杭木、道路要請、使者（年給一八円）雇入、小使軒順勤務、改正人足雇入の件などが、第一区湯野村会では二月に地租改正掛の改選、公共地区域の確定、事務掛書類引渡法などが、他の一般議目とともに審議されていた。七区大槻村会では、二月、道巾決定、字検分の件、杭木巾および費用、土地案内人、墓地供養塔合併、耕宅地等級は持主にて耕地九等、宅地五等以内でつけること、畝杭建設法が審議され、同月末には人足勤方、着手順序、人足集合所などを決めている。いずれも地租改正実施上の最低必要項目であった。

当時の村会議員は什長と什長組毎に選出された一名の議員によって構成（第六区長屋村）されるが、前述の如く、小前層より選ばれた議員で構成されている。いずれも民選議員であるが、毎戸主は傍聴として出席するか、議員代行する存在で、寄合の延長上にドッキングした村会であった[32]。しかも第七区の場合、「村会議上申[33]」として「村会ノ決議スル条件ハ、改正掛之異見起ルト雖モ、参酌変議スルヲ得ス。右者過般村会之議事」であるとし、七区地租改正掛り担当区戸長、改正事務掛に申入れている。村会審議は全体として追認的審議にみえながらも、基本的に主導権を主張していたのである。

明治九年五月開催の区村会は、地租改正事業の進展度に応じ、土地丈量から地位村位等級編成にかかわるものとなった。すでに一月の区村会において事業推進体制と丈量問題のほか、耕宅地等級が第七区会や田沢村会で問題となっていた。第七区会では田畑を九等とし、従来の上中下等を拡大し、上に上中下、中に上中下等を付した八等とその他の九等方式で、上の上、中の下の如く名称からして封建制の延長方式であった。宅地は五等で双方が原案通り承認されている。最初は各地主による個人的心得を主とした等級であったように思われる。

第六区に布達された「地租改正着手順序[34]」によれば、実地丈量から始まり、終了後は実地検査を受け絵図作成を行ない、ついで「各村用掛什長事務係ヲ始メ老農共集会、耕宅地ノ地位等級ヲ討論セシメ会所ニ差出、直チニ掛官員区吏員出張、村会ヲ開キ決議ノ上相定ムヘシ」と指示している。宅地測量、再調および絵図作成は五月十日限りとし、これについで「村会ヲ開キ予テ布達ノ雛形ニ照準、収穫帳ヲ作成シ会所ニ差出」すことを命じており、この「収穫帳各村調済ノ上ハ速ニ区会ヲ開キ、各村運輸ノ便否、耕耘難易、余業潤否等ノ事ヲ議セシメ決議ニ作リ、各村比較表ヲ製」することになっている。

つまり、五月十日頃をさかいに収穫量を基礎とし、地位等級を村会で決定し、次いで区会で村位を決定することが指示されていたのである。この間の事情を四区村々でみれば、丈量は四月中に終り、五月十日から大蔵省官員が検査のため区内各村を巡回し、三十日にそれも終っている。五月二十四日に田沢村では村会が開かれ、「等級付役」[35]五名が選出されている。他村ではこれを「等級掛」とも云われる。田沢村はこの等級掛五人と什長五人、惣代二人、用掛とあわせ一三人が村内の各字の地位等級検査を六月十九日まで行なった。信夫郡上水原村の場合、内務省官員が出張し、丈量検査が終るのは六月二十六日、七月にはいり等級収穫調査が督促され、十七日に村会を開く。「等附ノ義ニ付村会」[36]とされ、等級掛が選出され翌日から八月六日まで等級調査が各字毎に実施されている。

ところで、第一区上水原村々会、第四区田沢村々会が各区会の前であったか後であったかは明らかでない。「地租改正着手順序」は等級の公平性を村人が確認するための村会と位置づけ、その後に区会を開く筈であった。第六区の場合は逆転する。五月十三日に区会が開かれ、福沢、松沢、初森村組合村会は十八日に開催されている。ここで筆算生雇入れとその日当、改正調所の設置、筆耕料、「地租改正等級監定人公撰方」[37]が審議されている。同区の関下村も区会後の村会で「等級調査人」[38]が選出された。彼らは前述地租改正着手順序の「老農」に相当する。時間的には区会直後であり、内容的にみれば、地租改正着手順序が予定した手順、すなわち前述の如き地位等級の決定→村会承認→区会所提出→区会開催→村位・利子率決定に逆行する。本来、村段階より地位等級編成を担当すべき等級掛は、第六区の場合、区会決定の地位等級の公平性の検証掛りの役割になっている。

八年十二月以来、地租改正の実施が民意を尊重しつつも、県（会）の主導のもと区会→村会に下向してきたように、九年五月時点でも県主導のもと区会→村会の方向で下向する。したがって村会が後追いする方式は、現地事情を優先し積み上げる方式を軽んじ、上意下達の風潮を生むことになる。区村会は生産の現場に根ざし発想されず、下情上達の機能を薄め上意下達の改正方針の翼賛機関になる可能性をもつことになる。

この間の事情を明らかにするため、当時の区会の実態が検討されねばならない。そこで第六区会についてみれば次のようになる。審議された議目を示せば、(39)

第一章　地位等級ヲ定ムル事

第一条　地位等級ハ収穫ヲ見定ムルノ階梯タルヲ以テ（中略）、精密ニ調査セン事ヲ要ス。

第二条　地位等級ヲ定ムルニ、初ヨリ総村ノ衆議ニ付スルトキハ空シク議論ノミ時日ヲ費シ、到底権衡ヲ失スルノ恐レアルヲ以テ、用掛什長事務掛及ヒ村内正実ナル老圃老農ノ内ヨリ弐名ヲ限リ、総代人ヲ撰バセ取調方委任セン事ヲ要ス。

第三条　前条総代人ヲ撰ブニハ、什長組壱人ノ割合ヲ以テ、総村中ヨリ公撰ニ撰抜スヘシ。

第六条　地位等級ヲ定メ地位帳ヲ製スルニハ、前条撰フ処ノ総代人ヲ始メ、事務掛及用掛什長ト相議シ、精密調査シ成功ノ上、尚亦区吏員出張村会ヲ開キ、右等位帳村民一般ヘ能々点閲セシメシ上、異存ヲ尋ネ、其言ヲ取捨ハ総代事務係用掛什長ニ策ク、出張区吏員ノ権ニアルヘシ。

第七条　等位ノ段階ハ（中略）、田畑ハ九等、宅地ハ三等

第二章　収穫ヲ見地価ヲ定ムルノ順序法

第一条　前議第六条村会ノ節、用掛什長事務掛及ヒ総代人ト相議シ、等位平均反当リ米麦ノ、収穫合計帳取調差出スヘシ。

第二条　収穫ヲ見地値ヲ定ムルニハ、精査方法種々有、第一耕耘難易、第二運輸ノ便否、第三余業潤否等ノ較表ヲ製シ、彼是利子ノ強弱ヲ斟酌シ、然ル後ニ確乎タル方嚮ヲ定メ候上、更ニ区会ヲ起シ衆議

第三条　前条区会決議ノ後、直チニ区吏員出張、村会ヲ開キ、先ニ差出ス処ノ等位平均反当リ収穫ノ差異ヲ酌量シ、確定ノ上、一筆収穫調ニ取掛候ヲ以テ目的トスベシ

少々長く引用したが、この点に改正上の問題が含まれている。この議案で重要なことの一つは、収穫全調査を地位等級調査の直接的前提としていないことである。「地位等級ハ収穫ヲ見定ムルノ階梯」とし、等級を優先しその後に収穫量の枠を設定する。このことは政府の予定収穫量配賦の枠組みづくりの意味をもつことになる。重要なことの第二は、にもかかわらず地位等級成立の前提として、収穫量（「等位平均反当り米麦」）を問題にしていることである。重要なことの第三は、さらにこの反当収穫米麦表を基準に、土地の生産条件を斟酌し、区会を開いて村位等級と利子率を確定（第二章第二条）することになっており、区内の均衡をはかったうえ村会を開き調整した等級別反当収穫量を基準に、村内の一筆毎の収穫量を決定することになっている（第二章第三条）点である。

重要なことの第四点は、民選による総代人をこの過程に参加させ、村民一般から委任状をとって代弁者の位置を与え、用掛、什長と協同させて機能的推進体制を組ませ、地位等級決定村会は空論にわたることを理由に、全村民の意志の直接的吸収を否定したことである。この点は六条にも意図され、衆議の異論の取捨は区吏員の権限とされている。重要な点の第五は、以上の経緯から地価算定のしくみは、現実の生産諸条件を大枠として考慮しつつも、県主導のもとに代議人を含みながらも用掛、什長、惣代人の区会によって、政府方式の受容という形で行なわれていくということである。その意味で生産諸条件に直結する村会の力量が問われることになる。

以上の内容を含む区会議案は、ほぼ全条が原案通りに決定されている。とすれば当時の改正過程は地位等級決定→村会承認→等位反当収穫量→利子率審議（区会）→村会承認→一筆限り収穫配賦の手順となる。果して区会を中心に前後二回の村会が開催されたか否かである。区会ではこのほか議員建議として、事務担当者の増給、巡幸道路修繕などのほか、「会議ノ節、議長幹事ヲ投票ヲ以撰抜スル事」(40)が可決されている。

区会前後の村会は、前述の如く、以前の村会は明確でなく、以後に多く開かれ、しかも等級掛公選が主たる内容であった。時期的には区会決議の追認と公平化を図るための等級掛選出の意味をもつことになった。この時期でも村会から地位等級および収穫調査にかかわる目新しい動きは出ていない。それゆえ、地租改正は地位等級および反当収量の比較検討による村位決定が行なわれた区会審議が、改正作業上のヤマ場になっている。第六区の場合、改正手続と権限に関する決議は、前述のように終っているが、第二章第二条の収穫量による地価算定のため、利子率の決定つまり村位決定作業が、ひき続き継続されていた。

この村位決定作業上の区会議案をみれば次のようになる。[41]

議目之順序

第一条　各村田方等級及ヒ収穫ノ反当ヲ定ムル事

第二条　各村畑方等位及ヒ収穫ノ反当ヲ定ムル事

第三条　各村利子ノ等位及ヒ利子之権衡ノ差ヲ定ムル事

第四条　一村限リ等楷収穫反当リ確定ノ上、直チニ一筆限リ地価ヲモ算出シ得ベキモノナレハ、地価帳ノ儀ハ筆算生雇招シ一区限一纏ヒニ取調度キ事

第五条　吏員各村へ派出之日割ヲ大凡予定スル事

右は田畑等級、反当収穫量を定め、利子等差による各村バランスを図ったうえ、「一村限り等楷」＝村位による各村反当収穫を、一筆毎の田畑に充当すれば、一筆限り地価が算定され、地価帳が作成されるので、その担当者として筆算生を雇い調整を図ることが提案されているのである。しかるのち調整値をもった吏員が、各村に出張し村会を開く予定日を決めることが提起されていた。

このような区会審議を経て作成されたものが、「安達郡田方等級表」、「安達郡畑方等級表」、「安達郡田畑利子等級表」、「新旧税額較表」、「福島県第六区田畑宅地反当収穫利子地価地租目的表」、「福島県第六区堤外不定田畑反当収穫利子地価地租目的表」[42]である。県下各区で同種のものがこの時期の区会で作成され審議されている。[43]参考のため安達

郡田方等級表と田畑利子等級表と表示すれば、第10表、第11表のようになる。これらを基準に各村の収穫量、地価表が作成される。

その前に村会の承諾が必要であった。第六区では七月中にこの作業が終り、八月にはいると次のように通達されている。「耕宅地等級位付落成ニ付、本年五月中、区会決議誌第六条之通、村民一般江点閲為致、確定ノタメ別紙日割之通村会開キ候条、追々等級位付帳小前江モ見セ置候様可致」(44)とされている。これに応じ同月十四日「改正ニ付一同集会」が行なわれ、翌日、組合村の「岩根村々会総村出頭」している。村会と称した全村集会であり、全村民が出席

第10表　安達郡田方等級表

等級	町　村　名	収穫反当
		石　斗　升
1等	南本宮	1.5.2
2等	二本松、南杉田	1.5
3等	関下、北杉田、高木、成田、高越、下川崎、平石、仁井田、北本宮	1.4.7
4等	白岩、長屋、上川崎	1.4.4
5等	松沢、舘野、糠沢、和田、大平、西荒井、油井	1.4
6等	鈴石、稲沢、小浜成田、沼袋、北戸沢、吉倉、針道、荒井	1.3.6
7等	永田、箕輪、西新殿、西勝田、南戸沢、内木幡、青田	1.3.2
8等	小沢、把山、原瀬、上太田、杉沢、渋川、玉ノ井、外木幡、下樋、苗代田、小浜、羽瀬石、小手森	1.2.7
9等	塩沢、青木葉、横川、下太田、大江東新殿、下長折、米沢	1.2.3
10等	上長折、百目木、茂原、田沢	1.1.6
11等	高玉、初森、中山	0.4.4.4
12等	山木屋、石筵、深堀	0.2.5

（注）『本宮町史』7、近現代Ⅰ、146頁。

第11表　安達郡田畑利子等級表

等級	田	畑	町　村　名
1等	54	506	二本松
2等	549	52	本宮
3等	56	53	針道
4等	57	54	油井、高木、高越、南杉田、大平、平石、小浜
5等	58	55	仁井田、北杉田、成田、上川崎、下川崎
6等	59	56	松沢、小手森、糠沢、和田、鈴石、小浜成田、北戸沢、舘野、稲沢、白石
7等	6	57	永田、青田、長屋、百目木、内木幡、沼袋
8等	61	583	関下、原瀬、吉倉、杉沢、塩沢、外木幡、西新殿、下長折、南所沢、西荒井
9等	62	6	苗代田、把山、下太田、横川、渋川、上太田、上長折、箕輪、荒井、東新殿、西勝田、米沢、茂原、小沢
10等	63	64	下樋、青木葉、大江、玉ノ井、田沢、高玉、羽瀬石
11等	675	679	初森、中山
12等	7	7	石筵、山木屋、深堀

（注）『本宮町史』7、近現代Ⅰ、147頁。

し等級と反当収穫を確認したのである。

一般的に地租改正反対一揆は、この段階で発生する。(1)地価算定の際の石代値段の現実より、その高さを問題にする場合（茨城県）、(2)地位等級の不均衡、(3)反当収穫量の多さ（愛知、三重、新潟県等）をその理由とする。[45] とくに(3)は政府の予定終了を配賦するため「押付け反米」と称して反発し、最も激しい騒動となった。

福島県で当時の租税に対する不満を要約すれば、明治二、三年の不凶時借用した租税の返還問題であり、また安石代改正による引戻し要求であった。地租改正自体については村位地位等級について均衡問題が若干起った程度である。[46] 石代値段については、明治八年十二月、福島県から磐前県に管轄替えになった石川郡江持村外一三カ村が、一石三円三銭から三円四七銭に変ったことによる増減を問題としている。[47] 全体として郡規模や全県的に反対運動に発展するようなことはなかった。

地租改正事業の経過において、地位等級、反当収量が確定すると、次に全村の収穫量、地価額、地租額が決定される。関下村では村会終了後、全村収穫量が調査され、九月十三日に収穫帳を提出し、同時に実地丈量野帳、絵図が作成され十月中に県庁に提出された。全県下でこの作業が進み、同月二十七日に収穫県会が開かれる。

収穫県会の趣旨は、次のようなものであった。[48]「全地収穫之総額予メ等定之為メ、別表掲載スル各郡反当之収米麦ハ、即チ六郡地力ノ厚薄、損害之多寡、反別之増歩等参酌シテ、実地算出シ得ヘキノ斗量ヲ考へ、旧来之石盛貢米等ヲ照シ、以テ各郡権衡ヲ均シ、而テ算出スル所ナリ、依テ甲乙各郡比準ヲ失シタル見込モ有之ハ、存分所見テ陳述シテ、反覆論究スヘシト雖モ、前条之旨趣ヲ認メ、一群一区増減ニ泥マス、全体ヲ通観シ（中略）、全体之平均ヲ得候様公評ヲ尽スベシ」。この県会は「各区区戸長并顧問人」[49] を議員とし、「郡位之等級ヲ議」すことを目的とした。二十八日の審議は「議論紛々トシテ編頗ニ渉リ」、午後十時まで続く。翌日遅く閉会したが、具体的審議内容は不明である。

この結果をもって第六区では区会が十二月三日に開かれ、続いて村会が五日に開かれている。第六区は無条件の承認とはならず、八等以下の収穫量と一一等以下の利子の減額を期待し、「一郡引直し方及強談[50]」んだらしい。しかし他区が県方針を認めたことを理由に、一区反対はむずかしいと判断し県方針の受入れを決めている。五日の村会では「村民一同集会、等級権衡相論、納得之上等級帳差出[51]」している。こうして実質上、耕宅地の改租事業は終了したのである。

6　地価算定と改租結果

福島県地租改正の最大の特徴は、政府・県主導ながら区村会の意向を無視しなかったことである。以上にみた如く、等級にしろ利子率にしろ一応は村会承認を得たものであった。しかもその村会は、議員主導であるとは云え、村民全員参加（一戸一人）のしくみが大事な場面でとられている。そのうえ現実の事業担当者たる惣代人や等級掛、手伝人は民選で、誓約書を村民に提出する関係であった。形式上は民意尊重の手続が踏まれたのである。したがって地価算定上の形式的要件は、すべて民意を調達した結果になっている。

云うまでもなく地価算定は、「収穫量×石代金－種肥代－（地租＋村費）÷利子率」の算式で行なわれる。福島県村々へも検査例一則として繰返し伝達されている。収穫額は本来、農民申告を主とする。ところが実際は早期終了の山口県以外は、政府の財政的要請から割出された予定収穫量が各県に配賦される。当時、一般的に云われた「押付け反米」である。

福島県もまた当然政府の予定収穫量が勘案されたものと思われる。地租改正は「追次本局出張官員ノ検査ヲ乞ヒ、続テ収穫地価調査ノ事ニ至リ（中略）、地価ノ高低当否ヲ予算シ、概計表ヲ以テ局員宍戸六等出仕始メヘ協議ヲ遂ケ[52]」決定しているからである。そしてこれを適実のものとした。この時突合わされた筈の県下の申告収穫量と政府予定収量との差は明らかでない。

石代金は福島県が小規模県でありながら、統一米麦価ではなく信夫伊達郡（米一石三円七〇銭）、安達郡（同三円二八銭）、安積岩瀬白河郡（同三円七銭）の三本立になっている。統一価でないだけにより地域密着性をもち、この点に関する不満はなかったようである。

種肥代は最も問題を含むものである。検査例一則の一五パーセントでは、現実の生産費たり得ないからである。種子、肥料代にのみ固定し農具代、労賃を含まないばかりか、肥料代も各地で異る筈である。一五パーセントの固定は高い地価、すなわち高地租を算出するためのものであるため他県で批判が集中する。不思議なことに福島県はこの点に関しても反論はない。収量について隣接地とのバランス上の苦情が聞かれた程度である。

利子率についても同様である。検査例一則では六分、二則は四分であるが、結局は法定地価主義の立場から一則の六分利が全国的に採用される。これは耕耘の難易、地力の厚薄、水旱害の多寡、余業の潤否、運輸の便否等より形成されるもので、千差万別の各地の違いを、全国一律に六分と画一化することが本来間違っているのである。一県内においても然りである。福島県では前記の第11表の如く、六分利を各村に傾斜配分することによって批判を封じている。たとえば筑摩県では第12表の如く、田畑割引法なる地域統一的な農民的地価算定法を生み出している。表示のように地位等級毎に種肥手間代と賞する生産費が異なり、利子率も七分を用いている。算出される地価（つまり地租）も低額に押えるよう意図され、地域の現実を踏まえ農民的余剰の確保が図られている。このような傾向は早期改正着手県でよくみられる。

福島県の場合、地租改正事業の着手が遅れ、九年中に終了すべき政府方針を遵守し、政府内に成立した地租改正事務局の指揮下に、模範的に急速に事業を進めたことが、一方では逆に民意調達を必要としながら、政府方針の一種の合理性を利用しつつ、在地要求の説得として行なわれた結果と思われる。「福島県出張復命書」[53]において、地租改正事務局九等出仕渡辺中が、福島県の改正結果につき、「夫レ地価ハ則チ奥羽ニ最タル可シ、地租ハ則チ旧税ヨリ増スナラサレハ村民ヲ以テ承服センヤ」と述べている。公平こそ説得の手段であった。

区村会の審議のなかで、農民的地価算定法を生み出し得なかった弱さがあるものの、寄合的村会を基礎に県方針を納得するまで検討する傾向は一般的であったようである。政府官員が「標悍ニシテ喧闘ヲ好」む県民性と表現する背景は、民会的にみればそのような気概であったと思われる。

表12表　筑摩県田畑割引法と検査別（田の場合）

	田畑割引法				大蔵省割引法		
等級	収穫量	割引率＊	地価	租率	割引率	地価	増地価額
	石	割	円	％		円	円
1	3.0	3.0	63	9	1割5分	94	53.85
2	2.85	3.25	58	18		89	31.46
3	2.7	3.5	53	15		85	31.86
4	2.55	3.75	48	17		80	32.01
5	2.4	4.0	43	16		75	31.96
6	2.25	4.25	39	16		70	31.66
7	2.1	4.5	35	15		66	31.14
8	1.95	4.75	31	14		61	30.39
9	1.8	5.0	27	13		56	29.42
10	1.65	5.25	23	12		51	28.21
11	1.5	5.5	20	12		47	26.79
12	1.35	5.75	17	11		42	25.13
13	1.2	6.0	15	11		37	22.64
14	1.05	6.25	11	10		33	21.14
15	0.9	6.5	9	8		28	18.80
米価　3円33銭 利子　7分					米価　3円52銭 利子　5分5厘		

（注）　拙稿「増租地帯における地租改正」『駿台史学』17号、＊は種肥手間代。

いずれにしても福島県民が受諾した地租改正の結果について再度みておこう。水田増租を中心とする全県の増租額は、政府官員が云う如く、奥羽に最たる地価から招来したものであった。ここでは全県規模でなく郡村規模の改正結果を問題にしよう。まず、地租改正に対する村人の感情についてみれば第13表のようになる。県全体三九二カ村のうち改正希望村は三一三村、怨忌村は七九カ村、「六郡ヲ通観スルニ希望スル村凡十分ノ八」である。この「人民改租ヲ好悪スルノ概況」(54)を統合福島県でみると、磐前県は希望村二三四村に対し怨忌村五五一村で、「十郡ヲ直観スルニ希望スル村方凡七分ノ三」でしかなく、若松県でも希望村二〇九村に対し怨忌村は二九七村で、「七郡中通観

第13表　人心改租好悪概況

郡　名	希望村	怨忌村	全村
信　夫	35	35	70
伊　達	88	4	92
安　達	62	0	62
安　積	32	4	36
岩　瀬	27	28	55
西白河	69	8	77
合　計	313	79	392

（注）「六郡ヲ通観スルニ希望スル村方凡十分ノ八分内ニ当ル」（「改租運捗跡調」税務大学校蔵）。「二本松市史」7、資料編5、46頁。

スルニ希望スル村方凡十分ノ四」でしかない。奇妙なことに減租県たる若松県やほぼ旧額と変わらなかった磐前県に不満が多かったことがわかる。逆に増租県たる福島県に希望村が多かったことは注意すべき点である。

福島県について郡別にみれば、怨忌村の全くない安達郡、わずか四村の伊達郡に当然希望村が多い。信夫、岩瀬郡に怨忌村が多い。「改租進捗之事跡取調書」(55)によれば、このような結果は、「旧税ニ比シ増額スルモノハ大約改正ヲ嫌忌シ、其減額スルモノハ一時歓喜ノ状アリ」とされている。地租改正結果の地租の増減をもって改正を歓迎したり忌避するのは当然である。しかし、必ずしもこの傾向が合致しなかったのは県段階で、減租の若松県に不満多く、増租の福島県に希望村の多いことでもわかろう。

福島県の場合、新旧租額の増減を郡別にみれば次のようになる(56)。

信夫郡　三二村増租　三八村減租
伊達郡　二九村増　六三村減
安達郡　一〇村増　五二村減
安積郡　六村増　八村減
岩瀬郡　七村増　四八村減
白河郡　二八村増　四九村減
　合　一一二村増　二五八村減

判明分の全村三七〇村のうち、地租増徴となった村は一一二村、減租村が二五八村である。増租村の比率三〇パーセントは怨忌村二〇パーセントより多い。増租村でも希望村のあったことを示している。とくに土地改出率の多い安

第14表　改正と国家取分（地租・村費）比

	明治８．６		明治10．1		検査例
	安達郡中等農家	福島県全体	改正結果	明治８収穫	
収穫金	115円32銭	326万8149円	155万4033円	189万7031円	100
	%	%			
種肥代	8	9	%	%	%
貢　租	11	11	31	25	25
公　課	3	3	10	9	9
経　費	77	82			
支出計	99	105			
差　引	29銭過	16万2635円不足	4公6民	取分33	取分34

（注）　明治８．６「福島県令安場保和建議ノ大意」国立公文書館、『地租改正基礎資料』中巻。

達郡、伊達郡に希望村の多いことは注目されよう。

福島県の各郡で改租結果の増減を村別に検討することは可能である。減税村と増税村との間の法則を考える必要があるが紙面の関係で省略する。だが、増租村を含め減租村も、生活との関連でみれば新地租が必ずしも農民経営の発展を約束するようなものではなかったことは云うまでもない。最後にこの点に触れておこう。

安場県令の減税的地租改正論についてはすでに触れている。その際、主張の基礎におかれた福島県人民貧富表の貢租率は、上、中、下等農家によって異るものの、全収入中の九〜一一パーセントにしか過ぎなかった。福島県全体も、平均一一パーセントである。それでも地租改正を、「公私所得ノ平均比較ヲ明了シ、後チ其額ヲ定メサレハ、所謂百分ノ三ナルモノ名ヲ改メ法ヲ異ニスルノミ」（前掲）と批判するのは、この比率が現実の減租に相当しないばかりか、地租改正法自体も減租による農民経営の安定を望めないとする真意のあらわれであった筈である。

福島県下の農民経営の現状から発想されたこの見解は、実際の地租改正作業を終えて、どのようになったかが問題になる。彼が予測した「名ヲ改メ法ヲ異ニスル」改正法ならば、改租結果は当然不変ということになる。この点を数値で示せば、第14表のようになる。表は安達郡中等農家の場合と福島県全体の平均とを、地租改正結果と比較し、取分上の比率をみたものである。

すでにみたように、明治八年六月の数値は安場県令の地租軽減建議の基礎となった人民貧富表に掲げられたものであり、安達郡は第6表の如く信達郡の下等農家並みに、貢租率は一一パーセントとされている。福島県全体は一一パーセントである。相対的に地租が低率となっているのは収穫代金が多額のためで、これには米麦売払代のほか山林収入、余産収入、上等農家では小作収入が含まれている。地租改正後の耕宅地租と比較する意味で、田畑に限定し収穫金をみれば、安達郡中等農家の収入は七七四円四五銭、福島県全体の収入は一八〇万円余になる。これに対する各々の貢租の比率は、前者一七パーセント、後者二〇パーセントである。

地租改正の検査例による取分比は国家取分三四パーセント、地主取分三四パーセント、小作取分三二パーセントである。国家取分三四パーセントの内容は貢租二五パーセント、公課九パーセントである。研究史上この三四パーセントは幕末期の三公七民の貢租率を継続するものとし、農民の解放をもたらされないものとされている。福島県の場合、地租改正結果にみられる収穫代金は一五五万円余、地租金四八万円余、区村費一六万円余となり、各々の比率は表示されたように三一パーセント、一〇パーセントに達する。比率からみれば福島県の地租改正は、政府の意図した三四パーセントを超えて四一パーセントに達する農民負担の激増する県であった。地租軽減による農民解放どころか、逆に負担増を迫るものとなった。

ところが、明治八年六月当時の収穫金を用い、改正後の新地租、新区村費をみると、各々二五パーセント、九パーセントとなり検査例の目標値に合致する。明治八年六月、安場県令上申の貢租金総額三六万円余に対し、新地租四六万円余は約一〇万円の増租となった（第5表参照）が、県内における生産力の伸びが、租率を三四パーセントの政府方針に合致させたことになったのである。このことは一方で非常に大きな意味をもつ。安場県令の地租軽減論の論拠となった貢租率一一パーセント（実質は安達郡一七パーセント、福島県二〇パーセント）を大きく上廻わることになり、彼の意図は完全に挫折することになった。大規模な反対一揆が起らなかったとは云え、農民経営の不安定性をそのまま継続したばかりか、その傾向を一層助長するものとなったのである。

耕宅地の改正事業の終了にあたって、地租改正事務局の出張官員は政府への復命書で、「六郡皆半石半永ニシテ其半永ナル者、信達二郡ハ永七石ヲ以テ金壱円ニ換エ、其他或ハ三石弐斗、或ハ壱石四斗四升其数同シカラス、先年石代ヲ復スルノ令出ルノ時、該県上請シテ其十分ノ二五ヲ復シ、其七五ヲ免ス、故ニ壱石ヲ納ムト称スレトモ其実六斗弐升五合ニ止ム。旧税ノ薄キ此ノ如シ」[57]と述べている。とすれば、半永分は六二・五パーセントしか納めていなかったことになる。この相対的軽税を基準とする改正後の増税ならば、増税の影響も数字ほど大きくはないことになる。しかし安場県令の意図は完全に失敗し、残された途は民会政策推進による下情の上達に一層注意することでしかなかった。

7　むすびにかえて

本稿は地租改正事業を通じて果す、地方民会の役割を検討することが課題であった。この観点からすると、福島県の地租改正は地方民会、ただし未だ官選議員を主とし、民選議員を区村会の一部に導入する県庁主導型の地方民会をフル稼働させて成功した事業だといってよい。

明治五年八月から始まった福島県民会は、当初は区戸長中心の完全な官選県会を主とし、明治七年から公選議員採用の区村会にかわり、八年四月以降体系化される。地租改正事業開始に先立つ八年十二月の県会は、区戸長、学区取締を議員とする官選区戸長であった。事業開始の九年一月以降、区村会は区会が用掛、什長、代議人により構成された執行・代議折半型をとり、村会は民選議員を主とし、毎戸主を傍聴ないし協議に参加させる寄合型村会であった。

地租改正事業の推進体制は「庁下ニ於テ各区々戸長等ヲ会同[58]」し、また「区吏員顧問人召集[59]」する官選の区戸長、顧問人会議を頂点に、区会には区戸長より互選された地租改正担当者、各町村の用掛、什長から選ばれた地租改正事務掛が対応したが、これに民選の惣代人が加わる場合があった。各町村は用掛、什長を中心に、公選された等級掛、落地改掛などが、雇入れられた測量師、筆算生を利用し事業を推進したのである。

当時は、福島県においても区戸長の準官吏化が進んでいた時期であった。安場県令は行政末端機構の官僚化を進め、下情の上達を図り、地租軽減の実現を意図しつつも、結局、集権と自治との矛盾に気づきつつ、調整上の最良の方法を模索していたと思われる。基本的に地方行政官の立場にたちながら、地域住民の生活安定を主張する彼の態度は、当時の地方官のなかで最も開明的であった。

地租改正事業の安場県令に代表される福島県の立場は、政府に公認されていた町村会民選化を優先する全国的動向に配慮しつつ、区会から県会への上向的民選化も意図されていた。改正事業の短期終了のためにも、強圧的な行政組織の動員よりは民意調達を不可避としたからである。しかし、改正事業開始にあたって開かれた地租改正県会、郡位等級を主とする県内権衡を図った収穫県会はともに官選諮問会であり、婦人参加の区会が民選議会の性格を強めながらも、県会審議の承認とその補充的解決を行なっているに過ぎない。

とは云え、公選議会としての村会は寄合的性格を色濃くもちつつ、地租改正掛も変更しえないとする村会優先の改正決議をするに至っており、在村の意向の尊重という姿勢は、改正事業を通じ成長しつつあった。しかし地租改正事業との関連でいえば、県内各地に幕末以来形成されつつあった筈の地価成立の方法を統合し、統一的な農民的地価算定法を生むような、民衆側の改正方式を提示するまでには至っていなかった。明治九年が政府の統一的方式（検査例）による全国的実施期という時間的特色から、在地方式を統合する時間的余裕を封ぜられたものと思われるが、それにしても、明治七年以来の民会化の過程でこの問題が提起されてこなかったことは、福島県の特色の一つではあろう。改租事業を法令にとって大意を検討した村会も、本質にかかわる問題が検討された形跡はない。

そのため改正結果が福島県に与えた影響は、農民経営の安定性の欠如という特質であった。幕藩制下の生産力に応じ、低貢租として制度化された半石半永の安石式の有利性や、束苅法による一〇倍余の土地改出率にみられる有利性が、改正による全国的平準化の国家取分三四パーセントの適用で、帳消しにされかねない状況が押しつけられたからである。幕末以来、福島県下で進んでいた農民解放の運動が、改正時に散発化しながら大勢とはならず、一旦沈静化したとも思われる状況は、改正の本質を批判し得ぬ弱さをもちながら、地価の形式的公平性や過去の有利性への安住が、民会参加の優先と改正期待度の高さとなって表われている。それゆえにこそ、近代的政治思想の獲得によって改正内容の真意を認識し、真の民会化を図る批判運動への展開への契機を、改正期民会はつくったと云うことができよう。

（1）拙稿「松本地方の地租改正――豪農と改租の関連をめぐって」『土地制度史学』二九号、拙稿「増租地帯における地租改正」『駿台史学』第一七号
（2）拙稿「神奈川県地租改正事業の特色」『神奈川県史研究』第四号
（3）拙稿「地租改正と遠州民会」木村礎・中村雄二郎編『村落・報徳・地主制』（東洋経済新報社、一九七六年）
（4）拙稿「府県制成立期の地域支配」『埼玉県史研究』第二五号
（5）拙稿「大久保政権期の政治構造」『明治大学人文科学研究所紀要』三四冊
（6）拙稿「大久保政権成立期の『府県会』」『駿台史学』第八八号、有元正雄『地租改正と農民闘争』
（7）庄司吉之助「地租改正と民権運動」『商学論集』第三二巻二号、同「地租改正前後における農民運動」『商学論集』第三四巻二号
（8）明治六年「地租改正布告」今泉家文書、郡山市資料館。『福島市史』一〇、近代資料1、一三八頁

（9）福島県会は諮問会議として明治五年八月に成立する。行政一般の諮問であったが壬申地券、地租改正もその一環として重視されている。福島県民会成立史は田島昇「福島県の民会について」、同「旧福島県の民会について」（東北大国史学会発表レジュメ）に詳しい
（10）注（8）に同じ
（11）庄司吉之助『地租改正と民権運動』より再引用
（12）『今泉家文書』郡山市歴史資料館
（13）『福島市史』一〇、近代資料1、一六一頁
（14）右同、一四一頁
（15）右同、一三五頁
（16）明治六年「地券御布令書」『今泉家文書』前同
（17）、（18）『霊山町史』第三巻、近代(上)、八二頁
（19）、（20）、（21）明治七年「福島県申牒綴」県立文化センター歴史資料館。『福島市史』一〇、近代資料1、二九頁以下
（22）拙稿「大久保政権成立期の『府県会』」『駿台史学』第八八号
（23）『国見町史』第三巻、『鏡石町史』第三巻、一八頁
（24）明治七年「邑内雑誌」本宮町関下『岡部家文書』
（25）拙稿「地方官会議と地方民会」『駿台史学』第九〇号
（26）『国見町史』第三巻
（27）「建議及所見陳述書類」国立公文書館
（28）明治八年『福島県日誌』県立文化センター歴史資料館。『福島市史』一〇、近代資料1、一四二頁、以下同じ
（29）『梁川町史』八、近現代Ⅰ、資料編、六九頁
（30）明治九年「布達留」『稲沢村文書』白沢村ふれあいセンター
（31）『岩代町史』三、資料編Ⅱ、近代・現代、六六頁。『安斎家文書』郡山市歴史資料館

(32) 寄合の村会化の代表的事例は伊達郡金原村の場合である。認可された村会規則は、農事会概則として、「会日ハ毎月一日ヲ以定規トス。毎戸必ス出席、活版之御布告民会ヨリ達書輪講シ、兼テ新聞紙ヲ読ミ、朝旨之在ル所、県治ノ由ル所ヲ体認シ之レヲ実地ニ奉行スルヲ要ス」とある（『庄司家文書』県立文化センター歴史資料館）
(33) 明治九年「地租改正に付区会村会議目」『安斎家文書』郡山市歴史資料館
(34) 明治九年「布達留」、前掲
(35) 『岩代町史』三、六四頁
(36) 『福島市史』一〇、近代資料1、一四八頁
(37) 明治九年「区会決議誌」『稲沢村文書』白沢村ふれあいセンター
(38) 明治九年「邑内雑誌」本宮町関下『岡部家文書』
(39)、(40) 「決議誌」右同、「区会決議誌」白沢村ふれあいセンター、『本宮町史』七、近現代(I)、一四三頁
(41)、(42) 『本宮町史』右同、一四六頁
(43) その一部は『郡山市史』六、資料II。『桑折町史』七、資料編IV。『伊達町史』六、資料編II。『岩代町史』三、資料編IIにある
(44) 注(38)に同じ
(45) 拙稿「地租改正」(『地方史研究必携』岩波書店)
(46) 『梁川町史』八、『福島市史』一〇にみられる
(47) 庄司吉之助『地租改正と民権運動』
(48) 明治九年「区吏員顧問人召集談評ニ付各員心得概意」『朝倉家文書』県立文化センター歴史資料館
(49) 「必携備忘抄」『石川家文書』白沢村ふれあいセンター
(50) 明治九年「諸建白及御達必用之分控」本宮町関下『岡部家文書』
(51) 注(38)に同じ
(52) 『明治初年地租改正基礎資料』中巻、九六四頁

(53) 右同、九六五頁、以下同じ
(54)『桑折町史』七、資料編Ⅳ、近代資料一一七頁、以下同じ
(55)、(56) 右同、七五頁
(57) 注(53)に同じ
(58)『明治初年地租改正基礎資料』中巻、九六四頁
(59) 明治九年「区吏員顧問人召集談評ニ付各員心得概意」『朝倉家文書』前掲

第3章　下野中節社と自由民権運動

1　はじめに

自由民権運動を立憲政体を目標とする全国的政治運動とみる戦後研究史は、「上流の民権説」に対する「下流の民権説」として、自由党史的理解に対する民衆的基盤が明らかにされた点に大きな特徴がある。士族民権に対する豪農・農民民権としてのこの運動は、「在村的潮流」、「県議路線」、「民会路線」、「非愛国者路線」などと称され、民撰議員設立建白—立志社—愛国社という士族民権コース（愛国社的潮流）と、相互に関連しながら政治的に成長する過程として把握されてきた。時期的にみれば、相互に異る思想・要求をもって出発しながら、明治一〇年頃から士族的潮流が民衆的潮流の公選民会要求を自己目的化することによって軌道修正し、民衆的潮流も、明治一二年の府県会開設を契機に国会開設要求を自己目的化して成長し、相互の部分的結合が徐々に進められて、明治一三年に至って両者の全国的合流、全国的運動が成立したと説かれている(1)。

この観点から、明治一三年三月の愛国社第四回大会が地方勢力の合流によって国会期成同盟と改称し、同年一一月の国会期成第二回大会を経て、翌年一〇月の自由党結成に至る過程は、民衆的潮流の昂揚期として戦後研究史の相当な蓄積がみられ、とくに運動で描かれた立憲政体の内容、政治運動としての組織論、民権思想の質的深化等は多くの研究者によって精力的に明らかにされてきた。この過程では運動主体の運動へのかかわり方が地方的基盤において問題とされ、最近では「底辺の視座」、「未発の契機」からする民衆思想史の方法が人民闘争史の方法とともに、民衆理解の二つの大きな方法となった感がある。

数年来、歴史推進の主体をめぐって人民像・民衆イメージの定立が試みられているのであるが、その一応の総括期にはいったと思われる昨今においても、必ずしも明確な回答がなされているわけではない。人民闘争史の方法よりする研究の最新の総括とも云うべき「自由民権運動」(2)においても、従来の通説的理解であった地租改正反対の経済闘争から租税共議権思想の普及にともなう国会開設要求の政治闘争へという連続性は、闘争主体を問題とする限り、直接的には否定されているのである。政治と経済のズレ論がさらに深化されねばならないわけである。

ところでこれらの問題と関連して、民権運動の発展過程を士族民権―豪農民権―農民民権という三段階からする従来の説明に対し、士族民権から豪農民権への発展は運動の全体的転換であっても、豪農民権から農民民権への展開は暴動の一局面でしかないという指摘(3)は、民衆運動の内部構造を問題とする場合、留意されねばならぬ点である。民衆内部の、のちに農民民権としてその本質を噴出させているものは何か、たとえ一局面であったとしても民衆運動の激化に際し、豪農、農民（貧農）と云う重層関係は如何にかかわり合うかという問題である。

かつてこの問題が集中的に検討された際、日本における「農民層分解そのものの二つの道」論と「近代的進化の二つの道」論のかかわり合いが、豪農論との関連で討議されたが、(4)すでに地租改正反対闘争のなかに「豪農民権」的闘争と「農民民権」的闘争の並存、交錯関係をみ、その重層構造の発展過程として民権運動全体を理解しようとする指摘(5)がなされている。この観点はいまだ発展させられておらず、大変興味ある課題であるが、ここでは、民権運動の組織的研究を、改進党左派の嚶鳴社に関連する地方結合の運動を、政党成立の前史的過程に力点をおいて検討するため、意識構造の規定に関連する村落共同体とのかかわり合い、および経済構造（社会的経済的重層構造）との関係など多面的検討は後日に譲らざるを得なかった。その組織論的研究も現在途中であり、中間報告であることをあらかじめおことわりしておきたい。

かつて、民権運動は、前述の如く、自由党結成ないしはその前提としての国会開設請願運動に研究の重点がおかれ、自由党に偽党視された改進党は民権運動からは除外される運命にあった。最近ようやく改進党研究が手がけられながら蓄積の少なさはおおうべくもない。大変不思議なことは、従来の研究においては、民権運動をブルジョア民主主義運動と規定しながら最もブルジョア的であった改進党の研究が立遅れ、しかも、早くから民衆的潮流に民権理論の武器を提供していた嚶鳴社系の人々が、自由党に入らず改進党にはしった事情は、自由党結成の以前と以後とでは、嚶鳴社の見解が異ならない限り、その影響下に成長してきた地方民衆は、どのようにして嚶鳴社をのりこえて自由党にはしったのか、はしらなかったのかという点が明らかにされていないことである。嚶鳴社派の資本主義体制の構想は地方豪農層を階級的主体として認識していた(6)ならばなおさらである。

まして、改進党が自治改良先決論を唱え、地方自治の確立に努力したとすれば(7)、一五年という豪農層の経済的転換期にタイミングよく改進党が成立したから、県会議員を中心とする地方勢力の組織化が可能になったと云う理由からではなしに、豪農の転換以前の前提があった筈である。僅かな改進党の研究史も、都市的性格の政党のためか中央の新聞、雑誌などでその性格が論じられており、地方改進党の動向を検討したものはほとんどない。ここではその全面的検討は果しえないが、改進党の中央と地方という観点からではなく、改進党形成の地方的基盤の形成過程を、栃木県下の中節社を対象に考察してみたい。

2　国会開設請願運動と下野

明治一三年八月、のちの栃木自由党の指導者塩田奥造は、栃木新聞を通じ県下の知己に報道し、次の如く述べている。

「方今社会ノ現状ヲ見ヨ、民権ノ気脈ハ都府ト云ヒ村落ト云ヒ、相頼リ相助ケテ国安ヲ保存セントスルノ至情ヨリ出テテ、国会設立ヲ願望スルモノ西ヨリ東ヨリ北ヨリ南ヨリ陸続奮起シテ、社会全局面ニ於テ一大改良ヲ施サントスルモノノ如シ（中略）、之ヲ軽々易々ニ看過シ去テ可ナランヤ（中略）。今之ヲ我下野国ノ現状ニ宛テテスルトキハ、其輿論ノ何レノ点ニアルヤ如何ハ推測シ能ハスト雖モ、未タ一人ノ能ク此ノ理ヲ悟リテ奮起首唱スルモノアルヲ聞カス（中略）、僕頃日此ニ感ヲ起シ、進テ我下野全国ノ団結会ヲ開キ、有志ノ士ト会同セントス、其旨趣タル教育ニ勧業ニ経済ニ風土人情遍ク相話シ相談シ、之ヲ演説ニ討論ニ講談ニ、各自其ノ思想ノアル所ヲ吐露シ、以テ公衆ノ是トスル所ハ之ヲ是トシ、非トスル所ハ非トス、是即チ下野一国ノ公議輿論ニシテ、決テ他ノ抑制ヲ請ク可キニ非ラサルナリ(8)」

と。全国的な民権運動の昂揚のなかで、これに遅れることなく、野州一国の公論確定のために下野団結会を提唱しているのである。前月、民権論者眺晃樵夫は進取有為の気概乏しき下野の現状を憂い県民の奮起を促していたが(9)、これに呼応するもので、間接的には、昨年来の栃木新聞編集長田中正造の国会開設論などの影響下に、ようやく高まりつつあった県下の国会願望の気運に答えるものであった。この呼びかけを契機に、ついに八月三〇日栃木中教院において第一回の下野団結会がもたれるに至った。

全国的には、すでに明治一〇年六月立志社の建白が行なわれ、国会開設、地租軽減、条約改正が、地方分権、地方産業の育成、租税共議思想を背景として地方民衆の要求を汲み上げるものとして提出され、同一一年四月には愛国社再興が決定され、地方の結合こそ国家富強の根源とみて地方自治を強固にし、全国有志の結合をもって専制政府打倒が志向されていた。以後、地方政社が勃興し、一二年一一月の愛国社第三回大会には河野広中、杉田定一などの地方豪農層が、それぞれの一社を代表して参加するに至って地方民衆への運動の浸透が広い裾野を形成させる。一三年三月には愛国社第四回大会同盟二七社は国会期成同盟と改称し、翌月、二府二二県総代九七名が請願委託人九万六九〇〇名の委員となり、片岡健吉、河野広中を捧呈委員に国会開設請願書を提出した。

周知のごとく、この請願書—「国会ヲ開設スルノ允可ヲ上願スル書」は、九項目の理由から国会開設論を展開し、「天賦人権＝政治的自由の確立、地租軽減＝経済的自由と発展の保証、条約改正＝民族自決権の獲得という当年の国民的課題のすべてを集約する意味と要求からなっていた[10]」と評価されている。当時すでに岡山、福岡県の有志や地方傍聴の府県会議員有志から国会開設建白書が元老院宛に提出されていたが、この請願書は、「国民が政府に向って意見を上陳する[11]」建白方法を排し、敢えて「之を聖明に直奏する[12]」請願方法によったこともあって、人民の請願権を認めない政府はこれを受理せず、五月には、捧呈委員よりその顚末が各地の請願委託者に通知されるにおよんで、運動は更に熾烈化した。八月頃までには大分県、広島県、愛媛県、兵庫県、鹿児島県、長崎県、高知県、島根県、堺県、長野県、茨城県、神奈川県、秋田県、青森県では請願、建白がすでに行なわれ、徳島県、滋賀県、群馬県でも準備されていた。

現在、明らかにされている国会開設願望の方法別による件数は、三四県より建白四六件、請願一二件の合計五六件[13]である。前述の如く、建白は元老院宛に提出されたが、請願は太政大臣—天皇に提出しようとしたため受理されず、不明な場合が多いため件数は少なくなっている。請願は岡山県および宮城、福島県のほか、新潟、富山、山梨、長野の中部諸県と群馬、埼玉、栃木の関東諸県に集中する[14]が、後述の如く、栃木県は開設願望方法をめぐって分裂し、一

第1表　民権演説結社発生期一覧表　（関東）

	栃　木　県	周　辺　諸　県
明治十二年	盈進社（足利）	第3嚶鳴社（群）、第4嚶鳴社（横浜）、喈鳴社（岩井）、通見社（羽生）、有信社（高崎）、薫風社（笠間）、以文会（夷隅）
同　十三年	第19嚶鳴社（足利） 有朋社（栃木）言泉社（芳賀） 中節社（安蘇・佐野）　囂々社（下都賀）	第15、16、17嚶鳴社（八王子・大宮・杉戸）茶話会（結城）、尽節社（大間々）、暢権社（前橋）、如水社（北葛） 顕猶社（横浜）
同　十四年	都賀演説会（上・下都賀） 興毛義会（佐野）、保盟社（下都賀）	共進社（千・平）、共志社（土浦）、自治改進党（北多摩）、勧育社（比企） 草加嚶鳴社（埼）、湘南社（大磯）、東寧会（松戸）、自治社（山辺）、融貫社（原町田）、愛親会（東金）
同　十五年	開智社（壬生）、共研社（栃木）、拡進社（下都賀）、匡正社（日光）	相愛社（厚木）、麗和会（浦和）、淡交社（行方）、啓蒙会（船橋）、忠友社（小田原）

（注）『栃木新聞』『横浜毎日新聞』『東陲民権史』大畑哲、渡辺奨、渡部英二郎、神尾武則論文より作製

一月、一二月の請願建白運動の最後期に上願される[15]。

このように遅れて出発した栃木県の民権運動は、国会開設の願望の手段をめぐって競合し、実質二カ月間に準備を完了するわけで、その後の自由党結成への展開とあいまって、民権結社の生成にもその特徴があらわれる。総じて地方政社出現の遅い関東地方について、結社期による一覧表を作製してみると第1表のようになる。

明治一二年末より一三年初めにかけて、群馬（館林?）、神奈川（横浜、八王子）、埼玉（大宮、杉戸）と群馬に隣接する足利に嚶鳴社の支社が設置され、沼間守一を社長とする都市ジャーナリストと地方民衆の結びつきが、演説会を通じて成立しつつあったが、とくに群馬の有信社、埼玉の通見社、茨城の薫風社、喈鳴社、同舟社（宗道町）、千葉の以文会等は地方民衆の自治組織として一二年に成立した。尽節社、暢権社、交親会などの群馬県諸結社や、埼玉の如水社、茨城の茶話会など

も一三年前半に成立し、国会開設運動を展開していた。神奈川県では一三年六月、国会開設願望の建白書が提出されて以後、組織化されたため結社の成立は遅いが、活発に運動が進められた県である。栃木県は群馬に隣接する足利地方に演説結社が成立していたが、全県的には関東地方では最も遅れ、一三年後半より各地で簇生する。

栃木県下では塩田奥造の呼びかけがあって間もなく、栃木町に有朋社、芳賀郡に言泉社、佐野に中節社が結成され、ひき続き下都賀郡に囂々社、上都賀郡に赤心社が生まれている。以後、県内各地で小規模な結社が結ばれ、自由党の結成を経、立憲改進党が成立して各々の影響を受けながら、かつての国会開設願望運動の系流は両党に包摂されて一七年の松方デフレ期を迎えるのである。遅れて出発した栃木県の民権運動も、その後活発化し、やがて民権運動弾圧の立役者三島通庸を県令に迎え、加波山事件に県下自由党員が参画することによって抑圧強化され、そして鎮静化する。

いま、自由党および改進党に組織化された党員数より栃木県の位置づけをすれば次のようになる。第二表は現在までに明らかにされている自由、改進両党員数である。実際はもっと多く、不正確な数値であるが、全国党員数を知る唯一の手がかりであるので、これにより概数をみれば、全党員中約四割が関東七都県に集中し、全国的に政党組織化の最も著しい地方である。なかでも栃木県は三七二人で府県別では全国一の組織数となる。関東地方では改進党員に対し、自由党員の比率が高いが、これは群馬、神奈川、千

第2表　地方別自由・改進党員数（自由党員は出身府県別数）

	自由党員	改進党員	合　計	
東　京	56人	94人	150人	
神奈川	226	16	242	
埼　玉	135	154	289	
千　葉	147	36	183	39.8%（東京〜群馬）
茨　城	92	87	179	
栃　木	224	148	372	
群　馬	191	15	206	
関東合計	1071	550	1621	
東　北	534	142	676	
中　部	395	352	747	
近　畿	110	304	414	
中国四国	229	296	525	
九　州	9	85	94	
総　計	2349	1729	4078	

（注）「自由党名簿」『明治史料』第1集
林茂「立憲改進党員の地方分布」
『社会科学研究』第9巻4・5合併号

葉県に顕著である。栃木、茨城県は相対的に自由党員が多いが、東京、埼玉県は逆である。

党員数を全国レベルの数値で比較する限りでも、栃木県は自由、改進両党員とも多く、勢力的には相拮抗した県の一つであるが、実際には、県下「改進党の員数は四百名内外、自由党員も略々同数位」であったという。[16]

第３表　栃木県内の自由党員分布

	総員315人	
塩谷郡	2	
那須郡	2	
芳賀郡	10	
河内郡	65	78%（河内・上都賀・下都賀・安蘇郡）
上都賀郡	26	
下都賀郡	119	
安蘇郡	42	
寒川郡	12	
足利郡	7	
不明	30	

（注）「自由党名簿」『明治史料』第１集

第４表　安蘇郡下の改進党員分布

	町村名	総員204人（42）	
現佐野市域	出流原村	3	103(4)
	赤見村	15	
	並木村	9	
	石塚村	9(1)	
	小中村	25	
	奈良淵村	1	
	富士村	2	
	犬伏宿	10	
	堀米町	4(3)	
	佐野町	8	
	鐙塚村	7	
	植野村	5	
	田島村	5	
現田沼町域	栃本・小見	13(7)	101(36)
	新吉水・吉水	4(2)	
	戸奈良・戸室	8(9)	
	田沼・多田	18(16)	
	山越・岩崎	7	
	山形・船越	16	
	閑馬・梅園	7	
	上・下彦間	10	
	作原・白岩	14(1)	
	長谷場・御神楽	4(1)	
現葛生町域		(2)	

（注）判明する郡外41名は省略した。
（　）内は自由党員数

史料・「足利邑楽安蘇三郡立憲改進党加名之写」「改進党員第二回報告」佐野市鐙塚町『山崎家文書』
「安蘇郡改進党員懇親会出席名簿」佐野市本町『大川家文書』

これら党員の県内における全体的な分布は明らかではない。自由党員は第二表中の二二四名のほか、党員名簿より洩れながら自由新聞に党員として掲載された者を合計すれば、三一五名の所属が判明するので、郡別にその分布をみれば第三表のようになる。表によれば、河内、上・下都賀、安蘇の四郡に八割弱の集中度をみせ、とくに下都賀一郡で約三割六分にあたる。河内郡は宇都宮町に集中し、下都賀、安蘇両郡は足尾山塊の東南麓の畑作地帯の村落に集中している。

改進党員の郡別分布は不明であるが、筆者が安蘇郡内について知りえたところを村落別に分布をみれば第四表のようになる。従来明らかにされていた栃木県改進党員数一四八名を軽く越え、安蘇一群で二〇四名に達する。現実の県下改進党員総数を四〇〇名とすれば、約五割が安蘇郡に集中し、足尾山塊南麓の畑作諸村に在村する自由党員に対し、より平地の水田率の高い村落に改進党員が分布する。

このように安蘇郡は自由、改進両党員が並存し、自由民権運動の展開を分析するのに恰好の地方であるが、かつてこの郡は出流山討幕挙兵事件の拠点として、自由民権運動を経て、同郡内の足尾鉱山に起因する鉱毒事件の主舞台となる地域で、いずれも田中正造が重要な役割を担っている。本稿は彼を中心に在村的動向を考察してみよう。

3　安蘇結合会と中節社

まず、中節社の成立過程を、中心人物田中正造を焦点に、全県的動向との関連から明らかにしておきたい。

旗本家政改革に村民の先頭に立ち、その出役中、師、友人の多くを流山事件で失った田中正造は、改革時および江刺県出仕時代の二度にわたる投獄を経験して郷里に帰り、明治八年頃より政治活動を開始する。翌年公選区会議員に公選され、民選議員設立建白書および町村自治制建白書を県令に提出して、地方自治確立の期待を明らかにした。一二年には栃木新聞の発刊に編集者として参画し、「民権鼓吹の論説[17]」掲載を意図し、自からも「国会ヲ設立スルハ目下ノ急務[18]」を著わし、上下一致、精神団結のための国会論を展開した。

一三年二月には、県会議員として地方官会議の傍聴に出京し、両国中村楼で開かれた傍聴人親睦会においては、「涙顔疾呼シテ、死ヌト雖モ誓ッテ相結合シテ国会開設ノ期望ヲ果サン[19]」ことを主張し、ついに参会者中の有志一府九県の二七名と共に、国会開設の急務を政府に知らしめんため、「飽迄建白ヲ政府ニ呈シ、政事堂ニ建白書ノ山ヲ作[20]」

らんと、元老院に建白書を提出した[21]。

栃木県における全県的国会開設運動の直接的起点になったのは、前述の如く、八月の塩田奥造の呼びかけである。この呼びかけに応じ、安蘇郡では同月二三日、佐野町春日岡に国会開設の団結会を開いた。郡下の「主任者とも唱ふべき人[22]」七六名を議員に、将来の結合を約し、会長に田中正造（小中村）、副会長に関口省三（佐野町、前県議）を選出し、国会開設請願を目標に、下野全国の結合に呼応する安蘇「結合会[23]」たる決議を行っている。この団結の精神は

「民人共同公愛ノ真理ヲ守リ、自任反省、国本ノ実力ヲ養生シ、国権ヲ弘張シ、帝家ヲ補翼スルノ義務ヲ担当シ、公議以テ兄弟ノ輿論ヲ伸暢シ、内ハ経済国力ヲ堅固ニシ、外ハ交際ノ権利ヲ対等シ、国体以テ聖詔ヲ奉載シ、国権以テ自由ノ権利ヲ維持シ、皇統ヲ永ク無窮ニ垂シ[24]」

むるところにあった。一致団結し公議輿論のもとに富国に努めるとき、国権は拡張し皇統補翼が可能になるという。討幕運動にみられた尊王論の地方的基盤が、近代化過程にあるこの時期に民権を基礎とした皇権・国権拡張論として再生したと思われるが、「会同せし人々にハ、いづれも着実なる人のみにて、議論も実地に出で、実に皇室を輔翼する精神ハ自ら議論に溢れた[25]」という。

八月三〇日、栃木県中教院において下野九郡の結合会が開かれた。当日は安蘇、下都賀、河内、芳賀の四郡より九二名（うち安蘇郡一一名）が出席し、塩田奥造を議長に開会の規約三章を審議し、ほぼ原案通り可決した。

「人民公共ノ通義ヲ守ルベシ」

「民権ヲ拡張シ帝室ヲ補翼シテ、国権ヲ確定ナラン事ヲ努ムベシ」

「自治ノ精神ヲ摧起シ、国家ノ実力ヲ養フベシ」

とする三条であったが、第二条は「安蘇結合会日誌」によれば「帝室ヲ補翼シ、民権ヲ拡張ス」と修正されたという。

同じ文言の順序を変更したわけだが、これに意味ありとすれば、皇権伸張論を主目的とする民権拡張論がこの会議の底流になったと思われる。だが、下毛結合会録事[26]によれば七四番議員の修正意見に対し反論があり、原案に可決されたことになっている。「安蘇結合会日誌」の修正説は、恐らく安蘇結合会自体の立場からの記述であろうと思われる。

全県の下毛結合会の次回集会九月二五日にあわせて、安蘇結合会の第二回会合は九月一九日に春日岡に開かれた。会長田中正造のもとに湧井藤七、中野貢次郎の正副幹事長が承認され、会財政と国会願望方法および下野結合会出席者の三件が審議されている。財政問題は請願および結合諸費の徴収を、下野結合会に所属し県全体で一万人に達するまで実施しないとの申合せに対し、安蘇郡全体で約千人に達するまでと修正され、下野結合会からの分離の傾向を強めている。同様に、国会開設願望方法も請願主義でなく建白主義によることを決定し、下野結合会に呼応し国会開設請願を目標とした第一回の安蘇結合会の立場と明白な相違を示す。もっとも建白主義ではあるが「請願デモ漸次之ヲ果サント欲スル主義」であるという。この間の転換の事情は明らかではないが、第二条の条文修正と無関係ではなかったろう。下野結合会への出席も決定されたが、有志者の自由参加を認めているところからみれば、この会では明確な分離方針は打出さなかったとみられる。

上都賀郡鹿沼宿における下毛結合会第二回大会を目指し、すでに安蘇結合会のほか芳賀郡団結会、宇都宮団結会、下毛結合栃木仮本部等の会合が重ねられ、各団結中より委員を選出し、下野一国の一大結合を完成せんとしていた。だが、戸田家旧臣を主とする宇都宮団結会は建言主義と決めて独走し、檄文を県下に発して独自の組織化にのり出しており、開かれた第二回の下毛結合会では、安蘇結合会代表田中正造が「建言主義ナルヲ以テ、分離ノ情ヲ示シテ帰」り、成立早々の全下野の下毛結合会は分裂を深めている。

願望方法を請願にするか建白にするかは、鹿沼宿の二回大会の一大審議事項であったが、請願論者の主張は「国会開設ハ我々ノ人民カ自由ヲ受ケ、権利ヲ得テ国政ニ参与シ、以テ国力国威ヲ鞏大ナラシムルノ大基本ナレハ、則チ須ラク之ヲ天皇陛下ニ請求願望シテ、其開設ヲ求ム可キ」[27]であるとする。建白論者はこれまでの各県有志の請願が受理されず、その方向が途絶えている以上、下野人民の請願も同様に却下されることは明白である。万難を排して捧呈委員を上京せしめるからには受理されねばならぬとする。この二方法について小室重弘は、「請願主義ハ天下ノ公道ニ由リ、世界ノ通理ニ基キ、真正ノ愛国心ヨリ発シタル正論」[28]であり、「建白主義ハ機道ヲ行き応処ニ通シテ事ヲ措置スル者」[29]であるから、国会開設は請願すべく建白は徒労であると批判した。当時、この点は全国的に大きな問題になっている。

こうして、栃木県下の国会開設願望運動は、かっての下毛結合会栃木仮本部の下毛有志共同会（上・下都賀、芳賀、河内郡の有志）と安蘇結合会（安蘇郡のほか足利、梁田、下都賀東郡諸村が合流）、戸田家旧臣の宇都宮別派の三派に分立した。前者は請願主義を、後は建言主義を採り、三派は交互に相対立した。分裂の原因は、地理人情の差異や有力者間の役員、上京委員選出をめぐる嫉妬心にあるという説[30]もあるが、やはり安蘇郡をみる限り、建言主義を基調に「請願デモ漸次之ヲ果サント」する請願、建白の中間的漸進路線という主義主張から必然化したとみられる。

安蘇郡結合会第三回は十月三日に開催された。議題は分合論、「着実ナルノ徒ヲ誘引スルノ案」および建言捧呈準備の三件である。分合論は下毛結合栃木仮本部との分離問題である。これについては、元来分離したものではなく「未結合ノ成ラザルモノ」であるから更に独立をはかることに決し、「依之、中節社ト改称」[31]した。名称の改称は、足利、梁田、下都賀郡の応ずるものとの関係もあり、従来の安蘇郡限りの団結を排し、広く県下の同主義の有志者を募る方針に転じたことを意味している。

当時、郡下下彦間村では高崎市蔵が「六十名ホド引受テ社員ヲ募ル」ことを約束し、梁田郡では久保田村に百余名が会合し、会長に大谷宗七を選び、安蘇郡に呼応してともに建白することを決定している。下都賀郡中島村には第二中節社を、梁田郡には梁田中節社が設置され、各々で国会開設建白の署名が集められ、捧呈出京までには安蘇、足利、梁田、下都賀、芳賀五郡のほか、群馬県邑楽郡の合計六八四名が署名＝入社した。その「多くは戸長、町村会議員、小学校教員、県会議員、其他質朴なる農民[32]」であったという。

署名獲得方法をめぐって従来の研究では、演説会を通じて賛同者を得、記名する場合や村内の特定有力者が委託されて仕上げる場合[33]などがあり、また、戸長、議員、教員等が町村民を役場や学校に会同せしめ捺印を取る方法があった[34]とされているが、多くの場合、後者が一般的であったとみられている。つまり村落共同体利用による「上からの掌握方式」である[35]。安蘇郡を中心とする中節社の組織過程は具体的には明らかでないが、前述の如く、各村の「主任者タルモノ」によって成立し、他団結会と異なり「最モ実着ヲ以テ共同結合シタルモノ[36]」であった。

下彦間村の例や「中節社の幹事吉沢光一郎氏ゟ安蘇郡仙波村の斉藤茂平氏及天笠範十郎、松本竜之介氏へ依頼ありて遊説せられしに、今日までに三十名ほど入社[37]」したとされるように、その後次第に主任者たる村落指導層の勧誘により中農層に向けて、組織拡大の方針が採られたようであるが、国会開設建白までの組織原則は、着実な町村の主任者にあったと云えよう。つまり、上からの掌握方式による署名獲得と云うよりは、むしろ上の村落指導層の相互交流によって支えられていたとみられる。

安蘇結合会第三回の最後の議題である建白書捧呈準備は、建白書起草委員および中節社社則修正委員の公選が行なわれ、起草委員には田中正造、湧井藤七、中野貢次郎が、社則修正委員には関口省三、岡田孝吾が選出されている。結合会終了後、田中正造は建白書起草に着手し、四日にして完成する。下都賀郡の有力者今泉正路が文体を修正し、第四回結合会（中節社大会）で演説し、二四日の第五回結合会で社員に承認されている。出京の捧呈委員は、毎村社員の投票により安蘇郡からは田中正造、下都賀郡からは今泉正路、梁田郡からは山口信治が選出された。

中節社建白は片岡健吉、河野広中ら九万六九〇〇人の請願書――「国会ヲ開設スルノ允可ヲ上願スル書」と同様に、副書と上書とから成り、副書は元老院に提出しながら上願諸は天皇に宛る形式を採っている。つまり形式的には建白書でありながら実質的には請願書となる巧妙な願望書の形態で一一月一二日に出された。形態には中節社成立に至る事情が集約されていると云えよう。この約一カ月後、梁田中節社員はさらに署名を募り、合計一一〇六名の同志を得て、その代表大谷宗七、秋田啓三郎が上京し、先きの中節社建白の実行を元老院議長に迫る建言を行っている。

4　中節社の性格と組織活動

一般的に、初期民権論の大勢は、西欧資本主義国の重圧下で国権拡張論が先行し、民権伸張は国権拡張の手段と考えられたが、国会期成同盟成立後は、民権拡張を主目標とし、国家の基礎をあくまで民権伸張に求めるブルジョア民主主義的性格が強まるのが普通である(38)。ここでは中節社をめぐる思想と行動を、全国的な民権論の転換前後について、建白書を素材にその思想、主義、および演説活動を通じて考察してみたい。

すでに明らかな如く、中節社の成立過程は、原則的に建白主義を採用し「請願デモ」漸次果そうとする中間的漸進路線から、請願主義を採る下毛有志共同会と分離し、建白主義を採る士族中心の宇都宮団結とも一線を画している。その限り、出発当初の安蘇結合会の精神を継承し、各村「主任者」を基盤に、国権、民権の並立的ないしは皇権拡張を目的とする民権伸張論が行なわれる。この立場は安蘇結合会から組織を拡大し、中節社に発展し、建白当時においても変化がなかったとみられる。

結合会から中節社への発展過程で、社員獲得、運動趣旨の徹底のために採られた方法は、五カ条の誓文の有志への配布と国会趣意書の回覧であった。全国的な運動がそうであったように、中節社においても誓文や八年四月の「漸次ニ国家立憲ノ政体ヲ立(39)」とする詔勅が運動の出発点と理解され、「皇権克復と民権挽回(40)」は二致なきものとされる。田中正造が起草し、中節社大会で承認された建白書において展開された論理も同様であった。

建白書は、「国会ヲ開テ其議ニ参与セシムルハ、実ニ天地ノ公道ニシテ、人民固有ノ天爵ヲ暢達スル」[41]という天賦人権論に立脚する参政要求であることは云うまでもない。政府は人民の福祉を図るために成立し、その費用は人民が支出せねばならぬ以上、収税法と支出法とは人民参与の議会に委ねられねばならないとする租税共議思想が盛られ、国家財政確立のためにも条約改正の急務であることが主張される。ところが、国会開設の論拠は五カ条の誓文、「億兆ニ告クル翰文」[42]、八年の詔勅に求められ、「憲法ヲ立テ国会ヲ開」き「人民タル者ハ、其政治ニ参与シテ応分ノ義務ヲ尽」すは、「陛下幾分ノ煩労ヲ減セント」するためで、結局「皇家於是寧ク国権於是振フ」という。

もっとも、五カ条の誓文や詔勅を理由に、そこに宣言された「万機公論」体制の約束実現を訴えたのは、この建白書が形式的には元老院への上申でありながら、実質的には天皇に願望する内容となっているためであり、そのために、あえて相手側の論理をかりて、自己の目的を達成せんとしたものとも思われる。だが、たとえその通りであってもその描かれた国会像が、そのまま実現したとしても、ブルジョア的近代国家の理念が貫徹されたものであったとは考えられない。まして最終的には皇権・国権拡張論が展開されるのである。

建白書の形式は、期成同盟の請願書――「国会ヲ開設スル允すヲ上願スル書」に借りているように、その論旨も似ているが、国会開設の論拠を全九条から展開する請願書と比較すれば三条に過ぎず、多少、独自の論旨を展開するしても、総体的には妥協的表現になっている。内容も、いかなる国会、いかなる「立憲政体」を望み、立法機関の権限や皇権との関係はほとんど語られていない。近代的社会観の未定着という当時の請願、建白の一般的内容[43]と同一であった。したがって、請願書の第六条にみられるように、地租改正に関して、絶対主義的租税体系の変更やブルジョア的所有権の確立の要求を内包していたとは云えず、地租を中心とする租税は、国会で議定すべきであるという点に力点がおかれ[44]、地租の量的軽減の要求は前提的に含まれていたにしても、封建的な土地所有関係の廃棄、解体は問題にされていない。このように建白書は、地租軽減、国会開設、条約改正の要求が、土地所有関係の修正、変質として把えられることなく、「国家累卵ノ危キヲ救済」する方法として、「国権ヲ弘張シ帝家ヲ補翼」するための上下一致の機構として国会を位置づけ、君主共治の体制を確立することが志向されていた。

　建白書にみられる以上の観点は、期成同盟の参加後の中節社の主義にも反映する。

中節社主義

「日本人民之所二主義一者、自由自治也。拡二充貫徹此主義一。而仍所レ為者、挽下回立二国憲一、開二国会一、安二社会一之時機上。鞏下固愛国耐二任於重一之精神上。広進二人智一、興二作独立之気象一。行合二於道一、事中二於節一。尊二崇皇統一。張二国威於海外一。批レ誠図二公益一。開二社会之洪福一。并三進権利与二義務一。(45)

基本に「自由自治」を据え、その貫徹を立憲国会の開設と上下一致による社会の安定に求め、愛国耐任の精神と独立の気象を作興せねばならないとする。皇統を尊崇し、国権伸長すれば社会の福祉は増進し、権利と義務との併進に帰結するが、その行為の規範は、条理に叶い中庸を得ることにあるという。安蘇結合会の団結精神と比較すれば、相対に民権の伸長を強調するが、中節社の社名も中庸を得た運動体といった意味から命名されたものと思われるから、「自由自治」を基軸とする民権は、皇権・国権拡張論との併進という論理上で認識されていたであろう。この頃より中節社と密接な関係をもつ嚶鳴社にしても、強大な皇権を前提して民権伸張を説いている。

　つぎに、以上の如き中節社の思想を支えた運動体としての組織的側面と活動の特質についてみておこう。

　会長田中正造、関口省三で始まった中節社は、建白書捧呈委員として田中が出京してからは湧井藤七、中野貢次郎を中心に交替した。その後は湧井、中野を中心に中節社の運営が行なわれたが、実際には社務を含めて田中の発言力が大きかったようである。幹事は地元の佐野町を中心に、安蘇郡各村より公選された有力者で、かつて「一小区ニ付五名ツツメヲ改毎村(46)」に設置された幹事の総代的役割を担当している。各村幹事は、その直後、演説連合体の成立にともない町村世話人として、自村および隣村の演説結合の中核となっており、やはり全員が在村の有力者で旧名主、組頭の系譜をひく戸長、学務委員、町村会議員、県議や有力高持層で、機業家、石灰業、酒造業、回漕業に従事する地方産業の担い手であり、また神官、医師、教員らインテリ層であった[47]。

各町村の指導者であるこれら名望家層を中心に、中節社への入社、建白書への署名が行なわれた明治一三年一一月頃までの建白請願運動期に対し、演説結合の強化による組織拡充への志向を示す自由党結成に至る約一年間は、村落構成員全体に対する民権思想の普及に重点がおかれる。

明治一三年一一月一二日付で提出された田中正造、今泉正路、山口信治ら中節社六八四名の惣代による国会開設建白書は、受理されたものの何の沙汰もなく、全国各地の運動と同様黙殺されたため、中節社員は再び集会を開き、今度は「請願書を政府へ奉呈[48]」せんことを討議した。この捧呈準備中、五三号布告[49]で請願禁止令が公布されてその途が絶えたため、一転して「人民をして自から権利義務のある所を知らしめ、其実力を養ふ[50]」方針を採用し、演説強化策を打出している。一一月二五日、帰国報告会の後、欠席社員に対し、田中正造は「社則は近々改良を加へ、学術其他毎月一、二回つつ講義し、演説は尚在村に至るまで派遣し、漸々歩を進め[51]」、社勢確立

第5表　中節社の組織（明治14年）

氏　名	役　職	備　考
田中正造	建白棒呈委員	小中村名主、県議
湧井藤七	会長	銀行監事、県議（葛生町）
中野貢次郎	副	佐野町名主、戸長
遠藤足穂	幹事長	中講義（佐野町）
大川剛	幹事	士族（佐野町）
関口省三	〃	士族、県議（佐野町）
岡田孝吾	〃	学務委員、戸長（植野村）
若田部実	〃	戸長（堀米町）
相田新造	〃	区書記（田沼宿）
吉沢光一郎	〃	郵便局（葛生町）
石井正平	〃	戸長、石灰業（小中村）
高崎市蔵	〃	戸長　（下彦間村）
新楽庄三郎	町村世話人	持高22石（馬門村）
永島秀碩	〃	医師、高5石（馬門村）
川田将	〃	士族、教員（植野村）
新井保太郎	〃	県会議員（植野村）
旭岡中順	〃	春日岡住職（佐野町）
矢部盛徳	〃	士族、県議（佐野町）
亀山誠一郎	〃	村議、機業家、高41石（並木村）
茂木長平	〃	組頭、酒造、高95石（並木村）
大竹謙作	〃	戸長、学務委員（赤見村）
天海耕作	〃	医師、県議、17石（赤見村）

（注）　以下35名省略
持高は明治4年当時

第6表　中節社巡回演説会と日割

毎月1日	茨城県結城町	毎月1日	安蘇郡山形村
2日	関本町	2日	出流原村
3日	下館町	3日	赤見村
4日	横倉村	4日	梁田郡福居町
9日	栃木県下都賀郡中島村	5日	小生川村
10日	延島村	6日	羽苅村
11日	梁村	7日	堀島村
12日	福良村	10日	安蘇郡並並木村
13日	石塚宿	11日	佐野町
17日	同　安蘇郡小中村	12日	堀米町
18日	新吉水村	13日	植野村
19日	石塚村	14日	馬門村
20日	田沼宿	16日	下都賀郡新里村
21日	栃本村	17日	富田宿
22日	葛生町	18日	高島村
25日	戸奈良村		
26日	岩崎村		

（注）以上のほか安蘇郡多田宿、上彦間村、下彦間村、白岩村、足利郡寺岡村なども開会

に努力することを誓ったのは、このような情勢下にあったからである。そのことは、自からが参加した国会期成同盟第二回大会における「地方ノ団結」「実力ノ養成」(52)を今日の急務とする決定にそうものであった。

演説強化策への転換は、まず、従来、足利、佐野、栃木など地方都市で不定期的に開かれていた啓蒙的演説会を、各村毎に開催し、その演説会結合を結成させようというのである。もちろん地方演説家が成長していない当時のことゆえ、演説弁士は東京より招聘せねばならず、その費用負担上、近村連合を組織して費用を積立て、費用の点から中絶せぬよう配慮したのである。田中正造は東京嚶鳴社に演説員の派遣を依頼し、「西ハ梁田郡ヨリ足利、安蘇、下都賀ニ連リ、東茨城ニ至ルノ間三十九ヶ所ノ毎月巡回演説ヲ、順次ニ開設」(53)することになった。

第六表は中節社同盟巡回演説会の会場および日割である。三九カ所中三二カ所が判明するが、この地に対し「東京嚶鳴社ハ二名ノ論客ヲ常置シ、毎月交代シテ、一月間ニ一回スルノ法」(54)であった。農繁や市日の際は休会もあり、正確に毎月は実施されていないが、ほぼ機能していたらしく、栃木「県下は到る所として演説会を聞かさるなく、現に安蘇、梁田の両郡の如きハ毎村演説会の開かさるはなし」(55)と云われ、また、「見ヨ、夫ノ中節会ハ安蘇郡ヨリ起リ、大ニ其ノ勢力ヲ得テ、既ニ足利、梁田、下都賀ノ諸郡ニ連ナリ、其郡内ハ山村トナク僻地トナク、至ル所トシテ講談演説ノ開会アラザルハナク」(56)と云われている。

第7表　巡回演説会の様相

演説員　島田三郎（細川劉）				鈴木券太郎		
	場所	会場	聴衆	明治15．2．20	馬門村	100名
明治14．12．10	栃木町	万福寺	600名	21	田沼宿	70名
11	富田宿	正光寺	4～50名	22	葛生町	?
12	佐野町	劇場	300名	23	栃本村	8～90名
13	〃	〃	5～600名	24	出流原村	〃
14	馬門村	鎮守社	5～60名	25	白岩ほか2村合併	〃
	堀米町	「聴衆甚た衆し」		26	上彦間村	?
15	寺岡村	大師寺	7～80名	28	赤見村	?
	栃本村	学校	900名	・3．1	小中村	60余名
16	小中村		中節社員	3	並木村	30余名
	福居町	御厨学校	800名	4	石塚村	40名
17		〃	?	6	吉水ほか2村合併	20名
18	北崎新郷村	某邸	?	7	多田宿	40名

（注）『東京横浜毎日新聞』明治14年12月28日「遊毛紀行」以下
『栃木新聞』明治15年3月8日　雑報欄　以下

この計画表とは一致しないが、嚶鳴社員巡回の模様を示すと第七表のようになる。嶋田三郎は都賀演説会の帰途立寄ったもので、各地の有志者の求めに応じ演説会を開いており、鈴木券太郎も特に安蘇郡にのみ巡回演説に訪れた際のものである。島田の佐野演説会傍聴者は両日で八〇〇～九〇〇名あるが、これは佐野近傍村落や郡有志が多数参加したためであり、鈴木の場合、合計一三カ所の開演に、平均五〇～六〇名の聴衆が参加している。鈴木は村落演説会のため、聴衆は少なくとも、その主張はより村びとの中に浸透したものと思われる。たとえば石塚村の聴衆四〇名、並木村三〇名、小中村六〇名は、いずれも演説結合の会員であるが、一戸一人とすれば、総戸数に対し平均二割強の村びとが参加しているのである。会員は演説会費負担者であるから村内でも上層農民であるが、国会開設願望運動時よりは、より下層の村びとに民権思想浸透の機会を提供したであろうことは想像に難くない。鈴木の演題をみる限り、「自由の注解」、「日本財政論」、「国民の富」、「代議制度論」、「大日本開化の沿革を論ず」、「外交論」[57]など、当時の民権運動の当面する諸問題が論じられ、大きな影響を与えたものと思われる。

もっとも、実際には「政治でも法律でも、書物の講義めいた演説」[58]が主で、会場も表示の寺院、学校のほか有力者が座敷を開放

第8表　佐野周辺村落の諸結社（明治14年）

村　　名	結社名	目的・活動	中心人物
栃本村	有修社	学術研究、政治思想	内田太蔵、川俣久平
吉水村	十人社	書籍購入、質問討論	寺内清治
新吉水村	討論会	毎月2回	村会議員
戸奈良村	詩文会		石井五六
石塚村	雀集社	小学談話会	渡辺平太郎
出流原村	討論会	隔夜開会	(亀田忠吉)
小中村	聞道社		石井正平
小中・堀米町	鶴鳴社	演説討論、130名余	川津恒吉
堀米町	興毛義会	思想言論交通、討論	佐藤温知、田中誠意
佐野町	談話会	演説討論、毎月6回	中野貢次郎、安辺虎四郎
〃	求友社	書籍蓄積、法律経済研究	
犬伏宿	共同談話会	毎月3回、会員20名余	(川島治平)
植野村	討論会	毎月2回、毎回6～70名	川田将、新井保太郎
田島村	談話会	100名余	島田智二、三井三郎
赤見村	?	教育演説	大竹謙作、林四郎平

(注)『東京横浜毎日新聞』『栃木新聞』の14年記事より作製

してくれた場合でも、「豪家の座敷では、小まえの者が恐縮し来ないと云ふので」、「辻堂とか養蚕室とか倉庫」(59)で開演された。より下層の村民への民権思想の浸透を意図し、努力されている。

以上の如き巡回演説会を、底辺で支えたものは、ほとんど村毎に開設されていた夜学および討論会である。ことに佐野周辺は、「比隣する各村、靡然として知識開発の目的に傾向し、此処にも談話会、彼処にも討論会と、処として演説集会の設けあらざるハな(60)」き有様であった。

安蘇郡下では国会開設運動開始前、すでに田中正造の夜学校や栃本村の内田太蔵、芦谷重教（中節社員）らの夜学（一五才～三〇才）、戸奈良村の石井朋三郎（中節社員）の私学校、花岡村の私立啓蒙学舎が開かれ、青壮年層への教育が普及し、教員中心の「学事盟約会」と称する教育演説会も開かれ、地方演説の訓練も行なわれていた。また、下彦間村では布告演説会が毎月開かれ、高崎市蔵を中心に戸長、有志の「今日の政体及び人民の国家に対ふべき義務(61)」などが論弁され、郡下戸長層の「協同会」も開かれ、地方結合の契機となっている。

これらは、国会開設運動が始まってからは、各村に討論会、談話会を生み出す基盤となっている。第8表は明治一四年頃、佐野地方にみられた諸結社である。いずれも、組織中心人物は中節社員であり、「巡回演説にも加盟し、専ら人智開発の事を謀る」[62]諸結社である。小中村聞道社は、前年の戸長石井正平の首唱による青年層三〇名による勧業教育研究を主とする談話会から発展したものと思われるし、栃本、戸奈良村の場合も前年の夜学校と密接した存在であったと思われる。田島村の場合、白昼農務に忙しく勉学の余暇なき中年子弟の教育のため、一〇七戸ほどの村で七〇名余の入学者を得て夜学を開き、日曜日の晩は談話会の日に決めている。この挙を開いて、周辺村落よりの入校者も加えて、九月頃には生徒数一〇〇余名におよび盛んであったという。[63]吉水村の「穏良篤実の人のみ」[64]を社員とする十人社にしても、佐野町の求友社にしても、また石塚村の少年談話会にしても、勉学と討論が結びついて、一面での智識獲得と他面における批判精神の涵養に連なる。書籍購入による自習と、討論による自立の精神は、書籍の内容によるものの、当時の風潮から確実に一定の批判精神に定着したであろう。民衆の学習時代であった。

有修社が学術研究、政治思想の発揮を目的に結成され、さらに社員による新聞縦覧所を設立し、数種の新聞を購求し、無見料で村びとに閲覧せしめんとした試みも、演説同様に智識開発のねらいからであり、この努力が、島田三郎の演説会に九〇〇名を動員しえた原動力なのである。毎月六回開かれる佐野談話会にしても、一一月頃には論題は「議事院の組織法」[65]にまでおよび、中野貢次郎を会長とするこの講話は、六〇〇名余の聴衆の拍手喝采をあび、「聴衆の能く事理を解する、之を各地方に比すれば遥か数等の上に位す」[66]る情況にあった。出流原村では「立憲政体組織の方法を研究する目的」[67]で、巡回演説会を盛んにするため、二ヵ年分の費用として七〇〇円の積立てを実行しており、赤見村でも演説会の基礎がためのため、一人五円宛の演説費用募金が計画されている。これらはいずれも巡回演説の基礎であったが、その「巡回演説ニても談話ニても皆中節社ノ基礎」[68]でもあった。

5　中節社の組織的限界

中節社員が各在村で、討論会、演説会に中心的に活躍していたとき、その中核体として地方の政治思想の集約的機能を果すべき中節社自体は、どのような動きをしたかであろうか。会長、幹事間でとりかわされた書簡から、この点を検討しよう。

一四年六月頃まで、巡回演説会の基礎がために奔走していた田中正造および中節社は、「六月廿五日、会長幹事ノ諸君交る交る都合次第出張いたし」「中節社国会之事務」[69]を採ることとなった。詳細は明らかでないが、一〇月の期成同盟会に向けての諸準備であったと思われる。八月には田中正造が、会長湧井宛に、中節社は演説会を設置したのみで学術の設けがないので、中節社のうちに洋学科設立を建策した。藤田豁三（郎）が月給を中節社に寄附し、社中に洋学開設を申出たのである。学科編成をみると、

英学変則科目

予備科乙　スペルリンク　第一、二リードル

　　甲　地理書、文典　日本書籍

本科　五級　万国史　希臘史　羅墨史　漢書

　　四級　米国史　英国史　究理書　算術書

　　三級　仏国史　修身論　経済書　算術書

　　二級　政体書　化学書　文明史

一級　社会学　経済論　立法論[70]

と、読み書きから始まり、諸外国史を中核とする文明史や、上級に履習される社会・経済論、政体・立法論は、立憲政体下の国会論を主張し、地方経済育成を要請する当時の時期的要請に答えるものとなっている。巡回演説会の強化や談話会、討論会、夜学などの発展の帰結として、外来の天賦人権思想をはじめとする諸智識を、直接理解するためにも必要なこととして要請され、したがって「志気ヲ興作シテ中節社ノ隆盛ヲ希図スル[71]」目的で提案されている。

この洋学開設の提起に対し、会長湧井は「根本タル中節社ノ組織完全ナラズシテ、教育場ヲ設立スルモ維持法如何[72]」と、尚早論を述べ反対したが、田中はさらに副会長の中野に書を送り、中節社の基礎確立後でなければ洋学開設は出来ないのかと反論する。そもそもその論理ならば、現在の国会開設運動も、政府により基礎確立が公認されるのであるから、それまで待たねばならぬ、その基礎を待てず、今日において希望するからこそ談話会、巡回演説会を盛んにするのである。「気節震ツテ而テ始メテ基礎確乎[73]」となるという。中節社の名義にては差支えるならば、両会長と田中の三人発起にしても開業したい旨の希望を述べ、洋学開設に熱心であった。だが、この希望は結局生かされなかったようである。ちょうどこの頃、北海道官有物払下事件が起って、世情騒然となりつつあった。

上京中の田中正造は、中野、安部虎四郎ら佐野談話会のメンバーに書を送り、安蘇郡では郡役所事件も大事であろうが（後述）、北海道払下一件は座視しがたく、この機に投じ「中節社ノ異見ヲ揚々発揮スベ[74]」きことを勧告し、各中節社幹事へも呼びかけている。馬門村の中節社員田沼音松、新楽庄三郎らも、会長湧井、中野に対し中節社の奮起を求めた。その内容は、建白以来、「中節社ノ景況タル其名アリテ其実ナク[75]」国会期成同盟の期日も数日後に迫ったにも拘わらず、同会に提出すべき憲法見込草案の作製も聞かないし、中節社規則は完成されたようだが審議会も開かれていない。今日、我々民権論者は安閑としている時ではない。開拓使官有物払下事件をみよ、民権拡張の好機ではないか。両会長卒先してすみやかに社員総会を召集し、「先中節社ノ憲法ヲ討議シ、次ニ期成会ニ呈スル我社ノ意見ヲ定メ、出会スル者ヲ公撰」[76]せよと云う。中節社のあり方につき、盟友今泉正路からも会長宛に忠告書が到来しており、このような社中および世論の昂揚のなかで、田中正造はさらに湧井藤七に書を送り、「君昨十三年十一月ヨリ会長タリ、今年九月ニ至ルマテ一会ノ会ヲ開カズ、一ツノ社務ヲ運ブナシ（中略）、如斯御次第ニテ志気ヲ興作スルトハ尤難キ御事ニ御座候、生憤激言フ処ヲシラズ」[77]と責めている。中節社の基礎確立のため、巡回演説の興隆に努力する田中正造からみれば、さきに洋学開設に反対し、中節社の社務として事務所の春日岡に来ず、斉藤（旅店）で二、三の友人と酒宴を開くという会長湧井の態度が腹にすえかねたものと思われる。

この書を受けた湧井は、副会長中野に連絡し、国会期成同盟の期日切迫んこともあって、九月二八日に佐野町遠藤足穂宅において中節社総会を開催した。この審議内容は明らかではない。中節社規則は未発見であるが、討議されたとしても期成同盟会に提出すべき憲法草案までは準備出来なかったと思われる。期成同盟への出京委員には田中正造、湧井藤七が公選されている。

以上のように、中節社自体の行動はきわめて悪く、ほとんど活動らしい活動はなかったと云えるのだが、前節にみた如き、中節社員による在村活動が盛んをきわめながら、その有機的な集約が出来なかった実情を、どのように考えたらよいのであろうか。

理由の一つは、中節社の財政問題である。中節社は成立当初、諸経費は有志の篤志金（附寄金）で賄っており、建白運動費の徴収も、会員一千人獲得まで見合わされていた。田中正造の建白出京に際しても、「寄附金ハ借用致候義ヲ厭候間、小生私借ニ而間合候間、外中節社員江御披露無之様」[78]事務所へ申送っているように私借で行なわれ、会費徴収による合理的な運営は考えられていない。田中は編集者として関係した栃木新聞の財政難で、その日ぐらしを自分の衣類の質入れで補っているところからみれば、思想に殉ずる志士的な企画・実行タイプであったろう。中節社の財政問題は、その後検討が行なわれず、巡回演説会の諸費も各村独自の積立金で賄われ、依然として寄附金や有力者の自弁で運営されねばならなかったと思われる。湧井藤七は県会議員として栃木新聞に関係し、財政難から新聞経営を「投棄する等の無気力なる御考案は、御良策とも被考不申[79]」と、専ら思想宣伝手段の有効を説く正造にたしなめられながら放棄したが、中節社の洋学開設に際し、財政的維持法を問題としたように、彼の商人的性格から当然であった。湧井が中節社の社務を、商業上の理由で遅らせていたふしがみられることも、このことを裏づけている。のち、成立した自由党の分担金も、社自体として負担し得ぬことを理由に拒絶している。

中節社の結集を妨げた他の理由に、安蘇郡役所新築問題がある。九月頃発生したこの問題は、新築場所をめぐり、従来の佐野町を所在地として確定しようとする南部二二カ町村に対し、郡中央の田沼宿に移転新築せんとする北部三六カ村が対立し、北部の戸長、有志者は連署して内務省直願を主張し紛糾した。しかし、民権運動に関しては一応共同歩調をとっており、この問題が中節社活動に直接マイナスに作用したか否かは明らかではない。

財政問題、郡役所問題に加えて、最大の理由は中節社員の意識の問題である。開拓使官有物払下事件で、執行部つき上げの発言が社員から出されているとは言え、一三年一一月の国会期成同盟二回大会で決定していた、次期大会（一四年一〇月）までに「憲法見込案ヲ持参研究[80]」する方針が、どんな事情か中節社では作製しえておらず（と思われる）、憲法に対する智識不足のほか、社員の憲法作製の意義に対する理解不足もあったであろう[81]。憲法草案を各地より持ち寄って検討する筈であった一四年一〇月の期成同盟大会、すなわち自由党組織会が終ってから、前述の如く、佐野町では「議事院の組織法」や、赤見村の「立憲政体組織の方法」研究が行なわ、ようれやくその準備が整いつつあった。だが総じて中節社自体は、「安蘇郡岩崎蓼沼某外八名ハ、佐野町中節社員にて国会開設願望者なりしが、同会にも出席せざりしを遺憾に思ひ（中略）寄附金百円[82]」を送ったということにもあるように、執行部への協力体制は金銭的でしかなく、強力な組織化は行なわれていなかったとみられる。蓼沼は幹事級の有力社員である。このことは中節社の中堅社員の立憲政体を獲得すべき国会開設運動に対する認識の甘さの表われであり、社中の有機的結合を弱め、在村的活動の成果を汲み上げえぬ、組織的弱点となっている。

遅く開始され急速に盛りあがった中節社の国会開設運動は、村落指導者相互の、ゆるやかな同盟組織の運動であって、各村の学習活動が発展しながらも、それらは自己完結的で競合的であり、横の連携は前会長田中正造の努力によって保たれ、機能的に統一されてはいない。社員の再組織化も意図されながら、成功してはいなかった。

6　自由党の成立と田中正造

明治一四年一〇月、前年の国会期成同盟第二回大会の約により、東京で期成同盟大会、自由党組織会が開かれている。中節社は代表出京委員に、前述の如く田中正造、湧井藤七を選出し、梁田中節社より山口信治が選出され、それぞれ上京、参加した。ここでは自由党の成立過程を、中節社代表田中正造の動向を中心に検討してみよう。

中節社出京委員が着京する前日、すでに初日には全委員の着京を待たず、着京委員によって相談会がもたれ、自由党結成が決定され、二日には、国会期成同盟会を大日本自由党結成会に変更し、自由党組織原案起草委員が選出されていた。中節社代表が着京後、六日には原案が起草され、一二日より自由党規則審議会が開始され、二八日に本部役員の公選、三〇日以降党本部が設立され、自由新聞発兌準備に着手される。この間、一二日には「明治二十三年を期し、議院を召し国会を開(83)」くとする国会開設の詔勅が発布され、大隈重信罷免、伊藤博文の組閣が公表されている。

以上の経緯について、従来の研究では「国会開設の詔勅は、恰も自由主義同志の会合中に煥発せられたり。人心爰に倍々奮興し、国会期成同盟の希望既に貫徹せしを以て、復た之を存続するの必要なく、即ち自由党と合同(84)」(傍点筆者)したもので、期成同盟第二回大会の決議にもとずき、今大会に各地より持参し審議する筈であった憲法草案の、必要な討議は、詔勅によって先制攻撃され押し流され、急速に自由党が結成されてしまったとされている。このため、成立した自由党は、民権陣営の広く被支配層の求める内容を、たたかいとる政党というよりは、「立憲政体」の内容は、政府の与える枠内での政党という意味での議会政党、そのための準備政党への意向を含んで一挙に結成されたもの(85)とされる。

しかし、具体的経緯からわかるように、一、二日の着京委員の相談会で自由党結成に踏み切られており、これは国会開設の詔勅以前のことから、詔勅自体は政府が後手を脱する精一杯の対処とみて、自由党は下から国会開設をたたかいとろうとする政党であったとする説(86)もある。この場合、下からとは豪農路線のことで、具体的には河野広中の東北有志会系や山際七司の東洋自由新聞社会系のことである(87)。果してそうか。その河野ですら「国会期成同盟の合同は名のみにして、其実無(88)」しと不満を表明しているのである。

団結強化が党結成の目標であったにも拘わらず、結果として分裂がもたらされ、その原因も綱領、規約をめぐる対立ではなく、役員人事に関する対立であったところに新生自由党の性格をみる立場(89)は、必ずしも間違いとは云えないであろう。役員人事をめぐって九州派が総退場し、中核的役割を担ってきた嚶鳴社系が脱退し、さらに農民組織に基盤をもつ、愛知の愛国交親社代表は、自由党に絶交状を提出して帰郷したという(90)。

この事態の具体的背景はほとんど不明である。そこで中節社代表の田中、湧井、山口らの立場についてみておこう。彼等も期成同盟会には代表委員でありながら政党組織会には個人的資格で参加する。

自由党成立は一四年一〇月であるが、期成同盟第二回大会で自由党結成が提議されており、約一年にわたる前史をもっている。第二回大会の席上、建白・請願の国会願望では有効性を期待しえぬところから、広く国民と合体するための政党組織が問題となり、審議の結果、期成同盟のしばらくの存置と、「汎ク自由ヲ主義トシテ、国会期成モ其内ニ(91)」包含する自由党の別立てが決定された(92)。この審議には中節社代表の田中、今泉、山口も参加し、江東中村楼の自由党親睦会には田中正造も出席している。一二月にはいり自由党創立準備が開始され、一五日に嚶鳴社系、東北有志会系、東洋自由新聞社系、立志社系の四派代表が集り、沼間守一を座長に創立懇親会が開かれる。自由党結成の盟約四条が決定される。のち東京横浜毎日新聞を自由党通信社に、社長沼間守一を主任委員に、社員野村本之助、草間時福、吉田次郎を常務委員に、結党準備が推進されている。

ちょうどこの時期、期成同盟大会より帰った田中正造は、足利の鑁阿寺で開かれた肥塚竜、野村本之助の演説会に出席し、会終了後、国会組織法、選挙法について肥塚、野村らに質問している。東京横浜毎日新聞社の国会請願係であり、のち自由党創立の在京委員惣代となる野村本之助は、請願運動の大勢に明るく、政治法律の教鞭をとった体験もあり、ミルの「代議政体論」やベンサムの「立法論綱」などの知識を援用して田中の質問に答えたという。[93]これを契機に、嚶鳴社と田中の結びつきは強固となり、巡回演説会も東京嚶鳴社に依頼し、「実力ノ養成」が図られる。

一四年、田中が巡回演説会の基礎がために努力している頃、東京では、沼間が後藤象次郎を党首とする自由党を計画し、板垣擁立を図る立志社系と対立した。九月にはり板垣が上京し、二三日に上野精養軒で「国会開設を目的とせる各種の団体を統合[94]」する趣旨で会合がもたれる頃には、田中も上京しこれに出席している。この会合における板垣の政党団結の訴えも、各種団体の足なみが揃わず、結局「政党組織の議未だ熟[95]」さず、中止になっている。

前述の如く、この直後、一〇月一日には着京委員により自由党結成が決定される。何故、対立直後、しかも短期間に政党結成が可能であったのか。一体、対立とは何なのか。

田中正造は対立を緩和し、その間を周旋せんとして「九月ヨリ同年十二月ニ至ル迄、出京セシ事前後三回ニ及[96]」んでいる。田中は九月に上京するや、板垣着京の翌日、中島信行に対し「自由新聞の発兌の不可[97]」なるを痛論し、「都下の学士人で各新聞社を合併主義と為し、一政党と為すの得策」たることを建策した。つまり、別に新たな新聞を発行するよりは、「寧ろ在京大新聞を我党に容れ、以て都鄙の親睦を表し」、一大政党を組織しようとする大同団結の立場を主張したのである。すでに嚶鳴社は、国会期成同盟に接近し、「人民的ヴィジョンを統一した政党を生み出すことを課題」[98]として自由党準備会に参画しており、恐らく田中の立場は、嚶鳴社のそれに相当近いものであったのではなかろうか。

都市的有識者的な勢力と期成同盟の地方的勢力との対立は増しており[99]、後者は立志社を中心に、各地方有志の地方的結合を合体させて成立っていたが、前者のうち嚶鳴社が、後者に接近することによって、立志社の影響を排除するまでに膨張した期成同盟系の参加者は、例えば中節社の如く嚶鳴社との結びつきを強めていた。これら勢力は嚶鳴社の指導のもとに、期成同盟系の組織方針を批判し、地方連合組織に対する中央集権組織の主張、主義政党確立を主張する前者の郵便報知新聞に結集する三田系とも一線を画し、かつ、立志社系を中心に、独自の機関紙をもって自由党結成を志向する、のちの自由党執行部とも考え方を異にしていた。

田中が自由新聞の発行を否定し、独走ぎみの立志社系に対し、都下の学士と在京大新聞を統一し、都鄙との親睦、つまりミゾの深まりつつあった都市的有識者層と地方的勢力の大同団結を説いたことは、地方的基盤をもち、東京横浜毎日新聞に拠る嚶鳴社の大同団結論の一端を担ったものと思われる。この立場からであろう、二三日の上野精養軒の会合では、「公（板垣）の面前にて立憲政体党を組織」した旨、中節社員に報告している。

その後、帰国した田中は、一〇月の期成同盟大会に他の代表と共に再び上京した。前述の如く、自由党結成が決定された数日後である。着京した田中は、五日、鎗屋町事務所で立志社の林包明（期成同盟常務委員）に、「事の軽々は予め将来の計画を誤る」[100]と自重を促したが受入れられず、ついに「旧国会期成会を専断同様に破解し、自由党と自称」[101]してしまったという。旧期成会の昨年分担金処分も、「三四五六の高頭士が左右する処」[102]となり、期成同盟は有名無実化し、これを母体とする立憲政体党を志向する田中らに衝撃となっている。

一〇月一七日、後藤象二郎ら七八名が枕橋八百松楼に集会し、田中らも出席したが、「此日、板垣の腹心なる内藤魯一なるもの、衆に向って東京と地方との分離説を主張す、生は此説の不当なるを述べ、且つ長短相補ひ智力気力併行の公益ある所以を演説」した。この演説は、内藤説を喜ばぬ多数の出席委員の喝采を得たが、翌日の自由党組織会では、意外にも「内藤の演説せし如く、自然東京と田舎とは分離の勢を為」している。中央と地方との統一を図り、嚶鳴社を指導者に期成会を同盟させる田中らの見解は、東京と地方の分離説によって嚶鳴社系が排除され、かつ期成同盟も立志社系の独走により分裂する。ここに、すすめられていた自由党結成派と期成同盟の合併協議は、実質的に流産する。急きょ福島より上京した河野が、政党結成の慎重ならざるを怒り、「国会期成同盟会の会同は名のみにして、其実無」き状態に不満を表明したのはちょうどこの時であった。

一〇月二九日、期成同盟系の「立憲政体党は会を開き、板垣の東北より帰るを待つ、同日、自由党は本会を閉場し、立憲党との区別を画し、規則上互に相合はざるを示」している。したがって自由党「幹事の投票にも関せざる(103)」田中らは、一旦帰郷したが、帰郷した板垣が「立憲政体党を捨て自由党の総理」となり、自由新聞の社長に就任の噂を聞いて、梁田中節社の長真五郎と共に、三たび上京する。「自由党員中有志の結社」たる自由新聞の社長に就任するとは何事かというのである。もちろん、前提には、板垣の面前で組織された立憲政体党をすて、自由党の総理になった不満もあったであろう。「果して社長の名称を出すに於ては退党」する旨を述べ、板垣の社長就任を思いとどまらせた。「自由党組織会ニ出席ノ頃、分担金及組織順序ノ事ニ付、役員ノ投票ニモ関ワラズシテ半途ニテ退席(104)」した田中らは、一旦自由党加盟の意志をもって討議に参加しながら、役員人事に関する以前に、分担金および組織問題で対立し中退する。中節社代表委員らの「憂フ所ハ、唯タ其組織法ノ如何(105)」にあった。

自由党結成は、役員人事をめぐって分裂し成立したと云うだけではなく、分裂化を必然化した組織論、政治論の相違があったと云わねばならない。複雑な抗争経緯を秘める組織会前後の過程は、研究史的にも空白な部分が多く、以上の簡単な行論だけでは解き明かすことは不可能であるが、およそ右の通りであるとすれば、地方連合組織を結集して主義政党化を志向する嚶鳴社は、持論である憲法作製論が流れ、自己の統一政党ヴィジョンの実現化を阻まれた時点で、「別に盛んなる結合を始め」[106]る。地方連合の統一化が、「人民的ヴィジョン」であったか否かは措くとして、嚶鳴社の影響下にある地方結合にしても、中節社の如く、憲法作製を当面行っていない団体も多いことから、理論武装した高度の主義政党の実現はむずかしかったものと思われる。

嚶鳴社と中節社との関係は、人的結合ばかりでなく、その主張する制限選挙論、内治先決論などが、穏健な地方名望家層に受容されやすく、国権民権伸張が矛盾せず並進し得るという基本的観点において同一であった。

7　むすびにかえて

最後に、中節社代表の出京委員と、一般社員との関係を簡単に触れ、むすびにかえよう。

かって、民権運動参加の豪農および農民の「政治的成長」の内容との関連で、請願委託者と代表委員との関係が問題にされた[107]。期成同盟第二回大会における約一三万名におよぶ請願・建白委託者と、同盟者＝代表者との関係は、国会開設を目的として諸願・建白という方針とその実施についてのみ委託したのであり、たとえ国会開設という目的が変わらなくとも、手段が請願・建白から他に変化し、同盟が単なる連合体から政党組織としての内容をもつようになれば、委託関係は破れざるを得ない。にも拘わらず、期成同盟大会は請願・建白を否定し、「地方の団結」「実力の養成」、次期大会までの「憲法見込案」の作製を今後の方針とした。このことは、国会開設建白・請願に関する従来の委託関係を破るもので、原則的には、自由党結成をめぐる準備会以降の中央の動向は、一般委託者の関知しないものであった。

中節社はこの間、大会決定にもとずき、地方団結ことに実力の養成に重点をおいたことは前述したが、社自体の結合は強化されぬまま、一四年一〇月の全国大会（自由党組織会）には代表を派遣している。その限り、この全国公会は期成同盟大会の直線的延長と考えられており、国会開設目的の委託関係は継続し、田中ら中節社代表の行動をみる限り、願望運動に結集した期成同盟系を母体に大同団結する立憲政党組織は可能であるとみられているところから、その手段も建白・請願から政党へと変化しても、委託関係の決定的破綻はないものと考えたようである。

のち、田中は中節社員からの問合せ――「中節社員惣代ノ名義ヲ以テ自由党員ニ加入セシヤ、但シ一已ノ資格ナルヤ、且ツ自由改進孰レヲ取ルヤ云々御問合」[108]に対し、中節社員はもとより国会請求のため団結したもので、「政党加盟ノ事ハ、国会開設請求ノ事トハ固ヨリ同一事件」[109]ではないことを認める。出京中みだりに社員の名義を濫用して加盟したり、自分の思想で全社員の思想を左右するの理由はない筈だとして、自由、改進両党に加盟していない旨を広告したが、にも拘わらず、自己の政治的信条から、両党合一し「其組織法に〆果シテ全キヲ得」[110]るならば、有志と共に最後まで努力することを誓っている。従来の委託関係を峻別しながらも理想的政党の出現によっては有志と共に参画する予定であったことを明らかにしている。この場合、自分と有志者との関係は明らかではないが、代表的立場から影響力を用いての再勧誘であったことは云うまでもない。

栃木県下の自由党結成派の場合も、この点は同じで、結党後の臨時会出席前の下野地方部会開催に際しては、自由党同盟者の出席を求めるとともに、「国会請願結合ノ残務モアレハ、最前ノ有志者ニモ御臨場アラン事ヲ」[111]希望し、「旧下野結合会残務委員」および「栃木近傍自由党委員」の連名で広告している。請願の委託が、政党の結成と微妙に重なりながら旧結合が利用される。

自由党組織会より帰郷した田中は、両党合一の努力が、一五年三月の立憲改進党の成立によって水泡に期したため、自由党本部からの分担金督促も拒絶して、中央の情況を見守る。中節社は六月の集会条例改正で政談社に認定され、同月二十八日の総会で解散するが、この席上、三日前創刊の自由新聞に、社長として板垣が署名していることを発見し、田中は同席社員の「面前にて、板垣に食言のことを質すの書を送る」[112]。「自由新聞は自由党の新聞にあらずして、該党員中の有志及び其他有志の設立に係る者」[113]と、組織会当時の論理で再び反論し、党の新聞とみる板垣を批判する。まもなく、田中は嚶鳴社の属する改進党に入党した。

以上、中節社を中心に、その自由民権運動の概略を述べてきた。要約すれば次のようになろう。

全国的に遅れて出発した栃木県の民権運動は、最初の時点で、国会開設を目的にしながら手段を請願にとるか建白にとるかで、分裂した。後者の立場をとる中節社は、建言後さらに請願運動を開始する漸進的運動を展開したが、その基盤は戸長、議員、教員ら各町村の「主任者」＝名望家層であり、これら村落指導者の相互交流によって成立っていた。中節社は会長、幹事、町村世話人を中核とする組織体で、六八四名の社員とは、その目的と手段とにおいて委託関係が成立っており、一般社員に対し、具体的義務を求めるものではないゆるやかな連合体であった。その思想も、天賦人権、租税共議思想に裏づけられながら、国権拡張のための上下一致の機構としての国会が位置づけられ、民権と国権とは並進すべきものとされる。

地方の団結、実力の養成、憲法草案の作製を決議した国会期成同盟第二回大会へ、代表を送った中節社も、この方針にそって、東京嚶鳴社と提携し巡回演説の体制を確立し、演説会を盛んにする一方、在村では社員中心に討論会、談話会のほか、小規模の演説諸結社を発展させた。そこでは、日常の教育、勧業、衛生などの諸問題から、立憲政体組織法および国会組織法にまで研究が進展し、立憲政体に関する認識の深化と広汎な政治思想の浸透に役立っている。その限り、成立期の中節社々員の社会的階層以上に下層の村びとに民権思想の浸透をもたらしたが、組織的にも思想的にもその集約化は図られず、民権論の中央研究所とも云うべき洋学校計画も流産し、開拓使事件に対する反対声明も、憲法草案も作製されぬまま、期成同盟第三回大会ともいうべき自由党組織会を迎えている。

この間の事情は、中節社も含めた全国的運動において、国会開設を目的に請願・建白を手段として結ばれた各社の執行部と社員との委託関係が、委託の実体たる請願・建白の手段を否定したまま、国会開設の目的のみによって、明確な結合の新しい理念を生み出し得ないまま推移したことと無関係ではない。中節社にしても、この点の検討を経ぬまま、期成同盟の延長期としていたところに限界があらわれている。ここにみられる社員の主体的な政治的成長の限界性が、安蘇郡庁新築事件や財政問題とかかわって複雑なあらわれ方をしていた。

前年の約によって開かれた期成同盟大会＝自由党組織会は、「地方の団結」の組織化、および憲法草案の持参という課題＝約束の実態を省略したまま、党結成に踏みきられている。一年間の総括が不充分のまま、かつ期成同盟系の地方結合の総意を得ぬまま、自由党が結成されており、手段を建白・請願から政党結成による指導部の形成という新たな方針に切り換わる時点で、一般委託者の幅広い結集を可能とする方向を確立しないまま、期成同盟の解体が図られていった。期成同盟と嚶鳴社の結合を通じ、都市的有識者層と地方勢力の大同団結を図り、既存の都市大新聞を民権思想鼓吹の手段に組込むことによって、政府と対決しようとする期成同盟系の田中正造的路線は、政党結成による目的達成という手段で同一ながら、政党組織論の相異から無視されてしまう。

もちろん、都市的有識者層と地方勢力との統一的組織化の志向自体も、かつての期成同盟の包括化による委託関係の連続性は、形式的に主張し得るものの、政党組織化という質的転換を実現する具体的内容に欠けていたものと思われる。嚶鳴社の民権と国権の並進性、制限選挙論や内治先決論などの穏健主義は、期成同盟系の、一般委託者との関係を重視せざるを得ない勢力に受容されやすかったであろうが、自から主義政党化を志向し、憲法作製を主導しながら、地方勢力に対する指導性が具体的に、如何に発揮されたかいま一つ明らかではない。田中正造は、自己の意図する期成同盟の包括的政党化の構想が、阻まれることによって、政党加盟は国会開設請求とは別の次元の問題として、自由党参加を見あわせたが、このことは、嚶鳴社との個人的結びつきからだけではなく、社員意識の反映としての中節社主義にみられる地方の実情が、嚶鳴社の基本視点に近いという漸進主義的性格と関連がある。つまり、彼の行動はまた、地方有志の豪農的性格の一面を代表しているとも云えるのである。改進党結成による地方党員の勧誘が、一五年後半より積極化することは、党員化する豪農層の、経済的基盤の転換期にあるからだけではなく、むしろ豪農層が、本来的に改進党左派に吸収される性格を内包していたとみるべきではなかろうか。

（1）下山三郎「民権運動について」『日本歴史講座』五、近代の展開、（東京大学出版会、一九五六年）一〇三頁
（2）江村栄一「自由民権運動」『講座日本史』（東京大学出版会、一九七〇年）第五巻所収
（3）下山三郎「自由民権運動」岩波講座『日本歴史』一六　近代三（岩波書店、一九六二年）一二八頁
（4）歴研委員「維新変革と階級闘争」『歴史学研究』三三六号　三一頁以下
（5）大石嘉一郎「維新変革と階級闘争」『歴史学研究』三三九号
（6）山田昭次「立憲改進党覚書――立憲改進党の性格をめぐって――」『史潮』八九号
同「立憲改進党における対アジア意識と資本主義体制の構想」『史苑』二五巻一号
（7）伊藤整「明治十年代前半に於ける府県会と立憲改進党」『史学雑誌』七三ノ六号　論集日本歴史一〇「自由民権」再載
（8）「栃木新聞」明治一三年八月四日　雑報欄
（9）「栃木新聞」同　一三年七月一九日「下野人民ハ立君政下ニ住ムノ元気アル乎」
（10）後藤靖『自由民権運動』（創元社、一九五八年）六三頁
（11）、（12）『自由党史』岩波文庫上巻二六六頁
（13）後藤靖『自由民権』（中公新書）（中央公論社、一九七二年）一二三頁
（14）下山三郎「自由民権運動――その地域的分布」『東京経済大学雑誌』第三七号
（15）栃木県内における国会開設願望の建言は五回にわたり提出された。明治一三年一一月一日の円山信備、戸田譲ら一三二人の「国会開設ノ義建言」同年一一月一二日の田中正造、今泉正路、山口信治ら中節社員六八四名の「国会開設を建白スルノ添書」同一二月六日の大谷宗七、秋田啓三郎ら一一〇六名の「国会開設建白書」（以上、明治史料第二集

『全国国会開設元老院建白書集成』所収）のほか、同年一一月の横堀三子、塩田奥造ら八〇〇〇名余の国会開設請願書同年一二月一五日の見目清、阿久津譲らの「国会開設建言書」（以上栃木新聞）等である。
(16) 明治一七年八月「下野土産」『東京輿論新誌』第一七一号
(17) 明治一二年　栗原喜蔵宛書簡『義人全集』第五巻　書簡集二五頁
(18) 「栃木新聞」明治一二年九月一二日論説
(19)、(20) 中島勝義「府県会議員両国中村楼ノ顛末」『近時評論』二五一号
(21) 「安蘇結合会日誌」によれば建白には、安蘇郡葛生町の湧井藤七（県会議員）、下都賀郡横堀村の国府義胤（元江刺県大参事、前佐野変則中学教員、後県会議員）も同盟している。
(22) 「栃木新聞」明治一三年九月三日
(23)、(24) 「安蘇結合会日誌」佐野市金井上町惣学寺文書　以下　ことわりのない引用史料はすべてこれに拠る。
(25) 「栃木新聞」明治一三年九月三日
(26)、(27) 「栃木新聞」明治一三年九月八日
(28)、(29)、(30) 「栃木新聞」明治一三年九月二四日　論説「建白請願孰レカ取ル可キ」
(31) 「栃木新聞」明治一三年一一月五日「我栃木県下ノ国会有志諸君ニ告ク」
(32) 中節社の名称につき、田中正造が自由民権運動思想を青壮年層に鼓吹するために開設した団体を中節社といい、西南戦争の際解散させられたと云う説がある――『明治前期政党関係新聞紙経営史料集』、明治史料第四集　一八頁――。事実だとすれば、田中正造の夜学塾名が復活したことになる。
(33) 「横浜毎日新聞」明治一三年一一月一〇日
(34) 大槻弘「民権政社の展開過程と国会開設請願運動」『大阪経大論集』第二一号『論集日本歴史』一〇「自由民権」再掲八三頁
(35) 後藤靖「戦後の民権運動の研究について」『歴史学研究』二四七号　同「自由民権」一〇八頁
(36) 「上からの掌握方式」ばかりでない事例は、上条宏之「地方自由民権運動結社の組織過程とその背景」『信濃』一三の

五
(37)「栃木新聞」明治一三年九月一五日
(38)「栃木新聞」明治一四年一月五日
(39) 松尾章一『自由民権思想の研究』(柏書房、一九六五年) 四三頁以下　後藤靖「自由と民権の思想」『岩波講座日本歴史』近代三 (岩波書店、一九六二年) 一七二頁
(40)『明治文化全集』第九巻　正史編上巻　二五六頁
(41)『自由党史』岩波文庫上巻　三一頁
(42)、(43)「国会開設ヲ建白スルノ添書」『全国国会開設元老院建白書集成』明治史料第二集　一二五頁　以下引用史料同じ
(44) 後藤靖「自由と民権の思想」前掲一七六頁
(45) 下山三郎「自由民権運動」前掲一〇九頁
(46)「栃木新聞」明治一四年九月一四日
(47)『安蘇結合会日誌』前掲
(48) 村落構造と政社、政党との関連は、後日検討する予定であるが、とりあえず、のち自由・改進両党員が在村する戸奈良村について階層との関係をみれば、次の通りである。
(49)、(51) 野村本之助「常総野州紀行」『東京横浜毎日新聞』明治一四年二月二三日
(50)『自由党史』(岩波文庫) 中巻　三六頁
(52)「国会開設論者密議探聞書」『明治文化全集』第二五巻　一八五頁
(53)、(54)「栃木新聞」明治一四年四月一三日
(55)「東京横浜毎日新聞」明治一四年二月一二日
(56) 田中雲城「都会居民ハ果シテ田舎間民ニ耻チサル乎」「栃木新聞」明治一四年八月一九日
(57)「栃木新聞」明治一五年三月八日

戸奈良村の政党員と階層

	明治４	政社・党員　　備　　考
１石以下	29人	槇田清吉、自由党
１石台	29	
２　〃	21	金子玄仲、改進党（医師、中節社世話人）
３　〃	28	大月泰淵、自由党
４　〃	10	
５　〃	12	
６　〃	6	
７　〃	4	
８　〃	7	
９　〃	8	
10～12	12	高瀬源吉、自由党
12～15	7	
15～20	10	槇田弥五郎　自由党 石井林治　改進党（中節社世話人） 山菅利七　〃　（　〃　）
20～30	5	田村彦十郎　自由党　機織 田村力蔵　〃　〃
30～40	2	
40～50		
50～100	1	石井朋三郎（中節社世話人）
100石以上	1	石井五六　改進党　戸長
計	192人	11　人

（注）ほか自由党員３人不明
明治４年　戸籍　田沼町戸奈良『石井家文書』

(58)、(59)　野村本之助「回想録」（木下尚江『田中正造の生涯』（文化資料調査会、一九六六年）所収　七三頁）
(60)　「栃木新聞」明治一四年九月二八日
(61)　「栃木新聞」明治一二年一二月三日
(62)　「栃木新聞」明治一五年一月一八日
(63)　「栃木新聞」明治一四年九月二八日
(64)　「栃木新聞」明治一三年九月二七日
(65)、(66)　野村本之助「東北紀行」「東京横浜毎日新聞」明治一四年一一月東京経済大学『人文自然科学論集』第二四号三〇六頁

(67)「栃木新聞」明治一五年二月一五日
(68)明治一四年一一月二四日　田中正造の中野貢次郎宛書簡『佐野市若松町中野家文書』
(69)明治一四年七月六日「安蘇郡中巡回演説ノ議ニ付至急回章」前掲『惣宗寺文書』
(70)明治一四年八月二日「私立学校設立願」、「用籍科目」前掲『中野家文書』
(71)明治一四年一一月二四日　田中正造の中野貢次郎宛書簡『中野家文書』
(72)明治一四年八月一四日　湧井藤七の田中正造宛書簡『中野家文書』
(73)右同
(74)明治一四年九月一五日　田中正造の中野貢次郎宛書簡『中野家文書』
(75)、(76)明治一四年九月二〇日　田沼音松、新楽庄三郎らの中野貢次郎書簡『中野家文書』
(77)明治一四年九月九日　田中正造の湧井藤七宛書簡『中野家文書』
(78)明治一三年一一月二一日　田中正造の旭岡中順宛書簡『惣宗寺文書』
(79)明治一四年一〇月二三日　田中正造の湧井藤七宛書簡　木下尚江『田中正造の生涯』（文化資料調査会、一九六六年）所収　八五頁
(80)「国会開設論者密議探聞書」『明治文化全集』第二五巻
(81)下山三郎「自由民権運動」前掲　一二一頁
(82)「栃木新聞」明治一三年一一月三日雑報
(83)、(84)『自由党史』（岩波文庫）中巻　七八、七九頁
(85)下山三郎「自由民権運動」前掲　一三九頁
(86)江村栄一「自由党の結成と政体構想」『史潮』八九号　五三頁『論集日本歴史』一「自由民権」再載一三一頁
(87)江村栄一、山田昭次書評・内藤正中「自由民権運動の研究」『歴史学研究』二九一号
(88)『河野磐州伝』上巻　四一九頁
(89)、(90)内藤正中「自由党の成立」（堀江英一・遠山茂樹編『自由民権期の研究』第一巻所収）二六三頁

(91)『国会開設論者密議探聞書』一八〇頁
(92) 内藤正中『自由民権運動の研究』（青木書店、一九六四年）二三九頁以下、教示された点が多い
(93) 野村本之助『回想録』前掲
(94)、(95)『自由党史』岩波文庫中巻　六六、六七頁
(96)「栃木新聞」明治一五年七月二八日
(97) 田中正造「自記録」（木下尚江『田中正造の生涯』所収）八六頁　以下ことわりのない引用史料は同じ、
(98) 山田昭次『立憲改進党覚書』前掲　二六頁
(99) 永井秀夫「明治十四年の政変」（堀江・遠山『自由民権期の研究』（有斐閣、一九五九年）第一巻所収）一七二頁以下
(100)、(101)、(102)、(103) 明治一五年四月　田中、湧井、山口の自由党本部宛書簡（木下尚江『田中正造の生涯』所収）八九頁
(104)、(105) 注（96）に同じ
(106) 明治一四年一〇月二三日　田中正造の湧井藤七宛書簡（木下尚江『田中正造の生涯』所収）八四頁
(107) 下山三郎「自由民権運動」前掲　一二七頁
(108)、(109)、(110)「栃木新聞」明治一五年七月二八日
(111)「栃木新聞」明治一五年五月二〇日
(112) 田中正造『自記録』前掲　八八頁
(113) 明治一五年六月二八日　田中正造の板垣退助宛書簡『惣宗寺文書』

第4章　自由民権運動と政党構造

1　はじめに

本章は政治運動と地域との関連を究明することを課題とする。具体的には自由民権運動とその地域的性格との関連である。日本近代の政治地図は基本的にはこの時期にその枠組みが決定されているように思われるからである。

この点に関する研究史は多くの蓄積をもっており、戦後民権運動史研究の中心論点であったといっても過言ではない。すでに民権運動の中心的役割をになった自由党は原生的地方的産業資本を代弁し、改進党は原始的蓄積の諸経過に応じて中央から転生しつつあるところの近代的産業資本を代弁[1]したという指摘以来、主として自由党激化事件の社会的経済的背景が究明されてきた。この過程で日本資本主義形成の特質的傾向と関連して、自由民権派の性格は次のように指摘されることになった。農民層分解の初期的段階とそれを規定する経済のブルジョア的発展との関連から、自由党は明治前期に商品生産の急速に発達した地域、しかも地主・小作関係の未展開の地域に成立し、帝政党＝反民権派は政府の特権的保護のもとに産業資本へ転化しつつある商人資本＝寄生地主の支配的な地域に成立する[2]、というものである。

このような研究の深化のなかで自由・改進党員名簿や国会開設請願運動の大勢が判明する一方、地方政社の個別的な究明もすすみ、研究は一層の広がりと深みをもつにいたった。この一応の総括期がすぎた今日、問題が高度化し細分化したこととも関係し、研究自体は停滞期にはいったものの、なお残された問題は多いと言わねばならない。われわれの主題に即してみれば、民権運動の物質的基盤の追求に際しては、経済的発展についての既成の概念を前提することなく、あらためてその地域に即した経済的社会的性格の検討が要請されているのである。(3)

このような運動の政治的性格と運動発生の物質的基盤の照応・不照応という問題をとく鍵を、天皇制国家の特徴的な構造に求める見解があるが、一方ではそれらをふまえたうえで、究極的要因としての経済状態の把握を出発点として経済的対抗関係を明らかにし、権力に対する政治原理およびその組織体の運動の、対抗過程の究明が要請されているのである。(4) すなわち日本資本主義形成の特質(5)と天皇制国家形成の特質をふまえた民権理論と、民権派形成の関係が明らかにされねばならないわけである。この全体の検討は本章の目的でない。

ここではすでに検討したことのある民権理論(6)との関係から、民権派形成の問題にかぎって研究史の最初にたちかえって包括的に検討してみることを主眼としている。その際、国会開設請願運動から第一回帝国議会の総選挙までの検討のなかに地方政党の問題を位置づけ、全体として民権派の構造上の特質を地域と関連させて整理しておくことを目的とする。

2　自由民権運動の地域的推移

ところで従来明らかにされている全国的数値の検討からはじめよう。まず国会開設請願署名者数と自由・改進党員および第一回国会総選挙の結果を比較すれは第1表のようになる。国会開設請願運動の参加者（期成同盟大会への参加者および請願、建白の署名者数）の総数二六万余人の内訳を地域的にみれば、東北と近畿および九州中南部に参加者が少ないのに比べ、関東、中部、中国、四国地方はいずれも五万人前後より六万人前後の参加者がみられる。府県別にみれば高知県を筆頭に長野、広島、岡山、神奈川、静岡県の順に多く、このほか一万人以上の参加者を出している県には群馬、茨城、栃木、福岡がある。高知県を除外すれば関東北部の諸県、関東南部より東海にかけての二県、東山の長野、山陽地域の二県に集中している。

このように一三年に集中的にもりあがった国会開設請願運動の動員力は、一四年末以降、組織化される自由・改進党の編成にどのようにくみこまれていったであろうか。参加者数と両党員数とを比較してみると、照応関係が必ずしも明確ではない。その理由は表示された自由党、改進党員の数が、そのまま全国各地の政党員の実勢を示すものではないからである。従来から指摘されているように、東京よりの遠隔地にあっては重立った活動家のみが東京の自由・改進党に加盟し、その他は各地で独自の政党活動をしている場合が多い。そのため各地の代表的人物の入党をもってそのままその地方の党勢とは言えないのであるが、それでもより多数の党員を出している地方では活動がさかんであったとみてよいであろう。その意味では自由・改進党ともに関東地方に党員が集中し、その集中の度合は自由党四五・六%、改進党三一・八%であってより自由党に集中度が高い。このことは東京の自由党（地方政党と区別する意味で以下東京自由党、東京改進党とよぶ）もまた「関東地方に基盤を置く一地方政党」[7]としての側面を強くもっていたことを示しており、改進党もまた基本的にその側面をもちながら、自由党に比較すればより全国各地より党員を獲得していたことを示しているのである。そうは言ってもこれは両党入党者の地域的分布の比較上においていえるにすぎない。

自由党は関東地方以外では秋田、長野、島根、徳島、福井、岐阜、岩手の諸県に拠点があり、改進党は関東以外には兵庫、福島、大阪、長野、愛媛の諸県が拠点であった。このような党員数よりみた特徴は、国会開設運動参加者数と比較すれば、関東地方が参加者・党員数ともに他地方よりもっとも多いという意味で照応するものの、東京より遠

第１表　国会開設請願運動・中央政党参加者と衆院総選挙結果比較表

		国会開設運動参加者	自由党員	改進党員	第１回総選挙党派別得票率		
					自由党	改進党	その他
		人	人	人	%	%	%
東北	青　森	150	2	2	45.4 (4)	28.0 (0)	26.6 (0)
	岩　手	1,560	61	4	54.8 (4)	17.5 (0)	27.7 (1)
	山　形	76	4	4	53.6 (4)	0	46.4 (2)
	秋　田	3,890	426	3	52.3 (3)	0	47.7 (2)
	宮　城	1,330	17	2	6.5 (1)	16.4 (0)	72.1 (4)
	福　島	3.598	24	127	14.2 (2)	8.6 (0)	71.2 (5)
関東	栃　木	10,642	224	148	74.2 (4)	11.7 (1)	14.2 (0)
	茨　城	12,074	92	87	45.3 (3)	28.9 (3)	26.3 (3)
	群　馬	12,106	191	15	61.2 (4)	7.1 (0)	31.7 (1)
	埼　玉	2,536	135	154	38.7 (4)	21.2 (2)	50.1 (2)
	千　葉	—	147	36	42.8 (4)	32.4 (1)	34.0 (4)
	東　京	85	56	94	13.2 (2)	34.4 (3)	52.4 (6)
	神奈川	23,555	226	16	72.7 (6)	15.7 (1)	11.6 (0)
中部	静　岡	15,535	9	11	22.1 (2)	24.7 (2)	52.2 (4)
	山　梨	396	41	0	12.4 (0)	7.8 (0)	73.8 (3)
	長　野	29,459	167	112	31.6 (5)	5.4 (0)	63.0 (3)
	岐　阜	1,141	52	4	17.3 (1)	0	82.7 (6)
	愛　知		15	3	35.4 (2)	0	64.6 (6)
	新　潟	2,065	32	35	41.1 (8)	36.6 (3)	21.3 (2)
	富　山	4,079	25	4	23.5 (1)	26.3 (3)	38.2 (1)
	石　川	200	3	180	55.1 (3)	20.3 (2)	19.6 (1)
	福　井	7,113	47	3	72.8 (8)	0	17.2 (0)
近畿	滋　賀	212	2	3	15.1 (1)	0	84.9 (3)
	京　都	2,750	3	5	36.4 (1)	0	63.6 (6)
	三　重	150	4	4	30.1 (3)	21.1 (2)	48.8 (2)
	奈　良	11	—	—	32.5 (2)	11.1 (0)	56.4 (1)
	和歌山		2	1	25.9 (0)	0	75.1 (5)
	大　坂	44	38	113	56.7 (6)	1.5 (0)	41.8 (4)
	兵　庫	2,938	61	178	43.5 (6)	35.6 (4)	20.9 (0)
中国	鳥　取	4,227	19	21	1.6 (0)	0	98.4 (3)
	島　根	3,582	121	4	7.7 (1)	43.5 (2)	48.8 (3)
	岡　山	25,204	4	30	38.6 (3)	8.7 (1)	52.7 (4)
	広　島	26,392	3	92	8.4 (1)	23.7 (2)	58.3 (5)
	山　口		1	6	0	0	100.0 (7)

四国	香　川	1,518	—	—	35.7 (3)	23.2 (1)	41.1 (1)
	徳　島	15	59	41	14.9 (1)	69.4 (3)	15.7 (1)
	愛　媛	588	7	100	48.4 (4)	41.7 (2)	9.9 (0)
	高　知	47,568	15	2	70.6 (3)	0	29.4 (0)
九州	福　岡	10,300	1	30	36.2 (2)	2.2 (0)	61.1 (7)
	佐　賀		1	7	35.7 (1)	50.1 (3)	14.2 (0)
	長　崎	530		12	52.4 (5)	0	47.6 (2)
	熊　本	199	2	2	42.5 (2)	0	58.5 (6)
	大　分	719	2	30	14.8 (1)	23.5 (1)	61.4 (4)
	宮　崎		1	0	64.3 (3)	0	40.2 (0)
	鹿児島	3,505	2	4	81.4 (7)	0	18.6 (0)
北海道			1	0			
合　計		262,042	2,349	1,729			

（注）静岡県の参加者数は原口清『明治前期政治史研究』下巻で追加した。
島根県の当選議員数は『国会議員正伝』（木戸照陽編）により訂正した。
投票率は原史料のまま
（　）内は当選議員数
（史料）下山三郎「自由民権運動―地域的分布」東京経大学会誌37号
「自由党員名簿」（『明治史料』第一集）
林茂「立憲改進党員の地方分布」『社会科学研究』9－4、5合併号
内藤正中「明治20年代の政治地図」『歴史学研究』194

隔地ともなれば照応関係は一層薄くなってくる。この関係は国会期成同盟と自由・改進両党の成立事情および地方政党との関連が明らかにされねば解けない問題となろう。

つぎに第2表により府県会議員中における自由・改進党系議員の動向をみておこう。各府県における議員の政治的行動に関する基本の調査資料に精粗があり、必ずしも正確な数字ではないが、一応の傾向は示しているものと思われる。各府県において議員層は「県議路線」と言われるほどに地方的な自由民権運動の中心勢力となっているのである。この表は自由・改進党員の議員はもちろん、入党しないままでも党員とつねに行動をともにしたと思われる議員も、自由・改進党系議員として示している。そのため党員議員の比率が自由党四六名に対し、改進党一六三名[8]（一六年六月現在）と圧倒的な改進党議員の優位に対し、明治一二年の第一回県会より二三年まで就任の府県会議員の党派別のわり合いは自由党系四三三名に対し、改進党系五一〇名である。つまり府県会を全国的にみればなお改進党系議員の優位性は動かしがたいものの、二三年の第一回総選挙までには自由党系議員の進出で両者の比率がそれほど差がなくな

第２表　府県別自由党・改進党系議員数

		明治12年～23年				明治22年条約問題建白数	
		自由党系(A)	改進党系(B)	議員総数(C)	$\frac{A+B}{C}$		
東北	青森	—	—	—	15.4%	3	80
	岩手	11	2	226		4	
	山形	3	4	181		5	
	秋田	3	—	176		2	
	宮城	—	—	—		32	
	福島	49	52	220		34	
関東	栃木	13	23	133	17.4%	66	170
	茨城	4	11	147		(9)	
	群馬	11	16	215		9	
	埼玉	12	34	148		20	
	千葉	6	9	151		25	
	東京	3	30	240		21	
	神奈川	41	5	210		20	
中部	静岡	5	7	168	22.0%	8＋16	123
	山梨	2	0	121		2	
	長野	—	—	—		21	
	岐阜	2	0	227		10	
	愛知	32	3	294		19	
	新潟	66	81	222		24	
	富山	34	39	101		(4)	
	石川	—	—	—		18	
	福井	15	1	174		1	
近畿	滋賀	—	—	—	15.7%	(3)	69
	京都	14	2	364		6	
	三重	6	5	220		18	
	奈良	1	8	84		4	
	和歌山	—	—	—		4	
	大阪	8	11	232		3	
	兵庫	5	53	348		31	
中国	鳥取	2	10	140	15.7%	8	36
	島根	7	12	126		(2)	
	岡山	14	12	176		6	
	広島	2	49	248		18	
	山口	—	—	—		2	
四国	香川	—	—	—	21.2%	15	73
	徳島	0	25	135		2	
	愛媛	—	—	—		25	
	高知	33	0	139		31	

九州	福　岡	14	5	331		6	
	佐　賀	6	1	128		—	
	長　崎	—	—	136	3.9％	15	28
	熊　本	—	—	—		(2)	
	大　分	—	—	—		4	
	宮　崎	1	0	97		1	
	鹿児島	8	0	204			
	北海道						
	合　計	433	510	6,462	14.6％	583（579）	

（注）　自由党より改進党への政党変更は改進党系に、逆の場合は自由党系に含めた。
　大同派も一応自由党系に含めている。
　議員総数とは明治12～23年間の就任者総数
　栃木県、東京府は筆者訂正
　（　）内は９月30日現在の数値
　静岡県の建白数中16件は浜松県と別記されたもの。なお当時浜松県は存在しない。
　合計の583は史料上の総合計である。
（史料）『明治史料』「明治前期府県会議員名簿」上・中・下
　「東雲新聞」明治23年１月７日雑報
　『明治政史』第22編

っているのである。

　このような動向を各地方の府県別にみると、中部地方が総議員のうちにおける自由・改進党系議員のわり合いがもっとも高く、ついで四国、関東の順となっている。中国、東北もこれについでいる。だが全国的に民党系府県議の比率は一四・六％にしか達しておらず、現実にはもっと比率は高いと思われるものの、なお議員の政党組織化のわりあいの低さはおおうべくもないのである。自由・改進党系議員が主義主張をもったところから、議会内部における発言力は大きなものがあった筈であるが、それでもなお同志の少なさはその主張を通すために障害とならざるをえない。

　各府県のなかでもっとも政党所属ないしはその系統議員の比率の多いのは富山県の七二％余である。ついで新潟県の六六％余、埼玉県の三一％余となっている。これらは自由・改進両党系議員ともに多いものの、絶対数において改進党系議員が上まわっている。神奈川県、愛知県、高知県の如く自由党系議員の絶対的に多い県があるものの、兵庫県、広島県、東京府のように改進党系議員の絶対的に多い府県も存在し、全国的には改進党系議員が多いのである。このことは改進党自体が農民層の下からの組織化というよりは、府県全議員を中核とした上からの組織化を意図していたからにほかならない(9)。この点についての詳細は後述する。

第2表中、条約問題建白数とは明治二二年後半期に全国的に発生した大隈重信条約改正案に対する賛成、反対運動の結果提出された建白数である。従来は九月三〇日現在の元老院統計が一般に用いられ、その総数三〇五件の内容が問題となっていた。ここではその後提出された建白書も含め、この運動全体の最終結果と思われる建白数を掲げている。これによると建白総数は五七九件に増加し、地域的には関東地方がもっとも多く、つづいて中部、東北地方の順となっている。府県別では栃木県がもっとも多く、福島、宮城、兵庫、高知県などがこれにつづいている。

この数値では断行(賛成)、中止(反対)建白の内訳がわからないが、九月三〇日現在の統計では建白総数三〇五件の署名人は六万余人、そのうち断行建白は一二〇件で、中止建白は一八五件である。前者一件あたりの署名人は五六人、後者は三〇七人である。中止建白は件数のわりに署名人が多く、愛知を筆頭に高知、東京、福島、三重、香川県に件数が多かった。これに対し断行建白は大隈外相支持の改進党の基盤である地方からの建白が主で、栃木県四四件を筆頭に兵庫県、愛媛県、石川県などに多い。このような傾向が恐らく数カ月間持続したものと思われるが、これらは政党運動として翌年の総選挙の全国的基盤の整備に役立ったものといえよう(10)。

以上のような全国的な政治的動向をふまえて第一回総選挙は実施されている。第一表について党派別得票率および当選議員数からみると、自由党は東北、関東、北陸、四国のほか大阪、兵庫に基盤があり、改進党は直接的な議席数の増大とはならないまでも群馬以外の関東地方で比較的安定した得票をえており、このはか新潟、石川、富山の北陸三県とかつて改進党員数の多かった兵庫、徳島、愛媛の三県に勢力をもっている。自由・改進党ともに党員数の多い県では民党側の得票率も高く当選議員も多いのであるが、府県によっていくつかの例外もみられる。たとえば改進党員の多い福島県、長野県、大阪府の得票率が低いこと、自由党側でも党員の多い島根県の得票率の低いことである。

これらも一五年より二三年にかけての政党運動が究明されることによってその動向も明確となるであろう。

全般的に東北地方は請願参加者の比重が低く党員数も少ない（秋田県をのぞく）にもかかわらず、自由党勢力が急速に伸張する地域であり、その中では宮城、福島県が例外となっている。その例外とは他と同じように民党勢力が伸びながらも、結果として総選挙における自派得票の伸張に結果していないという意味においてである。関東地方は参加者、党員、民党得票率ともっとも照応した地域であり（東京府をのぞく）、国会開設運動は国会議員の比率でいえば二六対一一のわり合いで、自由、改進両党に分裂しながらも第一回総選挙における民党優勢に帰結している。中部地方は民党の圧倒的に強い北陸諸県と吏党・中立派の強い東海および長野、山梨、岐阜の諸県と区分される。この地方は東北地方における宮城、福島県型と、その他の諸県型の二つの動向を地域的に拡大して示すのである。この傾向は近畿、中国地方にも共通し、近畿では滋賀、京都、和歌山、奈良県で吏党・中立系が強く、兵庫、大阪、三重県では民党系が強い。中国地方は政府官僚の出身地として特殊事情のある山口県を例外としても、全般的に吏党・中立系が多い。九州地方も佐賀県を例外としてこの傾向の延長上にあるといえよう。(11) 四国地方のみがこれと異なり、民党系の得票率が高く当選議員数が圧倒的に多い。第一回の得票率議員数でみるかぎり東北、関東、北陸地方から兵庫県を含めて四国地方が民党議員の基盤であったといえよう。

3　中央政党の成立と政党論

明治一四年一〇月、自由党が成立した。その前月、上野精養軒で板垣退助、中島信行、大石正已、末広重恭、藤田茂吉、肥塚竜、福地源一郎らが集会して決定した立憲政党組織案(12)はこれによって流れ、土佐立志社を中心とする国会期成同盟会の有志によるわが国最初の政党が成ったのである。この後、精養軒の会議に出席していた藤田、肥塚らは大隈重信を党首とする立憲改進党を、福地は立憲帝政党を結成するに至る。精養軒の集会は「都下及び地方の有志者を連合して一大団結」[13]をはかるための政党組織法に関し、「東京有志者と地方有志者との連絡を通する方法」[14]を問題としていたのであったが、自由党は地方的有志層の結合として成立した。在京勢力と地方的勢力の結合による政党団結構想が否定され、かわって地方的諸勢力を糾合する自由党が立志社主導のもとに成立したのである。

この自由党は一〇月一八日より浅草井生村楼に会議を開き、自由党盟約および規則を議定した。その盟約は自由の拡充、権利の保全、幸福の増進を通じて社会の改良をはかり立憲政体の確立に努力することを目的としてかかげ、この自由主義と目的を同じくするものとの協力をうたっている。規則ではそのための東京に中央本部を設け地方に地方部を置き、その土地の名称を用いて自由党何々部と称することになっており、地方部では事務を総括し中央本部に出る「部理」を一名決めることになっている。中央本部の党中には総理、副総理、常議員、幹事をおくこととされ、この規則にもとづいて同月二九日には総理板垣退助、副総理中島信行、常議員後藤象二郎、馬場辰猪、末広重恭、竹内綱、幹事林包明、山際七司、内藤魯一、大石正巳、林正明らが選出され党の陣容が整えられている。末広（愛媛）、山際（新潟）、内藤（愛知）以外は土佐派で占められていた。

この後大阪では自由党の「別働隊」とも言うべき立憲政党が組織され、中島信行を総理とし活動を開始し[15]、自由党結成時の国会期成同盟会に代表を送りながら、土佐派の主導権に反発して自由党に加わらず帰郷した九州地方の自由主義者は、翌一五年三月熊本に会議を開き九州改進党を組織した。その綱領および地方部組織法も、ともに東京自由党とほとんど同じものであった。

同月一四日には一四年政変で下野した大隈重信、河野敏鎌、前島密、牟田口元学らは小野梓を中心とする鷗渡会派、矢野文雄、藤田茂吉らの東洋議政会（三田）派、沼間守一らの嚶鳴社派に河野が中心となっていた修進杜グループの人々によって立憲改進党を組織した。上野精養軒の会議において在京勢力と地方的諸勢力の結合を主張した人々である。その場合、党勢拡大の方向はすでにこの派の政党論のなかに示されていた。自由党成立直後すでに三田派は政党とは主義政党でならなければならないとし、「世上未夕斯クノ如キ政党無[16]」きことを主張し、国会開設勅諭後の政治的風潮から世上の政治思想を「改進ヲ主トスル者」、「守旧ヲ主トスル者」、「改進守伯ノ間ニ中立スル者[17]」に区分し、「壮年盛気ノ人」たる改進者の言論行為がその過激性ゆえに改進と守旧の中間に位置する「老成ノ士」をしてますます守旧に走らせることを憂え、これらの人々に対する配慮を説いていた。嚶鳴社派でも急激な破壊主義に反対し「平和改進ノ主義[18]」を主張し、「平和ノ手段ヲ以テ政事ノ改良ヲ企図」すべきことを述べている。

そのため結党にあたっては河野敏鎌が同じ土佐人としての板垣に対し、「改進党を立てると言うことは決してあなたの領分を侵す積りではない。あなたの方の党も立派だけれども、何しろ若い人が多いし老年の人は党に入らないと言う形勢が見えるので、私の方ではあなたの方の取って居られる元気のある連中以外（中略）、老練の人に手を付ける積りであるから決して御心配にならぬよう[19]」申し入れたことは当然のことであった。しかしこの改進党をもって「自由党の別動隊[20]」と言おうとも、従来からの自由党結成派の人々と、意見のくい違いの目立ったこれら改進党系の人々は、感情的にはもちろん考え方の上でも政党組織論においても異なったから、両党は最初から少なからざる相違点をもって出発したのであった。まして改進党は「全体改進党の第一着の目的は県会議員等を籠絡して其党員となすに有[21]」りとみられていたことから、早晩、少壮県議を輩出させていた自由党と対立を激化する関係にはあったのである。改進党は在京勢力と地方有志者とを府県会議員を中核として組織化しようとしていたのである。

同月一六日結党式をあげた改進党は、総理大隈重信、副総理河野敏鎌、掌事に小野梓、牟田口元学、春木義彰を選び、その組織を成立させた。この改進党は従来からの主張どおり王室の尊栄と人民の幸福とを目的とし、過激と守旧を排して順正着実な手段で政治を改良することを宣言した。その改良のための方法は内治改良を先決とする地方自治の確立、選挙権の社会進度に応ずる伸長、貿易の拡大、貨幣の硬貨主義による改革であった。

同月一八日には福地源一郎（東京日日新聞）、水野寅次郎（東洋新報）、丸山作楽（明治日報）らによる立憲帝政党が組織され、その綱領が公にされている。「内ハ万世不易ノ国体ヲ保守シ公衆ノ康福権利ヲ鞏固ナヲシメ、外ハ国権ヲ拡張」(22)することを目的とし、主権在君の欽定憲法主義、制限選挙による二院制、天皇の国会議決認可権などを綱領とした。この党には「自由民権説を目して国体を破壊する者と信じたる古勤王の徒、若くは帝政主義の理論を尊崇し、法権の力を以て天下を経営するに足ると信ぜし徒」(23)たる神官、僧侶、免職官吏が集結したといわれている。

ここに自由・改進・帝政の三党が鼎立した。これより以降自由党は創業政党論を、改進党は施政政党論を、帝政党は準備政党論を主張して相互に対立している。また「国会開設ノ準備トシテ明治二十三年マデノ間ニ於テ、吾人が自由ノ精神ヲ発揮シ自治ノ道テ講究シ、同主義ノ者ト団結ヲ謀リ、国会ヲ国会タラシムル所以ノモノヲ勉ムル」(24)ことを主張しながら運動上のその方法において相違する。いずれも主義政党論をもって政党団結の基本とするこれら三党は、その主義の理解において相違し、自由党は当然に欧米の政党と異なる自己の立場を「欧米ノ如キノ政党ノ興ル可キノ地ヲ為ス所ノ立憲政体ノ興立ニ尽力シ、其参政ノ権利ヲ攫得ルノ一変革ヲ馴致スルニ与カルベキ…創業ノ心」(25)をもつ「創業ノ政党」と規定し、「立憲政党若クハ自由党ノ相共ニスル所ロノ『プリンシプル』、即チ主義ハ国会ヲ開キ君民ノ極ヲ立テ上下ノ福祉ヲ成スニ在ル者ニシテ、其包括容納スル所ロ甚タ広且ツ大ニシテ、真ニ政党ヲ組織スル本」(26)であることを主張する。これを「広漠ナル主義」(27)と批判する保守派に対し、その保守派が主義確定のための指標として掲げる内務、財政、貿易、外務、軍務等に関する立場上の差異を政略上のものとして否定し、人権を拡充し自由を確定する善良なる国会の創立をねがう自由主義こそ、これら政略の基本でなければならないことを強調する。それゆえ国会開設の詔勅のなかにみられる「其（国会）組織権限に至ては朕親ら衷を裁し、時に及で公布する」(28)という欽定主義を批判し、地方輿論の反映する善良なる国会や、憲法議会の招集による国約憲法の準備こそ重要ということになる。

河野広中がこの時期の活動方針として示すところもまたこの方向にほかならない。それは国会開設期の短縮、全国委員の選出による憲法調査会の組織と国会制度の請願、「真個血性の志士を全国に求めて、献身的結合を同うし所期の目的を達する[29]」政党運動を起こすことの三点であった。そのため集会と演説とをもって主義政党の団結をはかり、一方では府知事県令の公選、府県議会への完全なる立法権付与、その選挙権被選挙権の改良などが今後の方針として説かれてくる。国会議員選出の基礎としての府県会の改良が言論集会の自由とともに二三年の国会開設までの第一手段として要請されているのである。

このような国会開設に至る準備を、「国会ノ開クルニ先テ地方自治ノ拡充[30]」するにありと明確に規定したのはむしろ改進党であった。改進党はその綱領において地方自治の確立、内治先決（＝国会開設）を掲げ、国会開設の国内準備を行なう一方、貨幣制度の確立と貿易主義による立国方針を明らかにしている[31]。

そもそも国会開設の準備とは何か。国会開設の詔勅によって旧来からの国会必要論、自由論のごとき机上の空論を排し、国会組立法やこれを一部分として規定する憲法の制定論を具体的に論じなければならないとする。そのうえで開設される国会に臨んでとるべき政策を確定する必要があるという。そのためにも憲法は国約憲法主義をとるべきで、制定権を天皇に委ねる場合でも憲法改正権は国会に保証されねばならない。地方自治の制度も最低条件として「府県会規則ノ改正」「府知事県令ノ公撰」「郡区長ノ公撰[32]」制の確立が必要となる。人民は憲法および国会の組み立てにつきその得失をきわめ、平生いだく政治主義を実行するための主義政党を団結し、国会に臨んで最先に必要となる実務、すなわち財政法を硬貨主義にもとづく歳費節約による紙幣銷却の方針として提起せねばならないとした。改進主義にもとづく平和改良の途である。

そして国会開設のあかつきに政府より与えられる枠内での議会政党として、そのための準備政党として自己を位置づける帝政党の政党論を批判し、輿論の反映する政党政治の確立を主張する。政党はよって立つ主義、すなわち哲学主義のみでなく「施政ノ主義ヲ確定シテ其ノ針路ヲ指示[33]」せざれば真の政党とは言えないとして、改進党の六カ条の綱領の独自性を強調し、この方針により国政の平和的改良を企図したのであった。この立場から自由党への批判も展開され、三党鼎立後それぞれの党勢拡張にともない一層対立は激化していった。

自由、改進両党間の対立は政党組織問題に限っていえば、以上のごとき主義のほか、他の政党論の柱とも言うべき首領および党員の性格をめぐっても行なわれている。その詳細について触れる余裕はないので、次の点のみ指摘しておこう。改進党は自由党を目して過激派の壮士の団体とみ、「政党ノ優劣善悪ハ主義ト人トニ因テ定マル[34]」としたが、自由党はまた改進党を目して国会一院制と自由貿易論を説く毎日派と、二院制と保護貿易論を説く報知派の統一を、政党とは言えぬとして指摘する。また改進党の往張する党員が学識、才智、経験にくわえ財産あることは、むしろ「自由党ガ下等社会ノ人迄も入党ヲ許スハ政党組織ノ原理ニ通フ者ニシテ、改進党ガ下等社会ノ入党ヲ許サザルハ政党組織ノ原理ニ背反[35]」するものとしてその不徹底性を攻撃したのであった。途中まで自由党の結成に共同しながら結局は改進党に走った毎日派に対しては、主義、党員の性格も共通性のあるところから、当初から対抗意識をむき出しにしていたのである。

4　地方政党の成立とその地域

自由党結成にともない全国的に地方政党の結成が急速にすすむ。五カ月後の明治一五年三月にはすでに「百六十余党[36]」が成立し、同年一〇月には「全国ノ政党ハ凡テ百八拾三[37]」に達しているのである。いずれも政府の調査によるものであるから、政党届が提出されたものの数であろう。明治一五年の政党史はまさに「各政党樹立ノ秋ニシテ互ニ其党羽ヲ強大[38]」にせんものと、自由・改進・帝政の三党を中心に組織化のため強力な運動が展開された時期であった。

地方党を否定する中央政党論の立場にたてば、このような傾向のもとで成立しつつあった地方政党は、「政見ノ相ヲ顕シテ其実ナク故ニ確乎タル主義モナク、確乎タル根拠モ立タズ、所謂世ノ流行ニ随ッテ進退スル所ノ烏合ノ衆」[39]と言うことになる。主義によらず「人ト地トニ由テ団結」[40]する朋党や地域党にすぎないとみるわけである。だが必ずしもこれら地方政党が地方独立党として中央三党と無関係であったわけではない。その多くは「政党ノ名許多アリト雖モ要スルニ自由党・改進党・帝政党ノ三種ニ過キス」[41]といわれるように、中央政党への親近性を示し、その地方支部的役割を担当するのである。もともと自由党では後述するように、集会条例追加改正により地方部が独立して地方自由党となる例が多いのである。

明治一五年一〇月現在の地方政党の内訳をみると第3表のようになる。圧倒的に自由党、改進党、漸進党（帝政党）系の政党が多く、自由、改進党系のみでは双方の中間的な自由改進党を含めると、全体の五八％余に達する。

現在わかる限りの地方政党を表示すると第4表のようになる。結成時は盟約、規則決定日とするか、結党式の日とするか、届出日とするかで多少の相違があり正確ではないが、ほぼ政党結成の時点は示されていると思われる。この結成時別に、かつ政党系列をみたものが第5表である。第3表の党数の半分にしかすぎないが、一応の傾向は示していよう。これによれば統計一〇四党のうち自由党系四二、その別動隊としての九州改進党系一〇、立憲改進党系二〇となり自由・改進党系で全体の七〇％余となる。しかし帝政党系は表示された一八党以外にも一五年一〇月頃存続していたものに東京公同会、憂国会、大阪公同会、熊本の阿蘇親睦会、土佐の高陽立憲帝政党、大分県の久住親睦会、回天社、天壌社、阿波の徳島立憲帝政党、讃岐の興讃社、興民社、岡山の勧善会、愛知の明治共同会、桑名の桑陽会、若松の日本立憲帝政党、鶴岡の神州立憲帝政党、石川県の中越帝政党、越後の中正党、私田の奉天社等があった[42]。これらは一〇月一三日からの京都での帝

第3表　日本政党内訳表

（明治5.10）

自由党	59
改進党	42
自由改進党	6
漸進党	31
漸進改進党	2
民権党	2
道徳党	2
尚武党	2
急進党	1
勤王党	1
財産平均党	1
未詳	34
合計	183党

（注）政事月報社『政事月報』第3号　明治15年11月

第4表　中央・地方政党一覧表

名称	結党月日	地域	主なる党員	備考
北海自由党	明治16・10頃	函館	小橋栄太郎、山本忠礼	(本部)函館末広町開静館
陸奥改進党	明治16・4頃	青森県		
陸奥帝政党	明治16・1頃	弘前	山崎　清良、津軽平八郎	
秋田改進党	明治15・6・81	秋田県	伊藤　直純、菊池　節三	明治15・8・26認可(本部)秋田大町三丁目一四番地　北羽連合会の発展
秋田自由党	明治15・6	〃	柴田浅五郎、源　繁	秋田立志会の発展か、中小農民・没落士族中心
庄内自由党		山形県	鳥海時雨郎、森藤右衛門	尽性社の改称　集会条例改正で解散 酒田
北辰党	明治16・10・26	〃	佐藤　直中、重野謙治郎	
東北自由党	明治65・5・8	東北七州	村松亀一郎、大立目謙吾	
東北改進党	明治15・10・27届出	宮城県	増田　繁幸、遠藤　温	明治15・12・7認可 (本部)仙台区一番町
陸羽帝政党	明治16・1頃	〃	沼沢与三郎、首藤　健輔	仙台　党員二〇〇余名
棚倉改進党	明治15・3	福島県棚倉地方	鈴木　常吉、宗田　兵吉	
明治立憲帝政党	明治16・1頃	福島県東白河郡		東北白川会のことか 岩瀬帝政党(西白河郡)アリ
水戸自強会	明治15・7頃?	水戸	大関　俊徳、岡本　正靖	旧水戸藩士、届出党員六名 同意者二〇〇〇人
水戸改進党	明治15・4頃	〃	名越　時孝、佐々木　勝	
茨城自由党	明治16・1・21	茨城県	熊谷　平三、野口　勝一	(本部)水戸南町　届出党員三三名 同意者七〇余名
埼玉自由郷党	明治14・2・4	埼玉県入間・高麗郡	福田　久松、内田　正信	
総房改進党	明治14	千葉県木更津	松本　四郎、安田徳次郎	立憲改進党系、明治15・1・26解散
総房帝政党	明治16・5?	〃　夷隅郡	吉野平十郎	
自由党	明治14・10・18	全国	板垣　退助、後藤象次郎	明治15・7・8認可 (本部)京橋区銀座三丁目一九番地

立憲改進党	明治15・3・16	全国	大隈重信、河野敏鎌	明治15・6・26認可 (本部)神田区猿楽町五番地？
立憲帝政党	明治15・3・18	全国	福地源一郎、丸山作楽	明治15・6・19届出
立憲中正党	明治15・4頃	東京	藤田一郎	
扶桑立憲政党		〃	鳥居正功	
青年自由党	明治15・5頃	〃	長倉純一郎、片桐道宇	
北辰自由党	明治15・4・9	新潟県	小柳卯三郎、山際七司	(本部)新潟区東堀通三番町 党員三九〇余名
頸城自由党	明治15・7頃？	東・西・中頸城郡	鈴木昌司、寺崎至	(本部)高田町五分一町一三番地 党員二三〇名 明治16・12・20解党
刈羽自由党	明治15・6・19	刈羽郡	松村文二郎、村山鼎	(本部)柏崎町 党員四〇名
魚沼改進党	明治15・12頃	南魚沼郡		
上越立憲政党	明治15・8・20	頸城郡	永田喜重、大井茂作	頸城自由党分派 党員一〇〇余名 明治15・12・25上越立憲改進党と改称
葡萄山北自由党	明治15・11頃	岩船郡	富樫猪吉、加藤弘吉	板屋沢村近傍
信陽自由党	明治15・10頃	長野県北信地方	鈴木治三郎、小山鉄児	当初、北信自由党と呼称 本部 上水内郡飯山町六九六番地 明治16・1・9認可 党員七七名
信陽改進党	明治15・6・18	松本地方	小里頼永、江橋厚	信陽立憲党とも呼称か？ 結成式 明治15・11・26？
南信自由党	明治16・1・3	南佐久郡		小海村中心
飯田自由党	明治16・1頃	飯田地方		
蘇山立憲改進党	明治16・2頃	西筑摩郡		
岳北自由党	明治15・7頃	山梨県北都留郡	古屋平作、天野薫平	
峡中改進党	明治15・8・22届出	甲府地方	薬袋義一、小田切謙明	
南鶴改進党	?	南都留郡	天野隆冀	
峡中立憲党	明治15・11・9	山梨全県	八巻九万、古屋専蔵	岳北自由・峡中改進・南鶴改進党の合併
立憲保守党	明治15・6初旬	〃		帝政党系
峡中自由党	明治15・10頃	山梨県	浅川善吾、金子家英	

岳南自由党	明治15・1・13	静岡県駿豆地方	土居光華、前島格太郎	集会条例改正で解党（明治15・6）党員五〇〇名余
静岡改進党	明治14・12・10	全県	前田五門、溝部惟幾	明治15・11・28認可 党員六〇名（二〇〇余名ともいう）
遠陽自由党	明治15・4・1	浜松地方	沢田寧、鈴木貫之	党員七一名（二〇〇人以上）明治15・7・1自由党遠陽部より遠陽自由党と改称 明治17・2・29解党
遠陽改進党	明治16・1・11	〃	竹山謙三、竹村太郎	銀行役員多い、政党というより学術結社か
東海立憲帝政党	明治15・7・30	〃	岡部譲、小池文雄	先憂会の改称、党員一〇〇余名
三陽自由党	明治15・3下旬	愛知県三河地方	岡島博之、相馬政徳	当初岡崎地域のみ、のち豊橋・西尾・知立・田原を合併 明治15・7・18届出 明治17・2・4解党
田原自由党	明治15・4頃	田原地方	村松愛蔵	党員一八〇名
愛知自由党	明治15・1・20	尾張地方	渋谷良平、吉田道雄	党員八〇〇余名
愛知立憲改進党	明治15・10・14届出	全県	中島元、渡辺松茂	明治16・5・17再届出 6・9認可 党員四二名
尾陽立憲改進党	明治15・10	海東郡	加藤得三郎、大橋小六	（本部）海東郡津島村 党員二〇名
愛国交親社	明治13	全県	庄林一正、荒川定英	社員一万一〇〇〇人余 美濃・尾張・三河・遠江・伊勢
濃飛自由党	明治15・3以前	岐阜県	早川啓一、村山照吉	党員二〇〇人 明治15・6解党
濃飛共立義会	明治15・8・28認可	〃	林登門	会員五、六〇〇人 明治16・4・14解散
北陸自由党	明治15・1	石川県	小間粛	党員数百名
自治党	明治14・11	越中地方		
越中改進党	明治15・5頃	〃	島田孝之、大橋十右衛門	明治15・8・26認可 党員一六〇〇余名
奥能自由改進党	明治15・9頃	能登地方	小間粛、勝山修蔵	
北立自由党	明治15・1	全県？	稲垣示、南磯一郎	北立社の改称 明治17・1・15解党
立憲真正党	明治15・7頃？	金沢地方	野村精一、改田正樹	

南越自由党	明治15・6・1	福井県越前	杉田定一、松村才吉	明治15・12発足　党員九六名　(本部)福井佐久良下町北陸自由新聞社
若越改進党	明治15・3・20	全県	吉田順吉、山口透	党員一八五〇名
大津自由党	明治15・2・10	滋賀県	山岡景命、酒井有	(本部)大津　江越日報社
神風自由党	明治15・12	三重県津地方	野田鑑次郎、片岡松雄	党員一〇〇余名
三重改進党	明治15・11・5	全県	長井氏克、木村誓太郎	
志勢同盟会	明治15春	志摩・南勢	山本如水、北川矩一	明治15・5志勢改進党と改称
北勢起世党	明治16・1届出	北勢	岩尾忠治、西垣包瑛	明治16・2現在党員四二九名　旧桑名藩士中の民権家団体
木国同友会	明治16・1	和歌山県	浜口梧陵、中西光三郎	(本部)和歌山区七番町二番地　明治15・4頃より組織
南紀自由党	明治16・1	〃		党員一〇〇〇余名　自由平権主義
大和同盟党	明治15・9頃	(奈良県)	恒岡直央	自由改進主義
大阪立憲政党	明治14・11	関西	中島信行、古沢滋	明治15・9・19認可　16・3・15解党　党員七五九名　近畿自由党の改称
近畿帝政党	明治15・7・23	〃	西川甫、原敬	党員予定者七六三名
平権自由党	明治15・9・3	大阪府	松木正守、平山英夫	
自由改進党	明治15・6頃	京都府	豊永高義	(本部)京都東山第一楼　元警官による組織
宮津漸進党	明治15・9頃	丹後地方		帝政党系
但馬自由党	明治15・4・3	兵庫県城崎・美含郡		猶興社、日進社、正党社の合併
淡路自由党	明治15・7・12	淡路地方	佐野助作、富永真	明治15・12・14認可　(本部)洲本内通町四三番地　明治15・4より団結開始
兵庫立憲改進党	明治15・6・21	全県	鹿島秀麿、石田幹之助	
姫路立憲帝政党	明治15・11・25?	姫路地方	加藤熊雄	
讃陽自由党	明治15・4・23	(香川県)高松地方	安東貞、多田晋	自由党讃陽部
徳島立憲改進党	明治15・6頃	徳島県	阿部興人、吉田熹六	

愛媛自由党	明治14・12	愛媛県	藤野政高、近藤明敏	党員六〇〇余名、伊予松山、自由党愛媛部
海南自由党	明治15・5・7	高知県	片岡健吉、島地正存	明治15・6現在県内自由主義者数 三三二〇余名
海南立憲帝政党	？	〃	小笠原和平、佐々木正幹	高陽立憲帝政党と改称 保守主義者数三八〇余名
山陽自由党	明治15・1	岡山県備前地方	小林樟雄、満藤恒	自由党山陽部 集会条例改正で解党
美作自由党	明治15・8	美作地方	加藤平四郎、立石岐	明治15・3自由党美作地方部成立
山陽立憲政党	明治15・11頃	全県	福井孝治、中山寛	
岡山中正会	明治15	備前		帝政党系
芸陽自由党	明治16・1頃	広島県		
芸備立憲改進党	明治15・8・13	〃	河端守綱、前田篤之介	党員一〇〇余名
山陰自由党	明治14・11頃	島根県	大野義就、野口敬典	（本部）松江母衣町 明治14・4頃より結党準備
石陽自由党	明治15・11・4	東波根・畑	小原鉄臣、米田和一	明治15・4自由党島根地方部（社員四九名） 党員一九名
石見立憲自由党	明治15・10頃	浜田那賀郡	大河原毎太郎。寺戸通義	（本部）益田
石見立憲改進党	明治15・9中旬	山口県	佐々田懋、右田三吉	党員七〇余名（本部）浜田 碩国社の改称
長防自由党	明治15・6・1	〃	松本惟繁、山根友信	（本部）萩御許町一六番地 平等館
鴻城立憲帝政党	？	〃	古倉某、吉岡某	明治16・2認可 （本部）山口市河原町
九州改進党	明治15・3・10	九州全域		九州内各県改進党の連合体（立憲改進党をのぞく） （本部）熊本洗馬町二丁目
柳川改進党	明治15・6・18	福岡県柳川地方	岡田孤鹿、立花親信	有明会の発展
久留米改進党	明治15・11・9認可	久留米地方	杉本敬之、山下甚吾	
筑前改進党	明治15・9	〃	月成重三郎、箱田六輔	共愛会と筑前立憲帝政党の合併か
筑前立憲改進党	明治16・1	穂波ほか三国郡		
（久留米筑水会、柳川白水会、福岡癸心社、筑前立憲帝政党）				帝政党系

大分立憲改進党	明治15・5・7	大分県	小原　正朝、山口　半七	明治15・11・15認可 明治15・9・20豊州立憲改進党と改称
竹田改進党	明治15後半	〃	甲斐　純、松井祝三郎	貫填社の改称？　明治16・7解党
佐賀改進党	明治15	佐賀県	武富　陽春、陣内　利武	
唐津先憂社	明治15	唐津地方	牧野時之助、佐志　頼男	党員三〇余名　のち改進党と改称
長崎改進党	明治15・4・16	長崎県	家永　芳彦、渡辺　元	明治15・6・4九州改進党と合併 条例改正で解党
東洋社会党		〃	樽井　藤吉、赤松　泰助	
熊本公議政党	明治15・2・9	熊本県	嘉悦　氏房、池松　豊記	自愛会、相愛社、立憲自由党の合併 明治15・6・8解党？
熊本立憲自由党	明治14・12	〃	嘉悦　氏房、山田　武甫	紫溟会分派
熊本紫溟会	明治14・9	〃	佐々　友房、古荘　嘉門	のち熊本国権党と改称
鹿児島改進党	明治15・4・16	鹿児島県	田中　直哉、山口　就一	自治社、公友会、農事会の合併
三州社		〃	河野圭一郎、樺山　資美	西郷南洲系

（注）集会条例改正により自由党地方部として結社しながらそのまま解散となった大半は省略している。
右記一覧表は新聞雑誌資料に依拠しているため不正確な部分もある。今後に正確を期したい。
なお、愛知自由党の成立は明治一四年六月一九日とする説がある（長谷川昇『博徒と自由民権』一三六ページ　中公新書）。ここでは左記史料により一応右の如く考えるが、この間の事情は今後に検討したい。

（史料）「民権官権政党盟約全書」『政事月報』第一～五号
中村義三編「内外政党事情」『明治文化全集』第一〇巻　四四一ページ以下
大久保常吉編「日本政党事情」（兎屋誠、一八八二年）
「自由新聞」「内外政党事情」（新聞）その他の諸新聞も参考にした。

政党会議に出席したグループである。これらを含めると帝政党系は三七党となり、立憲改進党を凌駕しそれだけ自由、改進党系の比率は低くなる。

もっとも、この比率は政党数についてのみ言えることであり現実の党員数になると自由、改進党の比率はさらに増大する。この三党の党員とその性格について関口元老院議官の民情視察復命書は次の如く伝えている。「其党員ハ自由党最モ多シト雖モ、概子軽燥ノ代言人慓悍ノ賤民等ニシテ、財産ヲ所有シ学識ヲ具スルモノ甚タ少ナリ、改進党員ハ自由党員ニ比スレハ其数少ナシト雖モ府県会議員及豪農豪商等ノ加入スルモノアリテ、其勢力隠然トシテ自由党ノ右ニ出ヅ、帝政党ハ重ニ士族ヲ以テ成立シタルモノニテ、其人員モ右両党ニ比スレハ誠ニ僅々ナリ[43]」と。

ところで、これら地方政党の成立経過および中央三政党への系列化はどのように行なわれていたのであろうか。まず自由党についてみておこう。自由党の結成にともないこれに同盟したかつての国会期成同盟会員および有志者は、早速帰郷して地方部設立の準備にとりかかる。すでに九月頃より地方でも自由党結成の気運がもり上がっていたのである。自由党結成はこれらの動きを反映し、本会議のまえに早く出京した同盟会員によって準備された組織会では「一府県ヲ以テ一地方部ト定[44]」めたが、国会開設請願運動との関連もあって必ずしも一県一地方部というわけにはいかなかったようである。

たとえば愛知県では自由党三陽地方部（岡崎）のほか知立地方部（碧海郡知立駅）、田原地方部（渥美郡田原町）、名古屋地方部が成立し、このほかにも豊橋や西尾にも地方部がおかれたと思われるので、国会開設請願運動を推進した地域的団結がそのまま地方部を名のり、一時期少なくとも五〜六地方部が並立したようである[45]。他県ではこれほど極端ではないものの、山陽地方部、美作地方部の二つにわかれた岡山県のような場合も多く、また埼玉県の如く一県一地方部の場合もあった。

正確な地方部数は明らかではないが、集会条例追加改正の行なわれる一五年六月時点で「全国ヲ通計スルニ地方部ヲ置クモノ三十余ケ所ニシテ党員ノ多キ五万人[46]」に達するといわれている。この数値が事実であるとすれば自由党は三〇数カ所の支部をもち、中央党員のほかに支部党員とも称すべきもの五万人よりなる一大政党であったことになる。もちろん国会開設請願運動参加者二六万余人に比較すれば、五万人余は約二割にすぎない。けれども上からの掌握方式による署名活動によって得られた二六万人と異なって、自発的に党員活動を行なう五万人は相当大きな力となり得たものと思われる。

東京自由党と地方部との関係は地方部の党務を処理し、中央本部の会議に代表委員となる「部理」（地方部理事の意か）が必ずおかれたが、「又た地方部より常務委員若干名を選任し本部臨時の議事に与から」しめている。[47]常務委員がどのように選ばれていたかはわからないが、中央本部が土佐派に牛耳られていたことに対する批判は早くからあったようで、地方政党組織に際しても、この点は自由党の本意ではなく憂慮するところとして、むしろ土佐派以外の有志者の団結を強めることによって現状を是正するよう努力すべきことが説かれている。土居光華は政党団結のよびかけに際し、「該党（注、自由党）中ト雖モ今日已ニ是レヲ覚悟シ、之レヲ矯正セント欲スル者ニシテ、吾党カ此岳南自由党ヲ組織シ本部ニ応セント欲スルノ一原因」[48]と述べ、地方団結を強化しこれより政治熱心家を多く生むことによって自由党の発展をねがうことを主張している。

地方部の結成は国会期成同盟会員らの帰国報告会を契機としてはじめられ、自由親睦会とか自由党懇親会などが行なわれ、数カ月の準備を経てなされる場合が多い。[49]いずれも自由党盟約と共通するとは言え、独自の盟約と規則とをもって幹事を選出して団結をはかっている。したがって自由党地方部であるとともに実質的には地域毎の自由党としての内容をもち、事実、地方部の設置が不認可となるまでにおいても、その地の地名を冠した自由党の名称を用いている場合も多い。通称としてもしばしば用いられていた。

たとえば「上毛自由党と称し（中略）東京の中央本部と同盟」[50]することを決した群馬県の自由主義者は、この日「高崎駅にて大会議を開き十四郡の同盟者百余名が討論審議の末、主義、規約、経済の三条を決定し（中略）、各郡村に十三ヶ所の支部を設」[51]けたと言われる。「岩手県の自由党ハ盛岡に地方部を置き、各郡各組合を東西南北に四分して、隔月毎に四手に演舌者を派出し各郡を巡回」[52]しており、各地方部は東京自由党と同じように幹事のもとに巡回委員を設け、県内各地の演説会をもり上げて党員勧誘を行なったのである。

このような各郡支部を基礎とする県本部の設立という地方自由党の構造は、前述の如く府県により相違するが、共通することは国会開設請願運動を担った地方政社や学術結社がその母体となったことであろう。のちの南越自由党の組織過程において開かれた連合会には「武生にて鷗盟、友愛の両社、丹生郡にて順天、成志の両社、南条郡にて交談、政談の両社、丸岡にて誘衷社、勝山にて共愛、共同の両社」[53]が出席したといわれ、事実、結成された南越自由党では「友愛・盟鷗」[54]両社は大きな役割を担当しているのである。また城崎郡の猶興社、日進社と美含郡の正党社の合併になる但馬自由党や山形県の尽性社が庄内自由党となったり、稲垣示の北立社が北立自由党となった例もある。かっての政社がそのまま政党に発展した場合である。

合同にしろ個別にしろ、政社の発展による政党の形成はいずれにしても従来通りの演説活動を根幹として、学術研究活動をも行ないながら組織強化をはかっており、五万党員のほかにこれら活動により影響された人々の輪がさらに形成されていたとみられる。

明治一五年六月三日、集会条例の追加改正が行なわれた。これによって地方部の存続ができなくなり、東京自由党に入党するか、地方部の廃止か、独立の地方自由党の設立かの選択をせまられている。この時期から一六年にかけて東京自由党への入党者はもっとも多くなる。一方では地方部の解散が行なわれ地方自由党として独立しない場合には、形武上は政党に所属することなく、当時の流行語ともなった形似上的連帯がそれ以後行なわれることになる。それは公認政党である東京自由党員を中心に、演説討論活動の一団を形成する。第五表において地方自由党の設立は関東地方以外でみられるように、これ以後の自由党勢の発展は関東地方の地方政党化の傾向を強める東京自由党と、相対的に東京自由党への入党者が少ないながらも、地方政党を中心として活動する遠隔地域との二つの傾向のうちに推移するのである。

立憲改進党の場合についてみれば、一五年三月の結党以来、五月一四日、明治会堂における綱領六カ条をめぐる政談大演説会を契機に党員勧誘が積極的に行なわれる。以後改進党の勢力は関東地方と福島県のほか、兵庫、徳島、広

第5表　系統別・成立期別政党表

	自由党系	立憲改進党系	帝政党系	九州改進党系	独立党系
明治14年	（東京）自由党、山陰自由党、愛媛自由党、大阪立憲政党	静岡改進党、総房改進党、埼玉自由郷党	熊本紫溟会	熊本立憲自由党	自治党
明治15年1月	山陽自由党、岳南自由党、北陸自由党、愛知自由党、北立自由党				
2月	大津自由党			熊本公議政党	
3月	濃飛自由党、三陽自由党	（東京）立憲改進党、棚倉改進党	（東京）立憲帝政党		若越改進党
4月	伯馬自由党、田原自由党、遠陽自由党、北辰自由党、讃陽自由党		立憲中正党	長崎改進党、鹿児島改進党	水戸改進党
5月	東北自由党、海南自由党	大分立憲改進党			越中改進党
6月	秋田自由党、刈羽自由党、長防自由党（志勢同盟会）	兵庫立憲改進党、徳島立憲改進党	立憲保守党、自由改進党	柳川改進党	秋田改進党、信陽改進党
7月	頚城自由党、岳北自由党、淡路自由党		東海立憲帝政党、立憲真正党、水戸自強会、近畿帝政党		
8月	美作自由党	芸備立憲改進党、上越立憲改進党、峡中改進党			濃飛共立義会
9月	南越自由党、平権自由党	石見立憲改進党	宮津漸進党	筑前改進党	大和同盟党、奥能自由改進党
10月	信陽自由党、石見立憲自由党、峡中自由党	愛知立憲改進党、尾陽立憲改進党			

		東北改進党			
11月	石陽自由党、山陽立憲政党 葡萄山北自由党	三重立憲改進党	姫路立憲帝政党	久留米改進党	峡中立憲党
12月	神風自由党	魚沼立憲改進党		竹田改進党 （15年後半）	
明治16年1月	茨城自由党、南信自由党 飯田自由党、南紀自由党 芸陽自由党	遠陽改進党 筑紫立憲改進党	陸奥帝政党 陸羽帝政党 明治立憲帝政党		北勢起世党 木国同友会
2月		蘇山立憲改進党			
3月以降	北海自由党（10月）		設立年月不明 （久留米筑水会 柳川自日会 福岡癸心社 筑前立憲帝政党）	年月不明 （佐賀改進党 唐津先憂社）	陸奥改進党（4月） 北辰党（10月）
合計	42	20	18	10	14

島、新潟、石川、富山の諸県に伸びていくことは前述した通りである。このことは第五表の立憲改進党系の地方政党の樹立経過でも明らかであろう。この党勢拡大の方向は、改進党の組織論とも言うべき府県会議員を中核とする党員拡大の方向を基本原則としているが、関東地方や福島県の場合はやや事情を異にし、かっての嚶鳴社による地方演説会の地域を中心に党勢拡大が行なわれていったようである。この点は後述する。

新潟県では鴎渡会の市島謙吉、県会議長山口権三郎や新潟新聞を中心に勢力を拡大し、富山県では県会議長島田孝之を中心に行なっている。越中では当初、砺波の北辰社、富山の自治党、射水郡の相益社、下新川郡の協同会、高岡の地中義塾などを糾合して越中改進党を組織したが、一六年早々「少異を捨てて大同を求め、我立憲改進党に通じて大に事を天下に挙げんとする」(55)一派と、従来通り地方限りの団結を維持せんとする一派に分裂し、前者の方向をとる島田を中心とする砺波、射水二郡の人々の東京立憲改進党への加盟が実現するのである。

関西ではすでに指摘されているように「大阪では府会議長であった大三輪長兵衛、此一派が改進党に参加され、奈良では県会議長であった所の今村勤三、其一派が改進党に参加して大阪府会、奈良県会共に改進党は多数を占めた。それから徳島県では阿部興人が県会議長であって此一派が参加した。兵庫県も鹿島秀磨以下の同志者が勢力を占めた」[56]と言われている。当時の兵庫県会議長石田幹之助も加わった兵庫立憲改進党では鹿島が幹事長としてこれを代表し、徳島立憲改進党の創立では阿部が活躍している。島根県では県会議長佐々田懋を中心に石見立憲改進党が組織され、広島県では県会議長前田篤之介が芸備立憲改進党の創立に参加し、大分県では県会議長小原正朝が大分立憲改進党組織の中心人物となっている。

立憲改進党の党勢拡大の時期が集会条例の追加改正による地方支部の設置不認可となった時期であったため、東京立憲改進党は「種々ノ事情有テ分立ヲ好ムノ地方ハ、強テ東京ト相合スルニ及ハス」[57]との態度で臨んだが、全国一党一社の考えに立つ改進党の遊説委員は、できうる限り説得して徳島改進党の如く、「在徳島改進党ノ名称ヲ以テ暗ニ其地ニ一団ヲ為シ、公然、随意ニ東京ト通同スル」[58]こととしている。地方政党は府県会議員の選挙基盤としても重要な役割を担当したのである。独立した立憲改進党を組織していない関東地方の場合、たとえば群馬県では改進党事務所を前橋、館林、安中駅に設置し、これら事務所を経て東京本部と連路を密にし、年四回の定期懇親会を開き、また東京党員の出席による大演説会を開催[59]していたようである。改進党もまた府県会議員を中核とし、彼らの影響力ある地方政社の組み入れと地方支部化がはかられていたものと思われる。

以上のような諸地方政党をふくめ、自由、改進、帝政党系の勢力地盤を各府県についてみれば第6表のようになる。政党員の集中する郡ないし県下全体に散在する場合も各々一カ所と数えると、帝政党の地盤は一八カ所、自由党一一六カ所、改進党八二カ所ということになる。もっとも自由党は立憲政党の地盤も同一に表示しているが、原史料では

第6表　全国政党勢力扶植地域一覧表（明治20年現在）

府県　政党	帝政党	自由党	改進党
青森		中津軽、北津軽、東津軽、西津軽、南津軽	
岩手		全県	
山形		全県	全県
秋田		平鹿、雄勝	由利、北秋田、山本、仙北、南秋田
宮城		全県	
福島	若松	耶麻、田村、石川	磐前、東白川、磐城、楢葉
栃木		河内、下都賀、寒川、安蘇	安蘇、上都賀、下都賀、河内
茨城		筑波、真壁	東茨城、新治
群馬		高崎、前橋、北甘楽、ほか全県	西群馬、前橋
埼玉	播羅、大里	北埼玉	南埼玉、入間、比企、北足立、横見、榛沢、秩父、北葛飾
千葉		因幡、南相馬、下埴生、長狭、夷隅	南相馬、市原、周准、印旛、望陀、長狭、埴生、天羽、平
東京	全府	全府	全府
神奈川		高座、上足柄、下足柄、南多摩、北多摩	高座、鎌倉、三浦
静岡		全県	全県
山梨			東八代、東山梨、南都留
長野		全県	全県
岐阜		本巣、席田、安八、大野	席田、安八、本巣、大野
愛知		春日井、幡豆、中島、碧海、丹羽、海西、渥美、額田	海西、南設楽、宝飯
新潟		高田、全県	新潟、高田、ほか全県
富山		下新川、東新川、射水	婦負、射水、礪波
石川	珠州、河北	金沢、江沼、鳳至、能美、石川	金沢、江沼
福井		今立、南条、丹生、坂井	吉田、大野、敦賀
滋賀			

京都		熊野、与射、相楽、綴喜、ほか全県	
三重		全県	
奈良		全県	全県
和歌山		東牟婁、那賀	東牟婁、和歌山、伊都
大阪	全府	全府	全府
兵庫		全県	加東、美嚢
鳥取	全県	全県	全県
島根		安濃	全県
岡山		御野、上道	全県
広島		南北条、広島	全県
山口			
香川			
徳島		名東、美馬、三好	全県
愛媛		松山、宇和島、高松、丸亀	高松
高知		幡多、香美、長岡、土佐、安芸、吾川	安芸、幡多、長岡、吾川、香美
福岡	高松	筑城、京都、久留米、中津、上毛ほか4か所	
佐賀		全県	
長崎		東彼杵、西彼杵	
熊本	菊地、阿蘇、八代、玉名ほか4か所	玉名、託麻、八代、宇土、球麻ほか2か所	
大分		大分	全県
宮崎	都城		高岡
鹿児島		全県	全県
合計	18か所	116か所	82か所

（注）［破線］内は九州改進党の地盤である。
大阪立憲政党の地盤は京都、大阪、兵庫、奈良県に8か所ある、自由党と合算した。
熊野、与謝郡は原史料では兵庫県にあるが京都に合記した。
『国民之友』第16号「全国政党概覧」

京都、大阪、奈良県では自由党と立憲政党が別々に数えられているので二重に数えたものである。

このような全国各県郡の状況につき、従来、地域性判定の指標であった小作地率によってその特質をみても明確な差異はうかび上がってこない。自由党の地域を、その所属する府県の平均小作地率と比較してみても島根、岡山、福岡、熊本、大分の諸県では自由党地域の方が高く、島根、岡山では改進党地域よりむしろ高いのである。秋田、栃木、茨城にも同様な傾向がみられる。だが全国的な行政上の地域区分で大雑把に論ずるのは早計なのであって、すでに指摘されているように地域ごとの政治、政党構造が地方経済との関連で明らかにされねばならないのである。

5　地方自由党の構造と特質

地方政党に関する研究は必ずしも多くはない。しかしいくつかの研究がみられるので、すでに発表されているこれら先行の諸業績に依拠しながらその特質を簡単に指摘しておきたい。

従来の地方政党史に関する研究に共通してみられる特色は、一四年一〇月以降、各地で組織される政党、すなわち改進党は言うまでもなく自由党も、すでに大衆的基盤を失って成立したという指摘である。たとえば山陽自由党の場合[60]、その成立過程は農民層の分解過程に照応し、かつての中貧農層の要求を豪農層の地租軽減路線に従属させていた国会開設請願期とも異なって、一般農民層との差をひろげ指導権も士族出身左派より大地主・豪商に移行することが指摘されている。政党結成時である一五年には岡山県南部の備前地方は豪商、地主層を中心に立憲改進党犬養派の基盤となり、自由党勢力は北部の作州で盛んであったといわれている。この作州では同時期に美作自由党が成立する[61]が、大豪農主導のもとにすすめられた国会開設請願運動は、その後主導権を小豪農に移行させながらも一四年一〇月の国会開設の詔勅を国会開設の願望が達成されたものとして、これを契機に改良主義化し、大衆的基盤が失われたうえに結党されていった事情が指摘されている。島根県の山陰自由党の場合[62]も松江の大地主、巨商と士族層が中軸となっていたといわれている。

南越自由党の場合[63]は正副理事―幹事―常議員―郡部委員より党組織は構成されていたが、一四年より一五年にかけてこれら幹部は農村の中下層農民との連携を弱め、組織基盤を県会議員選挙有資格者（一町歩以上）に移行させていたと言われている。小豪農と豪商と県会議員の党、それが南越自由党であった。福島自由党の場合も「士族および豪農が主体[64]」であったが、一五年には一部豪農党員の脱落と少壮自由党員＝小ブルジョアの急伸がみられる一方、指導部では志士意識により大衆運動と政党組織による指導が忘れ去られる時期とされている。部理―副部理―党務委員―組幹部によって構成された自由党会津部の場合は激化段階まで分裂することなく、小豪農主導の運動が持続されていたという。

このような地方自由党の成立は、新しい政党組織による政治運動の質的展開というまさにその時点で、すでに重大な制約をその基盤にもつにいたっていたことになる。それは民権運動の質的転換の第一歩ともなるものであった。だが同じ自由党とは言いながら、わずか右の五党の間にも微妙な差異が存在する。大豪農、巨商と改良主義的小豪農を中心とする岡山、島根県の自由党と、小豪農を中心に農民層との同盟を志向する会津自由党と、その中間的な南越自由党などの差異である。小作地率を政党上の構造と比較してみると、岡山県自由党地域は四一％（県平均三八％、改進党地域三八％）、島根県自由党地域六一％（県平均四八％、改進党地域四九％）と両県とも地主制のすすんだ地域に成立しており、福井県は自由党地域三七％に対し県平均は三四％あり、平均より高いが改進党地域の四〇％よりは低いのである。福島県は県平均一四％、改進党地域二三％に対し、自由党地域は一〇％であった。

つまり同じ地方自由党とは言いながら、その党員なかんずく主導層の間には重層的とも言える相違をもつにいたっており、この差はその後の展開への伏線ともなるのである。

第7表　国友社、嚶鳴社、議政会の地方演説会参加表

（明治14.11～15.6）

党別／県	自由党系	改進党		計
	国友社 朝野新聞	嚶鳴社 東京横浜毎日新聞	議政会 郵便報知新聞	
神奈川	18	32	1	51
千葉	13	19	0	32
栃木	10	19	1	30
埼玉	11	14	3	28
群馬	2	15	0	17
福島	2	13	0	15
静岡	10	0	0	10
茨城	2	3	4	9
山梨	2	0	0	2
合	70	115	9	194

（注）渡辺奨「自由民権運動における都市知識人の役割」『歴史評論』116号

このような地方自由党の構造上の特質は地方改進党の内部にもあった筈である。地方改進党は研究の絶対的不足にあらわれているように、はじめから改良主義的性格をもつものとして研究者の対象となることが少なく、せいぜい「地方政治的な豪農結社」[65]の延長上に考えられていた程度である。その性格は改進党を退官高官と政商と地方の大豪農巨商の党という通念が前提されている。前にも述べたように府県会議長を中心に府県全議員を主とする組織化は、その考えを裏づけるものであった。事実、地方改進党を検討した場合でも、島根立憲改進党のように「豪農巨商又は銀行関係の旧浜田藩士、又は津和野藩士」[66]とされているのである。

しかし同じ地方改進党の場合でも異なった場合があった。この点につき改進党のなかでも左派の嚶鳴社系の基盤であった関東地方の場合についてみてみよう。すでに述べたように関東地方は国会開設請願運動で全国的に最大の参加者をみ、自由・改進両党の地方的基盤となり、両党の力関係はほぼそのまま第一回衆院総選挙の得票差にあらわれている地域である。この地域における自由・改進両党への分裂の契機は三つある。一つは地域的経済的関係、二つは政治思想獲得過程の相違、三つは国会開設請願運動をめぐる方法上の差異などである。

ここでは二の場合について民権派ジャーナリストの地方演説会との関係からみておこう。第7表は自由党結成後から集会条例改正にいたる時期における東京の演説結社員の地方演説会への参加数をみたものである。神奈川を筆頭に、

千葉、栃木、埼玉にとくに多いが、演説結社別にみれば改進党に合流する嚶鳴社員の出張した演説会が非常に多い。この地域はまた演説会数に比例して、自由党員三七四人に対し改進党員六九〇人と入党者数も改進党に多い。この入党者の地域と演説会地域とはたがいに相応するのであるが、それはとくに嚶鳴社員の演説地に顕著である。この理由は嚶鳴社が地方演説を通じてその影響力を数年来つちかってきたことと無関係ではない。

たとえば埼玉県の場合、「私の改進党に対して第一の奮闘は埼玉県会議員四十名中、其四分の三を改進党に加盟せしめたる一事」[67]であると、当時の埼玉県会議長加藤政之助の述べるような事態は、すでに嚶鳴社を中心とする演説活動において準備されていたとみるべきである。嚶鳴社の演説会は関東を中心とする二八カ所にのぼる支社を足場として行なわれている。現在明らかなところは東京を第一嚶鳴社として福島県石川郡に第二嚶鳴社、群馬県前橋に第三嚶鳴社、横浜に第四嚶鳴社がおかれている。そのほか当時神奈川県の八王子（第一五）、埼玉県大宮（第一六）、杉戸（第一七）、草加（?）、鳩ヶ谷（?）、群馬県館林（?）、栃木県足利（第一九）、佐野（第二〇）などにも嚶鳴社が組織されていた。埼玉県の場合県南地域に集中し、この地に入党者を多く出すのである。

ところで以下においては栃木県佐野地方を例として検討してみよう。この地方では嚶鳴社員の演説に影響をうけ、国会開設請願運動が中節社という地域結社を通じて行なわれていたことはすでに述べたので[68]、ここでは自由党成立以後の動向をみておきたい。

6　改進党地方組織の形成

中節社は国会開設請願運動に建白主義をもって参加し、請願主義の下毛共同会とは分離し、社員六八四名の署名を得て建白されている。中節社の動向は請願運動に批判的であった嚶鳴社の動きと関連しているのであろう。一四年一

○月の国会期成同盟会の大会（自由党の組織会）には田中正造、湧井藤七、山口信治が上京委員として参加したが、このときすでに東京より憲法草案が九月に郵送され準備に供されてはいたものの、中節社の態度は持参すべき憲法案は、国会組織については二院制を主張し、宣戦講和権は帝権に属すべきことを決めたのみで、「国権草案ハ本社ヨリ持参セズ只大眼目トスル処ヲ発言スル」[69]こととされた。また「規成同盟会出席委員ノ権ハ国会開設ニ関スル件ハ一切委任スト雖モ、多分ノ金額ヲ要スルカ、事暴挙ニ渉ル事ハ電報ニテ本社ヘ問合ス」[70]こととなっている。そのため一○月一二日の国会開設の詔勅に際して、彼らは連名でその趣旨を敷衍し、今後は「益々独立の精神を擁揮し愈々自治の気象を涵養し、鋭意奮進以て速かに国会を開くことに尽力」[71]すべきことを書き送っている。このとき田中正造は嚶鳴社系の人々とほぼ同一の立場から、都市的有識者層と地方的勢力との大同団結を唱え、地方的勢力の団結を優先する土佐派を中心とする自由党結成派が主導権を握るにおよんで大会を離脱して帰郷するのである。東京自由党の結成という新しい事態は、一○月一二日の国会開設の詔勅とあいまって、従来の国会開設のための請願、建白という署名による願望委託者と上京委員との関係を御破算にするものであったが、双方とも政党結成の事態への対応をせまられることになった。

佐野地方では自由党結成直後の一一月八日には、田中正造の帰郷報告会と嚶鳴社長沼間守一と同社員野村本之助の演説会が開かれ、一二月五日には遊説中の板垣退助ら一行が演説会をかねて親睦会を開いている。いずれも中節社員が主として出席したが、これら会合で中央の動静がどのように伝えられたかは明らかでない。一一月一三日中節社規則の審議会が開かれ、「貧富ヲ選ベカラズ」[72]とする社員募集規則を含めてほぼ原案どおりに決したが、この時期田中正造は上京し自由新聞発行に対する自説を主張し、自由党の方針に反対を表明していたのである。

にもかかわらず、「両党合一ノ希望ヲ懐」[73]いて安蘇郡内の巡回演説会に努力したが、一五年三月東京改進党樹立におよんで「不肖が合一ノ志望全水泡ニ属シタリ」[74]と述べている。四月には自由党本部からの機関紙発行分担金の督促に対し、かつての上京委員三名の連名で自由党組織会当時の自己の立場を主張して拒絶している。中節社は六月一七日佐野警察署より出頭を命ぜられ、集会条例改正にもとづき政談社と認定され、政社届をすべきか否かをめぐって開かれた同月二八日の総会議では中節社の解散が決定されていた。この日、田中は中節社員の面前で、板垣退助の自由新聞社長への就任を、前約の「食言」[75]であると抗議することを明らかにしたが、改進党の樹立と板垣の田中に対する裏切りがこの月二五日の自由新聞の発行によって明らかになったこともあって、正造の改進党への傾斜を急速に強めたものと思われる。

七月二七日は旧中節社員に対し「不肖ハ目下自由党員ニアラズ、亦改進党員ニアラ」[76]ずと述べているが、すでに六月一二日には島田三郎の紹介で大隈重信に逢っている。その紹介文によれば、田中正造は国会建白のころより自由党の筋のものとして尽力したが、新聞創立や自由党の行為に異議を唱え「断然我党ニ入リ、当時ニ至てハ改進党之為めに非常ニ熱心罷在、栃木県下百余名之党員を得たるハ重モに此人之力ニ御座候」[77]と述べられており、すでに改進党のための組織化にのり出していたことが判明する。

しかしこの一〇〇余名の党員とは、正造の正式入党が年末であることからも正式党員ではない。「十四年暮より十五年に改進政学社を組織し、七百名を募る」[78]とある改進政学社（改進政学会とも言う）員がそれであろうと思われる。ここにおける七〇〇名はオーバーで、当時としては紹介文のごとく一〇〇余名程度であった筈である。後述の如く、一五年に改進政学社員となった全員は二六三名であった。

このようにみてくると、田中正造はすでに一四年末より中節社と異なった新たな組織づくりを開始したことになる。中節社と並存しながらあえてはじめた改進政学社とは何か、現在これを明らかにする史料は見あたらないが、恐らくは中節社の活動に対するあきたらなさに起因する組織のように思われる。すでに指摘しておいたように、一四年六月より九月にかけての洋学開設や中節社の社務に関する会長湧井藤七、副会長中野貢次郎との対立は、田中と中野の

「演説激論」[79]事件にまで発展し、郡役所新築事件をめぐって郡内村々が南北にわかれて争ったことから、中節社の会も月々開かず遂に互解の姿」[80]になるが如き状況に対する反省が、正造をして新たな組織化を志向させたように思われる。その場合、自由党結成の後ということもあってこれに反対の立場から意識的に改進政学社と称したと思われるが、そのことは必然的に新たに創立される改進党の地方組織化の前提となり、結党後は事実においてもその役割を担当するのである。

一四年末より一五年にかけて田中は嚶鳴杜巡回演説員とともに何回か郡内各村を演説に廻っている。このとき演説会における重要な話題となったのは、営業税雑種税の問題である。嚶鳴社演説員鈴木券太郎は安蘇郡巡回直後、栃木新聞に投書しこの問題を論じたが、その要旨は営業税雑種税の徴収法に関する政府の制限賦課方式に対する、制限撤廃による取引高の多少に応じた賦課方式を主張する府県会の説に対しての論評であった。もっぱら府県会側や民間で説くような、賦課の基準となる取引高の多少を決定する困難を説き、あらたに地租制限をゆるめ地租を増し、その分、営業税・雑種税の軽減にまわすべきことを述べている。[81]このような意見が安蘇郡巡回演説中に得た知識より言わしめているものかどうかわからない。しかし景気変動の前兆のなかで、営業・雑種税の軽減分を地租増徴との均衡のなかで解決しようとする発想は、地方ブルジョアジーの要請と無関係のはずはなく、嚶鳴社のすすめる資本主義化路線とも密接な関連を有していたと言えよう。その意味で足利織物地帯に組み込まれ、一〇年代には佐野市場を中心とする自立化の途を歩みはじめた安蘇郡の経済構造上の特質と無関係ではない。

田中正造が他の県会議員ら一三名とともに東京改進党に入党するのは一五年一二月一七日である。ともに入党した川俣久平はこの日、「栃木町ニ於テ県会議員十三名ト加党ノ名刺ヲ投ス」[82]と記している。この日をさかいに安蘇郡はじめ梁田郡、足利郡の政況は急速に進展する。すでに安蘇郡では一五年七月に湧井藤七が自由党に入党しており、一五年中には合計四名の同党員が出ていたのである。[83]そのため一六年一月より両党間の競争は激しさを加え、「強談東縛」などが行なわれている。

もっぱら双方とも各町村の旧名主、戸長、学区取締や町村会議員、銀行家らが党員勧誘の対象となったようで、川俣は各村を巡回して同盟者を募集する一方、各村の同志有力者を通じてその地の実況を収集し、同様に巡回し勧誘している田中正造と情報の交換を行なっている。立憲改進党趣意書を印刷して郡内各地の有志者に配布し同意を求めており、その同志者六一名の名簿を東京改進党事務所に送ったのは二月二日の時点であった。この後も入党の勧誘は精力的にすすめられ、同年四月頃までには入党者は二二二名に達しており、[84]これによってこの地は現在知られているところでは改進党員の全国一の集中地域となり、「改進党の本丸」[85]とも言われるのである。県会議員の率先した入党とその影響下に成長していた地方結社の結合が行なわれたのである。このとき栃木県立憲改進党の県内的組織が体系化されたかどうかは明らかでない。

ここではその後に入党したものも含め中節社、改進政学社、改進党との関係を示すと第8表および第9表のようになる。第9表は栃木県（および群馬県）における中節社および改進政学社員と自由・改進党員の比較表であり、第8表は安蘇郡村々のそれである。両表によると中節社員は六一三名が判明するが、それは国会開設建白運動の際、中節社の場合「二県六郡人民六百八十四名」[86]の惣代が建白を行なっており、その全体の数ではない。その差七一名は不明である。また改進党員数は従来明らかにされている栃木県の全体数の一四八名[87]より多いが、実際は栃木県下の自由・改進党員はともに四〇〇名内外であったと言われている。上都賀郡を中心とする県北の改進党員数が明らかとなればその実数が判明しよう。両表はいずれも田中正造を中心とする組織の変化の過程でみられる名簿より得た数値である。

第八表によると、安蘇郡では五三九名の中節社員すなわち国会開設建白委託者はそのまま政党員に組織化されず、二〇四名の改進党員と四〇名の自由党員に二分される。その過程で改進党員輩出の母体となった改進政学社には二六三名が参加したが、彼らはまた嚶鳴社員で栃木新聞社長の野村本之助らの演説会、懇親会を通じて「改進主義を以て

第8表　安蘇郡内の政社政党員数

		中節社	改進政学社	改進党	自由党
現佐野市域	堀米町	50	5	4	2
	小中村	48	20	25	
	佐野町	28	21	8	
	植野村	22	8	5	
	鐙塚村	15	1	7	
	石塚村	11	6	9	1
	犬伏宿	11	11	10	
	出流原村	10	5	3	
	赤見・並木	10	12	24	
	君田・免鳥	9			
	奈良淵・富士	8	1	3	
	船津川・馬門	7	2		
	赤阪・田島	4	2	5	
	高山・富岡	2			
	韮川・西浦	2			
	飯田・越名	1	9		
	(小計)	(238)	(103)	(103)	(3)
現田沼町域	栃本・小見	40	12	13	7
	吉水・新吉水	34	4	4	2
	戸室・戸奈良	29	3	8	9
	田沼・多田	71	16	18	15
	山越・岩崎	3	6	7	
	山形・船越	1	12	16	
	閑馬・梅園	2	3	7	
	上・下彦間	31	3	10	
	作原・白岩	50	15	14	1
	長谷場・御神楽	20	2	4	1
	(小計)	(281)	(76)	(101)	(35)
現葛生町域村々		20	1		2
合計		539	180	204	40

(注)『佐野市史』資料編3　近代229頁以下
「自由党員名簿」『明治史料』第一集
「明治十三年創立旧中節社員の姓名」佐野市田島『島田家文書』

社会の改良進歩を図[88]」ることを盟約した人々のなかから加入したものであった。たとえばこのような盟約書を作成した犬伏宿近辺の三〇名の会員のなかから「政学社組織の人々は又此内五六名なり[89]」と言われ、また彼らは「ミナ郡中重立候人[90]」であると言われている。改進政学社員の人数以上に、周辺には多くの同志がいたようである。同盟者―改進政学社―改進党という重層構造は、明治二二年には同盟者をして明治倶楽部[91]の組織化を通じ、改進党の基盤強化をねらっていくのである。

自由党は改進党の急速な党員勧誘の勢いに対抗して、一六年二月一八日田沼宿において地方部設置の意図をもって政談大演説会を開いている。発起者は湧井藤七、吉沢光一郎、五月女喜三郎、弁士は県本部より塩田奥造、新井章吾、東京より末広重恭、掘口昇らが出席した。この日「自由党に如盟せしもの数十名」[92]と言われ、党員名簿には三月二日（七人）と四月一日（一〇人）に登載されたものが多い。これら安蘇郡自由党はやがて二〇年代の晃陽自由倶楽部に吸収される。

ところで改進党員および改進政学社員の在村における存在形態をみておこう。まず明治一六年二月現在の県会議員所持高別の党派をみれば第10表のようになる。この表には各議員の農業外の商売が含まれていないので不正確ではあるが、土地所有の規模は明らかである。これによると所持高の判明する三五名のうち二一名が自由・改進党員である。とりあえず判明する両党への同調者を四名加えると政党関係者は二五名に達する。自由党は塩田、新井の二名に対し、改進党員一九名の内訳は最初の入党した一四名（長真五郎を含む）と、その後入党が判明[93]しているもの五名である。栃木県もまた当初改進党議員が優勢であった。

この改進党県議は自由党県議に比較すると、所持高では一町以下（栃木町長谷川展）から八八町歩余および一六三町歩余（芳賀郡久保三八郎）を所持するものまでを含む。相対的に上・下都賀郡および芳賀、那須、塩谷郡と安蘇、梁田、足利の三郡の差が明らかである。足利郡の場

第9表　栃木県下の中節社・改進政学社員および政党員数

	中節社	改進政学社	改進党	自由党
安蘇郡	539	180	204	40
足利郡	7	23	17	7
梁田郡	6	34	3	
下都賀郡	59	16	8	119
芳賀郡	1	1	2	10
河内郡		1	2	65
那須郡		1	1	2
塩谷郡		1	1	2
寒川郡			2	12
上都賀郡			2	26
群馬県 邑楽郡	1	6	4	（栃木郡不明33）
合計	613	263	246	316

（注）　第8表と同じ

第10表　栃木県会議員の党派別と所持高（明治16年２月）

	自由党	改進党	その他	合計
			（公債所持）	
１町以下		１（下）	１（安）　○	2
１～２		１（足）		1
２～３		１（安）	2	3
３～４		３（安）（安）（梁）		3
４～５			1	1
５～６	１（下）（公債所持）		1	2
６～７			1	1
７～８	１（下）	１（河）		2
８～９		２（上）（寒）		2
９～10		１（下）		1
10～12				
12～15		２（芳）（那）		2
15～20		２（上・下）	1	3
20～25			1	1
25～30		１（塩）	２　副議長	3
30～40			２（河）（塩）◎○	2
40～50		２（足）（河）	１（塩）　○	3
50以上		２（足）（芳）	１　議長	3
合計	2	19　(1)	14	35（36）

（注）　地価金記載者４名あり、これらはその議員選出郡の平均地価金で反別に換算した
改進党入党者14名中、長真五郎の所持高は不明につき除外、県会議員は37名うち当時１人欠員
（　）内は選出郡、郡名は第９表参照　○は改進党系　◎は自由党系
（史料）　明治16年『栃木県会議員調査録』静岡県立図書館

合、一町余を所持する島田幸一郎はのち安蘇郡に編入される村上村の出身である。これら三郡のなかでも正確には足利機業の中心地足利郡は多少異なっている。正造らの中節社および改進政学社の基盤とは一〜三町歩所有の県議を選出する安蘇郡から梁田郡にかけての地域を中心としていた。

つぎに田中正造の居村小中村を例にとって政社・政党員の関係をみれば第11表のようになる。小中村では青年層の民権結社ともいうべき聞道社が組織されており、「小中村改進小学社」(94)の組織化も意図していたのではないかと思われる。この改進小学社の「主義トスル処ノモノハ事物ノ改進ヲ図リ学事ヲ進捗セシムルニアリ、本社ノ目的トスル処ノモノハ村中ノ親睦ヲ厚クシ、幸福ヲ全フシ人才ヲ陶冶スルニアリ」(95)と言われている。改進主

義にもとづく学事改良と人材陶冶が目的であった。こうして年令別にも小学社―聞道社―政学社―改進党員の一貫した組織化を意図したのであろう。

この表によれば小中村の全農家は一六五戸、このうち所持高と照合できる政社・政党員は中節社三九戸、政学社一三戸、改進党員一九戸である。小中村は米穀生産中心に木綿、藍作が多少行なわれている純農村で、機業の実態などは不明である。全戸数のうち四四%余は五反以下の耕地所有者である。これらの中からも国会開設建白委託者が出、その比率は減少しているものの入党者も出しているのである。小中村の上層農民らがいずれの場合も主導権を握っているが、中核は一～二町歩前後の農民によって担われている。このような農村内の階層とのかかわりからのみみると小中村の場合、本来自由党系の農村的基盤と考えてもおかしくないのである。

第11表　安蘇郡小中村の政社・政党員

所持反別＼政党	全農家		中節社		改進政学社	改進党	
	戸						
1反以下	19		3				
1～3	26		1		1	1	
3～5	28	69.7%	6	53.8%	1	1	26.3%
5～7	27		6		2	2	
7～10	15		5			1	
10～12	17		7		2	4	
12～15	8	21.2～	2	28.2%	1	2	42.1%
15～17	5		1		1	2	
17～20	5		1				
20～22	4		1				
22～25	2						
25～30	4		3		2	3	
30～40	2	9.1%	2	18.0%	2	◎2	31.6%
40～50	1		1		1	1	
50以上	2						
合　計	165		39		13	19	

(注)　明治12年7月「地租改正田地価簿」「地租改正畑地価簿」『佐野市役所文書』
第8表提示史料　◎は田中正造家

小中村は田中正造の居村として政治運動へは独特なかかわりをもつにしても、安蘇郡より梁田郡にかけての改進党の基盤は小豪農が運動の中核を構成し、小豪農の指導のもとで中農ないしその上層が多数参加したと言えるように思われる。このような地域の政治運動は、また独特の抵抗を示す基盤ともなりえたであろう。にもかかわらず嚶鳴社との人的思想的交流のもとで改進党に動員されているわけであるが、それは足利機業地帯の一環をなし、生産的にも流通的にも東京・足利に密着する安蘇郡の地域的性格とも無関係ではありえなかったことを示している。県内有数の高い土地生産力の地帯でありながら、所持高の相対的な少なさにあらわれる生産力のあり方と、これを基礎とする共同体的諸関係を、急速に展開する足利織物、佐野縮などの生産・流通構造との関連としてさらに深化されねばならないであろう。栃木県改進党は大地主・豪農的性格を一方でもつとともに、安蘇郡の改進党の如き側面も含んでいたのである。

7　むすびにかえて

東京改進党に入党した田中正造が感じたものは何であったろうか。国会期成同盟大会が自由党組織会に切り換えられた一四年一〇月から、一五年三月の改進党結成を経て、その党勢が拡大される時期を回顧した田中正造は、この間の事情を次の如く述べている。

自由党結成時において「大阪、近畿、中国、九州、関東、北陸中に板垣を避くるものありありて(ママ)会員集散常ならずして、沼間氏等ハ別ニ嚶鳴社員を維持す。同年十月名を自由党と改め政党となすの日ニおゐて、沼間、田中、野村、高梨等皆之ニ応ぜず嚶鳴社に退けり(96)」と。このとき自由党結成派と分かれて嚶鳴社と行動をともにした田中正造は更に次のように述べて、改進党の成立事情と性格を指摘する。

一四年政変で下野した大隈重信らが、北海道官有物払下事件で声望のあがっている時機を失わずに改進党を組織すれば党勢大いに振ったものを、一五年三月では「之れ大ニ時期を失したるものなり、加ふる大隈等の主義、社会の秩序を守り、又内閣政務の責任を正すを以て多(ママ)し す、然れども之れ直接国民にハ得失利害判明了解し難」いものであったとしている。平民自由主義をかかげ学術的革命論を説き、人民にわかりやすい自由党の主義に比較して、学識見識とも高い改進党の人々の主張は「貴族的にして下情に通」じておらず、したがって「此紳士的改進党ニ入党して見れバ、怪むべき丁度田舎娘が御殿奉公に出たる感」があったと述べている。

安蘇郡の党員をとりまく現状からみれば、党中央と農村の実態との懸隔はまさにそのような感想を必然化させるものがあったのであろう。改進党が内閣政務の改良を志向し施政党たらんとしたことはすでに述べたが、体質的にもつ貴族的紳士的性格は地方有志者、とくに田中ら一派とは肌合いを異にし、改進党内における報知派と嚶鳴社派との差ともなっている。このことはまた都市商業資本を中心とする前者の資本主義構想と、豪農層を中心的担い手とする資本主義構想を描く後者との違いを意味し[97]、党内の葛藤を経ながらも結局は前者への後者の屈服を予定するものとなったとみられる。

党勢拡大期の一五年より一六年にかけてはまた松方デフレの影響を生ずるときでもあり、自由・改進党間の争いもこれに応じ、一六年後半には最高潮に達している。本来志向されていた創業政党、施政党としての研磨の機能もこれに応じて低下させ、やがて本格的な不景気の到来と激化事件で自由党の解党と改進党の幹部脱党を迎えるのである。この間すでに一六年頃には党勢拡大を最少限に抑えこみえた原因を、政府の密偵は①政府が学校教師および生徒に政談を禁止したこと、②後藤・板垣の洋行、③「中等以上ノ人民ニ疑心を生ジタル[98]」こと、④時事新報の無偏無党主義の四点を指摘している。

①②はすでに指摘されていることでもあるので省略し、③は軍備拡張のための酒造税、革煙税、売薬税などの増加が、中等以上の富裕の人民に政治運動による地租軽減の方向に疑心をいだかせ、かえって村々で着実に一八年の地租改正のための準備をさせる結果となったというのである。すなわち政府の強圧的な運動抑圧策とあいまって増税策が政治運動に動員された民衆の活動を低下させている点である。くわえて④は、本来東京改進党に同調すべき福沢の時

事新報が中立主義をとり、国権拡張・官民調和路線をとることから時流とも重なって大いに発展し、地方新聞をして中立主義に転換させたのみでなく郵便報知や東京横浜毎日などの改進党系二紙の販路を喰い、さらに「和歌山ノ改進党ハ名ヲ木国会ト更タメテ中立協和ヲ主張シ、埼玉、栃木ノ改進党ハ其半ヲ割テ中立ノ旗ヲ翻ガヘシ、新潟モ亦改進主義ヲ変ジタル者多[99]」き有様となっている。恐らく時事新報に近い報知派の影響下にある地方の都市的商業資本家層の中立主義への転換が、改進党結党後まもなくすすみはじめていたのであろう。

栃木県下に即してみれば、報知派であった上都賀郡中心の横尾派や足利機業地の有力改進党員ならびにその周辺者などのうちにこのような傾向がみられる。たとえば後者の場合、改進政学社員で県会議員となる影山禎太郎らは栃木新聞を中立主義にかえ、反田中正造派の先鋒となるのである。彼らはいずれも二〇年代にはいると自治党的性格をもつ下野同志会の主要構成メンバーとなるものと思われるが、この点の確認は別稿で果す予定である。

以上述べたように中央・地方の政党成立期はまた日本資本主義の、そしてまた政治構造の転換期でもあった。東京自由党の成立は土佐派(立志社—愛国社路線)の主導権の回復および確立を意味し、地方の団結と実力の養成を急務とした県議路線[100]は、一五年には大衆組織の強化を基礎とする政治闘争として各府県で展開されている。大衆組織の強化は地方政党の組織化として各地で政党が結成され、府県会闘争の支持基盤ともなっているが、地方党の結成は一六年一月の時点でほぼ終わっているように、そのような動向もほぼこの時点までであった。地方自由党の構造的な分析にみられるように政党結成は同時に大衆的基盤の喪失の過程と並行しており、また当初より民衆とのかかわりの少なかった改進党報知派は言うまでもなく、嚶鳴社系の地方的基盤にあっても同様の状況が進行していたのである。

したがって東京自由、改進両党は全国的主義政党化をめざして組織的運動を展開しながら、各地の事情を優先せざるをえず、各地に地方政党の樹立を黙認せざるをえなかった。単に地方独立政党だけではなく、同主義者も地方政党を樹てて分離したところから全国的な近代政党たりえず、みずからもまた関東地方を主要基盤とする地方政党的性格をもたざるを得なかった。各地の政党員は中央政党員の影響下に組織化されながらも、その組織化の過程で地域的な経済的性格とのかかわりから主導権の移行もみられ、自由党自体も中央・地方を問わず党員の重層化が進行していたのである。改進党の地方組織の場合むしろこの傾向は顕著である。全国的な経済構造の編成替のもとで自由党対改進党の関係としてのみでなく、両党内それぞれに構造的変動が生じており、それぞれが同じ民権理論を消化しながらも内部的に異った対応を生み出していたと考えられる。地域と政治運動との関連からみれば、その地域的性格に根ざした政治的・経済的自立化の要求が、全国的動向と結びつきながら、地方的政党の姿態をとって表出されていたのである。

(1) 服部之総「明治維新の革命及び反革命」『服部之総著作集』第一巻（理論社、一九五五年）八三ページ
(2) 大石嘉一郎『日本地方財行政史序説』（御茶の水書房、一九六一年）三二二ページ
(3) 下山三郎「自由民権運動―その地域的分布」『東京経済大学会誌』第三七号
(4) 後藤靖『自由民権運動の展開』（有斐閣、一九六六年）二四五ページ
(5) この点の農民との関連からする筆者なりの一応のまとめは、拙稿「資本主義の形成と農民」、石井寛治、海野福寿、中村政則『近代日本経済史を学ぶ』（有斐閣、一九七七年）上　所収
(6) 海野福寿、渡辺隆喜「明治国家と地方自治」『大系日本国家史』（東京大学出版会、一九七五年）近代Ⅰ
(7) 佐藤誠朗「明治十七年五月の自由党員名簿について」『歴史学研究』一七八号　三一ページ
(8) 林茂「立憲改進党員の地方分布」『社会科学研究』九～四・五合併号　一〇六ページ
(9) 伊藤隆「明治十年代前半に於ける府県会と立憲改進党」『論集　日本歴史』一〇（有精堂、一九七三年）「自由民権」所収
(10) なお昭和一三年国会開設請願運動から第一回総選挙まで政治勢力が直線的に成長したわけではない。とくに一七、八年を契機とする松方デフレ期における経済的変動は、激化事件による反動的な吏党派・中立派を多数生みながら政党運動のうえにも少なからざる変化をもたらしたものと思われる。この点の究明なくして統計的数値を比較するのは危険で

あるが、一応留意にとどめ後日の検討課題とする。

(11) 鹿児島県の事情については内藤正中「明治二〇年代の政治地図」『歴史学研究』一九四　参照
(12) 稲田正次「国会期成同盟の国的憲法制度への工作・自由党の結成」同編「明治国家成立の政治過程」『明治国家形成過程の研究』（御茶の水書房、一九六六年）一〇九ページ
(13) 「朝野新聞」明治一四年九月二五日雑報
(14) 「東京横浜毎日新聞」明治一四年九月二五日　雑報
(15) 『自由党史』岩波文庫　中巻　八七ページ
(16) 「郵便報知新聞」明治一四年一一月二六日社説「政党団結」
(17) 「郵便報知新聞」明治一四年一〇月二九日社説「政治社会。勅諭後ノ風潮」
(18) 「東京横浜毎日新聞」明治一五年二月一六日社説
(19) 『小久保喜七氏談話速記』国会図書館憲政資料室
(20) 『自由党史』中巻　一〇〇ページ
(21) 井上馨の伊藤博文宛書簡『伊藤博文関係文書』一、一八二ページ
(22) 大久保常吉『日本政党事情』六七ページ
(23) 『自由党史』中巻　一〇五ページ
(24) 酒井忠誠「明治一六年各政党盛衰記」『明治文化全集』第二十五巻（日本評論社、一九六七年）二九八ページ
(25) 「自由新聞」明治一五年一一月二九日社説「自由党ノ二周年及ビ総理選定ノ一周年」
(26) 「大阪日報」明治一四年一一月一七日社説「政党ハ主義ニ由リテ絵合スル者也」
(27) 「東京曙新聞」明治一四年一一月二二日社説「自由党諸君ニ告グ」
(28) 『自由党史』中巻　七八ページ
(29) 『河野磐州伝』上巻　四三一ページ
(30) 「郵便報知新聞」明治一四年一二月一二日社説「地方政治ヲ論ス」

(31) 明治一五年『立憲改進党綱領六個条政談演説筆記』嚶鳴社
(32) 丸山名政『国会開設之準備』明治一五年九月
(33) 内外政党事情　明治一六年一月七日　社説「政党政治　第五」
(34) 「郵便報知新聞」明治一五年五月一五日　社説「政党ノ優劣善悪ハ主義ト人トニ因テ定ル」
(35) 明治一六年三「東京各社討論筆記」
(36) 福田清之助『政党論』
(37) 「朝野新聞」明治一五年一〇月二五日　論説「干渉ノ結果」第四
(38) 酒井忠誠『明治十六年各政党盛衰記』前掲　三〇〇ページ
(39) 福田清之助『政党論』（一八八二年）
(40) 片田晴豪『政党組織論』二ページ
(41) 関口隆吉『明治十六年甲部巡察使復命摘要』
(42) 政事月報社「政事月報」第三号　七三ページ以下
(43) 関口隆吉『明治十六年甲部巡察使復命摘要』（地方巡察使復命資料刊行会、一九三九年）
(44) 「東京横浜毎日新聞」明治一四年一〇月七日　雑報
(45) なおまもなくこれらのうち岡崎、豊橋、西尾、知立、田原は合併して三陽自由党を組織し、独立自由党となることは第四表の通りである。
(46) 「朝野新聞」明治一五年六月一三日　社説「自由党ノ臨時大会議」
(47) 『河野磐州伝』上巻（刊行会、一九二三年）四三二ページ
(48) 土井光華『政党論』同附録
(49) 関東地方各府県の地方部の成立は次のようになっている。

茨城地方部	明治一四年一二月二四日	水戸

群馬地方部	明治一五年二月二〇日	高崎	
埼玉地方部	明治一五年二月二三日	熊谷	堀越寛介
千葉地方部	明治一五年三月一四日	成田	飯田喜太郎
東京地方部	明治一五年六月　五日	（万八楼）	島本仲通

「朝野新聞」明治一五年三月二日、および明治一五年六月七日「郵便報知」明治一五年二月二〇日　雑報

『茨城県史料』近代社会政治編II、群馬県は報道日

(50) 「郵便報知新聞」明治一五年二月二〇日諸県報知

(51) 「郵便報知新聞」明治一五年三月一四日諸県報知

(52) 「自由新聞」明治一五年八月三一日雑報

(53) 「日本立憲政党新聞」明治一五年二月七日雑報

(54) 大槻弘「民権運動の解体過程―南越自由党を中心として―」大阪経大論集二五

(55) 「内外政党事情」明治一六年一月五日党報

(56) 「加藤政之助談話速記」国会図書館憲政資料室

(57) 「郵便報知新聞」明治一五年九月二六日「京坂紀行」

(58) (57)に同じ

(59) 「東京横浜毎日新聞」明治一六年一一月三〇日雑報

(60) 内藤正中「山陽自由党の組織過程」『経済論叢』七八―一

(61) 内藤正中「自由民権運動と豪農層」『経済論叢』七六―一

(62) 吉井友秋「石見立憲改進党の結党をめぐる政情」山陰文化研究紀要　第六号

(63) 大槻弘「民権運動の解体過程」『大阪経大論集』二五

(64) 大石嘉一郎　前掲書　二七一頁

(65) 升味準之介「日本政党史における地方政治の諸問題」二、『国家学会雑誌』七三―五　三五四頁
(66) 吉井友秋　前掲論文　一五三頁
(67) 『立憲民政党史』上巻　序　二頁
(68) 拙稿「下野中節社と自由民権運動」本書第三章。なお、この論文について誤解にもとづく反論が寄せられている（東海林吉郎「共同体原理と国家構想」太平出版社、一九七七年）。それはあたかも佐野地域の田中正造関係資料を筆者が私蔵することによって研究を妨害しているが如き表現でなされている。そのため筆者の関係した佐野市史資料編三の自由民権運動の項に、田中正造の書簡がまったく採録されていないことを例証とされる。しかしそのような事実のないことは岩波書店の田中正造全集一巻と比較すれば明らかであろう。まして運動に関する基本史料はできるかぎり収載しているのである。正造の書簡についていえば、田中正造全集の地元編集委員によってわれわれの調査前に全地域調査ずみである。われわれの新発見の運動関係史料（その主要なものは資料編収載）の所蔵者宅には岩波書店の再調査、県史編さん室の調査が行なわれている。所蔵目録も完備し公開されているのである。内容上の反論の主要な点は、当時の新聞弾圧のもとで報道上の字ずらで正造の国権意識を言うのは無意味であるというのであろう。にもかかわらず国権論が民権論とわかちがたく結びついていることこそ問題なのである。
(69) 無題（国会開設請願着手順序心覚）栃木県安蘇郡田沼町『川俣家文書』
(70) (69) と同じ
(71) 『田中正造全集』（岩波書店、一九七七年）第一巻　四二八頁
(72) 『佐野市史』資料編三　近代　一三八頁
(73) 『田中正造全集』第一巻　四四一頁
(74) (73) に同じ
(75) 『田中正造全集』第一巻　四四〇頁
(76) 『田中正造全集』第一巻　四四二頁
(77) 『大隈重信関係文書』（東京大学出版会、一九八四年）五　二一〇頁

(78) 『田中正造全集』第一巻　二二六頁
(79) 「郵便報知新聞」明治一四年八月九日諸県報知
(80) 「郵便報知新聞」明治一五年四月八日諸県報知
(81) 「栃木新聞」明治一五年三月三一日および四・三論説「太政官第三号布告営業税雑種税ノ制限解除ヲ論ズ」
(82) 無題（国会開設請願着手順序心覚帳）『川俣家文書』以下史料同
(83) 「自由党員名簿」『明治史料』第一集
(84) 『佐野市史』資料編三　近代　二二九頁以下
(85) 「東雲新聞」明治二二年一〇月一二日雑報
(86) 『佐野市史』資料編三　近代　二二〇頁
(87) 林茂『立憲改進党員の地方分布』前掲
(88) 『義人全集』自叙伝書簡集　三一六頁
(89) (88) に同じ
(90) 明治一六年二月二五日　大竹謙作宛田中正造・川俣久平・新井保太郎書簡　佐野市赤見町『大竹家文書』
(91) 『栃木県史』史料編　近現代二　二九五頁
(92) 「朝野新聞」明治一六年二月二四日雑録「栃木県安蘇郡田沼駅演説会の記」
(93) 『佐野市史』資料編三　代近　二三二頁
(94)、(95) 川俣久平宛田中正造書簡　川俣家文書
(96) 『田中正造全集』第一巻　三一六頁。以下同じ
(97) 海野福寿・渡辺隆喜『明治国家と地方自治』前掲書
(98)、(99) 「政党ノ衰頽」『樺山資紀文書』国会図書館憲政資料室
(100) 内藤正中「自由党論」『歴史学研究』二四七号

第5章　大同団結運動と地方政情

1　はじめに

大同団結運動とは在野における立場の異なる諸政党政派の合同運動である。主義主張上の小異を超えて反政府という大同的目標で団結しようとするもので、その合同的側面からいえばこの運動の画期は、改進党を含めて民間諸勢力を結集した明治二〇年一〇月までの時期、改進党と分かれて大同派が成立し、それが大同倶楽部と大同協和会に分裂する二二年四月までの時期、大同協和会が自由党を再興し、板垣の愛国公党と大同倶楽部との三派が鼎立し、やがてこれらが庚寅倶楽部に結集される二二年六月までの時期の三期に区分されよう。反政府的性格の面から云えば、条約改正運動に大同派と同調して立ち上った保守派および大同倶楽部の一部に含まれた保守派を除外すれば、他はいずれも民党的主張を持していた。

これら諸勢力は政費節減、地租軽減の要求を基礎に、減租、外交政策の挽回、言論集会の自由を要求する三大事件建白運動より条約改正中止・断行建白運動を経て、水害・凶作により顕在化する地価修正・軽減運動へと連動する。この過程はまた帝国議会開設にむけての選挙運動としての性格をもつが、とくにそれは二二年二月帝国憲法とともに公布された衆議院議員選挙法以来の一年余の時期に顕著であった。

研究史上、これら諸種の運動において過去に獲得目標とされた民権は、ようやく高まりつつあった国権的風潮に従属化すると理解されながら、なお当時において民権的要求を根強く持続しつづけたのは大同協和会（＝自由党再興派）の基盤となる関東地域であると云われている。製糸資本の自立的発展による土地革変を内包する貧農層の要求との関連性の存在をその理由とするが、果して事実はどうであったのであろうか。本章は関東地域でも大同協和会系で県内が一致していた埼玉県を対象として、広義の大同団結運動の時期すなわち明治一九年から二三年までの地方政情の特質を検討することを課題としている。従来この時期は、国会開設の直接的な準備期として、選挙運動のみならず帝国憲法、市町村制の公布・実施期として近代国家体制の枠組みの確立期として重要な位置を占めているにも拘わらず、それらの相互関連の究明は皆無といって過言ではない。戦後わずかにみられる研究も中央の政治動向に関する叙述が主で、地方政治の現状とのかかわりで明らかにしたものはない。ここでは地方自治の問題をふまえて埼玉県下の諸政社の動向を全国的動向と関連させながら考察してみよう。

ところで、新設の国会開会の直前、埼玉県会議員の有力者の一人永田荘作は、所属する改進党の指導者島田三郎（衆議院議員）に書を送りつぎのように述べている。

帝国議会は史上初めて予算案審議を迎えようとしているが、数年来民間の輿論であった政費節減を実現し地租軽減を行うため、「真に赤心を吐く正当の決議」(1)を期待する。全国農民のうち上等農家はわずか一五％にすぎず、下等農家は実に五〇％に達する。残り三〇％余にあたる中等農家にしても以下述べるように生計は不充分であり、下等の貧農にいたってはなおさらである。政費節減、地租軽減につき政府および反対者は勝手な弁説を弄しているが、維新当初の愛民の誠意にもどり「国会と輿論の大勢力」で実現すべきである。特別地価修正説も国会に提案されるに先だって民間で論じられたが、民間の疲弊、民費多端のおりからまず今国会では政費節減と地租軽減を実現し、しかる後に不公平是正の特別地価修正を実現すべきである。埼玉県は水害のため一層疲弊し、地方税徴収も困難で臨時県会を開

第1表　北足立郡中等村中等農家の年間収支家計
（明治23年現在　1町5反所有農家）

支　　入	支　　出
水田7反歩　収穫米9石8斗 2石2斗5升　飯米　代金18円75銭 7石6斗5升　販売　代金53円55銭	地租　7円 地方税及村費　3円 肥料・種・農具代　21円
畑6反5畝歩　収穫麦13石　大豆5石2斗 麦6石　飯料　代金23円40銭 大豆1石1斗 馬飼料 味噌造用 代金9円 残麦7石　代金27円30銭 残豆3石4斗　代金17円 畑5畝　自家用野菜	地租　3円50銭 地方税及村費　1円40銭 肥料・種・農具代　18円90銭
宅地5畝	地租　43銭7厘5毛 地方税及村費　18銭
合　計　149円 （ウチ自家消費分51円15銭）	55円42銭
差　引	益　42円43銭

（注）　家族5人　馬所持　　　「毎日新聞」明治24年1月15日雑報

設したほどである。このような埼玉県の窮状はまた全国を推知する手段であるので、「人民休養の道」を開くよう議会で活躍することを期待する、というものであった。

この書簡には彼の時事に関する心境が歌に託されている。

まちわひし　かひこそなけれ梅の花
　おもひしほとは　にほはさりけり

書簡に添えられた中等農家の生計表をみれば第1表のようになる。北足立郡内における中等村で、地租一一円を納め、反別一町五反歩を所有する中規模農家の場合である。表によれば年間利益は四二円弱である。このほか農閑余業としての男の駄賃送り、藁莚・草履作り、女の機織りなど九〇日間の収入五円ほどを合わせれば、年間収益は四八円前後となるという。一カ月にすれば四円である。これをもって一家五人の衣服代、食用品、諸交際費、家屋修理費、協議費、消防費、地方税戸数割などを負担せねばならず、生活するのは並大抵のことではないことを指摘している。

このような書簡の意味するところは次のとおりである。歌に示されているように、明治国家の夜明けを春の梅にたとえて、その梅香が予想したほど匂わないということは、新しい明治時代が真の意味で国民のための夜明けにはほど遠いことを詠んだのである。思ったほどの近代とは、云うまでもなく民衆にとって余裕ある生活はもちろん生産上、経営上とも発展が可能である地方自治の確立した社会のことである。真の意味の「地方の時代」のことである。この生活や生産、経営の余裕ある展開を抑えていたのは、云うまでもなく軍国主義化の強い要請のもとで国家事業を優先することによって、国民に犠牲を強いる租税（地租、地方税、町村費）であった。

松方デフレ後、景気が回復状況にあるとはいえ、自由民権運動で輿論化した地租軽減の要求が、国会開設をむかえて政費節減とともに具体的政治的要求として日程にのぼったのである。書簡は人民の代表として衆議院議員は国会の場で、政費節減、地租軽減を実現することにより、国民の負担を軽減し、人民休養の途をこうずべき立場にあることを訴えたものであった。地租一一円を納入する農家とはまた県会議員の被選権をもつ階層であり、これら階層の窮乏化はまた選挙権をもつ農家とともに県会基盤の動揺に連なるばかりでなく、国会議員有権者層の動揺となったからである。府県全議員および国会議員の選挙権、被選権をもつ有志者の動向が、この時期の地方的政治情勢に大きく反映したのである。

2　埼玉県政の展開と特質

自由民権派の主張する立憲国家の地方制度は、地方庁の組織、職制、地方長官の権限等の改善など種々な問題があったが、就中、重要視したのは地方議会の問題であった。地方議会は当時、府県会開設以来の地方官と議会との対立による原案修正の繰返しと、法律上の権限をめぐる争論の連続を排し、国会開設を間近かにひかえて立憲政体の基礎として定着させることの必要が説かれていた。地方人民に会議の稽古をさせる立憲政体実施の準備期であった一〇年代に対し、地方自治の砦としての地方議会の真の役割が問われる時期となっていた。

明治一〇年代後半、各府県で議会と地方官との間で法律上の見解を異にし、争論を醸成したのは議会の権限の狭隘性に原因があった。ことに議会決議の許認可権と地方税をもって支弁すべき事業の決定権は地方長官が握り、その事業経費のみを議会の審議に委ねたにすぎないことは争論発生の二大因となっている。地方税支弁の事業はその経費と密接な関係を有し、経費増減の議論は必然的に事業の伸縮の問題と関連する。にもかかわらず地方官が事業内容を決めて原案を提出するところから、議会においては全く賛成をしないかぎりは、つねに対立し修正する状況にあったわけである。そのため地方税に関する全権は、すべて議会に一任すべきだとする主張は、地方自治確立の前提として強く叫ばれていた。くわえて府県会における政府への地方事情に関する建議も、単に政府当局者の注意を喚起するにすぎない現状を反省して、建議を請願に改正し、請願権を認めることによって当局者のこれに対する許否の理由を明確にするよう要求していた。

一方、議権の確立と同時に府県会議員選挙権の拡充も主張した。府県会規則によれば地租一〇円以上の納入者に被選権、同五円以上を納めるものに選挙権を与えたが、制限選挙制を主張する改進党は云うまでもなく、普通選挙制を説く自由党系勢力はなおさら選挙権の拡大を期待した。彼らの主張の要点は府県会の審議する地方税は、地租（国税）に限らず営業税、雑種税なども含むので、いやしくも租税を出すものは皆同一の権利を与えるべきだというのである。そのうえで民意を代表する議会を開き、現今の府県会規則にある議員の自由な発言を規制する条項を改正し、地方官そのほかの不正行為者に対しては議会で公表するのみならず、「弾劾するの権」(2)を有すべきだという。

これら当時の意見は府県会を地方自治の拠点として、国会開設にともなう立憲政体の地方的拠点ならしめようとするもので、民権派なかんずく自由党系の人々によって強く主張されている。これにともない民政の改良が期待され、集会言論出版の自由のほか政費節減および地租軽減による人民生活の安定化が、地方税支出の軽減とも関連して意図

第2表　埼玉県議会の勢力分野

選挙区＼改選期	明治18. 20（第5期）			明治20. 11（第6期）			明治23. 3（第7期）			明治25. 2（第8期）		
	改	自	中	改	自	中	改	自	中	改	自	中
北足立・新座	6			5			5			5	1	
入間・高麗	6			5			5			2	4	
秩父	3			3			3		1	3		
比企・横見	3	1		3	1	1	3	1		4		
児玉・賀美・那珂	2		1	1	2		1	2	4	1	1	1
大里・榛沢・幡羅・男衾			5			5	1			3	1	1
北埼玉	2	3		2	3		1	4			2	3
南埼玉	4			4	1		2	3		1	3	
北・中葛飾	4			3		1	4			2	2	
合	30	4	6	26	7	7	25	10	5	21	14	5

（注）　青木平八『埼玉県政と政党史』

されていた。

ところで埼玉県会の現実はどうであったろうか。明治一九年より二三年度にかけての県議会での問題を検討してみよう。

この時期埼玉県会をめぐって発生した問題には県庁移転問題、常置委員選出問題、警察費および警察機密費問題、議員日当問題などがあった。二三年には大水害のため被害をめぐる特別予算審議のための臨時県会が開かれ、地租補助問題を通じこれより展開する地租軽減、地価修正運動の直接的契機となった。当時の県議会の大勢をみると第2表のようになる。圧倒的大勢を占めた改進党は、二〇年代にはいり漸減し、かわって自由党が進出する。郡別にみれば北足立、新座、比企、横見、秩父、中、北葛飾に改進党県議が多く、この時期の自由党は入間、高麗、南埼玉郡で伸長する。何故にこの地で自由党が進出するかは地租との関連で後述する。特異な地位を占めているのは大里、榛沢、幡羅、男衾郡と隣接する児玉、賀美、那珂郡で、中立系議員（内実は御用派）が多くを占め、北埼玉郡は他郡とは逆に、圧倒的に強かった自由党が中立派の進出を許す郡となっている。

このような勢力分野の変化を前提として県議会内の問題をみれば、明治一九年に発生した熊谷町への県庁移転問題は、議長加藤政之助を中心とする議会内多数派の浦和派（＝改進党）に対する中立派系議員の多い熊谷派の対抗であった。後者には反加藤派反改進党派の県北の自由党議員が気脈を通じていたという。事件は薩派に属する県知事吉田清英が当時の県会に絶対多数を占める改進党の勢力を削ぎ、独断的施政を行うため熊谷町出身の県第二部長長谷川敬助と図り、熊谷県合併以来からの県庁移転を期待する県北住民の気持を利用して、極秘裡に県庁移転の認可を得ようとしたため発生した。内務大臣の決裁をあおぐ直前にこのことを知った加藤政之助は改進党県議を召集し、直ちに移転反対運動を展開し、山県内相に陳情しその阻止に成功した。この事件は浦和と熊谷という地域的対立に政党的対立が重複し、くわえてこの対立を利用し民党勢力の切り崩しをねらう県知事の思惑と交錯して発生した。

第3表　埼玉県令の議長および常置委員

	明18.12	明20.11	明21.4	明23.4
議長	加藤政之助	加藤政之助	加藤政之助	加藤政之助
副議長	高橋荘右衛門	高橋荘右衛門	高橋荘右衛門	福田久松
常置委員	加藤政之助	加藤政之助	加藤政之助	高橋荘右衛門
	高橋荘右衛門	高橋荘右衛門	永田荘作	八木橋克
	福島耕助	福田久松	田中万次郎	片岡勇三郎
	福田久松	斎藤珪次(自)	渡辺宗三郎	三須丈右衛門
	稲村貫一郎	鈴木善恭(自)	稲村貫一郎	篠田清翩

(注)『埼玉県議会史』第1巻　巻末付表

　第二は常置委員選出問題である。当時、県会に絶対多数を占めた改進党は県会議長、副議長はもちろん有力県議が選任される常置委員も独占していた。当時の委員は第3表のとおりである。明治二〇年一二月、県議半数改選後に開かれた役員改選および地方税歳入追加予算を審議すべき臨時集会において、議長および副議長は再選されたが、常置委員の改選で問題が発生した。当時七名の少数派ながら雄弁をもって審議の中心となっていた自由党県議は常置委員に割り込みを図り、改進党内の反加藤派とむすび斎藤と鈴木を当選させた。このとき自選投票した斎藤の行為が卑劣として糾弾されたため彼は辞職のハメとなり、斎藤の投票状況を洩らした議長加藤も辞任においこまれた。いわゆる自選投票問題である。この後、辞任者相つぎ二一年四月に再び新陣容となった。

　第三は警察費および警察機密費の問題である。県庁移転、常置委員問題が県会内の党派的問題とすれば、この問題は官選県知事対議会の、いいかえれば権力対

第4表　埼玉県会の予算審議結果表

（単位：百円）

		明治19年			明治20年			明治21年			明治22年			明治23年		
		原案	可決	修正率	原案	可決	修正率	原案	可決	修正率	原案	可決	修正率	原案	可決	修正率
支出	警察費及警察庁舎建築修繕費	1154	1123	％ 2.7	1136	1114	％ 2.0	1114	1108	％ 0.5	1116	1083	％ 3.0	1120	1085	％ 3.1
	土木費	1034	861	16.7	1001	710	29.1	1348	637	52.8	827	581	29.7	1202	1143	5.0
	町村土木補助費	477	241	42.6	503	378	24.9	487	299	38.7	571	770	＋ 34.8	298	290	2.7
	教育費	230	221		243	240		200	188		189	189		182	175	
	郡吏員給料	650	610		610	605		597	597		486	481		487	443	
	戸長以下給料	1160	1160		1160	1160		327	232							
	監獄及同建築修繕費	1257	1219	3.0	993	942	5.2	960	912	5.1	908	908		955	922	3.4
	合計	6149	5631	8.4	5819	5315	8.7	5243	4181	20.3	4325	4157	3.9	4962	4761	4.0
収入	地租割	2332	1165	50.0	2350	2098	10.7	1977	1409	28.7	1399	1269	9.3	1874	1731	7.6
	営業税	1299	1295		1252	1197		962	962		998	998		986	988	
	雑種税	384	379		409	412		389	405		431	431		444	452	
	戸数割	1160	1023	11.8	1049	918	12.5	785	593	24.4	598	598		809	157	6.5
	雑収入	250	250		224	232		426	414		384	354		352	350	
	繰越金	93	93		273	273		187	187		333	333		310	310	
	国庫下渡金	266	266		262	257		186	185		185	179		186	186	
	他							316	10		7	7		1	1	
	合計	6149	5631	8.4	5819	5385	7.5	5243	4181	20.3	4325	4170	3.6	5044	4851	3.8

（注）『埼玉県議会史』第1巻　単位以下四捨五入

人民との対立である。警察費を直接に問題とするまえに、当時の予算審議の状況を計数化すれば第4表のようになる。支出は主要費目のみを示したものであるが、県知事提出の原案に対する議会の可決額を修正率としてみたものである。総額で比較すると、明治一九年以降二三年まで、いずれも減額となり、この減額修正率は一九年が総額五一七六八円減で八・四二%、二〇年が総額五〇三五五円減で八・六五%、二一年はこの間の最高の総額一〇万六二五八円減の二〇%余となっている。支出費目との関連でみれば、土木費および町村土木費補助の減額修正率がもっとも高い、これについで減額率の高いのは警察費及警察庁舎建築修繕費、監獄及監獄建築修繕費などである。教育費や郡吏員給料はほとんど修正されず、戸長以下給料は二一年を最後にして町村費支弁に移管されるため、県予算からは削除されている。このこととも関連して県庁原案および決議の総額は二二年まで毎年減っている。松方デフレの影響が県会審議によって一層緊縮して表現されているのであって、民権派が要求していた地租軽減は、他方ではこのような地方財政の緊縮と税負担の軽減として要請されていたのである。

支出に対する収入の減額修正率は、支出の場合と同じような傾向を示すが、費目別にみればとくに地租割と戸数割に高いことがわかる。土地所有者と貧民への配慮によるもので、地租軽減とともに地租付加税的な地方税の軽減を意図した結果である。県から内務大臣宛の二一年度の県会景況報告によれば、「議中多少、減額アリシモ敢テ施行上ニ影響ヲ及ササルヲ似テ総テ之ヲ認可セリ」(3)と記したが、実はこの表現は「議決中大ニ減額ニ過キ、或ハ全案否決ノモノアリト雖、敢テ（中略）認可セリ」(4)という文章を修正したものであった。この県会では一方で道路改築事業の停止を建議しており、表現の変更は不急の土木関係費を削減してまで民力休養をはかろうとする人民側の強い要請に動揺した自己の立場の表白であった。

埼玉県における警察費問題は、二一年に桶川警察署改築寄付金および機密費に関して起っている。桶川警察署問題は改築のため募った寄付金が、県庁の独走による法律違反とみなされ、議会では実態調査委員に大島寛爾ら七人を選び、この問題の調査を依任したが、その結果も寄付金は知事の越権行為と断定したため、直接に議会での知事答弁を求めて紛糾した事件である。結局、知事の陳謝で落着となったが、背景には寄付金と称する第二、第三の租税的な強制出金に対する住民の反発があったのである。

またこの問題は同時期に全国的に起っていた警察機密費の問題とも無関係ではない。従来、県予算の表面に登場することのなかった警察機密費が、二二年度予算を審議する二一年県会にはじめて提案されたからである。機密費が機密たるゆえんは警察が当時の支配体制を守るため、反体制派を封じこめるためにその多くを利用する費用だからである。当然当時の急進派たる自由党系の人々からの批判は強くならざるを得ない。そのため全国的に、この機密費をめぐって府県会と知事との衝突が起っている。埼玉県会では桶川警察署問題が起る直前に提案され、機密費の使途について質問が集中したものの、隣接諸県と比較して少額であったことが幸いして紛糾にいたらず、原案一七〇〇円に対し一二五〇円に修正可決された(5)。修正率は二六・五%と高い。当時、東京、京都、大阪をはじめ一九府県でこの問題をめぐって衝突が起り、議事中止や廃案となった場合も多い、これら官と民との対立の背景は、機密費の明確化にともなう出費の緊縮と、その使途に対する重大な批判が内在していたのであった。

第四は議員日当の増額をめぐる問題である。二一年度埼玉県会は不急の土木費を削る建議の一方で、議員の旅費日当の増額を求める建議を行っている。建議は改進党の一県議から議事録調査委員設置のための滞在日数の増加を理由に六三七円余の増額要求として出されたものである。これに対し同じ改進党の高橋荘右衛門から議員は名誉職であるから増額は必要ないとの反対意見が出された。同党所属県議の福島耕助も、「議案ニ向ツテ頻リニ減額ヲ唱ヘルノニ対シテハ、先ヅ已レノ領収スヘキモノヨリ之ヲ減ズルガ至当(6)」として反対したが、採決の結果は賛成過半数で可決成立した。福島の指摘したように、県の原案の減額修正を求めた県会において、一方では少額なりとも自己のための増額を求めて許可されたことは、議会の活躍を注視している人々に奇異の念を起すに充分であった。この問題をめぐり増額派の改進党に対する減額主張の自由党という党派的対立の図式は、埼玉県会では生まれなかったようであるが、このことは議会外の自由党系の壮士からは激しい批判の対象となった。

翌二二年一月には県内の自由党系の有力者根岸貞三郎、吉田茂助、飯野喜四郎、矢部忠右衛門らは、「県会議員日当増加事件には、充分なる祸査を遂げ、来る二月上旬に開会の筈なる第二回埼玉県人懇親会へ提出して当否を決議(7)」

に問わんと計画しており、一方、当時、行動的な壮士の一人として活躍していた原又右衛門は、埼玉輿論会を組織し、県議会に対し「勧告状」(8)を提出した。埼玉県人懇親会の詳細は不明であるが、その直後の勧告状の提出であるだけに密接な関連のもとで行なわれている。懇親会は三月一七日に大宮でも開催されたらしく、この会においては「県会議員日当増額ノ決議ハ、社会ノ財況ニ反シ、人民ノ生計ニ戻リ、輿論ノ制裁ヲ憚ラザル不当ノ所為」として、「小利ニ眩惑セラ良心ノ反照ヲ蔑ニセル者ニシテ、充分徳義上ノ破廉耻罪ヲ構成ス」と決議した。原の勧告状の要点もまたこの点にあり、全県の代表者たる議員の利己主義的態度への批判につらぬかれ、県下輿論にしたがった行動をとるよう勧告したものであった。この勧告と大同派政杜「埼玉倶楽部」の結成が無関係ではなかったことは後述する。

当時、全国的にも諸種の問題をめぐって府県議会と県民との間で対立する機会も多くなっており、議会を輿論と直結した代表者会議とみる旧自由党系の人々、とくに壮士は反輿論的な行動をとる府県会議員に対し、議員辞職勧告で対抗していた。改進党系の読売新聞は、「彼の府県会撹乱の一原因たる壮士の如きハ、チト学校に入りて学問するが宜し」(9)と壮士批判を展開し、逆に旧自由党系の新聞は改進党系の府県会紛争批判に反批判し、「俗人一輩の如く之を以て忌むべし厭ふべし、擯斥すべしと為すものに非ず」(10)として、かえって「抑も競争ハ進歩の母にして軋轢ハ真理の父」として、社会進歩のうえで対立が生ずるのは当然であると主張していた。議員主導の府県会を支持する改進党と、県下輿論の反映を主張する旧自由道系の人々との対抗が、埼玉県議会をめぐってもうずまいていた。

以上のように埼玉県政もまた官（県・国）と民（議会）との対立を主軸に、自由、改進両党の対抗を横軸として展開していたのであり、帝国議会開設を目前に控えて、その対抗は一層激しさを増す時期であった。以下、自由、改進両党を中心とする当時の政治運動を検討してみよう。

3　三大事件と地方自治

明治一八年一二月、内閣制度が改革され総理大臣伊藤博文（長州）を中心とする薩長藩閥内閣が成立した。外務に井上馨（長）、内務に山県有朋（長）、司法に山田顕義（長）、大蔵に松方正義（薩）、文部に森有礼（薩）、海軍に西郷従道（薩）、陸軍に大山巌（薩）を配し、薩長の均衡をとりながらもむしろ長州主導の体制で出発した。東京の警察権を掌握する警視総監には薩摩出身の三島通庸が抜擢され、福島・栃木の両県令として政党弾圧に尽した経験がかわれた。この政府は国民が国政に参画する国会開設に先立って、国家に好都合の体制を早めに樹立し、民衆の運動に一定の制約を与えることを課題としていた。

総理伊藤は自身欽定憲法の準備にあたり、外相井上は欧化主義の立場から条約改正事業を担当し、内相山県は地方自治制を用意し、法相山田は法典編纂に着手し、文相森は国家主義的教育を、海相西郷は軍備増強による軍国日本の建設にそれぞれ努力した。このことは国会開設前に民衆の意向を無視して推進されたため、当然に人民のための人民による国民国家の樹立を目指す民衆の反政府運動を強めることになった。

秩父事件や大阪事件が終って、折からの松方蔵相によるデフレ政策の不景気で沈退していた政治運動は、景気の回復にともない再び活発の様相を呈してきた。明治一九年四月、解党した自由党と異って改進党は党大会を開催し、政府への建議を決定した。当面する課題としてまず「地方分権ヲ請フノ建議」「言論集会ノ自由ヲ求ムルノ建議」(11)を提出した。地方分権に関する建議は、府県会の権限を拡張すること、戸長および郡区長を公選することを提議したが、その要点は府県会における権限を地方税の収支決算に限らず、地方税支弁の事業に関する審議にまで拡大し、議員の選挙権を地租にかえて地方税を基準とすべきことと、あわせて知事と府県会との法律上の紛争は、各府県会を代表する二名ずつの議官を含んだ元老院によって処理するよう訴えている。集会言論の自由に関する建議は、国会開設を控えて政治活動の活発化をねがい、単に政府内の内閣制改革の如き改良のみが国会準備ではなく、民間における国会準備も助長するため、集会言論の自由を阻害する法律の撤廃を求めたものである。府県自治を中核とする地方自治および政治的自由確立の要求であった。

一方、解党以来、大阪事件で旧党員の中心部分が多数逮捕されていた旧自由党の政治勢力が、再び結集の契機が与えられたのは、一九年一〇月の全国有志懇親会である。同月二四日、東京の井手村楼に開かれたこの懇親会には、埼玉からの一名を含め全国で二〇四名が出席した。発起人総代星亨は開会の理由を、沈退せし政治運動の覚醒をねがい、従来の激しき党争の弊を正し、四年後の国会開設にそなえること、「小異を捨て、大同を旨」[12]とするにあると主張した。この会には多勢の旧自由党員とともに改進員党も参加している。

大同団結の萌芽ともいうべきこの会も、旧自由、改進両党ともに底流に二つの潮流が伏在していた。旧自由党系勢力は自由党の再興をねがい政党組織を企てる星亨派とこれに批判的な土佐派との対立であり、すでにこの懇親会の準備会の席上で星は、土佐派に対し「前年マテハ高知モ社会ノ為メニ尽力シタレトモ、数年已来一人モ尽力スル者ナシ（中略）、故ニ吾輩今日ニ尽力セズンバ社会ハ益々退歩[13]」すると一層の努力を要請していた。改進党の側でも島田三郎は党派心を去るは今日の急務たることを主張し、大同団結の運動に協調する態度を表明した[14]が、同じ改進党でも「政府ヨリ間接ニ運輸会社ノ手ヲ経テ保護金ヲ受ケ居ルヤノ嫌疑[15]」をうけた報知新聞の社員を中心とする三田派＝報知派と島田の属する毎日派＝嚶鳴社派とは陰然とした党内の左右二派をなしていた。大同団結の運動には左派の嚶鳴社系の人々が熱心であった。

同年一二月には後藤象二郎が東北漫遊に出発し、「政府ノ改良ニ熱心シ改良成テ始メテ政党ヲ組織スル事コソ順ナリ[16]」と説き、まず政党よりも「裡面ノ交際」を密にするよう地方有志に訴えている。諸派合併し団結して大同につくよう強調し、全国有志懇親会を契機にもり上った大同団結の考えを明らかにしたのであった。

一九年後半より急速にもり上ったこの運動は、二〇年にはいって条約改正、板垣受爵問題をめぐって一層高揚するとともに、一方で複雑な様相を呈するにいたる。受爵問題で星亨は、大阪の有志者と「板垣受爵シタルヲ以テ、斯ル無節操ノ人物ト将来共ニ政治上ノ運動スベカラスト議決」[17]し、分離独立を主張して土佐派と対立した。この問題をめぐっては「在京党員沸カ如ク混雑ヲ極」[18]め、また地方有志者の疑惑を深めたという。土佐人では一人中江兆民のみ批判者であった。この騒動は、板垣や土佐派からの分離独立は政府の受爵の目的を達成させるものとみる良識派の存在によって、一応おさまったが、以後この対立は長く尾をひくことになった。

一方、板垣受爵の直後、欧州より帰朝した農商務相谷干城は条約改正を含め、内閣の政略を批判し辞職した。すでに勝安房も時弊二一カ条について内閣に建白し、法律顧問ボアソナードも条約改正草案中の裁判権について忠告する意見書を内閣に提出しており、谷干野を契機に政府の失政批判が一斉に行なわれるにいたった。批判行動の先頭には在京の壮士が立っていた。とくに受爵で有志者の声望を失った板垣一派は、「自今数層激烈ノ運動ヲ為シ、受爵セシモ精神ノ変ラザル事ヲ社会ニ知ラシムル決心」[19]をした。そして「全国ヨリ政府ニ上書請願書ヲ奉呈シ、大ニ現内閣ノ失政ヲ鳴ラシ、一変更ヲ来タサント」[20]計画し、これに対抗する星派とも云うべき関東、東北の旧自由党員一派は土佐派以上に強力な運動を推進することを申合わせている。

当時、各地方より内閣に提出する請願書の内容について、九月二三日在京有志者が決定した項目はつぎのようなものであった。それは「官吏無責任ノ弊、外交上ノ弊、官吏撰任上ノ弊、理財上ノ弊、裁判上ノ弊、獄事ノ弊、言論圧抑ノ弊、官吏奸商連合私営ノ弊、立法上ノ弊、官吏ノ邪悪、官吏怠慢ノ弊、土木ノ弊、地方議会干渉ノ弊、濫賞濫罰ノ弊」[21]などである。これら一四項の時弊に関し、各々五枚以上の論文として各地有志者に回覧することを申合わせた。

しかし、九月二七日には関東以北の旧自由党員は会合し、請願運動は「今回ノ条約改正事件失策ノ一事ノミ」[22]をもって政府に迫まり、「現内閣ヲ変更」[23]することを決定した。

一〇月四日には浅草鷗遊館に全国有志懇親会を開き、出席者二〇〇余名は「大同共進ノ精神」[24]を申合わせている。埼玉県からも永田荘作、高橋安爾、星野平兵衛、大島寛爾、高橋荘右衛門ら改進党、旧自由党の中心人物が出席した。だがその席上、星亨派の壮士が改進党左派の指導者沼間守一を殴打したため、これを契機に大同団結運動に対する改進党の熱意は急速に冷えていった。一〇月二九日には在京二府一五県の有志総代は会議を開き、上書建白は一一月一〇日限りとすること、上京者はたゞちに全国有志大懇親会を開くことを申合わせて、東京通信者より各地通信所へ連絡した。これより建白のため有志者の上京が相つぎ、一一月一五日には浅草井生村楼に全国有志懇親会が四〇〇余名の出席で開かれている、改進党よりの出席者は尾崎行雄のみであった。埼玉県では矢部忠右衛門、岩岡美作、近藤圭三らいずれも旧自由党系の一五人が出席した。

当時の建白を府県別に整理すれば第５表のようになる。建白の内容は条約改正問題だけをとりあげたほか、地租軽減、言論集会の自由をあわせてもりこんだ建白も多かった。そのためこれら三項をもって三大事件と称した。総件数一〇二件のうち条約改正のみをもって建白した件数は三三件に達し、北陸、東北に多い。逆に条約改正、地租軽減、言論集会の自由の三大事件を建白したものは四四件に達し、高知県を中心とした関西地方に多い。政治や財政改革について建白したものも九件あり、地方自治の確立、憲法草案の公示要求など当時の民間における政治的要求をすべて網羅していた。

署名者数は正確か否かわからない。建白総代が署名したのみのものもあり、早急の際とりあえず上京者が署名して提出し、あらためて有志者の署名が集められた場合もあるように思われる。もともと三大事件に関する建白数も表示数が全てではない。県庁に提出されたまま元老院に届いていない建白もあったし、調印準備中の地方も少なくはない。翌年春にかけて元老院または県庁に提出されたものは、表示以外にも数一〇件にのぼる。保安条例公布により上京中

第5表　府県別三大事件建白数

（明治20年）

府県	建白数	内容別　建白数							署名者数
		①	②	③	④	⑤	⑥	⑦	
山形	1	1							5
宮城	12	11						1	5031
福島	10	9	1						460
新潟	5	5							438
長野	3	2						1	279
山梨	1	1							4
茨城	2			1	1				181
栃木	6	1		1		1		3	393
群馬	1		1						491
千葉	4		1		2		1		1786
東京	1	1							1
富山	2			1			1		2475
福井	1					1			67
岐阜	1			1					168
愛知	3				1			2	8
三重	1				1				1
京都	1				1				92
大阪	3	1			2				658
兵庫	1				1				27
島根	1				1				7
岡山	3					1		2	53
高知	32	1		1	30				28977
愛媛	7	1		1	4	1			528
合計	102	33	3	7	44	4	2	9	42130

（注）　元老院『明治二十年建白一覧表』
建白内容は①　条約改正のみ　②　減租または言論集会のみ　③　条約改正と言論財政または減租と言論のみ　④　条約改正・言論集会・減租　⑤　減租言論のほか地方自治　⑥　三大事件のほか憲法案公示　⑦　政治または財政更革を主張

の中心的活動家の東京退去が強制され、三大事件建白運動の弾圧が行なわれたが、この運動は当時の全国的な反政府運動の最たるものであった。

埼玉県の場合をみると、第5表にはみられないものの建白総代として斎藤珪次、篠原萬吉らを出京させており[25]、また建白のための上京者を中心に開かれた全国有志懇親会には一五人が出席していたことは前述した。この運動に対し決して無関心ではなかったことは、建白前夜とも云うべき一〇月二一日に、浦和玉蔵院に政談演説会を開き、東京から山川善太郎、荒川高俊、堀口昇らの弁士を招き、聴衆六〇〇余人に当面の政治問題を演説し、懇親会では「有志者の団結を謀り、東京を始め各地の有志者と互ひに連絡を通じて、政治改良を計画するの決議」[26]をしていたことでも明らかである。にも拘わらず元老院への建白が何故行なわれなかったのか、その理由は不明である。翌年二月には比企郡の改進党の有志者片岡勇三郎、遠山甚右衛門、岡部雄作らが地租軽減の建白書を提出したことよりみれば、建白体制が当時整っていなかったとも思われる。

三大事件建白運動を主導した旧自由党系の勢力が埼玉県下において結集した時期が遅かったことが、建白できなかった理由と考えられるが、個人的に三大事件のなかでも地租軽減に関心を示した人々は多い。旧自由党員の岡田正康は、二一年一月に内大臣三条実美に建白し、国費節減と地租および地方税の軽減を請願した。[27]その内容はつぎのようなものであった。三大事件の建白は軽躁者または壮年輩が名声を博すための行為のように思われている面があるが、いくら彼らが奔走しようとも地方が富裕であれば多くの人々が署名する筈がない。現実は貧困だからである。わが埼玉県は今日まで請願書を出すものがないところよりすれば、あるいは他府県に比較して多少は土地豊饒であるのかも知れない。だが、私の体験するところではそうとは云えない。参考のため土地収益表を奉呈するので、供覧のうえ以下について歎願したい。

まず「国費ヲ節約シテ軽減スル事」である。国家を維持するものは農民であり、農は天下の大本である。最近は商工は景気回復の兆候あるも、農はますます疲弊するばかりであるので地租を軽減するため政費節減を期待する。第二は「地方制度ヲ改革シ地方税ヲ減スル事」である。郡役所を統合し、郡長委任事務の一部を戸長に委ね、人民の郡役所出頭経費を節減する。第三は「戸長役場区域ヲ拡メ、地方税井町村費ヲ減スル事」である。町村制度を改革し小戸長役場を統合し、村吏を少数とすれば地方税、町村費ともに軽減できる。第四は「町村ノ経済ハ一切其町村会議ニ委ス可キ事」である。町村費は正租七分の一を超えてはいけないという制限があるが徒法である。そのため土木費は協議費と称して金穀、人足を徴発せねばならず、現状では正租の七分の三にもあたる。町村経済はすべて町村会に委ね、政府は干渉すべきではない。町村自治を完全とするよう地方制度の改革を期待する、というものであった。

岡田の提出した作益表によれば、一人当り年間衣食住費は一八円九〇銭であるという。仮りに一家七人とすれば、一三二円余の収益をあげねばならず、そのためには水田五町歩、畑三町歩を所有する富裕な農家でなければ不可能であって、それ以下の農家の疲弊の現実を見逃がすことはできないと強調する。まして農家の現実は一、二町歩以下の所有者が多かった。岡田がこの建白を「北足立郡蕨宿連合兼白幡村連合戸長」の肩書きで提出したのは、現実の地方行政の末端実務担当者として、政策と実態との矛盾を指摘し、あわせて地方自治確立の政治的信念を主張したかったからである。岡田の右のごとき主張は、当時の世論とくに旧自由党系の人々の主張と共通性をもつばかりか、むしろ徹底させている面をもっている。政費節減による地租軽減、地方税、町村費の軽減による農家経済の自立、富裕化を基礎に町村会の権限確保による町村自治の確立、これを基礎とする府県自治、国会自治への展望が与えられているのである。

三大事件建白運動は条約改正問題を突破口としながら地租軽減、地方自治の確立、言論集会の自由をねがう地方豪農層の期待を背景としていた。それだけに運動は全国的にもり上り、地方の政治活動も演説会を中心に盛んになった。演説会を全国的にみれば、政談演説会は明治一九年度の総会数四四八に対し、二〇年度は一一一七会に達し、二一年度には一六〇一会にもなった。二一年度にはこれ以外の非政談演説会は八七六五会もあったから、演説会は届出だけで一万〇三六六会に達していた。一九年度から二〇年度にかけての増加は、「八月条約改正会議ノ中止ヲ機トシ、各地到ル処一時ニ政談ノ熱度ヲ増加シ、髏々四方ニ狂奔シ、外交政略、内治改良、言論出版ノ自由又ハ租税軽減等ノ事ニ関シ、建白請願等ヲナサンカ為メ、故ラニ懇親会又ハ演説会ヲ開キタル者多キニ由ル」(28)と説明されている。埼玉県の場合も同様で、一九年度二三会の政談演説会は、二〇年度に五九会に増し、とくに熊谷および川越地方に多かった。

4　町村制研究会と改進党

三大事件まで旧自由党系の諸勢力と一応協調してきた改進党は、その運動の高揚期にたもとを分ち、わずかに尾崎行雄、角田真平らを残して手をひいてしまった。くわえて井上外相辞任の後、伊藤総理の兼任していた外相のポストに、改進党の実質上の首領大隈が就任するにおよんで、改進党と旧自由党系勢力との対立は決定的となった。

当時、改進党の内部は三派に分かれていた。改進党の党務に不熱心でもっぱら大隈をおし立てて政府内部に勢力を築こうとする慶応三田派＝報知派（埼玉県会議長加藤政之助、藤田茂吉ら）と、東京専門学校創設に際し大隈のもとに結集した東京大学出の小野梓を中心とする高田早苗、市島謙吉らの鷗渡会系早稲田派、党務をとりしきっていた党内左派の沼間守一を中心とする嚶鳴社派＝毎日派である。この三派は政党論との関連で言えば、前二者は「政党依人論」を、後者は「政党依主義論」を主張し対抗していた。前者は大隈を中心とする政党組織を考え、後者は改進主義を採る同志の集合体として改進党をとらえ、その代表者に大隈を考えるのである。政党観のこのような相違は、現実の活動、とくに政党の基礎強化に関する運動においても異る。通説的に云われる都市商工ブルジョアジーの改進党というイメージは、とくに三田派が代表していたのであり、自由党系勢力と同じように農村の地主・豪農層に対する運動は、もっぱら左派の毎日派が担当した。

二一年四月、浅草鷗遊館に開催した改進党大会は議長沼間のもとで進行され、間近かに迫った二三年の帝国議会開設にむかって選挙運動の準備、党員増加策、翌年における総理選出などを決め、事務委員に肥塚竜、箕浦勝人、中野武営、矢野文雄、加藤政之助、青木匡、大岡育造の七人を選び閉会した。(29) 相変わらず中枢部は肥塚、青木、大岡らの嚶鳴社系と、箕浦、矢野、加藤ら三田派の均衡の上に運営することが決まり、国会選挙にむけて党勢拡大をはかることになった。折から町村制度発布の噂が流れ、改進党結党以来のスローガンで、しかも一九、二〇年度党大会の決議で建白した地方自治制の実施が間近かに迫っていた。

この市制町村制は同四月二五日に公布された。同法は一年後の二二年四月一日実施と定められたので、以後一年間、各地方の政談、学術演説会は直接、間接を問わずこの問題に触れたばかりではなく、市町村制研究会または自治制研究会、地方制度研究会と称してこの問題に限っての講談会が開かれた。各地の研究会の発展は、党勢拡張の一方法でもあった。この検討は後にまわし、まず中央における党勢拡張の方法を検討しておこう。

改進党三派のうち鷗渡会は、同八月、岡山兼吉、高田早苗の主導のもとに明治倶楽部を組織した。この倶楽部組織の目的は政治上の改良のみならず法律、経済、道徳上の改良も改進主義を利用して地方有力者のうち政治的関心のないものや、郡長、戸長など役職上政治的立場を明確にしえない人々を組織化することを意図していた。中央においても明治倶楽部をもって有名無実の改進党の現実を克服するための手段とし、大隈の独走をチェックするとともに、改進党の地方諸組織の中央連絡組織とすることを目的としたのである。中立派として学者中心の鷗渡会の主張を、現実の政党組織の基礎に応用したのである。このように政治的未覚醒者を党の基礎にとりこみ、その中央組織として位置づけられた明治倶楽部は、一方では倶楽部員を中心に、全国各地に同好会組織を発展させ、他方では東京に倶楽部の月次会を開いて各地の状況分析を行った。新潟県における市島謙吉を中心とする同好会や、栃木県の田中正造を中心とする下野明治倶楽部の組織化は、前者の典型的な事例であった。

明治倶楽部の中央での具体的な活動は明らかではない。八月一〇日の総会は改進党系の有力者六五名が出席し、幹事に須藤時一郎、田口卯吉、藤田茂吉、吉田熹六、青木匡、高田早苗、加藤政之助の七人を選出した。埼玉県からは稲村貫一郎、渡辺宗三郎、高橋荘右衛門、永田荘作、福島耕助ら有力な改進党の県会議員が出席している。(30) 毎月の月次会で新入会者を許可したが、会員も徐々に増加したらしい。埼玉県の場合、一一月の月次会では遠山甚右衛門、片岡勇三郎ら県会議員ないし県議クラスの有力者一一名が入会し、一二月には佐藤乾信、新野田要輔が、翌年一月には野口本之助、田中一郎ら九名が、二月には平野元治が入会している。これで県内の改進党ないし同党系県会議員、県議クラスの有力者をほとんど網羅するにいたった。

二二年二月の改進党大会は党事務所の独立、書記の専任化、各府県における党務総裁者の設置など、党務体制の確立と地方遊説計画が討議された(31)。これは明治倶楽部の組織化ののち、全国各地で発展してきた地方組織を、正式な党組織の一環として中央組織のもとに編成しなおそうとするものであった。そのため、従来の明治倶楽部の役割は一応党組織の中に解消されるわけで、以後この倶楽部の動向は報道されなくなる。この党大会は旧自由党勢力の推進する大同団結運動に対抗して、改進党の独自的立場を確立する必要から、政治的主張を明確化せねばならず、社交親睦結社の意義は薄れていったものと思われる。

だが、明治倶楽部にかわって運動の前面に据えられた党務体制の中央・地方での確立は、二月以降どのように推進されたかは明らかでない。埼玉県においても明治倶楽部への組織化が県会議員を中心に行なわれながら、それ以上に拡大されず、なおかつ倶楽部員が個々に県下で地域結社を組織しながらも県全体に統一化された形跡はみられない。明治倶楽部の入会も個人的参加の域を出なかったと思われるので、同倶楽部の中央連絡組織としての機能が発揮されたか否かはわからない。このような現状から改進党の党務体制の中に、県内諸団体がそれほど強固な組織として移行したとは思われない。

全国各地における倶楽部の組織化は、二一年以来急速に進展する。この組織化の原動力となったのは市町村制研究会を含む各種の地域的研究会であった。市町村制研究会が各地で組織化されるのは二一年七月頃からである。この研究会が政治的なまたは社交親睦結社と化す関係を、当時の新聞報道にみれば、「市町村制度の発布ありてより以来、当区（名古屋）内に於ても其研究会を開設すること恰も一種の流行物の如くなりて、東西南北所々に標札を掲げて代言人等を招聘して研究を為すもの少なからず、中には名を市町村制度研究会に托して陰に来年四月市長選挙の下繕ひを為すものあれば、又藉て以て政治上の団結を計らんとするもあり、去れバにや現在、研究会の数を算ふれば蓋し十余ケ所[32]」と云われている。静岡県では「県下各地の有志者ハ、同制（市町村制）を研究する為め、夫れ小団結を為さんものと昨今頻りに奔走中[33]」と云い、群馬県は「各町村に於て自治会或ハ研究会を起[34]」している。法律上の研究会とは云え、会の中心人物または招聘講師の意見によっては、政治的主張をもち政社化する場合も多かった。

埼玉県の場合をみれば、大里郡はじめ県北諸郡は「現今、政学ヲ講シ実理ヲ究ムルモノ日ニ益増多スルヲ見ル、既ニ客年四月町村制公布以降、町村会議員、各村惣代人等ハ地方有志者ト謀リ、独立自治ノ真理ヲ講シ、或ハ学士ヲ聘シテ本制主旨ノ蘊奥ヲ極メントスルノ挙各所ニ起[35]」っており、北中葛飾郡も「近来法律研究会ノ各所ニ起ルヲ見ル、蓋シ町村制ノ発布ニヨリ俄然政治思想ヲ喚起シタルニ因ル[36]」という。また北足立、新座郡も町村制公布後、「中流以上ノ人士間ニハ梢政治ノ思想ヲ挑撥シ、其法律ヲ講習シ政治書ヲ繙クモノヲ増加セリ、草加自治制研究会、鴻巣倶楽部興起セルカ如キ即其兆候[37]」であった。町村制公布以来、町村人民が自己の手で町村合併を推進するための方策を、積極的に勉強しはじめたのである。

当時の市町村制研究会の一例をあげればつぎのようになる。

町村制講義会規約[38]

第一条

本会ハ町村制講義会ヲ開クヲ以テ目的トス

第二条

本会ハ入会セント欲スル者ハ幹事ニ申込、其承認ヲ得ベシ

第三条

本会ハ毎月二回（第一第三土曜日）久喜町共有館ニ於テ開ク
　但会員多数ノ需メニ仍リテ幸手宿ニ開ク事アルベシ
　　第四条
本会ハ毎回講師一名ヲ聘スベシ
　　第五―九条略
　明治廿一年十二月廿三日

講義会発起人
渡辺宗三郎、渡辺湜、渡辺嘉藤次、高橋荘之丞、土星与作、長瀬清一郎、野口褧、大島寛爾、新井啓一郎（以下
一〇名略）

発起人をみればいずれも久喜、幸手を中心とする南埼玉郡北部、中葛飾郡の旧自由党系の有力者である（宗三郎のみ改進党系、のち自由党に接近する人物）。この会は翌二二年三月には憲法発布にともなって憲法のほか経済、宗教、衛生などの研究も兼ねた「同志研究会」[39]に発展し、さらに同年六月には衆議院議員候補者をめぐって県の中央部と対立し、独自候補を推して選挙運動をする「蘭交会」（のち蘭交倶楽部）へと展開する。[40]

旧自由党系の町村制研究会に比較すると、より活発であったのは改進党系のそれである。草加自治制研究会は「学術研究会」[41]として二一年七月一日に結成された。発会式には北足立（草加近傍）、南埼玉（八潮地域）、北葛飾（二合半領）郡にわたる会員一三〇名が出席し、会長に高橋荘右衛門、副会長に諸木弥十郎、幹事に佐藤乾信、戸塚弥吉ら五名を選出した。会員の居住地域はかつての民権結社「草加嚶鳴社」[42]の影響下にあり、一〇年代後半以来改進党の基

盤であった。この研究会は一時、三郡倶楽部も組織したが憲法発布と同時に公布された衆議院議員選挙法により、北足立郡は第一区に、南埼玉・北葛飾郡は第三区に分離したため分裂し、南埼玉・北葛飾郡の地は二二年三月に新たに埼葛倶楽部を結成する。この倶楽部もまた「毎月一回政治学の講義会を開」設し、「公益を図るの目的[43]」を達成しようとする結社であった。

一方、「川越地方制度研究会[44]」が設立されるのは一一月である。同月一八日に発会式を挙行し、高田早苗、宇川盛三郎の二人を招いて演説会を開いている。会員約二〇〇名、発起人は福田久松、大沢禎三、綾部総兵衛ら川越近傍の改進党県議ないし県議クラスの人々であった。同地方は明治一五年以来改進党の勢力がつよく、一七年には東京専門学校の講師高田早苗、天野為之らと結んで「川越学術研究会[45]」が開かれていた。明治二一年当時、すでに川越倶楽部が組織されており、地方制度研究会の発会式後の懇親会はこの川越倶楽部で開かれている。川越倶楽部の実態は不明であるが、その規約はつぎのようである。

川越倶楽部規約[46]

第一条、本部ハ有志共同ヲ以テ成立シ、社交上互ニ親睦娯楽ヲナス
第二条、本部ノ会場ハ埼玉県入間郡川越町ニ設置シ、之ヲ聚楽館ト称ス。
第三条、会員タルヲ得ヘキモノハ埼玉県川越又ハ其最寄地方ノモノトス
第四—一八条　省略
第一九条、会員ハ春秋二回総会ヲ挙行ス
第二〇条、毎月第二日曜日ヲ以テ、本会ノ月次会ヲ挙行ス
第二一～二三条　省略

川越倶楽部は他と異なり、町村制研究会を母体として成立したというよりは、倶楽部の結合を基礎として研究会が組織された例といえよう。

このほか改進党系の人々による町村制研究会は不動岡、粕壁、越ケ谷、谷塚、熊谷などで開催されている。粕壁では憲法発布後、これら研究会を基礎に「粕壁学術研究会」(47)が組織され、会頭に多田亀十郎、幹事に吉村栄三郎ら五人を選んでいる。改進党員福島耕助を中心とする鴻巣倶楽部もまた町村制研究会をその事業に含んで組織化されたものであった、同倶楽部の目的は「学術、農商工業、現行法律等を研究し、公私の利益を謀る」(48)ことにあった。町村制・憲法・民法などの研究を目ざした松山町法律講談会もまたその一つであり、後の松山倶楽部の母体となったものと思われる。このように町村制研究会から政治上の親睦団体に発展する例は他県にも多い。

改進党において町村制研究会への講師派遣および地方有志者の組織化に、積極的に対応したのは鷗渡会ないしは嚶鳴社系の人々であった。小野梓没後、鷗渡会系の中心として活躍した高田早苗は、読売新聞を主催するとともに、憲法発布と町村制を研究するため雑誌「憲法雑誌」を創刊し、憲法および地方制度に関する演説に社員を派出し改進主義の普及に努めている。憲法雑誌社は東京専門学校の講師を中心に組織され、川越および草加地域の研究会は、同社員で明治法律学校講師を兼務した宇川盛三郎と明治の卒業生井本常治が中心となった。

高田の主催した憲法雑誌は、講壇改進主義を標榜した。「講壇改進とハ余輩同志が、講席にありて平生研究したる学理的の智議を普及伝播せしめ、実際の政治を補益し、社会の改進を助けん」(49)とするもので、政治上の主義ではなく学問上の主義であるという。この「学理応用を旨とするの政談」(50)は、その故に学問的講義的性格をもち研究会とはいえ学術演説会的要素をもつものであった。直接的にほ政治的に未開な地方有志者に、急激粗暴の空論ならざる秩序的進歩のための着実な学理の普及を意図した。その限り政談演説会を中心に町村制や憲法のあり方を批判する嚶鳴社や旧自由党系の人々とは異っていた。

市町村制に関する高田や宇川の主張は、ほとんど公布された法律の肯定論である。彼らは公布された町村判の逐条解釈による技術的評価がその主たる関心事であった。したがって地方自治的部分を高く評価し、旧慣を保存し激変を避ける町村制の穏健的肯定論である。町村制に対する旧自由党系の人々の主張をみればそれほど単純ではない。高田の主筆をする読売新聞は、新潟県会の旧自由党員による町村制実施延期の建議計画を批判したが、その建議は町村制が本来平等の筈の町村民を住民と公民とに分ち、公民にしか選挙権を与えないことを批判したのである。等級選挙制を導入し、しかも有権者を公民に限る現行法の実施を延期し、四民平等の原則を守るためにも住民に等差をつけるが如き生活の実態をまず矯正し、地租および諸負担を軽減し、町村民の民力休養の方策をたてることが先決としたのであった。その限り彼らは与えられた地方自治の名目性を強く批判した。

5　大同派の成立と埼玉倶楽部

改進党の離脱後、旧自由党系勢力を中心とする大同団結運動は、二一年後半に全国的に発展する。この運動は後藤象次郎の二一年四月二二日、福島における東北七州有志懇親会への出席、七月五日からの信州、新潟、山形、秋田、青森、岩手、福島、茨城にかけての四八日間の漫遊、九月中旬の埼玉、群馬、千葉、神奈川県への遊説、また一二月七日から翌年一月にかけての三重、愛知、岐阜、福井、石川、富山、新潟、長野、山梨、静岡にかけての四九日間の漫遊が、その展開のはずみとなった。この間、一〇月一四日には大阪で全国有志大懇親会、同二八日には肥後山鹿で九州有志委員会が開催され、「其火勢は東北に起り大阪に移り、今や飛びて九州の或る地方にも焚へ附かんと」[51]していた。

地域的にも五月には長野県有志大懇親会、濃飛有志懇親会、七月に神奈川県旧自由党懇親会、四県六国懇親会（関東懇親会と改称)、一〇月には茨城県有志懇親会、関東懇親会、若越二州有志懇親会、福島県国民大懇親会、三重・愛知・岐阜三県有志懇親会、東北有志懇親会、信濃全国大懇親会、丹波有志懇親会、東北十五州委員会などが開かれ、各地の結合強化がはかられている。この動向に刺激され、各府県においても地域毎の団結の気運が急速に盛り上っていった。「二十一年に至テハ有志懇親会、政談演説会、政社倶楽部の設置、新聞雑誌の刊行等頻りに流行[52]」するのである。後藤象次郎の機関紙「政論」によれば、大同団結の必要性を①藩閥政治を排斥する為め、②国会に勢力を得るため、③外交政略の為めの三点に認めており、ともすれば「藩閥情実を打破し、国権を拡張する[53]」運動として展開された。

明治二二年には二月の憲法発布を契機に大赦で大阪事件、保安条例、秘密出版事件などのほか官吏侮辱罪、爆発物罪則犯、集会条例違反としてとらわれていた人々の出獄で、政況は一層活気をおびた。これらの人々はかっての政治運動の実際的推進者であっただけに、彼ら中心の運動が再び盛り上るからである。なかでも二月一八日浅草鷗遊館に開かれた大赦出獄人ならびに保安条例による退去解除者の祝宴会は、旧自由党東京地方部の再興を意図する東京有志懇親会の開設に向けて動き出す契機となり、大同団結運動の台風の目ともなった。

この東京有志懇親会は三月二一日、同じ鷗遊館に大井憲太郎、井上角五郎らを発起人として、有志二二一名を集めて開かれている。出席者は東京五五名、神奈川三二名、千葉二二名、埼玉一五名など関東各府県を中心に全国各地におよんでいた。懇親会の席上、「本会の目的ハ会員相互の交際を親密にし、且公衆の実利を希図[54]」する東京倶楽部の設置が決議され、議長星亨の提出した大同派への連合議案も一八七対三四で可決された。当時、大同派の首領後藤の入閣問題が関心を集めていた。この問題は大同団結運動を推進する人々に様々な衝撃をあたえ、とくに東京倶楽部に結集した人々は左派的立場から主張する者が多く、これに批判的であった。すでに前例として改進党の実質的な首領大隈の外相としての入閣があり、大同団結運動における改進党勢力の政府側へのだき込み的性格を知っていたこれらの人々は、今また後藤の黒田内閣への入閣が、再び高揚してきた大同団結運動に水をさそうとするものであることを敏感に感じていた。この件に対し大井憲太郎は意見を述べ、本会の大同団結への賛成は後藤象次郎があるためではなく、国家の必要、社会の現実に要請されて賛成するまで〻あって、後藤が「大同派の一人」[55]として入閣しても、大同団結の運動に関係はないことを主張した。星亨もまた「大同派に迎合するハ後藤伯に連合するに非ずして主義に連合する」[56]ことを述べ、反対者を説得し、大同派への連合を決めたのであった。

後藤はこの東京有志懇親会が開かれた翌日、逓信大臣として入閣した。自身は内閣において大同主義の貫徹を期すことを願っていたが、入閣に際し批判勢力が根強く存在したため、後藤を中心に展開していた大同団結運動は、やがて分裂の危険にさらされるにいたった。この分裂は翌月、五月一〇日に開催する大会に向けて提出すべき主義綱領、および審議案の起草委員会で顕在化した。この委員会で組織問題をめぐり意見が対立して、後藤入閣により動揺している大同派の結束強化をめぐり、一方は明確な政策綱領を掲げる政社組織にすべしとする説と、他方は大同団結運動は政社組織にするまで成熟していないので、当分各個人の親睦をはかる非政社組織にとどめるべしとする説の対立である。組織問題をめぐって表出されたこの対立は、当然、今後の運動方針をめぐる基本的対立をも内包していた。後藤を支持し、政社という一定の枠内で運動を展開しようとする漸進的な前者に対し、後者は後藤の入閣を批判し、集会条例の適用のもとに活動を制限される政社をきらい、他のあらゆる結社との共同闘争を可能とし、共同統一戦線の組織化に非政社の方が有利とみたのである。委員会には埼玉県より矢部忠右衛門、斎藤珪次が出席し、後者と共同歩調をとっていた。

河野広中の調停もむなしく、両派はついに五月四日に決別した。予定していた一〇日の大会は分裂大会となり、政社派は江東中村楼に各府県一二〇余の団体から委員二三三名、そのほか有志約一五〇名ほどが集会し、政社組織による大同倶楽部を結成した。倶楽部の運動目的に、「我国独立ノ大権ヲ鞏固ニスル事、責任内閣ノ実行ヲ期スル事、財政ヲ整理シ民力ノ休養ヲ謀ル事、地方自治ノ制度ヲ完成スル事、言論集会結社等ノ自由ヲ期スル事[57]」等を掲げていた。同じ日、非政社派は柳橋万八楼に協議会を開き、一府一一県の委員八四名が集まり大同協和会を結成した。会の目的は「各人相互ノ交際ヲ親密ニスル為メ[58]」とされたのみであったが、従来の行きがかりからみれば、大同倶楽部以上に財政整理（＝政費節減）、地租軽減、民力休養、地方自治、責任内閣制の確立の理念をつよくもった団体であったといえよう。

ところで後藤の漫遊により盛り上った大同団結運動が分裂するまでの、二一年五月以降、二二年五月まで一年間の埼玉県下の動向をみればつぎのようである。県議会の動向、町村制研究会をめぐる改進党の運動については前述したが、この時期、五月一三日には大宮公園において埼玉郷友会春期大会と埼玉有志協議会の第三回会合が開かれている[59]。会合の内容は不明であるが、恐らく大同団結運動に対応する県内の旧自由党系勢力の定期会合であったと思われる。県下の大同派は七月七日、結城町における第一回関東懇親会には近藤圭三をおくり、九月一五日には後藤象次郎を熊谷の熊谷寺にむかえて埼玉人懇親会を開いている。野口褧、矢部忠右衛門、根岸貞三郎、岩田猛、飯野喜四郎、長瀬清一郎、近藤圭三らを準備掛として開かれたこの懇親会で後藤は外交政略、治外法権の不利性、内治改良、大同団結の必要を説いている[60]。一〇月七日、千葉町に開催の第二回関東懇親会の発起人には近藤、矢部、野口、根岸らが参画し、同一四日の国会開設の詔勅発布七周年を記念して開かれた大阪の全国有志懇親会には矢部をおくっている。「埼玉県の有志惣代として大阪全国有志懇親会に臨みたる矢部忠右衛門氏は、此程帰県したるに付、野口褧、飯野喜四郎、岩田猛、鈴木善恭、大越栄一郎、近藤圭三其他数氏の発起にて、本月十一日矢部氏の慰労旁大阪大会の景況報告の為め、同志懇親会を開き政談演説会を催[61]」しており、県内の自由党系勢力は全国的動向に呼応して、活動を活発化させている。

大阪の懇親会に惣代として出席した矢部は、この時期、埼玉県下の大同団結運動の中心にあり、二二年においても同様であった。二月一一日憲法発布の恩赦により出獄した旧自由党系の活動家の慰労会も、矢部らが中心となって大宮氷川公園に開いている。この間の事情は「大井憲太郎、星亨の諸氏出獄す。其無事を祝する為め、君同志と諸氏を招き亦氷川公園に於て宴を開く。会する者無処三百人、埼玉倶楽部此の時に創まる。君実に発議者たり、爾来、君は同倶楽部の幹事長として専ら県下の団結を図る」(62)と伝えられている。

埼玉県下の大同団結運動が旧自由党員を中心に推進され、旧自由党の活動家たる出獄者の慰労会も、この運動の一環として開催されたことは、県下の運動を必然的に旧自由党の再興を図ろうとする東京倶楽部に接近させ、また後藤派とも云うべき政社派に対立する非政社派の大同協和会へ連合させるにいたった。矢部は東京倶楽部の創設に参画したばかりでなく、その後の条約改正中止運動や自由党の再興などに埼玉倶楽部を代表して参加した。三月二一日の東京有志懇親会とその席上で結成された東京倶楽部へは埼玉県から多数が出席し、加盟した(63)。

埼玉県では四月五日に、大宮で政談演説会および有志懇親会を開き、東京倶楽部傘下の一団体として運動することを正式に確定した。この会の景況を当時の新聞はつぎのように伝えている。「旧自由党員矢部忠右衛門、近藤圭三、野口褧、斎藤珪次、根岸貞三郎、辻村共之、坂泰碩、榧木寛則、吉田茂助（中略）等諸氏ハ自ら発起者となり、本月五日、大宮氷川公園内西角井正男氏の宅に政談演説会並びに埼玉有志懇親会を開きたり、当日、東京より大井憲太郎、星亨、井上角五郎（中略）畑下熊野等の諸氏が招待され、十一時四十分上野発の汽車にて到着するを期とし、先づ演説会を始め（中略）二百余名の聴衆……、懇親会を催ふしたるに会する者八十三名、坐定まるに及んで斎藤氏ハ開会の主旨を演ぶると同時に、埼玉倶楽部設立の必要を説き、規約案を頒ちしところ忽ち多数の賛成者ありて、之れを設立することに決したりと」。東京倶楽部の主要メンバーを招待し、埼玉倶楽部設立を決定したのである(64)。席上、提案され可決した倶楽部規約はつぎのようであった。

埼玉倶楽部規約(65)

第一条、本部ハ埼玉倶楽部ト称シ、事務所ヲ北足立郡大宮町ニ設置ス
第二条、本部ノ目的ハ会員相互ノ交際ヲ親密ニシ、且公衆ノ実利ヲ希図スルニアリ
第三条、本部ニ加入セント欲スル者ハ、住所姓名ヲ記シ事務所へ申込ムベシ
第四条、会員ハ毎月会費拾銭宛前納スベシ
第五条、本部ハ毎年二回（五月十月）大集会ヲ開キ、毎月小集会ヲ開クモノトス
第六条、大会ニ於テハ本会ノ目的ヲ達スル方法ヲ協議シ、小集会ニ於テハ随意ノ談話ヲ為スモノトス
第七条、本部ハ常議員六名、幹事三名ヲ置ク、常議員ハ毎年初期大会ニ於テ会員中ヨリ互撰シ、幹事ハ常議員之ヲ選定スルモノトス
第八条、幹事ハ常議員ノ協賛ヲ経、一切ノ事務ヲ処理シ、大会毎トニ会計ノ決算ヲ報道スベシ
第九条、会員少クモ拾名以上団結シテ一区トナシ、毎区通信員一名ヲ定メ、事務所ニ届ケ置クモノトス
第十条、通信員ハ事務所ノ報道ニ接スルトキハ、直チニ之ヲ会員ニ報シ、且其区内ノ会費ヲ集メ、事務所ニ送金スルモノトス
　但シ至急ヲ要スル件ハ、事務所会員間直チニ通信スル事ヲ得
第十一条、本部ノ維持費ハ会費及ヒ篤志会員ノ寄附金ヲ以テ之ニ充ルモノトス

明治廿二年第四月

埼玉県北足立郡大宮町
矢部忠右衛門方
埼玉倶楽部仮事務所

埼玉倶楽部結成の勢いをかって大同派による県内遊説は、国会議員選挙にむけて高揚していった。同月、倶楽部発起人らは東京より新井章吾、井上角五郎、吉田正春らをむかえて県内諸地域の巡回演説を開始した。規約にもとづき六月二日、熊谷町熊谷寺に埼玉倶楽部の初大会を兼ね政談演説会を開いた。

大会は議長根岸貞三郎の司会で進められ、常議員数を各部一名、幹事五名に改めた。この幹事には矢部忠右衛門、高橋安爾、斎藤珪次、大島寛爾、根岸貞三郎が当選し、「大同協和会に気脈を通ずる」(66)ことを確認した。本部は大宮町矢部宅より移し浦和町高砂町一五二番地に設置し、幹事根岸が常詰として事務を処理することに決定した。埼玉倶楽部は運動方針に前述の如く県内各地の巡回演説を計画し、この頃までには予定四〇カ所のうち二七カ所で開いている。大沢町では近藤圭三、川上参三郎、原又右衛門らを中心に開かれた大同派演説会を契機に、「同和会」(67)が結成され、忍町では巡回演説を契機に、今津徳之助、大沢半之助らが中心に「交誼会」(68)を結成した。幸手町の大同派演説会でも「蘭交会」(69)が生まれている。このような動向を、新聞は「抑も同県下ハ是迄改進党の巣窟となり、旧自由党の如きハ稀に在る所にして、仮令ば県会議員の如きも、過般改進党の人に占められしが、当春以来、同県倶楽部（埼玉倶楽部）発起人諸氏の力に依りて形勢頓に一変し、至る所住く所大同派の発興せざるなく」(70)と伝えていた。

6　条約改正建白運動と諸政社

埼玉倶楽部が大会を開き、名実ともに政社的な親睦結社として旗上げを完了した六月は、前外相井上馨よりひきついだ大隈外相による条約改正交渉の内容が、国内に明らかになった時期であった。

大隈改正案は四月一九日に、ロンドンのタイムス紙上に掲載され、五月三一日にその訳文が「日本」紙上に掲載され国内に伝えられた。条約改正交渉は米、英、仏などについで六月一一日には独と調印し、オランダ、ベルギーなどの調印をのこし大詰めをむかえていた。国内では報知をはじめとする改進党系の新聞紙が大隈を賞賛する記事を掲げて宣伝したため、これに対立する大同団結派は、その内容を批判する反対運動に立ち上るにいたった。東京新報は論説上で条約改正の実をかちとるためには、純然たる自主権を回復せねばならないと主張し、内容の不備を指摘したため発行停止処分をうけた。

条約改正中止の運動に、最初に立上ったのは大同派のなかでも大同協和会の人々である。東京本部詰の斎藤珪次、林包明、黒岩周六らの大同協和会員が、条約改正中止の建白書を起草し、六月の月次会で字句を修正し、渡辺小太郎、小久保喜七を捧呈委員に選出し、元老院に提出したのは七月七日のことであった。同会系の壮士、南埼玉郡荻島村出身の川上参三郎もまた一三日に、元老院に出頭し改正中止建白書を提出した。この時期、大同協和会に属する関東派の各地に、本部から遊説員が派遣され運動の推進を督促している。遊説員持田若佐は一一日に東京を発し、栃木町で同志に東京有志の建白の趣旨および手続法を伝えて建白の約束をとりつけ、一二日には宇都宮町の下野倶楽部に有志者を集めて建白の手筈をきめ、一三日には前橋の上毛民会で打合わせ、一四日に浦和の埼玉倶楽部で有志と相談した。このとき埼玉倶楽部の林包明、斎藤珪次、矢部其他数名の「有志諸氏ハ、東西奔走して已に浦和、蕨、大宮、与野等の町村より建白する運びに至」(71)っていたという。東京本部の建白に埼玉倶楽部員斎藤、林を含んでいたことが、県下の対応を早めたのであろう。中止運動の発生にともない倶楽部組織も強化される。当時の県下の状況は、「条約改正中止の一件に付てハ、各郡ともその中止を建白する由なるが、林包明氏が同県下入間郡扇町屋、黒須、川越を始め、小谷田村、勝楽寺村等の地方を巡遊せしに大に民心を奮起し、各地方とも不日其筋へ向って建白書を呈出する運びに至り、又浦和にある埼玉倶楽部にても目下建白書の起草に取かかり、大島、高橋、宮崎の諸氏専ら尽力中なるが、同倶楽部にてハ尓后一層の隆盛を謀る為め、今般新たに幹事の外、月番委員なるものを設け、来月より順次其事務に当る」ことになった(72)。

第6表　地方別府県別条約改正建白数

地方別		9月30日まで			明治22年中
		中止建白	断行建白	総　数	総　数
北海道		0	0	0	0
東北		26	8	34	80
関東	茨城	7	2	9	16
	栃木	9	44	53	66
	群馬	5	0	5	9
	埼玉	4	6	10	20
	千葉	8	7	15	25
	東京	14	1	15	21
	神奈川	5	0	5	20
	合計	53	60	112	177
中部		39	22	61	103
近畿		23	18	41	66
中国		11	2	13	34
四国		30	9	39	73
九州		4	1	5	26
合計		185	120	305	559

（注）『明治政史』第22編「東雲新聞」明治23年1月7日雑報

一方、中央における条約改正問題をめぐる動きも活発化し、一四日に改進党は新富座に政談大演説会を開いて条約改正中止論に反駁し、改進党もまた本部の有力者を全国に遊説させ、大同派と対抗して条約改正断行建白の運動を推進することを決定した。大同派も二八日には千歳座に二〇〇〇余名の聴衆を集めて、改正中止の政談大演説会を開いて対抗した。その後、大同協和会は大同倶楽部とともに保守中正派、熊本紫溟会、福岡玄洋社などの国権派と結んで改正反対運動を展開する。こうして七月にはじまった建白運動は、八月から九月でさらに発展し、一〇月の大隈外相負傷時の直前にはピークに達するのである。

この全過程を府県別の建白数でみれば第6表のようになる。建白数から云えばこの運動は、関東地方を中心に中部、東北地方で熱心に展開されたことがわかる。九月三〇日までの建白数でみれば、栃木、埼玉県のほか兵庫、静岡、宮城、石川、愛媛の各県に断行建白が多かったほかは、いずれも中止建白数が断行建白数を上廻わった。建白署名者数も断行建白より中止建白の方が多く、全国断行建白総数一二〇件の署名者六七五九人に対し、中止建白総数一八五件の署名者は五万六八五七人に達している。一件当りの署名者は断行建白五六人余、中止建白三〇七人余である。全国的に件数、署名者ともに大同派を中心とする中止建白が圧倒したこの運動において、関東地方は栃木県を極端な例外として(73)、埼玉県もまた改進党系の断行建白の多い県であった。

第7表　埼玉県下の条約改正中止・断行建白表

（明治22年）

	提出月日	提出先	建白総代	署名地域・団体	署名者数
中止建白	7月28日	元老院	矢部忠右衛門・高橋安爾	埼玉倶楽部	不明
	7. 30	〃	不明	浦和町近傍	〃
	8. 2	〃	〃	足立郡有志	〃
	8. 5	〃	〃	埼玉県有志	〃
	8. 16	〃	斎藤　珪次・白石　太平	北足立郡有志	〃
	9. 10	〃	山口栄三郎・山岡又五郎	蕨宿倶楽部	〃
	10. 1	〃	野口　裴・須田　定治	北中葛飾・南埼玉郡有志	150余名
	10. 8	〃	大島　寛爾・後藤　富哉	北足立ほか6郡有志	237名
	10. 8	〃	川島藤之助・花俣　智	北足立郡有志	100余名
	10. 15	〃	川辺太三郎・森甲子之助	榛沢・男衾・榛羅郡有志	50余名
	10. 16	〃	秋庭　元興・秋庭　八郎	横見郡有志	150余名
	10. 18	〃	西崎町太郎・中島常三郎	北足立・北埼玉・横見郡	百数十名
	10. 25	内務大臣	小野　礼次・高田　路蔵	榛沢・榛羅郡有志	237名
断行建白	8月 8日	元老院	飛鳥川勘兵衛・栗村安兵衛	鴻巣倶楽部	24名
	8. 9	〃	高橋荘右衛門・戸塚弥吉	北足立・南埼玉・北葛飾郡有志	45名
	8. 30頃	〃	三須丈右衛門	菖蒲町ほか6カ村有志	数10名
	9. 3	〃	三沢常次郎・加藤隆次郎	足立倶楽部	70余名
	9. 20	〃	田中唯一郎	横見・比企郡有志	
	9. 25	県庁	荒井利根松・湯本　新蔵	児玉郡有志	100余名
	10. 15	元老院	片岡勇三郎・遠山甚右衛門	入間・比企郡有志	

（注）「絵入自由」「東雲」「朝野」「毎日」「東西」の各新聞「国民之友」

埼玉県における建白運動を詳細に検討すれば、つぎのような特質に気づく。最初に建白したのは七月二九日の埼玉倶楽部である。この日「埼玉倶楽部ノ建白書ヲ高橋安爾、矢部忠右衛門、吉田茂助三氏惣代トシテ上京、元老院ニ提出」(74)した。翌日には「浦和町近傍の有志者」(75)が元老院に提出したが、この代表、署名者は不明である。これ以後、現在判明している県下の建白状況を表示すれば第7表のようになる。中止建白は総数一三件、うち九月三〇日までには六件である。第6表によれば四件である。二件多いのは八月二日ないし五日の総代不明の建白と関係するのかも知れない。しかし、史料には建白日が明確に別に記されているので、ここでは六件と数えておく。九月三〇日までに中止建白六件、断行建白も六件であるのに対し、その後は圧倒的に中止建白が多い。一二月には比企横見郡有志が鈴木喜恭、金子正俊を総代として中止建白を準備しながら、結局は改正延期の政治状況から見送っており、この件も含めると更に多くなる。埼玉県の建白運動も件数、署名数とも圧倒的に旧自由党系の大同派が主導したのであった。

埼玉倶楽部を中心とする中止建白運動は、運動それ自体が同倶楽部の組織強化、拡大の途でもあった。八月三日、熊谷町に開かれた政談大演説会は川上参三郎、三島信之助らが、県下の政治運動の担い手としての青年倶楽部設置の意図で開催され、彼らは武正美三郎、原又右衛門らと共に弁士として県下青年の団結を力説した。この会で「青年会ハ広く青年と結合し、毎月一回県下各地に於て、政談演説会を開くことに決定[76]」したという。もちろん青年倶楽部は発起人が埼玉倶楽部員であったように、大同派の先頭的活動家の育成が目的であった。

青年層への呼びかけとともに、埼玉倶楽部傘下の地域組織もまた活発に活動していた。蘭交会の場合をみれば、幸手、杉戸、八代の三カ所に毎月輪番で政談演説会を開き、八月二六日の杉戸演説会で林包明、近藤圭三、原又右衛門、野沢市十郎らの演説後、懇親会を開き条約改正中止の建白を決定し、起草者に野口褧、その捧呈委員に野口と須田定治を選出した。署名者は各町村の惣代三、四名が調印したという。横見郡の如く、「改進党員ハ中止説を唱ふる者ハ地方無頼の徒なりといへど、同地方の中止論者ハ村長助役及び村会議員豪農豪商のみ[77]」と云われるように、地域輿論の担い手や代表者が署名人であることを誇示したかったのであろう。

それにつけても、改進党系の断行建白の署名者が旧自由党系の中止建白の署名者より少ない現実は、埼玉県の場合も全国的傾向と同様であった。このことは双方の運動者も対象者もやや異っていたことを示すと思われる。当時の運動家について、「改進党と大同団結とは各々中等社会を目的にすれとも、改進党の中等社会は幾分か豪商豪農に偏し易く、大同団結は寧ろ甚た世の所謂有志家壮士に偏し易[78]」かったという。つまり中止論者を地方無頼の徒ときめつける改進党系の運動者と対象者は各地の上層の豪農商に多く、中止論者のなかでも旧自由党系の人々は小豪農とそれ以下ないし代言人、新聞記者、各県の青年層が主であった。それだけに現実の政治行動においても、動きの鈍い改進党

第８表　埼玉県下の諸政社（明治22年）

結　社　名	発　令　時	結社地域（本部）	中　心　人　物	建白（政党系列）
秩父協会	21年３月	秩父郡	宮川四郎	（改進党系）
鴻巣倶楽部	21.　7	鴻巣近傍	福島耕助・石田正	断行（　〃　）
川越倶楽部	21.　11頃		？	（　〃　）
松山倶楽部	22.　11	松山近傍	片岡勇三郎	（　〃　）
埼葛倶楽部	22.　3	南埼玉・北葛飾郡南部	佐藤乾信・篠田清嗣	〃（　〃　）
三郡倶楽部	22.　3．3	南埼玉・中葛飾・北葛飾郡	会田惣次郎・田中三郎右衛門	断行（　〃　）
足立倶楽部	22.　4．14	北足立郡桶川近傍	須田守三・矢部長作	断行（　〃　）
埼玉倶楽部	22.　4	全県　（浦和）	矢部忠右衛門・根岸貞三郎	中止（大 同 派）
同　和　会	22.　4	越ケ谷近傍	川上参三郎・大塚善兵衛	（　〃　）
埼玉輿論会	22.　4	全県（？）	原又右衛門・吉田茂助（？）	（　〃　）
交　誼　会	22.　5	行田町近傍	今津徳之助・大沢半之助	（　〃　）
熊谷倶楽部	22.　5	熊谷近傍	稲村貫一郎・石坂金一郎	（中 立 派）
羽生倶楽部	22.　5以前	羽生町近傍		（大 同 派）
西武倶楽部	22.　5以前	（秩父郡小鹿野町）		（　〃　）
蘭　交　会	22.　6以前	杉戸・幸手地域	野口褧・渡辺湜	中止（　〃　）
蕨宿倶楽部	22.　9以前	蕨宿近傍	山口栄三郎・山岡又五郎	中止（　〃　）
横見倶楽部	22.　10以前	横見郡		（？）
所沢倶楽部	22.　10	入間郡所沢近傍	田中拳司・岩岡美作	（大 同 派）
牙邪志会	22.　11	南埼玉郡北部	幹事長　内田立輔	（大同派？）

（注）「読売」「東西」「朝野」「絵入自由」「毎日」「愛民」の各新聞雑誌　羽生市桑崎『小沢家文書』

系勢力に対し、旧自由党系勢力は行動的であり、中止書白書への著名人が多いばかりでなく、建白件数も断行建白を圧倒したのである。

このような建白運動は、従来から県内に結成されていた政治的親睦結社単位で行なわれたばかりでなく、演説活動を通じて新たな結社を生みながら推進されたことは前述した。明治二二年当時の、県下における諸政社は第８表のようになる。このうち鴻巣倶楽部、埼葛倶楽部、三郡倶楽部、足立倶楽部のほか、大同系の埼玉倶楽部、蘭交会、蕨宿倶楽部など主要な結社はいずれも結社単位で建白が行なわれていた。とくに埼玉倶楽部はこの運動を通じ発展し、名称も「埼玉県倶楽部」と改称される。

一〇月二七日、不動岡総願寺に開かれた北埼玉郡有志大懇親会の席上、発起人惣代根岸貞三郎は議案を提出し、埼玉倶楽部支部設置とその運動方針をはかり、出席者の賛成を得た。決議によれば不動岡村に支部を設置し、条約改正中止書白を再呈すること、その準備委員に堀越寛介、斎藤珪次らを選び、更に本年度県会への傍聴員を派出することになっている。支部幹事には岡戸勝三郎、新井鬼司、根岸貞三郎を選出し、支部創設委員には堀越、岡戸、根岸、新井らのほか小沢愛次郎、洒巻敬之助らを任じた。もともと旧自由党系勢力の強かった北埼玉郡に、まず支部設置を決めたわけである。この動きに応じ、一一月二三日には浦和蔵院に埼玉倶楽部の第三回大会を開き、名称を埼玉県倶楽部と改称すると同時に、つぎの如き幹事と常議員を選出した。(79)

幹事　矢部忠右衛門、岡田正康、坂泰碩、野口褧、堀越寛介、高橋安爾、宮崎鏆三郎、斎藤珪次、岡戸勝三郎、大島寛爾

常議員　辻村共之、林包明、岡田健次郎、石村善兵衛、大木金右衛門、根岸貞三郎、持田直、鈴木善恭、金子光広、小野礼次、新井啓一郎、井上源賢、山田綱太郎、新井鬼司、吉田茂助、武正美三郎、清水権兵衛、青木源十郎、秋庭元興、有住左兵衛、田島宰作、掘中石茂、飯野喜四郎、長瀬清一郎、清水宗徳、大島善兵衛、岩間美作、千代田三郎、檜山吾省、平野清三郎

幹事三名、常議員六名ではじまった埼玉倶楽部は、一年を経ないうち幹事一〇名、常議員三〇名に拡大した。県下全域の有力者を網羅した。

当時の同倶楽部員は二五〇余名であったという。埼玉県会の監視、支部の設置、郡単位での政談演説会活動の開始、幹事常議員の強化など旧自由党系結社としての埼玉県倶楽部は、名実ともに全県的規模に飛躍する契機となった。

埼玉具における条約改正建白の内容については知ることができない。断行論、中止論とも恐らく中央の改進党本部、

大同協和会の考え方に影響されたものと思われるが、建白書が発見されていない現状では何とも云えない。そこで当時この問題をもっとも熱心に主張した報知新聞と東雲新聞を中心に、その論点を検討してみよう。前者は改進党の断行論を主張し、後者は大同協和会系の中止論を代弁したのである。

条約改正に関する賛成、反対両派の主張点を要約すれば、①領事裁判権の存廃問題、②海関税の制限問題、③外国人の内地雑居の認可不認可問題、④動産・不動産所有権の認可、不認可問題、⑤外人の国内旅行問題となる。両者の対立はとくに①〜④で表面化した。領事裁判権（＝治外法権）は現行上は諸外国に認められ、日本の法律がおよばないため不平等条約の最たるものとして、早くから撤廃が叫ばれていた。改正案はこの無期限の領事裁判権を、今後五年間に限り存続を認め、かわりに一二年間の外国人裁判官の任用と、新しい民法は翻訳して外国人に知らしめることを認めたものであった。断行論は五年後の治外法権の回復と、一二年後の外人法官の解雇による全くの日本法官の任用を主張して、漸進ながらの改正案の画期的性格をたたえた。これに対し中止論は領事裁判権の即時撤廃と、外国人の法官任用は天皇の統治権を規定した憲法に違反しており、国内法を外人に示すことは国内干渉を許すものとして改正案に反対したのである。治外法権の即時無条件回復が中止論者の主張であった。

治外法権とともに不平等条約の支柱となっていた海関税については、改正案は一二年問の期限を定め、条約締結と同時に、関税率の三倍以上の改正を認めさせるものであった。断行論者は関税自主権の回復も漸次的ながら有期間とした点、さらに関税率の改正にともなう増収分四〇〇万円と、これによる関税保護下に生み出される国内営業者よりの増収分三〇〇万円の合計七〇〇万円が、締結と同時に保証され、しかもこの新歳入を地租軽減の原資にまわすことのできる点を評価した。中止論者はこれに対し、関税自主権の即時回復を主張し、地租軽減の原資はあくまで政費節減に求めていた。内地雑居問題は雑居の自由を認めた改正案に対し、中止論者はつぎのような理由で不認可を主張したのである。外人の不動産所有にも反対する中止論者は、条約改正問題をもっぱら国権損傷問題として反対する保守派を除けば、国権問題として反対しながらも、地方経済の混乱を恐れたからにほかならない。内地雑居と不動産所有の公認は、外資導入による地方産業の没落と、外人による土地所有の独占を恐れたからで、いまだ地主的立場を確立し得ぬ小豪農と、地方的小産業の担い手の懸念がその背景をなしていた。

税権、法権の即時無条件回復の主張は、天皇の総攬する司法権に外人参与の不可を説き、編纂法典の内容を外国に示すは、わが国の独立の大権を犯すことを強調しており、保守派同様に国権擁護にのめりこみ、大隈外相の主導する政府を擁護する改進党とは異った立場から、国家擁護論を展開することになった。その限り民権的要求は後退し、改進党系の人々より指摘されたように、この建白運動で地租軽減、言論集会の自由の要求も行なわれていない。戦争により勝利した時点でもなければ実現しそうにない即時無条件回復論が、ゴリ押しされた感がないではない。だが、建白自体は改正中止論につらぬかれたとは云え、政費節減による地租軽減と、地方経済の安定的成長への期待がその背景をなしたのであった。「農税を軽減し農業を改良せバ其利ハ厚かるべし。内治未だ整頓せざる今日の儘[80]」、外人に土地所有権を与えるが如き改正に反対したのである。地主への転生を開始した地方小豪農層の外交認識の帰結であった。

7　むすび

埼玉県における大同団結期の政治運動を地域的に概観すれば、中西武地域の改進党に対し、東北武地域の大同派とくに大同協和会とに二大別される。一〇年代の民権運動期の地域的特色を基本的に継承しながら、この時期末には自由党は南埼玉、入間地域で伸長する。入間地域は粕谷義三の帰国と、衆議院議員選挙における改進先の輸入候補高田早苗への反発が自由党に有利に作用したが、南埼玉郡ではつぎのような事情があったという。

明治二三年の水害による地租補助問題で、被害の激しかった岩槻柏壁以北の地は有力者を中心に積極的運動を展開する。各戸より人足を出し県庁へ強訴を決行し、知事に面会を求めて実情の請願を試みたが、このとき知事と被害民との間にはいって調停したのが自由党員大島寛爾であった。ほぼ農民側の要求にそって決着したこの事件で、調停に感謝した農民は、大島に礼をする意味で自由党に加盟したという。これらの人々を基盤に、二三年の干支にちなんで結成したのが庚寅倶楽部であった(81)。庚寅倶楽部はその後、南埼玉郡の中心的な政社として自由党勢力の伸長に大きな役割を果す、郡内のみならず県下の自由党勢力伸長の鍵を握ったのであった。

この事件は単に大島個人の功労の問題ではなく、地租問題の先頭に当時の自由党系の人々が立っていたことと関係する。その詳細な分析は別稿に譲るが、地租問題はまた大同団結期を通じて地域の重要問題であった。埼玉県政をめぐり生起した諸種の事件は、官と民との対立もまた議会内党派の対立も、いずれも地租同様に地方税軽減の要求を基礎として発生し、議会内における自由党勢力の伸長が、議会外の政治運動と結んでこれを一層助長した。県会に県下世論の反映を主張する旧自由党系勢力は、県会を自治の砦化せんとはかって監視を強めており、妥協的な改進党勢力に対抗して県議会内外で積極的に活動した。

彼らは当初、共調して始めた大同団結運動から、三大事件建白運動のさ中、改進党の離脱したにも拘わらず運動を発展させ、大隈入閣による改進党の政府与党化のもとで在地活動を積極化させていた。埼玉県政における地方税軽減の動向は、三大事件建白期における岡田正康の地租および地方税軽減と地方自治確立の要求と関連していた。地方民衆の生活的要求を地方自治の確立により、制度的に保証するという内治優先の論理から、直接的には国権擁護を志向する三大事件に興味を示していない。その限り、埼玉県におけるこの運動は書生や壮士の小ブルジョア青年層の反政府運動という形では展開されなかった。むしろ彼らの活躍の舞台は条約改正建白運動であった。

地方自治確立の要求は、市町村制の公布で現実的対応の必要によってその正念場を迎える。埼玉県では政党政派に関係なく有志者は市町村制研究会およびその後の憲法研究会を含めて活発に対応した。とくに改進党系勢力は積極的に研究会活動を進めながらも、相対的に市町村制肯定論を主張し、原理的研究態度と相まってこの運動も政府与党的性格を示すものとなった。旧自由党系勢力は研究活動より政治運動に熱心で、折からの大同団結運動、とくに出獄者中心の自由党再興派とも云うべき東京倶楽部系の活動に動員された。

改進党勢力が全県下連合の組織をもたず、各地における市町村制研究会を母体とする親睦的政社化を推進したのに対し、旧自由党系勢力は全県規模の埼玉倶楽部を結成し、大同団結運動の進展に応じ地域結社の組織化を推進する一方、また埼玉倶楽部自体の組織強化・拡大を図っていった。各々の結社の力量は引続いて発生した大隈外相の条約改正案をめぐる改正中止・断行建白運動でためされることになった。この運動の火付け役、東京倶楽部を母体とする関東派中心の大同協和会は、積極的に運動を推進し、その傘下にあった埼玉倶楽部もまた部員を動員して参加し、改進党系諸結社の建白を件数において署名者数において、また熱意において上廻わる運動を展開した。政府案支持の改進党系の断行建白に対し、その撤回を志向する中止建白運動は、ついに大隈外相の負傷と重なって改正延期においこむが、国権問題として保守派と合同し、直接に生活権擁護との関連から改正問題をとらえ得なかった弱さをもちながら、他方では地租軽減、農業改良、内地整頓＝地方自治確立の要求はおろしていなかった。これら運動の要求と限界とは、その担い手たる地方小豪農層の性格に由来しており、地租補助問題も同様であった。さきの岡田の請願も、また永田の書簡も相対として細民への同情を根底としながらも、直接的には府県会議員の選挙・被選挙権をもつ中等農家の生活維持の要求として論じられていた。三大事件と条約改正建白運動との本質的差異は認め難いばかりでなく、東北武蔵水田地帯で大同協和会の運動が推進されたように、貧農層の土地改革要求を基盤としたものでもない。地主への転化を開始した小豪農の政府収奪による地主的基盤の不安定さゆえの、生産から遊離し得ぬいらだちに由来する反対運動であった。

(1)「毎日新聞」明治二四年一月一五日雑報　以下同
(2)「自由灯」明治一九年二月二〇日社説
(3)、(4)　明治二三年「庶務部」『記録報告雑款』埼玉県立文書館
(5)『埼玉県議会史』第一巻　八四五頁
(6)同書　八五四頁
(7)「東京公論」明治二三年一月一六日雑報
(8)『越谷市史』五　五四〇頁、「東京公論」明治二三年五月一一日雑報「埼玉輿論会の勧告状」以下同
(9)「読売新聞」明治二一年一二月一九日社説「頃日の府県会ハ国会法に抵触すること多し」
(10)「東京朝日新聞」明治二一年一一月二七日社説「府県会紛擾の二大原因」
(11)明治一九年「改進党大会ニ於テ議決セシ建議ノ写」三島家文書　国立国会図書館憲政資料室
(12)『自由党史』下巻　一五四頁
(13)明治二〇年「旧自由党員懇親会ヲ開クニ付準備ノ為メ相談会ヲ開ク之景状」『三島家文書』前掲
(14)、(15)　明治一九年「改進党員島田三郎談話」『三島家文書』前掲
(16)明治一九年「後藤象次郎漫遊始末」『三島家文書』前掲
(17)、(18)　明治二〇年「板垣受爵ノ件」『三島家文書』前掲
(19)明治二〇年「条約改正問題ニは巻説」『三島家文書』前掲
(20)明治二〇年「星等請願書呈出ノ件」『三島家文書』前掲
(21)明治二〇年「上書内容細目」『三島家文書』前掲
(22)、(23)　明治二〇年「星享帰京後ノ旧自由党方針」『三島家文書』前掲
(24)明治二〇年「連合有志親睦会ノ件」『三島家文書』前掲
(25)『自由党史』下巻　二八三頁
(26)「絵入自由新聞」明治二〇年一一月二日雑報「浦和の演説会及び有志懇親会」

(27) 明治二一年「上陳書」『三島家文書』国会図書館憲政資料室
(28) 明治二〇年「内務省報告」 国立公文書館
(29) 「朝野新聞」明治二一年四月一〇日雑報「改進党大会及懇親会景況」
(30) 「朝野新聞」明治二一年八月一二日雑報「明治倶楽部」
(31) 「朝野新聞」明治二三年二月一九日雑報「改進党大会并懇親会景況」 埼玉県からの出席者は石井弁助、遠山甚右衛門、遠山駒造、大島寛爾、片岡勇三郎、片岡鴻太郎、高橋荘右衛門、福田久松、永田荘作
(32) 「朝野新聞」明治二一年九月二八日雑報「名古屋通信」
(33) 「東雲新聞」明治二一年六月一日雑報
(34) 「朝野新聞」明治二一年九月一日雑報
(35)、(36)、(37) 明治二三年「庶務部」『記録報告雑款』埼玉県立文書館
(38) 町村制講義会規約 入間郡鶴ヶ島町『田中家文書』県立文書館
(39) 「明治之輿論」第一三号 四五頁
(40) なお北埼玉郡においても次の如き研究会が開かれていた（明治二三年「県会中書類」羽生市桑崎『小沢家文書』）。

有志北埼玉学術研究会概則

第一条、本会ノ目的ハ専ラ学術ヲ研究スルニアリテ、彼比相互ノ交際ヲ親密ニシ、郡下ノ団結ヲ鞏固ニシテ以テ将来ノ福祉ヲ企図スル事
第二条、本会ハ毫モ政党ノ分子ヲ含有セザル事
第三条、本会ハ毎月一会開会スル事、但第二日曜日
第四条、本会ハ先ツ着々町村制及ヒ憲法ノ義理ヲ研究スル事
第五～一七条 省略

この概則第二条によれば、研究会は政党に無関係とある。発起人に堀越寛介、根岸貞三郎ら旧自由党系の人々のほか湯本義憲、小沢愛次郎らのちの国民派の人々も含まれたからであろう。

(41)「毎日新聞」明治二一年七月一一日雑報
(42) 拙稿「埼玉県下における自由・改進両党組織化の特質」埼玉県史研究二号
(43)「読売新育」明治二三年一月一六日雑報「埼葛倶楽部の総会」
(44)「読売新聞」明治二一年一一月二一日雑報
(45)「毎日新聞」明治一七年五月一六日雑報
(46)「川越倶楽部規約」入間郡鶴ヶ島町『田中家文書』前掲
(47)「明治之輿論」第一七号　四二頁
(48)「政論」第四号　明治二一年七月一五日刊
(49)、(50)「憲法雑誌」第一号　二頁
(51)「国民之友」第三四号　一七二頁
(52)「東雲新聞」明治二二年二月六日社説「明治二十一年記事」
(53)「東雲新聞」明治二三年一一月二九日社説「自由党員諸子の大会に就て」
(54)、(55) 東雲新聞　明治二二年三月二六日雑報
(56)「東京公論」明治二二年三月二三日雑報「東京有志懇親会の景況」
(57)、(58) 明治政史　下巻六九、七〇頁
(59)「毎日新聞」明治二一年五月一一日広告
(60)「毎日新聞」明治二一年九月一八日雑報
(61)「政論」第一一号　五九頁
(62) 川上参三郎「故矢部忠右衛門君之小伝」『埼玉平民雑誌』第一号　四〇頁
(63) 浅草鷗遊館の東京有志懇親会には埼玉から矢部、野口、根岸のほか三上孝太郎、小和瀬金次郎、白石太平、阪泰碩、山岡又五郎、金沢勘次郎、宮前藤十郎、武正美三郎、吉田茂助、川上朝太郎、小沢祐助、星野直包らが出席した。東京倶楽部には矢部、野口、根岸、三上、小和瀬、白石、阪、武正、吉田、小沢、星野のほか近藤圭三、川上参三郎、辻村共之ら

が加盟した。(「東京倶楽部人名」『河野広中家文書』国会図書館憲政資料室)
(64) 「東雲新聞」明治二三年四月九日雑報「埼玉の演説並に懇親会」
(65) 「埼玉倶楽部規約」入間市志茂町二丁目　横田半三家文書、なおこの規約は前述した原又右衛門の名による「埼玉輿論会」の県会議員日当増額問題批判の「勧告状」に貼付され保存されていた。埼玉輿論会名の下には原のほか吉田、口村の朱印がおしてあり、勧告は原個人のものではなく、埼玉倶楽部の結成と連動していたことをうかがわせる。
(66) 「絵入自由新聞」明治二三年六月四日雑報「埼玉県熊谷通信」
(67) 「東西新聞」明治二三年四月一六日雑報「大沢演説会並に井上氏の雄弁」
(68) 「絵入自由新聞」明治二三年五月二一日雑報「埼玉県下の政況」
(69) 「絵入自由新聞」明治二三年六月一八日雑報「埼玉県幸手町政談演説会の景況」
(70) (68)に同じ
(71) 「絵入自由新聞」明治二三年七月一六日雑報「持田若佐氏遊説の概況」
(72) 「絵入自由新聞」明治二三年七月二二日雑報「埼玉県下に於ける条約改正中止の建白」
(73) 拙稿「大同団結運動と条約改正問題」『明大人文研究所年報』一一八号
(74) 飯野喜四郎『手控』県立文書館『飯野家文書』
(75) 「国民之友」第五九号　時事日記
(76) 「絵入自由新聞」明治二三年八月六日雑報「武州熊谷町青年大演説会」
(77) 「絵入自由新聞」明治二三年一〇月一七日新報「非条約建白」
(78) 「国民之友」　第四〇号　一〇頁
(79) 「東西新聞」明治二三年一一月二七日雑報「大会、演説、懇親会」
(80) 「東雲新聞」明治二三年一〇月二日社説「外人ハ果して日本の土地を買占めざる乎」
(81) 青木平八『埼玉県政と政党史』八三頁、城南隠士「埼玉県政党表裏観」『評論』第一八号　一九頁。

第６章　大同団結運動と条約改正問題

１　はじめに

本章で対象とする時期は明治一九年より二二年までの四年間であるが、その前提としての民選議院設立建白書の提出から自由民権運動の最盛期にかけての政党結成の中央および地方の動向に関する分析や、明治二三年の帝国議会開設にいたる民党形成の問題、その地方的動向などに関する考察は、第八章で分析する。もっとも、本章も次に限定するように、当該時期の全体をとりあつかうものではない。史料紹介も兼ねながらこの時期の全体像に接近するための枠ぐみの設定を行ない、あわせて地方的基盤の分析の手がかりを提示しようとしたものである。

松方デフレ期の自由民権運動の激化諸事件を経て、政治運動の再興の動きをはじめる明治一九年より帝国議会開設にいたる二〇年代初頭の数年間は、政治的には大同団結運動の時期として三大事件建白運動から条約改正建白運動へと、主として地租軽減問題とともに条約問題をめぐる政治運動として推移することはよく知られている。この条約問題と政治運動、とくに政党運動との関連からする従来の研究は、日本政府と外国政府との交渉史としての外交史的研究を除けば、立憲改進党の検討を通じて条約問題にわずかに関説する研究と、旧自由党系の人々を中心とする民衆史との関連からする研究との二つの顕著な傾向がみられるのである。このような二つの傾向も、研究上さほど蓄積の多くないこととあいまって、条約改正問題と政党運動ないしは大同結運動とのかかわりをほとんど明らかにしえていないのが現状である。

この観点からする従来の研究において、右のごとき傾向と関連して条約改正を政党問題の一環としてあつかう立場と、経済と政治との接点から言及しようとする立場とがあるが、とくに後者の場合次のごとき見解がその出発点をなしている場合が多い。この時期を三大事件建白期と条約改正建白期とに区分し、両者の相違は書生・壮士ら小ブルジョア青年の革命的反政府闘争とみる前期と、政府と同じ階級的基盤にたつ野党連合ともいう後期の反政府闘争とを区別する。ここでは生活的要求を基礎に国権擁護をうち出した前期から、国権擁護のみで民権と生活擁護の要求をおとしてしまった後期への移行の過程で、運動の先頭にたった戦闘的な非政社派＝大同協和会系もまた国権と民権との統一的闘争の力量を喪失させていったことが指摘されている(1)。

この大同協和会の運動基盤が関東地方にあったことから、製糸資本の自生的発展の途――マニュ経営の展開と農民層の階級分化を土台とする土地変革を内包する貧農層の要求から反対運動を理解しようとする立場がある(2)。

経済と政治とを統一的に理解しようとする右の立場は、必然的に自由民権運動の延長として三大事件建白運動と大同協和会系の運動を規定しようとする意図が背景をなしている。民権運動の終期をこの時点に求めるか否かは意見のわかれるところであるが、民衆と政党とのかかわり合いを主題とする以上、当然右の如き観点は検討され継承されねばならないであろう。そのうえで当時の改進党を含めた全政党運動のなか位置づけられねばならないと思われる。本稿は三大事件建白運動および条約改正問題を政党運動との関連でとらえ、かつ民衆運動の組織化とのかかわりを問題としたい。その場合、大同協和会それ自体の運動ではなく、この協和会と競合した改進党を、その勢力のある栃木県を対象とし、改進党の地方組織のうちとくに改進党左派の嚶鳴社系の勢力基盤ともいうべき栃木県西南部の三郡、安蘇、足利、梁田郡について、田中正造を中心に考察する。

2　大同団結運動と改進党

大同団結運動は明治一九年後半より推進された民党編成の動きであることは言うまでもない。その限り自由党と改進党との連合運動という側面を基軸に、ひろく民間諸勢力の再結集を意図したものであり、三大事件建白運動を通じて推進されていった。

この運動がかかげた大同団結の旗じるしのもとに、統一的な政治団体として反政府派が統合されるのは、明治二三年六月の庚寅倶楽部の結成においてである。そのため大同団結運動の終期をこの時点におくものが一般的であるが、[3]この間二二年五月には大同団結派に政社派と非政社派の分裂が起こっており、この時点に狭義の大同団結運動の終わりをみる見解もある。[4]いずれも旧自由党系勢力の消長を中心とした時期区分であるが、大同団結の呼びかけの一方の当事者となった改進党との関連でみれば、二〇年一〇月全国有志懇親会における沼間守一と星亨派壮士の暴力事件を契機に、旧自由党員による改進党攻撃を通じて間隙はひろまり、二一年二月、大隈重信の入閣によってその運動からの離反は決定的となっている。

この過程を改進党内部からみれば、早くから大同団結運動に批判的で暴力による反対路線をとる「破壊党」ではなく、「在野道理党」として政府内の開明派すなわち「在朝道理元素と在野道理元素」[5]との結合を説く報知派が、三大建白運動および大同団結運動に協力していた毎日派（＝嚶鳴社系）および岡山、市島らの鷗渡会系の一部を自己の主導権のもとに包摂したことであった。これは大ブルジョアジーに対する地方商業資本家、地主層の従属の第一歩となった。

すでに明治一七年一〇月の自由党の解党、同年一二月の改進党総理大隈重信、副総理河野敏鎌、党掌事小野梓、春木義彰、牟田口元学の脱党後、改進党は政治の圧迫と不景気のなかで明治一七年頃までの党員二、四四六名は二〇年には一、五一五名、二一年には一、五一一名に減少し、[6]総理・掌事なきあとは事務委員七名によって運営されていた。彼ら七人は毎日派の沼間守一、島田三郎、肥塚竜、報知派の藤田茂吉、尾崎行雄、箕浦勝人、旧修進会系の中野武営らであった。この間、改進党として明治一七年一二月には地租軽減の建白、一九年には島田三郎が総代として地方自治および言論集会の自由に関する建白を行ない、二〇年にはこれら「地租軽減、言論集会の自由及地方自治」[7]の実行の申し合わせを確認している。これらによれば、当時の改進党の主張は次の通りであった。

角田真平以下三二人の改進党の代表的人物が連名で元老院議長宛に提出した「地租軽減之儀建白」[8]によれば、「方今人民疲弊実ニ租税ノ過重ニ因ル、最モ其困病ヲ受クル者ハ農民ニ在リ、故ニ地租ヲ減シ国税ヲ弛へ、以テ地方諸税ノ準率ヲ低クウシ、而シテ政府ノ費用ヲ省略」せんことを歎願している。不景気を挽回するの大本として地租軽減を要請しているのであるが、その理由は政府収入は明治一三年に比較すれば、一七年度は酒造税、会社税、煙草税などの増加で総計において七～八倍に達していること、逆に官吏の整理、不急なる兵備・土木を緩め政府資本の貸出の調整および政費節減することによって減租は可能とみているのである。減租とともに納税期限の変則を設けること、農民の便益をはかることも主張した。こうしてまず「地力」を開き、資本と労力とをこれに帰せしむれば「農功先ツ挙リテ工商ノ業之ニ次クハ宇内ノ通理」であるという。工商の隆盛はまず農業の繁栄にまつべきで、そうでなければ農民の購買力乏しく市場の需要は地をはらうとみているのである。ここで商工ブルジョワジーの国内市場確保の観点からする地租軽減論が展開されているのであるが、これらは報知派、毎日派とも共通の立場であった。

この地租軽減の請願をめぐって主として毎日派からその運動の展開が強調されたが、総理大隈をはじめとする幹部は、国費の増大は当然のこととしてこれに反対して脱党し[9]、改進党は解党の危機に瀕したのである。したがってその幹部に近い報知派の地租軽減の主張は、党勢拡張のための単なる民党的ポーズであったとしても、それ以上に毎日派の主張は改進党左派として党内にあって唯一の民衆的基盤をもった派閥たるところから必然化したものであったろう。彼らもまた報知派と同じく、地租改正および地租軽減それ自体を主たる目標とせず、地租軽減の一つの条件として条約改正による海関税の増徴の立場を明らかにしていたのであった(10)。当時の改進党の立場はその派による強弱の差を含みながらも、政費節減による地租軽減論は条約改正にともなう税権回復による海関税の増収による軽減論とも結びついて主張されていたのである。

明治一九年四月、改進党大会において「地方分権ヲ請フノ建議」「言論集会ノ自由ヲ求ムルノ建議(11)」が採択され、島田、箕浦、肥塚、中野、尾崎ら事務委員の連名で建白されている。これによれば中央集権の弊が「強幹弱枝」の状況をもたらし地方を衰微させているので、国家組成の単位としての府県への政権、貨財、智識の分与がはかられねばならないとする。そのための地方自治の万策は府県会に地方税の収支予算を議するの権のみでなく地方税の施設すべき事件を議すべき権限も与えること、府県会は地方税を議すべき以上、その議員の選挙権は地方税額をもって決定すること、元老院の組織職権を改正し各府県会より二名を選出してその議員となし、ここで議会と行政官との紛争は審理すべきこと等府県会の職権を拡張することを提案し、あわせて戸長および郡区長の公選を主張している。かって改進党の人々が主張した府県自治論が、松方デフレ期を通じ各府県会に勢力を伸ばしつつあった改進党系府県会議員の意向をも代表するものとして主張されているのである。集会言論の自由に関する建白も同様な立場から新聞紙条例による言論の抑制を抑判し、集会においても府県会議員の集会、政社通信の禁止から国会国開設にむけての議員選出の運動を妨げるものとなっていることを指摘する。府県会議員を中核とする国会準備の政治運動を、その妨害禁令の漸次的改廃を通じて遂行しようとしたのであり、毎日派を中心とする意向が強く反映していたものと思われる。もっぱら地方豪農層を基礎とする主張であった。

このような地租軽減、地方自治、言論集会の自由に関する立場は明治二〇年四月の改進党大会においても確認されているが、それは内部的には複雑な動きのなかで行なわれていた。たとえば報知派は矢野文雄の如く、「早稲田（大隈重信ヲ指ス、以下同シ）等ノ先輩ガ脱党シタル為メ、党員中続テ脱党スル者多々アリテ、予テ余ガ望ミヲ属シタル在地方者ノ脱党シタル者少カラズ、然シテ今日、早稲田等ト改進党ノ重立シ者トノ間ハ交際前日ニ変ル事ナク、却而親睦ナルカ如シ云々。仮令、早稲田等ノ諸氏カ党ニ在ルモ党ノ為メニ働クモノニ非ズシテ、即チ働クヘキモノハ党員中重立チシ人達ナレ𪜈、在地方党員ハ啻ニ表面上、早稲田諸氏ノ脱党ヲ見テ、直ニ意見ノ相協ハザル故脱党シタルモノト妄信シ、続テ脱党シタルナルベシ、今後、我改進党ノ運動スルトキハ、始終早稲田諸氏ト連絡ヲ通ズル様仕タシ云々。是迄、改進党ノ、運動ト云ヘバ必ス親睦会カ演説会ヲ開ク等ノ事ニ過キサリシガ、一体親睦会・演説会等ヲ為スノミガ政党ノ運動トハ云ヒ難ケレバ、今後ハ能ク政府ノ内状ヲ探知シテ是上ノ政党運動ノ方法ヲ改メザルベカラズ」(12)としている。党員減少の原因を大隈らの脱党の影響とみ、改進党の運動方針を大隈らと密接に連絡をとり、「政府ノ内状ヲ探偵シ、其模様ニ依テ我党ノ運動方法ヲ改良」(13)する方針を明らかにしているのである。これは「党員中重立チシ人達」を中核とする改進党運営が有名無実化した点の反省として述べられたものであったが、同じく報知派の党事務委員の一人である藤田茂吉が言うように、「余ハ頗ル多忙ナレハ、本年中ニ改進党事務所ヲ訪ヒシ事五六度ニ過キス」(14)とする自派の責任については触れられていない。

「今日我カ改進党ヲ維持スルハ畢竟沼間守一ノ党事ニ尽力スルニ依ルモノニシテ、尤モ党員中七名ノ事務者ノ内、又三名ハ報知社員ナリ、此三名ハ一向ニ党事ヲ抛テ干渉セス。同社ノ藤田茂吉ハ本年中月次会ニ両度出席セシ而已ナリ。沼間ハ万事ヲ負担尽カセリ」(15)という状態で、党事は毎日派の沼間がとりしきっていたのである。くわえて新聞社経営とその主張をめぐっても、毎日派と報知派とは少なからざる相違点をもっている。明治一九年以来の「報知新聞ノ海軍論ハ我カ改進党ノ綱領ニ相反スルモノニテ、全ク矢野文雄が或ル節ヨリ補助金ヲ受ケテ起草セシモノナルベシト嫌疑」(16)されており、また毎日派からは「我等ト倶改進主義ヲ採ル所ノ報知社ハ、嘗テ政府ヨリ間接ニ運輸会社ノ手ヲ経テ保護金ヲ受ケ居ルヤノ嫌疑アリ。故ニ先回同新聞紙上ニ尾崎行雄ガ起草セシ尚武論ヲ出セシ以降、少シク其論鋒カワリ、先日同新聞ニ宗教論及ヒ急中ノ急務ト題セシ論ハ倶ニ矢野文雄ノ起草ナル由ナルカ、尤モ余等ノ持論ニ反対スル説ナリ[17]」といわれていた。

前述の如く、改進党大会で可決された地租軽減、地方自治、言論集会の自由に関する建白にしても、準備のための「委員ノ会議数回開キシニ出席スルモノナク、遂ニ余カ起草ノ侭ヲ政府ニ差出シタルモノナリ[18]」と島田三郎に言わしめている。当時、改進党の党務を主導していた沼間派＝毎日派は、中央と地方との通信の途絶に責任を感じながらも党の現状にイヤ気をもっており、二〇年四月の党大会においても地方制度および国会議員選挙法調査委員選出案、私擬憲法案の作成、事務員の増員などに否定的態度をとっている。おりから盛んになりつつあった大同団結運動に好意的であったからとも思われる。島田三郎は当時、「曽テ余ハ我国有志家中ニ於テ党派心ノ盛ニシテ各党互ニ軋轢スルヲ厭忌スルモノナリ、今日ノ、急務ハ是ノ党派心ヲ勉メテ除去スルニアリ[19]」と述べている。

この毎日派はその後、大同派と一応同調し二〇年一〇月を迎えている。この間、地租軽減、言論集会の自由、外交政策の挽回等のいわゆる三大事件の建白運動が、「寸燐を摩して枯草を焼くが如く[20]」もえ広がっている。二〇年八月より始まり「九月より十月に入り漸を遂ふて膨張し、（中略）守旧党と改進党等の如何を問わず、畢く大同して進撃の隊伍に加[21]」わったのである。当時におけるこの運動の府県別建白数をみると第一表のようになる。総数九一件のうち高知県が三三件を占め、宮城県の一一件、福島県の六件などが建白数の多い県となっている。これらの県はいずれも熱度は一〇度に達している。熱度とは「建白書を出したる捧呈者の熱心如何[22]」をあらわしたものである。この三県のほかには新潟、長野、栃木、千葉、愛媛など熱度か高く、したがって建白数も多い。

ところで実際にはこの建白数より多いようである。表示府県のほか当時建白総代を上京させている府県には、福井、群馬、静岡、秋田、埼玉、神奈川、青森、熊本、広島、滋賀、和歌山、福岡の一〇県がみられる[23]。国会期成同盟の明

第１表　府県別三大事件建白表

	建白数	うち郡別建白数	熟度
宮城	11	仙台２、牡鹿１、志田１、加美２、還田１、閖原１、登田２、刈田１	10
山形	1	最上、西田川、南村山、南置賜１	2
福島	6	信夫２、田村１、石川２、行田２	10
新潟	4	北蒲原２、中蒲原１、古志１	5
長野	3	埴科、更級、上高井、北佐久、上水内、下水内３	5
栃木	6	下都賀３、河内２、上都賀１	4
茨城	2	河内１、東茨城１	2
千葉	4	長柄２、千葉１、香取１	3
東京	2		0
山梨	1	北都留１	1
愛知	3	名古屋１、中島１、宝飯１	2
岐阜	1	安入１	1
富山	1	射水１	3
三重	2	奄芸１、渡会１	0
大阪	2	河内１、交野１	1
京都	1	上京１	1
兵庫	1	津名１	2
島根	1	安濃１	1
岡山	2	岡山１、東北条１	1
高知	3	土佐13、長岡４、幡多３、香美１、安芸６、吾川３、高岡３	10
愛媛	4	喜多２、下浮田１、温泉１	3
総計	91		

（注）「国民之友」第14号（明治21年１月20日）

治一三年の国会開設建白数と比較すれば、まさに「建白人員と出京総代の多き寧ろ前時に倍[24]」していたという。当時の上京建白総代者数および出京人総数をみると第二表のようになる。当時、府下に集中した地方有志者は二、〇〇〇人余、そのうち退去者は五七〇人余にのぼったといわれているが、警察で把握した数字は表示したとおりであった。第一表にあらわれた建白府県のほかに、一〇県が建白総代を派遣したばかりでなく、総数において約八倍の出京人が東京に集中していたのである。東京、石川、奈良、山口、徳島などのほか大分、長崎、佐賀、宮崎、鹿児島などの九州諸県からも上京しており、これらは建白総代を派遣しないまでも広くこの運動の裾野を形成していたものと思われる。

この運動における地租軽減、言論集会の自由、外交政策の挽回の三大事件は次の如き脈絡をもって主張されている。民力疲弊、言路壅塞、産業衰頽を挽回するにはまず租税を軽減すべきであるという。諸税とも軽減すべきだが、とくに農税は苛重であるので軽減せねばならない。「我日本の如きは、古来農を以て国の本と為せば、農業盛んならざれば工商の業もまた従て衰へざるを得ず[25]」と農本主義的観点からの工商共同運命論が展開されており、条約改正に関しても外人の内地雑居にともない、財力の大きな外人に圧倒されないためにもわが国民をしてその財力を養わねばならないとする。そもそも条約改正をなすは治外法権を撤廃し海関税権をわれわれに収めんとするためであるが、「従来海関税の軽きは我財政を毀ち、我産業を妨ぐる所たり、今之を重くして其収益を益すは条約改正の我に利ある所以」(26)であるという。財政確立、産業振興の観点からする条約改正を評価する点で従来の自由党系の主張を抜いているが、結局この点が発展されることなく、外国裁判官の雇用にともなう諸費用の増大が海関税増収分をうわまわるばかりでなく、わが主権を侵害するものであるとして反対し、秘密の外交交渉ではなしに公議輿論によって改正すべきものと主張する。その輿論の勢力を養うためにも言論集会は自由でなければならなかった。

第2表　各府県出京人および退去者数

	建白総代	出京人	退去者		建白総代	出京人	退去者
	人	人					
北海道		4		奈良		10	1
青森	1	71		大阪	3	32	1
秋田	1	11	1	滋賀	2	13	
岩手	2	27	2	京都	3	11	2
宮城	4	45	3	兵庫	5	25	2
山形	2	25	1	鳥取	2	6	
福島	8	44	6	島根	2	18	
新潟	14	100	10	岡山	3	31	1
長野	17	48	1	広島	1	20	1
群馬	2	31		山口		39	
栃木	21	47	1	徳島		4	
茨城	9	74	4	高知	58	367	234
千葉	9	71	3	愛媛	5	36	3
埼玉	2	12		福岡	2	25	
東京		89	8	大分		13	
神奈川	4	23		熊本	2	38	4
山梨	7	25	2	長崎		10	1
岐阜	3	19		佐賀		25	1
富山	4	18		宮崎		4	
石川		18		鹿児島		39	
福井	2	16		不明			4
静岡	2	16		合計	212人	1,658人	298人
愛知	6	32	1				
三重	2	12					
和歌山	2	14					

(注)　明治20年12月23日「各府県出京人視察名簿」三島通庸文書『自由党史』下280頁以下および333頁以下

この三大事件建白運動における地租軽減論は、「夫れ四五反の地を以て性命の資本とする諸君（中略）の病を医する最も直接の有効薬は、夫唯地租軽減の一事あるのみ」(27)とする。中貧農層の要求としても提出されてはいたが、運動の中心は県会議員、代言人、銀行役員ら地主豪農層もしくは地主豪農層の出身者であった。松方デフレ期を経ていまだ中貧農層の要求を無視しえないまでも、多くの豪農層は営業を通じて地主的性格を強めており、その限り旧自由党系も改進党左派すなわち毎日派に結集した地方有志者も同一歩調をとることができたのであろう。条約改正に対する毎日派の主張は、井上改正案に暗黙の同意を与える報知派と異なり、なお完全なる改正を目指していたのである。(28)

だがこの毎日派も、二〇年一〇月四日全国有志懇親会の席上における沼間の星派壮士の暴行による負傷によって運動からの離脱が決定的となり、「三大事件建白の運動に向って頗る冷淡」(29)となっていった。とくに二一年二月の大隈入閣後は、毎日派も大同団結の趣旨に賛成しながらも消極的批判を展開するにすぎない。

この年四月、改進党大会では党勢拡張がさけばれ、八月には鷗渡会による明治倶楽部も設立され、全国的に地方有志者の組織化が進展する。とくにこの年後半には「各地方に倶楽部若くは新聞雑誌(30)」が新設および新刊され、「東京改進党派の諸氏が東西に奔走」するのもひんぱんになっていた。すでに世論化しつつあった地方自治の基礎を守り、主義と手段とにより団結をひろめ、政治上の勢力の根源ともなるべき地方的団結の力を養う時期になっていたのである。改進党は大隈入閣以来、「在朝の道理分子」と「民間の道理分子」とを合して秩序ある進歩を実現し、帝国議会開設という「平和的革命の期節」にそなえようとしていた。もっともその方法をめぐって相変らず報知派と毎日派は対立している。この時期、報知派に近い読売新聞は「政党依人論(31)」を展開し、毎日派にちかい輿論新誌は「政党依主義論(32)」を展開し対立している。政党の重点を中心人物——この場合大隈であるが——におくか、その主義におくかの相違である。だが結局、毎日派も矢野の述べる如く大隈入閣により憲法制定などの大事を「外部ヨリ刺撃スルヨリハ伯カ内閣ニ入リ、此等ノ事ニ斡旋(33)」することに期待したものとみられる。

このようなかで八月には明治倶楽部が成立した。明治倶楽部は鷗渡会系の人々の主導権のもとに政治上の改良のみを目的とせず、法律、経済、道徳上の改良につき改進主義を利用し実益を生み出すことを目的とした組織である。

この一見政治主義をとらず、親睦社交団体とすることによって地方有力者のうち政治的関心の必ずしも高くないもの、郡長や戸長など役職上政治にかかわることのできないものを糾合し、中央においても有名無実の改進党の現状を克服する手段として大隈の独走をチェックし、政治の動静を探るとともに既設、未設の改進党系の地方組織の中央連絡組織とすることを意図していた。[34] 来るべき国会選挙の準備のため党勢拡張をめざしたこの倶楽部は、八月に「同好の人相会して懇親を結ぶ」[35]ことをうたって発足したが、結局は中央倶楽部としての所期の目的を達しないまま失敗に終わった、[36]と言われている。

とは言え二一年より二二年にかけて改進党は、従来の「防御の位置を越へ、頻りに地方に向ってその版図を占領するの計」[37]略をなすのである。地方に社交的倶楽部を新設して勢力拡張を計り、大同団結にあくまでも反対し、「自治党に対するや、当らす障らすの位置」[38]をとっている。

明治二二年二月の改進党大会は、大演説会にひき続き翌日浅草鷗遊館に開かれている。憲法発布記念式典に参列した府県会議長のうち、改進主義の三〇余名が大隈外相に饗応されているように、この大会は大同団結運動に対する改進党の方向を確固とする重要な大会であった。すでに前年八月に創立された明治倶楽部は年末までには各府県で地方組織を発展させており、これに応じて中央組織の強化と地方中央の密着化が課題となっていた。この大会では党事務所の独立、書記の専従化、各府県に党務を総裁する地方幹事の設置などのほか、地方遊説員の派遣も討議されている。同月末よりただちに党勢拡張の巡回演説会が開かれていた。

ちょうど同じ頃、大同団結派も大井憲太郎ら大阪事件、星亨ら秘密出版事件、片岡健吉ら保安条例違反などのために入獄こしていた旧自由党系の活動分子四〇余名が出獄し、大同団結運動を一層活気づけていた。三月には後藤象次郎が入閣し、これに反対する関東中心の旧自由党員は東京倶楽部を組織し、関東会に加入して大同団結派と連合したが、四月末には政社論に対する非政社論を主張して分裂し大同協和会を組織している。保守派の一部をも含む後藤支持派は大同倶楽部として併立した。各派が地方勢力の組織化をはじめるとともに、改進党との対立もとくに中央・地方演説会の妨害などを通じて活発化していった。

3　地方政社と建白運動

明治二一年の、とくにその後半から急速にすずんだ地方政界の再編は、後藤象次郎の地方遊説やその他大同派の遊説員および改進党地方遊説員の呼びかけに応じて開かれた懇親会を足場に、地方政社の結成という形で進行している。東京に出ていた地方有志者の帰郷による地方団体の形成という場合もあったようである。二一年後半より急増した地方政社は二二年には一層進展し、七月以後大問題となった条約改正建白運動の地方単位または運動母体として積極的に機能する。

もっとも、明治倶楽部がまず親睦団体を目的とし、やがて改進党の中央組織化を志向して活躍をはじめたように、一般的には親睦結社と政治結社の差は明確でない。地方政社の形成過程がいきなり的確な主義をもって政治結社として出発するというよりは、地方有志者の懇親会や親睦会が成長して政治結社となる場合が一般的であったから、より多くの地方団体は親睦団体的な性格のまま停滞する場合も少なくなかった。そのため政治上の主義を異にするもの同志がともに親睦の名のもとに同席する場合が少なくないが、条約改正の如き政治問題に当面すると、その団結の有力者の意見を通じて一定の考えをもつ政社的な結社に変質する場合も多い。またその中で意見を異にするものは脱退し新たな倶楽部や政社を結成している場合も多い。

いうまでもなく政社とは「政治に関する事項を講談論議する為の、或ハ政治上に対し其主義運動を与にする者」(39)の結社であり、公式的には政治結社の届出をして認可されたものである。だが社交上の結社としての倶楽部とて生活をともにしている以上、ときには政治の得失を論じ法律の便否を論ずることは当然であった。倶楽部による社交上の便益が知識を交換し輿論をつくり出す母体となる性格を有する以上、政社的な性格も一面ではそなえていたとみるべきであろう。

現在、当時の地方政社および倶楽部の全体とその性格を明確に判定することはできない。地方結社の数は相当数にのぼるとみられるが、現在までに確認しえた結社とその性格を府県別に示すと第3表のようになる。[40] これらのいずれもが明治二一年および二二年に組織されたものであるが、なかでも多くは二一年後半より二二年前半にかけて結社されている。一部は一九年当時に結成され、この時期も有力な結社として活躍しているものを含めているが、これらの性格の確認や結成時、規模、指導者、県内における重属的関係など詳細な検討は後日にゆずらざるをえない。とりあえず確認した結社のうち主なものを示している。

これら地方結社は明治二二年になると大同団結運動の内部分裂と、にもかかわらざる条約改正建白運動への保守派までまきこんだ協力関係のもとでの同一歩調がとられている。大同団結派が政社派と非政社派に分裂してまもなく、大隈外相の推進する条約正案が民間に洩れ、改正断行・中止の建白運動を惹起することになった。この年四月一九日ロンドンのタイムス紙上に掲載された条約案文は、五月三一日に訳文が「日本」に掲載され、六月二八日には条約改正反対論を掲載した東京新報が発行停止となっている。この頃より条約案弁護の立場をとる報知・朝野・毎日など改進党系諸紙と、条約案反対論にたつ東京公論・東雲新聞・絵入自由新聞など大同派系諸紙との間で論戦が展開されたが、いち早く大同協和会ではこの問題をとりあげ、七月七日には条約改正中止の建白書を元老院に提出し、反対運動の先頭に立っている。

これより全国各地で条約問題をめぐって検討会が開かれるようになり、大同協和会では遊説員を派遣し運動の盛り上げをはかった。大同協和会の遊説員持田若佐はこの月一一日東京を出発し、宇都宮の下野倶楽部、前橋の上毛民会、

第3表　地方政社・倶楽部とその性格

府県名	結社名	結社地域	結成年月	主義・系統	主要メンバー	備考
北海道	一志会	函館	22.10	秩序的進歩主義	海老友二郎、門馬尚経、佐藤三郎	
青森県	合同会	北津軽郡			会長櫛引英八	
	益友社・博愛社	南津軽郡				
	大同会	津軽五郡、三戸郡	21. 9	大同団結、自由党	榊喜洋芽、菊地九郎、工藤行幹	会員2,600名 機関紙東奥日報
	陸奥改進党	青森	22. 6			
岩手県	文誼会	岩手・花巻	21.10		佐藤庄五郎	
	◎岩手倶楽部	岩手	22. 7	大同団結、非政社派	大沢美介、谷川尚恵	
	岩手大同倶楽部	岩手	22. 8	大同団結、政社派	上田農夫、鵜飼節郎 金子伝蔵	
	◎紫波倶楽部	岩手		大同団結非政社系		
秋田県	秋田和合会	秋田	21. 2	智識交換		秋田青年層
	現象社	秋田	21. 9	自由党	石塚三五郎、佐賀直政	
	秋田政社	秋田	22. 1		武田文五郎、黒沢熊雄	22.10 秋田大同会と合併秋田大同倶楽部と改称
	北秋田政会	北秋田郡	22. 1			
	三郡倶楽部	北秋田・山本・鹿角郡		大同団結、自由主義	内藤調一、川村養助	のち洪水倶楽部と改称
山形県	羽陽同盟会	山形	19. 2	殖産興業、農商談会	駒林広運、佐藤里治	
	飽海協会	飽海郡	21. 9	自由党	鳥海時雨郎、斎藤保	飽海郡有志　20名
	村山協和会	村山四郡	21. 9	自由党	重野謙次郎	会員700余名
	公道社	山形	21.12			旧山形義会員ら創立
	山形倶楽部	山形		大同団結	斎藤利右衛門	のち山形大同倶楽部と改称
	山形国民会	米沢	22.	大同団結	山下千代雅、平田駒太郎	
宮城県	◎仙台評議会	仙台		改正中止派	遠藤温、草刈親明	会員300余名
	◎抱一館	仙台		改正中止派	増田繁幸、村松亀一郎	
	仙台同志会	仙台	21.11		遠藤温、佐藤運宜	評議会より除名グループ
	宮城協成会	宮城	21.11	改進党	首藤陸三、松田常吉	
	宮城政社	宮城	21.11	自由平等、大同団結	村松亀一郎、草刈親明	

府県名	結社名	結社地域	結成年月	主義・系統	主要メンバー	備考
宮城県	◎伊具郡公道館	伊具郡	21.12	大同団結、改正中止派	砂沢敬太郎、小関鍋蔵、酒井彦吉	会員150余名か
	◎東北倶楽部	仙台	22.10	改進主義	首藤陸三、浅尾哲次	
	宮城大同倶楽部			大同団結、政社派		
	その他（仙北倶楽部、仙南倶楽部、自治評議会、中心会、公同館、宮城政会、適世独立党、東北政友会）					
福島県	会津独立党	福島、会津	22.	大同団結、非政社派	山形浩	のち奥羽独立倶楽部と改称
	◎岩磐協会			大同団結、非条約派	吉田正雄、安部井磐根、小笠原貞新	22.11 解散、大同倶楽部独立党に分裂
	福島倶楽部			温和主義、殖産社		県会議員　20名
	会津協会	会津		大同団結		県会議員　15名
	伊達倶楽部	伊達郡	22.11	改進主義		郡内素封家
	岩城三郡倶楽部			改進主義		
茨城県	波南倶楽部	北相馬、筑波、豊田郡			飯島省三郎	
	同好会	西葛飾、猿島郡	21. 9	自由党	小久保喜七、藤田順吉	
	常南倶楽部	河内郡	22. 9頃	学術研究		
	日東倶楽部	鹿島、行方郡		非条約派か	小倉太四郎、小沼惣蔵	
	筑東協会	新治郡		改進主義	色川三郎兵衛、兵藤政一	
栃木県	下野倶楽部	下都賀郡　全県	21. 9	大同団結、自由党	塩田奥造、田村順之助	会員1,000余名
	下野同志会	宇都宮　全県	21.11	温和主義、殖産興業	市川安左衛門、野沢泰次郎	
	明治倶楽部	安藤、梁田、足利郡	22. 3	改進主義	田中正造、山口信治	会員800名余
	足利農商倶楽部	足利郡	22.11	大同団結、政社派	野口忠三郎、石橋辰五郎	会員100名余
群馬県	上毛倶楽部	全県	20.10	自由主義	高津仲次郎、関農夫雄、中島祐八	
	◎上毛民会	全県17郡	21.12	大同団結、政社派	堀口昇、宮口二郎、三俣素平	上毛政社（21.3結成）の改称 会員2,000名余
	上毛同志会	8.9郡	22. 2	改進主義	真下珂十郎、矢島八郎	会員700余名 上毛民会分派
	群馬公義会	全県	22. 9		中島祐八、木暮武太夫、小野善兵衛	

府県名	結社名	結社地域	結成年月	主義・系統	主要メンバー	備考
群馬県	◎群馬共同倶楽部	〃		大同団結、自由党	長坂八郎、田口孫蔵、遠藤完蔵	高崎中心、前橋、桐生、館林などに事務所
千葉県	東寧倶楽部	南相馬郡		改進主義	浅見弥助、狩野揆一郎、小川六郎	
	武射倶楽部	武射郡		大同団結、自由党		
	山武同好会	山辺、武射郡		温和主義	石田藤蔵、安井庄蔵	中正党と連合
	千葉県天民社			大同団結、非条約派	鶴池亀吉	
埼玉県	秩父協会	秩父郡	21. 3	改進系	宮川四郎	郡内有力者の親睦会
	◎鴻巣倶楽部		21. 7	改進主義	福島耕助、横田三九郎、飛鳥川勘兵衛	
	◎埼玉倶楽部	浦和（本部）		大同団結、非政社派	根岸貞三郎、大島寛甫、高橋安甫	
	蘭交会	北中葛飾、南埼玉郡	22. 6	大同団結	野口褧、須田定治	埼玉倶楽部分派
	◎足立倶楽部	北足立郡		改進主義	栗原七郎、矢部良作	
	三郡倶楽部	南埼玉、北足立、北葛飾		改進主義	高橋荘右衛門、戸塚弥吉、佐藤乾信	
	◎蕨宿倶楽部			大同団結、改正中止派	山口栄三郎、山岡又五郎	
東京府	東京壮年倶楽部		21. 1	知識交換	久保田高三（自由党員）	
	明治倶楽部	全国	21. 8	改進主義	沼間守一、田口卯吉	
	火曜会		21.12	大同団結	後藤象次郎、犬養毅	
	東京倶楽部	全国	22. 3	大同団結、非政社派	大井憲太郎、小久保喜七、新井章吾	
	大同倶楽部	全国	22. 5	大同団結、政社派	大江卓、河野広中	
	日本倶楽部	全国		保守主義	池辺吉太郎、広瀬千麿、中村忠雄	
	◎大同協和会	全国	22. 5	大同団結、非政社派	大井憲太郎、林包明、荒川高俊	
神奈川県	横浜同好会	横浜、鎌倉、都築、久良岐、橘樹郡	21. 5	改進党	肥塚竜、井田文三、来栖荘兵衛	
	横浜倶楽部	横浜	21. 7		高木三郎、田代市郎治、榎本徳兵衛	横浜壮年倶楽部の改称
	武相倶楽部	鵠沼村（本部）	21. 7	自由党	会長今福元頴、金子小左衛門、三嘴八郎右衛門	
	◎神奈川倶楽部	全県	21.12	自由党	石坂昌孝、天野政立	
	◎三浦倶楽部	三浦郡		大同団結	柴崎梅吉、風戸清一	会員250名

府県名	結社名	結社地域	結成年月	主義・系統	主要メンバー	備考
神奈川県	◎八王子倶楽部	南、北、西多摩郡		大同団結、自由党	石坂昌孝	22.12 南多摩倶楽部か
新潟県	北越青年倶楽部		21. 6	自由党	鈴木昌司、山際七司、加藤勝弥	
	北越同好会	西、中、南蒲原郡	21.10	改進党	市島謙吉、山口権三郎、川上淳一郎	亀田協会、殖産協会を母体、新潟新聞
	越佐同盟会		22. 3	大同団結、政社派	鈴木昌司、西潟為蔵、小柳卯三郎	県会議員中心、東北日報
	求友会			自由党		旧頸城自由党員
	政友同盟会			改進党		旧上越改進党員
長野県	信陽交誼会		21. 5	自由党	竜野周一郎	
	北信倶楽部	水内郡	21. 9		出野敬二、春日寿平	
	信濃政社		21.11	大同団結、自由党	石塚重平、山本清明、立川雲平	
	信濃義会		21.11	温和主義	島津忠貞、小里頼永、倉島弥平	
	◎更科倶楽部	更級郡	22. 4	大同団結、改正中止派	滝沢助三郎、更級弘雄、吉沢繁松	
	◎中信倶楽部	上田	22. 4	大同団結、改正中止派	寺島信之、竜野周一郎	会員400余名
	◎北信民会	長野		自由主義、改正中止派	矢島浦太郎、鈴木治三郎	
	◎巳丑倶楽部	小県郡	22.10	改進党	南条吉右衛門	会員180名
	北安倶楽部	北安曇郡	22.10	改進党	清水澄重、高橋平兵衛、栗林幸一郎	会員130名
	筑摩倶楽部	東筑摩郡	22. 9	大同団結	江橋厚	
	信濃倶楽部		22. 8	大同団結、政社派	堀内賢郎	
	信濃協和会		22. 8	大同団結、非政社派	矢島浦太郎、鈴木治三郎	
山梨県	山梨倶楽部		21. 6	大同団結	高木忠雄、野口英夫、大木喬命	機関紙山梨日日新聞
	岳北青年会	北都留郡	22. 9	大同団結、改正中止派	高橋太一郎、後藤為次郎、小阪伝左衛門	
	公道会	東山梨郡		自由主義	上野忠善、菊島生寛	
	峡中倶楽部			自由主義	飯島信明	
静岡県	静岡同好会		22. 1	改進主義、改進党	丸尾文六、井上彦左衛門	機関紙静岡大務新聞
	六郡倶楽部	沼津		大同団結		
	中遠倶楽部	見附駅		大同団結		
	静岡大同倶楽部			大同団結、政社派		機関紙東海暁鐘新報
	遠陽大同倶楽部	浜松	22.11	大同団結、政社派	沢田寧、松島吉平、鈴木貫之	会員500余名

府県名	結社名	結社地域	結成年月	主義・系統	主要メンバー	備考
愛知県	◎愛親社	尾・参・濃	21. 8	大同団結、自由党	庄林一正、河内開一、富田仁兵衛	会員200余名
	◎東参倶楽部	三河東部五郡	21. 9	知識交換、世務諮詢	加藤六蔵、鈴木麟三	
	◎名古屋倶楽部			大同団結、非政社派	岡田利勝、祖父江道雄、福岡裕次郎	
	◎西参倶楽部	岡崎		改正中止派	福島精一、相馬政徳	
	東部倶楽部・西部倶楽部	名古屋	22. 9	大同団結、非政社派		
	名古屋協同会・談話会 独立倶楽部・七面倶楽部		独立 22. 9	温和主義 （協同会＝改進党か）		談話会員 120～130 自治党か 独立倶楽部会員 170～180名
岐阜県	濃飛交際会		21. 8			
	西濃大同倶楽部		22.10	大同団結、政社派	伊藤健之助、杉東太郎、三輪準一	
	同盟会	本巣・大野・池田郡		人権振興、民力休養		会員1,000名余
富山県	越中倶楽部		21.11	改進党	島田孝之、安念次左衛門、大矢四郎兵衛	
	射水倶楽部	射水郡	22. 1			
	富山大同倶楽部		22.10	大同団結、政社派	津島紋造	
石川県	◎盈進社	金沢	21. 5	国権派	遠藤秀景、青木正保	
	攻我会	金沢	21. 6	改進主義、改進党	直江三吉郎、中村中、木村博捷	
	石川大同倶楽部		22.10	大同団結、政社派	樋爪啓太郎、窪田常吉	
福井県	今立郡共議会	今立郡（鯖江）	21. 8		湯浅徳太郎、桑原甚六、山村貞輔	
	◎南越倶楽部	越前七郡		大同団結、政社派	杉田定一、竹尾茂、土屋久左衛門	
	中越倶楽部				魚住滄	
	若国同志会	若狭		大同団結	藤田孫平、阿部広、鳥居市右衛門	
	若州同志会	若狭		大同団結	三久保蔵平、松谷重太、田中孝	
滋賀県	近江倶楽部		22. 1	智識交換	谷沢竜蔵、中山勘三、橋本甚吉郎	会員80余名
	◎近江政友会		22. 3	改正中止派	橋本甚吉郎、渡辺行	
	近江同致会	甲賀郡	22. 6	改進主義	中小路与平、馬場新三、河村専治	会員1,300余名

府県名	結社名	結社地域	結成年月	主義・系統	主要メンバー	備考
滋賀県	近江東北倶楽部			大同団結		会員100余名
	◎近江大同会		22.	改正中止派	酒井有、野崎源左衛門、片岡米太郎	
三重県	三重同志会	津	21. 6		長井氏克、北川矩一	「正談」発行
	三重協同会	四日市	21. 7	改進党系か	伊東祐賢	21.12 同志会と合併決定「勢海之燈」
	北勢協和会		21. 7			
	三重斯友会		21.12	非条約派	伊藤謙吉	同志会、協同会より脱会の県会議員中心
	度会倶楽部	度会郡か		大同団結	北川矩一、村井恒蔵、高木貞太郎	
和歌山県	那賀同志会		21. 3以降	自由改進主義		同盟会、信友会と連合か
	南山政社	那賀郡	22. 1	大同団結		
	興亜倶楽部	和歌山	22. 7	大同団結、改正中止派	石本義一、津田立一、森田弁吉	もと木国同友会員か
	和歌山同志会			非条約派	千田軍之助、尾村虎太郎	
奈良県	畝傍倶楽部		22. 4			
	大和第三区倶楽部		22. 5	大同団結	栗山修三、山本岩三郎、樽井藤吉	会員250名、金陽倶楽部、南和倶楽部合併
	奈良政社	五条（本部）				交詢社（学術研究結社）の政社化
	大和大同義会			大同団結	酒井有、蓼好規、名井吉之丞	
	平郡倶楽部			改進派	平岡喜三	
大阪府	西倶楽部（北・南・北浜）		21. 3		法橋善作、北村正次郎	
	坂南倶楽部	南区	21. 3			
	◎浪花倶楽部		21. 9	改正中止派	河合正鑑、菅野道親、山内毅一郎	
	大阪協和会		21.10	改進党	大三輪長兵衛、今西林三郎、橋本孝良	
	大阪中立党		21.10	大同団結、自由党	菊池侃二、山下重威、森作太郎	北浜倶楽部中旧立憲政党員　20余名
	交信倶楽部	東南部	22. 4		田口謙吉、梅岡武兵衛、厳又兵衛	実業家団体

府県名	結社名	結社地域	結成年月	主義・系統	主要メンバー	備考
大阪府	◎大阪苦楽府		22. 5	大同団結、改正中止派	山脇鋭郎、寺田寛、江口三省	
	壮摂同志倶楽部倶楽部	池田町	22. 12	自由主義	乾治平、田中正康	50余名か
京都府	土曜会		21. 3	通俗学術講談	中村栄助、大沢善助、雨森菊太郎	府会議員多い
	◎京都公民会		21. 12	自由主義	田中源太郎、浜岡光哲、朝尾春造	京都倶楽部員多し
	京都私民会		21. 12	大同団結		反公民会派、京華倶楽部と連絡
	京華倶楽部		21. 12	大同団結		府会議員溝口某の首唱
	◎西京倶楽部		22. 4	大同団結、政社派	広根貞吉、延原和一、段証依秀	
	京都生民会		22. 8	大同団結	西川義延、奥繁三郎、根島幹	会員270余名
	湯船・和東倶楽部	相楽郡		大同団結	小西恒徳、稲垣武治、田中貫一郎	会員100余名
兵庫県	播陽倶楽部	姫路	21. 8	智識交換	飯田務、沼義満、大塚忠次郎	播磨倶楽部とも公称
	兵庫同志会		22. 6	大同団結、非政社派	村上定、早川治三郎、石田貫之助	
	淡路倶楽部	洲本		大同団結、改正反対派	佐野助作	
	但馬倶楽部	但馬	22. 8	大同団結		
	(出石倶楽部、尼ヶ崎倶楽部、赤穂倶楽部、淡路平民倶楽部、兵庫実行倶楽部、平荘倶楽部)					
香川県	高松倶楽部		22. 1	大同団結	久保財三郎、多田晋、渡辺支哲	
	新民政社	多度津	22. 5	大同団結	安藤愿庵、大谷沢造、岡田面住	
	東讃倶楽部			大同団結、非条約派	岡部岡松、柏木宇治郎	
	◎琴平倶楽部			大同団結、非条約派	長谷川佐太郎、原猪作、宮崎千太郎	琴陵倶楽部と同じか
徳島県	徳島同好会		21. 5	市町村制研究	井上高格、吉田章五郎、益田永武	
	明治社		22. 3頃	政治研究	新開貢、岡島武三郎	
	徳島同攷会		22. 7			
	徳島倶楽部			大同団結、自由党	猪子喜太郎、鈴木信一、小西平八郎	
高知県	海南倶楽部			大同団結、自由党	西山志澄、片岡健吉、西原清東	

府県名	結 社 名	結 社 地 域	結成年月	主義・系統	主要メンバー	備　考
高知県	◎高知倶楽部			国民派、非条約派	楠本正成、池知春水、住江孝義	
	公同倶楽部	中村				
愛媛県	伊予倶楽部			大同団結、政社派	鈴木重造、藤野政高	県内の大同派中央倶楽部、海南新聞
	愛媛倶楽部			改進党		県内の改進派中央倶楽部、愛媛新報
	宇和島倶楽部	宇和島	21.10	自由主義、	山崎惣六、堀部彦次郎	
	北予倶楽部			大同団結、政社派	近藤明敏、井手正光、岩本新蔵	
	南予倶楽部			大同団結、政社派	二宮藤太、今西祐、坂義三	
	東予倶楽部			大同団結、政社派	近藤春静	
	西予倶楽部	西宇和郡		改進派		
	越智、卯ノ町、喜多各倶楽部	(越賀、東宇和、喜多郡)		改進派		
岡山県	岡山公義会		21. 6	大同団結、自由党	鎌田祭、秋山升十郎	
	岡山斯友会		21. 9	大同団結	逸見逸刀太、中山嘉代次	公義会、不迷会の連合
	備作政社		21.12	大同団結	井毛毛三、岩堂保平、林醇平	
	郷党倶楽部		22. 1		香川真一、村上長毅、新庄厚信	
	岡山同志会			改進保守合同、非条約派	竹内正志、難波正平	機関紙備作時事
	岡山協会			大同団結、急進派		
	美作国友会	美作各郡	22. 9	大同団結、政社派	仁木永祐、保田定永、立石岐	
	備作大同倶楽部		22. 9頃	大同団結、政社派	新庄厚信、江村正路、中山寛	
広島県	山陽倶楽部	広島	21.12	改進派か	小鷹狩元凱、山中正雄、脇栄太郎	県会議員、代言人、豪農商、会員 13,400名
	民友倶楽部	芦田郡	21.12	大同団結	国頭第三郎、星野静太郎、卜部宗二	
	斉民社	広島	22. 2	大同団結	長屋謙二、天野確郎、橋本清太郎	
	◎広島政友会		22. 4	保守主義、改正中止派	石井櫟堂、石川完治、野村丈夫	藩主浅野長勲の内意による結社

府県名	結社名	結社地域	結成年月	主義・系統	主要メンバー	備考
広島県	芸備大同倶楽部		22.11	大同団結、政社派		芸備各郡の小団体結集
山口県	同友会		21.10	改進主義、改進党	松田敏樹	会員300余名 硯海雑誌
	防長倶楽部		21.12	自由主義	吉富簡一	会員2,500余名 防長新聞
島根県	末次倶楽部					
	平民倶楽部			大同団結、自由党	向坂弘、信太鈴太郎	平民会との関係不明
	五の日会	松江		大同団結、政社派		23. 1 解散「平民会」と改称、会員数十名。
	山陰自由苦楽部		22.12	大同団結、非政社	野口敬典、池田英俊、井上益之助	会員150余名か
鳥取県	東伯倶楽部				藤本重郎、藤岡吉平	
	鳥取北州社			大同団結	渡辺栄治	
福岡県	◎筑前協会		22. 6	大同団結、改正中止派	岩佐重太郎、藤島一造、大庭弘	筑前倶楽部設置か。会員200余名
	◎福岡政談社			大同団結、改正中止派	吉田鞆次郎、加藤新次郎、倉富恒二郎	
	筑前玄津社			国権派	頭山満、進藤喜平太、堀尾彦五郎	
	筑後同志会			大同団結	船曳衛、由布惟允、清水声太	
	三州倶楽部		22.12	改進主義	永江純一、大野未来、吉田鞆次郎	
佐賀県	郷党会		21. 9	改進主義		旧九州改進党員の一派
	佐賀同成会			大同団結	永田輝明、石橋要一郎、中川純隆	旧佐賀改進党員
長崎県	長崎同好会		21.	改進主義、改進党	志波三九郎	
	長崎鶴鳴会		21.	保守主義、改正中止派	古川黄一、浜本宗斉、佐々澄治	
	長崎自治協会	長崎市				水道事件賛成者、のち王国会と連絡
	共益会	長崎市				水道事件反対者、のち同胞会と連絡
	◎松浦壮年会	松浦郡		改正中止派	今井源二	会員2,700余名
熊本県	九州改進党	全九州	15. 3	自由主義	山田武甫、嘉悦氏房、宗像政	

府県名	結社名	結社地域	結成年月	主義・系統	主要メンバー	備考
熊本県	相愛社	熊本	15. 3	自由主義	池松豊記、広田尚	
	紫冥会			保守主義、改正中止派	佐々友房、池辺吉太郎、紫藤寛治、古荘嘉門	国権党と改称 九州日日新聞
	熊本改進党			改進主義	前田案山子、前田下学	機関紙　海西日報
	◎熊本同志会			保守主義、改正中止派	柏原武、米岡武足	神風党の変形
	◎東肥壮年同志会			大同団結、改正中止派	渋谷公寧、上田粂次郎、渡辺敬昌	会員3,600余名
	◎肥前天草同志会	天草郡		大同団結、改正中止派	小山直彦	
	◎熊北協会			大同団結、改正中止派		会員130余名
大分県	◎大分改進党		15. 5	改進党	小原正朝、小野吉彦、山口半七	
	中津倶楽部					改正断行賛成、建白せず
	豊州会		22. 8	大同団結、政社派	元田肇、後藤田鶴雄、菊池干城	会員160余名、旧豊州会の再編か
	大分県大同倶楽部			大同団結、政社派		
宮崎県	日州同志会		22. 9	大同団結	小林乾一郎、志摩清信、原田実	
	北日会	東臼杵郡	22. 4	大同団結	後藤啓蔵	会員100余名
	日州大同倶楽部		22. 7	大同団結、政社派	小林乾一郎、西村文、岩切紋二	会員80余名
	日州倶楽部		22. 3	殖産興業		秋月・伊東・島津三藩主の主唱
鹿児島県	鹿児島同志会		22. 1	改進主義	川島醇、樺山資美、野村政明	三州会、郷友会、旧改進党の県会議員中心

浦和の埼玉倶楽部をめぐって「東京有志が建白の旨意及其手続等を談じ、且在京有志の意見」[41]を伝えている。ひきつづき遊説員は千葉、茨城、神奈川、山梨、長野へも派遣されている。

一方、大同団結派の反対運動に刺激されて改進党も弁護運動を展開した。この月一四日新富座に改進党政談大演説会を開いて条約改正中止論を反駁し、「大隈伯ハ此の程、改進党の重もなる人々を其の邸に集めて種々協議を遂げ（中略）、結局、輿論をして新条約を賛成せしむる為め、党中の名士をして各地方を遊説せしむる事に決した」[42]という。そのための建白運動への資金的援助が大隈によってなされたことが報じられているが、このような噂は改進党の運動をして御用党の「内命建白」[43]とする批判を生み、地方有志の断行建白運動は御用聞と御用弁士らの断行建白派による教唆の結果とみられていた。「同じ改進党の機関新聞にてあり乍ら、毎日新聞は左まで熱心に弁護もせざれど、独り報知新聞は他事を顧みる事もなく頻りに弁護[44]」したとされているが、毎日派もまた報知派の主導のもとに運動に動員されることになっている。

以上の如き状況のもとで展開された条約建白運動が全国各地の政治結社とどのようなかかわりのもとに進められたかは、第3表に示すとおりである。表において大同団結のうち非条約派とは条約改正反対運動のために大阪、京都、広島に開かれた非条約派大懇親会に代表を派遣した結社であり、改正中止派とは改正中止建白運動を展開した結社であり、そのうち◎印をつけた結社は自体が一丸となって運動の母体となったか、中核となり代表者を府県庁または元老院へ派遣したものである。表によると全国的に圧倒的に大同団結が多く、それらはいずれも何らかの形で条約改正反対運動にかかわったものと思われるが、なかでも運動を積極的におし進めた◎印をみると四四社にのぼり、うち三八団体は大同団結派である。このことは第3表では省略した地方結社の場合も同様であり、中止建白書を提出した団体には新潟青年倶楽部、高井郡交誼会（長野）、岡崎大同倶楽部（愛知）、名古屋壮年倶楽部、大阪月曜会、京都交話会、神戸集義会、高松平和会、作州青年会、御調倶楽部（広島）、大和会（鳥取）、佐賀平和会、阿蘇親睦会（熊本）などがあった。断行建白は宇和島政友会のみであり、圧倒的に大同派は地方結社を母体とする運動が多かった。

大同団結派に対し、改進主義なり改進党の系列下にある地方結社もまた断行建白運動に動員されている。この場合も大同派同様、一結社が中核となって建白運動を展開したものと思われるが、改進党系の地方結社が大同派よりも少ないこともあって、競争上より多数の署名を集めるには結社内部のみならず周辺の人々にも働きかけねばならなかった。

第4表　府県別改進党員数（明治21年4月現在）

府県名	党員数	備考	府県名	党員数	備考
北海道	2		岐阜	4	
青森	1		静岡	17	名簿外ニ党員数アリ
秋田	1		愛知	18	
岩手	5		三重	2	
宮城	59		滋賀	3	
山形	1		京都	4	
福島	43	或ハ自由党ニ一歩譲ラン	大阪	83	
新潟	35		兵庫	139	県会ニ党員多シ
長野	156	最モ勢力ヲ占ム	鳥取	22	
群馬	22		島根	6	
栃木	204	自由党ト殆ト匹敵ス	岡山	13	
茨城	136	石岡土浦辺ニ多シ	広島	37	賛成者多シ
千葉	62	東部ニ勢力アリ	徳島	5	
埼玉	117	最モ勢力アリ	愛媛	92	勢力アリ
東京	41		福岡	29	
神奈川	25		大分	33	
山梨	2		佐賀	9	
富山	63	勢力アリ	長崎	1	
石川	14		鹿児島	3	
福井	2		合計	1511	

（注）「国民之友」第19号（明治21年4月6日論説）

いま当時の改進党員の府県別分布をみると第4表のようになる。明治二一年現在の一、五一一名の党員は、栃木の二〇四名を最大として兵庫、茨城、埼玉、愛媛の各県に多く存在する。このような分布と、府県別の条約改正中止および断行建白数を示す第5表とを比較してみると、改進党のおし進めた断行建白数との間にほぼ相関関係のあることがわかる。茨城県が党員数に比較して建白数が少なく（二件で署名者は二八九名）、石川県が党員一四名に対し七件と逆に多いほかは、ほぼ件数と党員数は照応しているとみてよいであろう。表示された改正中止建白数一八五件に対する署名者は五万六、八五七人であり、断行建白の一二〇件に対する署名者は六、七五九人である。一件当り署名者は前者の三〇七人に対し後者は五六人とわずかである。とは言え、二二年度も同じ党員数とすれば党員一人当り四、五人の署名を獲得したことになる。党員数から言えば改進党は実力以上の運動を推進したものといえよう。とくに栃木県の場合はそうである。当時の大同派は「此表中

第5表　条約改正中止・断行建白数（9月30日現在）

派別	府県別	中止	断行	総数
急進派（政社）	福島	10		10
	山形	5		5
	島根	1	1	2
	岡山	1		1
	広島	5	1	6
	愛媛	3	9	12
	京都	1		1
	大阪	2		2
	新潟	5	5	10
	香川	10		10
	高知	16		16
	石川	4	7	11
	計	63	23	86
関東派（非政社）	埼玉	4	6	10
	群馬	5		5
	栃木	9	44	53
	岐阜	2	1	3
	愛知	18		18
	長野	6	3	9
	千葉	8	7	15
	茨城	7	2	9
	東京	14	1	15
	計	73	64	15

派別	府県別	中止	断行	総数
温和派（政社）	宮城	6	8	14
	秋田	1		1
	福岡	1		1
	大分		1	1
	計	8	9	17
その他	兵庫	4	17	21
	奈良	1	1	2
	三重	10		10
	静岡	2	4	6
	滋賀	3		3
	神奈川	5		5
	長崎	1		1
	岩手	3		3
	富山	2	2	4
	和歌山	2		2
	熊本	2		2
	青森	1		1
	鳥取	3		3
	山口	1		1
	徳島	1		1
	計	41	24	65

（注）　庄司吉之助「大国団結運動と政党成立」『明治政史』第22編

に就き断行建白の最も多きは栃木県建白総数五十三通中にて四十四までを占め（中略）、栃木の一県にて其三分一より多数を占めたるも奇観なれど、其地方は改進党の本丸と聞えたれば其数多きも、又其数を多くして出したる故ありて無理なら(45)」ぬこととしていた。

4　建白運動の基礎過程

以上にみた如く、条約改正建白運動においてもっとも激しく中止・断行建白が行なわれたのは関東派すなわち大同協和会の勢力下の地域である。なかでも栃木県は中止・断行とも最大の建白が行なわれた県である。この栃木県の建白運動を手がかりとして、大同団結運動と条約改正問題との関係を地方レベルで明らかにしてみよう。

栃木県では明治二一年二月梁田郡高富村で、田中正造県会議長の慰労会を兼ねて大隈入閣祝賀会が開催されている。この地の人々は大隈の入閣を抵抗なく受けとめたようである。そのため改進党の遊説員箕浦勝人、青木匡を迎えての鹿沼駅同志懇親会においては、「改進党と自由党とを合体せしめんとするは大同団結(46)」にあらずして大異団結であると大同団結に反対したのに対し、「一人の不同意を表する者なく孰れも拍手して賛成(47)」したという。同会は栃木県下の県会議員をはじめとする有力者を網羅していたのである。

このような栃木県下において同年九月には大同団結派の下野倶楽部が組織され、一二月頃までに同倶楽部員は一、〇〇〇名余に達していた。同じ年の一一月には「財産家名望家」(48)を会員とし、「専ら殖産興業等公共に利益を計る」(49)ことを目的とする下野同志会が成立した。この組織は「自治党員の組織に係るやに言做すもの」(50)も多かったようで、田中正造もまた「下野同志会は不肖等一向に未だ是非も深味も相弁ひ不申候」(51)と批判的であった。結局、改進党系の人々は翌一二月に下野明治倶楽部の設置を決定している。(52)

明治二二年二月、改進党大会には栃木県からは田中正造をはじめ二二名の改進党員を出席させているが、県全体の下野明治倶楽部の組織状況は明らかではない。(53)安蘇郡では改進党大会より帰郷した田中正造が「明治倶楽部ト称シ、両三郡中数ケ所相設ケ度」(54)むねを有力者に打診しており、これより相当数の会員募集が行なわれた。五月九日には佐野高砂町観瀾舎に発起会が開かれ、同二六日には佐町寿座に発会式が挙行されている。発起人は田中のほか山口信治、新井保太郎、川島治平ら改進党の県会議員であった。当日の出席者は四〇〇名余であったが、九月頃には会員数は八〇〇名とも言われている。(55)

この明治倶楽部は「安蘇・足利・梁田ノ三郡ヲ以テ組織シ」、「各人相互ニ親睦協和シテ智識ヲ交換シ、公益ヲ稗助スル」(56)ことを目的としている。つまり中央の明治倶楽部のように表面的には親睦を図り、真の目的は改進党の組織拡大を意図する方法が、そのまま嚶鳴社（＝毎日）系の地方的基盤としての安蘇地方の運動方法のなかにも導入されているのである。前述の如く、当時の栃木県全体の改進党員が二〇四名であったことからすれば、これら三郡のみで四〇〇名より八〇〇名の倶楽部員を獲得しえたことは、明治倶楽部結成の趣旨の一応の成功を示すものであった。(57)この倶楽部は直接的には来るべき衆議院総選挙への栃木県第三区有権者の組織化を意図したものであったから、のちにその選挙に対し候補者田中正造が「改進党三百人、倶楽部五百人余有之候為めに安心之原因」(58)ともなると述べて、選挙

第6表 栃木県下の条約改正中止・断行建白表（明治22年）

中止建白	建白月日	提出先	建白総代	署名地域	署名人数
①	7.22	県庁	相場領平、国府虎胤	上都賀郡鹿沼町有志	
②	8.3	元老院	柏原勇造	塩谷、那賀郡有志	50余名
③	8月中旬	県庁	坂本友八、町田久一郎	下野倶楽部芳賀支部	
④	8月中旬	県庁	橋本政次郎、内藤百一	下都賀青年有志	
⑤	8.16	県庁	松本才次郎、萩原民吉	下都賀、塩谷郡青年有志	30余名
⑥	8.19	県庁	塩田奥造、田村順之助	下都賀郡24ヵ町村有志	
⑦	9.14	元老院	田村長三郎	安蘇郡田沼町有志	
⑧	9.19	県庁か	古郡寔（野島幾太郎）	梁田、足利郡有志（第一回）	44名
⑨	10.8	元老院	小松清四郎	塩谷、那賀郡有志	47名
⑩	10.15	元老院	須永平重郎	安蘇郡佐野町	1名
⑪	10.16	元老院	馬場秀次郎	河内郡青年有志	
⑫	10.16	元老院	菊池利十郎、坂本平七郎	武内郡東部有志	
⑬	10.16	元老院	矢島中、神谷温作	河内郡宇都宮有志	
⑭	10.16	元老院	大橋覚二郎ほか2名	下都賀郡北部有志	
⑮	10.16	県庁	浜野藤一郎、野口弥六郎	河内郡上三川、本郷、吉田、薬師寺	40余名
⑯	10.16	（調印）	国府田佐介、清水伝介	梁田、足利郡有志（第二回）	100名

断行建白	建白月日	提出先	建白総代	署名地域	署名人数
①	8.2	県庁	新井光正	河内郡宇都宮町、有志	100余名
②	8.3	県庁	間宮清十郎	河内郡宇都宮町有志	数名
③	8.6	県庁	山口幸三郎、石塚孝太郎	上都賀郡鹿沼町有志	49名
④	8.6	県庁	横尾輝吉	上都賀郡栗野村有志	6名
⑤	8.10頃	頃県	（津久居平右衛門）	安蘇郡佐野町有志（第一回）	
⑥	8.15	県庁	新井保太郎、長野文鹿	安蘇郡植野村ほか数村有志	49名
⑦	8.16	県庁	川崎芳之助ほか1名	那須郡武蔵村ほか数村有志	39名
⑧	8.16	県庁	本沢藤左衛門	下都賀郡第一分区	
⑨	8.16	県庁		那須郡太田原町有志	50余名
⑩	8.17	県庁	尾崎平吉	安蘇郡赤見、石塚、出家原、小中、寺久保有志	22名
⑪	8.17	県庁	板橋六郎	安蘇郡犬伏町富士、韮川区有志	
⑫	8.19	県庁	栗原喜蔵	安蘇郡飛駒、新合村有志	60余名
⑬	8.19	県庁	橋本吉郎	安蘇郡犬伏町有志	
⑭	8.19	県庁	藤沼友二郎	安蘇郡堀米町、富岡、浅沼、奈良淵有志	
⑮	8.20	県庁	高橋祐造、平井平三郎	那須郡佐久山町有志	
⑯	8.23	県庁	山崎欣三郎、山崎秀次郎	安蘇郡犬伏町鎧塚有志	24名
⑰	8.26	県庁	小峯新太郎、多ケ谷源一郎	下都賀郡豊田村近傍有志	
⑱	8.28	元老院	福田豊作、福田国三郎	上都賀郡落合村有志	
⑲	8.30	県庁	青木弥一郎	安蘇郡赤見村小中有志	40余名

断行建白	建白月日	提出先	建白総代	署名地域	署名人数
⑳	8月後半	県庁	山口信次	梁田郡有志（第一回）	30余名
㉑	8月末	県庁	渡辺茂一、金子岸二郎	上都賀郡阪来村有志	
㉒	8月末	県庁	木村嘉蔵、福田多三郎	上都賀郡東西大芦、板来村有志	
㉓	8月末	県庁	橋本与三郎	上都賀郡東大芦、菊沢村有志	
㉔	8月末	県庁	藤井源三郎、黒田栄作	上都賀郡北押原村有志	
㉕	9.4	県庁	三木平三郎	安蘇郡佐野町有志（第二回）	30余名
㉖	9.9	元老院	長谷川展	下都賀郡栃木町有志	
㊲	9.9頃	県庁	（広瀬兵十郎）	安蘇郡常盤、氷室村有志	80余名
㉘	9.11	県庁	糸井藤次郎	安蘇郡界村有志	32名
㉙	9.11	県庁	田中正造	安蘇郡赤見村小中	1名
㉚	9.13	県庁	増淵藤三郎	河内郡瑞穂野村近傍有志	
㉛	9.13	県庁	富山兆平	芳賀郡大内村近傍有志	
㉜	9.14	県庁	福島一造ほか2名	那須郡那珂村近傍有志	40余名
㉝	9.14	県庁	御入口弁蔵、小島勝兵衛	河内郡雀宮近傍有志	数十名
㉞	9.19	県庁	金子幸三、片山寿三郎	安蘇郡田沼町有志（第一回）	98名
㉟	9.20	県庁	山口武三郎	安蘇郡三好村有志	20余名
㊱	9.21	県庁	須永平太郎、山口善兵衛	足利郡有志	30余名
㊲	9.24	県庁	今泉庄造	梁田郡有志（第二回）	58名
㊳	9.25	県庁	大島毅	那須郡親園村近傍有志	32名
㊴	10.1頃	県庁	（高橋伊勢十郎、亀山栄吉）	安蘇郡野上村有志	50余名
㊵	11.26	元老院	川俣久平、森下弥三郎	安蘇郡田沼町有志（第二回）	
㊶	11.30	元老院	（田中正造、横尾輝吉）	栃木県有志	502名

（注）（　）内は建白署名とりまとめ尽力者「毎日」「朝野」「絵入自由」の各新聞、『栃木県史』史料編、近現代Ｉ

での気のゆるみを戒めていることにも現われている。つまり問題は智識交換という社交上の人数の多さではなく、如何にしてこれらの人々を改進党の活動に動員しえたかである。

この問題を考察するまえに、栃木県内の大同派の動きを条約改正問題をめぐって検討してみよう。第三区に明治倶楽部が誕生した当時、大同団結派では中央における政社、非政社派の分裂の騒ぎに影響されていた。栃木県より中央の大同派会議に出席していた新井章吾、田村順之助、小堀貞吉、持田若佐らは非政社説を主張し大同協和会に参加する。両派の幹旋を行なった塩田奥造は分裂が確定した段階で大同倶楽部に参加する(59)。条約改正反対遊説のため大同協和会より持田若佐が派遣され、下野倶楽部で会合を開いたとき出席したのは中山丹次郎、矢島中、小堀貞吉、野口、岡田ら県内の幹部クラスの人物であり、のち東京倶楽部の分裂により協和会には常議員として新井、持田のほか岩崎万二郎が加わり、遊説員にはこの三人のほか田村、中山、榊原経武が名前をつらねており、また矢島中、神谷温作ら栃木県の大同派の主要人物はほとんどこれに属した。この協和会による再興自由党の結成（翌年一月二〇日）にはいち早く栃木県より八二名の入党者を出し、神奈川、群馬とともにこの派の中核をなす県となっている。

さて当時の新聞、雑誌などにより栃木県下の条約改正建白地域についてみれば第6表のようになる。現在、判明する建白数は中止建白一六件、断行建白四一件である。第五表は九月三〇日現在の元老院に各府県より回達されたものか直接捧呈された建白数である。この表では栃木県は中止九件、断行四四件であるのに対し、第6表の同時点までの建白数は中止八件、断行三八件が判明する。件数の多いわりには中止・断行派とも一件当りの署名人員は多くはない。県内の結社たる下野倶楽部、下野同志会、明治倶楽部などが組織を動員し、それ自体として建白運動をしたものではないことがわかる。

建白を地域別にみると、中止建白は下都賀、河内郡を中心とする塩谷、那須、芳賀郡に多い。これらは旧自由党系の、そしてまた栃木県大同派の勢力地盤であった。断行建白は安蘇郡を中心とした梁田、足利郡の第三区に二〇件が集中し、他は上都賀郡七件、那須郡五件、河内郡四件の順になっている。これらは栃木県の改進党の派閥、つまり田中正造を中心とする嚶鳴社系の地盤と、上都賀郡の横尾輝吉を中心とする報知・三田系の地盤にほぼ照応する。これら建白運動の形態、署名者の性格、建白内容などについて検討すれば以下のようになる。

栃木県においても建白運動は中止建白運動とあい前後して断行建白運動も展開されていった。七月末より中央各派の遊説員の政談演説会に触発されて県内の地域的中心地より発展したこの運動は、やがて政派の拠点となっている各村へ波及している。たとえば下都賀郡では「条約改正決行建白の為め、去る十日、栃木町島源楼に各村重立ちたるもの数十名の相談会を開きたるに、何れも大賛成にて忽ち十数名乃至数十名の数九ケ所に出来し、目下調印取纏中」[60]といわれている。郡内を数区にわけ運動の積極的推進者を中心に賛成者を勧誘し捺印をとり、代表者が県庁へ出頭して元老院への進達を願い出るか、または添書をもらって直接元老院へ出頭し建白するのが当時の一般的な運動形態であった。

条約改正反対運動の場合も同様で、中止建白の場合「栃木県にては全県を十二団に分ち、各団より一通の中止建山をなす」[61]こととされているが、この十二団とは河内郡五団、芳賀郡四団、上都賀郡二団、宇都宮青年有志の署名を集めるうえでの一二単位であった。もっともこの分担区域は大同派の本拠地下都賀郡が除かれているので、実際はより多くの建白が予定されたものと思われる。このように基本的には中止・断行建白とも県ないし郡を区分して署名集めを担当したが、とくに安蘇郡では「一新町村毎に平均一、二通づつの割合」[62]で提出するほどといわれており、町村民に密着することにより建白件数の増加がはかられている。犬伏町鐙塚の⑯の場合、大字単位で「通俗教育談話会」[63]が開かれ建白が決定されている。したがって署名方法は演説会または懇親会の場所ないしはその団結を利用して行なう場合や、有力者が勧誘する場合のほか研究会（自治制、教育、経済）が利用される場合があった。基本的には上からの掌握方式なのである。

これら運動の推進者と署名者の性格についてみてみよう。中止建白の先頭に立ったのは、「各郡の重立たる県会議員十数名、常置委員の過半数及び代言人豪農豪商等」[64]である。「町村長」でもあるという。その署名者は下野倶楽部芳賀支部の建白の如く、大同派を中心としたことは言うまでもないが、なかには梁田、足利郡の建白の如く、署名者四〇余名の「其党種を分析すれば関東会員、東京倶楽部員、立憲改進党員、改進政学会員、改進主義賛成者（中には田中正造氏を国会議員に選出せんとして調印せしものもある由）、改党外者の六種」[65]の人々を包含する場合もあった。ここで改進政学会とは明治一五年中節社の解散後、田中正造によって組織された改進党の下部組織である。関東会、東京倶楽部員とは大同倶楽部系の足利農商倶楽部に結集する人々のことであろう。この大同派を軸に改進党関係者までまきこんで署名が行なわれたことが指摘されているのである。

このことは断行建白の場合についても言える。那須郡親園村有志の場合、「連署の有志三十二名は村長、村会議員、区長其の他豪農等にて、三名を除くの外悉く政党外に存る人々[66]」と言われており、また佐野町では町村制研究会に結集した人々を中心に一、二回の建白が実現したが、「又々中等以上の人々中、多くの賛成者を得て、今回更に第三号の建白を起草[67]」している。これには佐野町に事務所をもつ明治倶楽部員八〇〇人、佐野経済会員一〇〇人（または四〜五〇〇人とも言う）が賛成者であるという。

ちなみに尾崎平吉を総代とする断行建白⑩と田沼町有志の建白㉞署名者の性格をみると第7表のようになる。いずれも各町村の中農以上の人々で改進党および改進政学会員を中心に旧自由党員も含んでいる。明治倶楽部員の名簿がわからないので何人が断行建白に著名したかは明らかでないが、全体が建白賛成とはならぬまでも署名した人々は少なくないと思われる。たとえば明治倶楽部は幹事会を開き、巡回演説の開催、専任巡回委員の選出とその派遣、安蘇、足利、梁田三郡総会の開催などを決定したが、早速条約改正問題の高揚に応じて開かれた巡回演説会の初回は常盤村仙波で、続いて氷室村で開かれている。この結果、両村での明治倶楽部への加盟者は一〇〇名（一説に八〇名）に達し、改進主義の常盤倶楽部の結成をうながしている。これらの村々での断行建白㉗はこの明治倶楽部員と一八、九名の改進党員が中核となったようである。その限り安蘇部においては改進党勢拡張のための明治倶楽部の結成は、その運動に同調者として吸引しえた点で実質的に成功したのである。

だが条約改正問題と政党運動との関連でみれば、梁田、足利郡の改進党員および改進政学会員の一部が旧自由党系

第7表　断行建白署名者の性格（判明分のみ）

	赤見村有志者 ⑩	田沼町有志者 ㉞
改進党員	10	11
旧中節社員	6	10
改進政学会員	10	5
旧自由党員	0	5
その他（含明治倶楽部員）	8	57
合計	22	79

（注）判明者のみ　但し同一人のダブリを含む
明治22年「条約改正決行ヲ請フノ建白書」『川俣家文書』
明治22年「条約改正決行ヲ請フノ建白」『島田家文書』

の大同派の中止建白に同調したように、また安蘇郡内の旧自由党員が断行建白に同調したように、すでに強固な政党基盤が形成されており、そのうえで建白運動が展開したのではないことである。この条約改正建白運動は一〇月一八日の大隈遭難を経て中止論が現実的問題となってゆくが、この過程で栃木県では旧自由党系の下野倶楽部の組織化がすすみ、会員は二、〇〇〇余名に達したとされている。この会員膨張は上都賀郡や足利、梁田郡での入会者によって担われている。つまり「此鹿沼は栃木県下第二の改進党地なるが、相場領平氏等の尽力にて此度同地より一度に二百七十六名の入会ありし由、又た梁田、足利両郡は安蘇郡と共に県下第一の改進党地なりしが、是も野島幾太郎氏の奔走にて、今度一度に百五十名の加盟あり(68)」といわれるのである。建白運動自体が他党員を包摂する傾向をもつと同時に、運動の趨勢がまたその離合を決めることになる。数カ月後の衆院選において田中正造が改進党員および明治倶楽部員数より選挙の楽勝に安心しきっているふしがみられ、事態の厳しさにひきしめを計るのもこのような背景があるからであろう。改進党による明治倶楽部の設立は意図通りに社交的親睦団体を通じての改進主義の伸長に機能しながらも、運動自体の本質――条約改正問題に対する考え方や来るべき選挙への立候補予定者への心理的地域的親近性などに応じて切り崩される側面も持ったのである。

なお、条約改正中止・断行の両建白運動に動員された県下有志の性格に差異はみられない。明治一〇年代後半の自由・改進党の地方的基盤の形成の延長的側面をもち、ここで決定づけられた枠組みが地域的にはより広く、階層的には豪農層のリーダーシップによる中農層への広がりをみせる時期である。この運動の過程では梁田郡の場合のように、「曩きに同郡県会議員及び町村長、豪商農等上流の人々条約改正断行建白書を捧呈せしかば、中等社会一般の公望は未だその筋へ達し居らざればとて、今回は中等以上の精神家財産家等大に憤起して、更に決行建白書(69)」が作成されているのである。

栃木県改進党員の間宮清十郎は東京新富座における全国改進党員の政談大演説会において、栃木県下の条約改正論の現状を、「条約改正断行論は中等以上の人皆之を主唱して全県下の輿論となり、只財産なく名望なく智識なき輩のみ中止論を唱道せり[70]」と述べて、この傾向は単に栃木県のみならす全国的様相であると、条約改正の早期断行を主張した。このような主張は中等社会に地方輿論の但い手を求める改進党結党以来の伝統的思考[71]によるものであろうが、現実には中止論者と断行論者のあいだの社会的性格の差異はなくなりつつあったとみるべきであろう。その限り、改正建白運動は党派的運動として展開したという性格が強いのである。

5 建白内容の特質

条約改正建白運動をめぐる賛否両論に関する従来の研究史が教えるところは、改正中止派の論拠のみである。わずかに触れられる賛成派＝断行論は、産業資本の理論的代弁者としての田口卯吉の大隈改正擁護論から大ブルジョアジーの支持、すなわち政府支持が指摘されているのみである。中止派にしても基本は大井憲太郎の論旨につきている。それは①外人法官任用は国の司法権独立を損うこと、②内地雑居の許可は商工業の権が外人にうばわれ国防上危険ともなるので、法権税権とも完全完復し、日本の経済力の伸展が行なわれるまで雑居すべきでないとする二点である。これら中央における代表的な二人の考え方はそのまま建白運動のすべてであったのであろうか。

栃木県の場合をみておこう。田中正造は断行建白がようやく盛んになろうとする八月一二日、県会議員と滞在中の宇都宮より地元支持者の一人栗原喜蔵あてに「条約改正断行請願書草案、別紙の通り御送付候間、御添削御清書の上、御地各村有志御調印の上、火急御まとめ貴君御上京、外務大臣に御面会の上、御提出有之度[72]」と書きおくっている。この栗原はただちに指示に答えたとみえ、八月一九日には六〇余名の署名を得て県庁へ出頭している⑫。彼は上京して大隈外相に面会したか否かは不明であるが、この運動が大隈と密接な関係をもって推進されていたことを示すものといえよう。また運動の先頭に県会議員（田中正造は県会議長）が立っているように、中止断行派とも県議ないし県議クラスの有力者からその支持者に指示され、この手紙はそのうえに請願書草案まで与えられていたことを示している。

反対派が伝えるように、改進党系の断行建白運動が大隈──→有力改進党員（中央の新聞記者、代言人）──→府県改進党員（県会議員）──→地域的有力者（改進党員、町村長）を通じて署名の勧誘か行なわれて行くとすれば、建白を通じてもたらされる現実的効用を地域的有力者または署名者はどのように期待したかが問われねばならない。この場合具体的には建白書の作成過程と勧誘方法の内容が問題となろう。田中正造が指示した請願書草案がどのような内容で栗原らによってどのように添削されて提出されたかは不明であるが、在地に現存する建白書より検討すれば次のようになる。

現存する建白書は中止建白書一点、断行建白書六点である。後者のうち三点は全く同じ内容である。この建白書が田中正造の送付したものか否かは明らかでない。彼自身はこれと異なった建白書をのちに提出するのである。共通する三通の建白書の内容は不平等条約の撤廃を主張し、改正に際し新条約の旧条約より優れて実行すべきことを説く。この点を連合条約を国別条約にしたこと、治外法権の五年後の撤去、関税を三倍以上とし禁止税の随意賦課権を回復すること、大審院の外人法官任用は一二年後全廃すること等に求め、対等条約ではないものの現行条約案の旧条約に優れている点とする。誰も完全なる条約を希望するが、時と勢とをみれば不完全でも満足せねばならないこともある。果して二、三年後に対等条約を締結することができるのか、有害無益の現行条約は一日も早く除去すべきであるゆえ、断然改正を決行すべきであるという。いずれも中止論者のいう①新条約案は憲法に違反の条項がある。②内地雑居を行なうは外人に圧倒されるため反対である。③不動産を外人に所有させるは危険である。④外人法官を大審院に任用するは国権をそこなう等の論拠に反論しながら新条約案の有利性が主張されている。ほぼこの文脈は他の断行建白書にも通じており、純粋に条約問題自体について論じられており、中止論に触発されての断行建白としての性格が強い。これら建白のほぼ一カ月後に提出された田中正造の建白をみれば、幕末期に過激派より攻撃された開国派の井伊直弼、勝海舟の評価を通じて時勢に応じての問題の処理こそ功業の大なるを説き、理想論の処理できぬ現実の場から政府案＝大隈条約案の妥当性を主張する。その個別的な条文上の優劣の主張というよりは、全体的に総論的な過激論への反論が大隈案断行論として展開されているのである。[73] これら断行建白では改進党側の主張の強みともなっていた海関税増収による国家財政の補塡、そのための地租軽減という主張すらみられない。当時静岡県会議員は大隈より改正の利益として「此条約を改正せば海関税より四百万円の増額を為すべければ地租より尚四百万円の減額」[74] となる点を聞き勧誘するうえでこれを利用したというが、安蘇地方においては建白書の文面からはこの点はうかがうことはできないのである。

このように現実の運動面では比較的単調な条約改正論が展開されていたが、これに理論的な知識を提供したのは島田三郎であった。下野新聞は一一月一九日より付録全面に「明治倶楽部報告」を載せ、島田の条約改正論を連載している。これは毎日新聞に一一月三日より一六日まで連載されたものを転載したのである。この条約改正論は内地雑居論のほか憲法解釈論、外人任用利害論、法典編纂論などの法制論、条約改正の沿革略史、政略などの四本柱よりなっている。[75] これは改正断行派のものではもっとも包括的な主張であるが、時期的には建白運動が大隈遭難とともに退潮する時期であった。

以上の如き改正断行論に対する中止論は、安蘇郡では須永平重郎によって捧呈された建白書⑩のみが現存する。須永家は佐野で古くから水車業を営む豪商で、平重郎は元と称し三島中洲に漢字をまなび、明治二〇年に慶応義塾に入学し金王均、朴泳孝らと交際し、のち朝鮮改革運動に参画する人物である。中止建白は慶応在学中に個人的に提出されたものである。この建白書は提出時が一〇月一五日で、運動の後半時点であることもあって建白上の論点がすべて提起されている。

その中心論点は新条約では「彼ニ約スルニ条約実施ノ二年以内ニ民法商法訴訟刑法治罪法ノ五法典ヲ編纂発布シ、右五法典其他重要ナル法律規則ハ、英文ニ反訳シテ諸外国ニ通知スル事、十二年間外人ヲ大審院ノ裁判官ニ任用スル事、内地雑居及土地所有権ヲ外人ニ許可スル事」(76)などは、条約締結によって生ずる利益、すなわち海関税の三倍増収や五年後の領事裁判権の撤廃などの利益を上まわった損失となるという。法典の編纂は領事裁判権の撤廃を要求する手段として行なうものではなくわが国の慣習に応ずるべきで、外人任用も文武百官の任免を握る皇権を傷つくるものである。内地雑居も国内経済の攪乱に結果するが、それは「剰多ノ資本ト低利ノ資本」(77)などで国内産業を破滅させるものとみる。法的にも経済的にも主権を危機におしやり、新条約は現行条約以上の危険性をともなうものという批判が展開されている。

この主張にみられる内地雑居と土地所有権の許可が外国資本による日本経済の従属を決定するという見方は、そのためのわが国の自立不能→国権の損傷という論理で展開されることなく、元老院・天皇に対する建白であることもあって、皇権の損傷→憲法違反→わが国自立の不能という論旨が一貫として主張されていることである。民権伸張よりは主権在君的発想にまきこまれた主張となっている。とは言え在世における中止建白への署名が外国と内地経済との関係て把握されて行なわれている場合も多い。たとえば桐生の実業家の中止建白は新条約案によれば、「到底織物営業を維持し難」(78)いとする認識の結果であった。明治初年以降の外人による低価な南京繻子、窓掛、机布、手布、肩掛などの輸入が国内産の製品を圧倒し、その挽回ができぬうちに内地雑居を許すときは、競争は完全に不可能となるという認識に支えられているのである。このような考え方が地続きの足利や佐野の機業家の中止論者にも共通していたであろうことは想像に難くない。

大同協和会系の中止論の根拠も、製糸資本としてのみではなく織物資本にもみることができる。だが、足利や佐野とも中止論より断行論者が多く、各々の署名における生産上の性格の差は認めがたいように思われる。地方のブルジョア的発展を基礎とする条約改正反対運動とのみは規定しえないのであって、むしろ基本は翌年の衆議院総選挙へむけての党争的性格を強くもったものといえよう。

須永や機業地にみられる中止論のこのような性格が、栃木県全体の反対運動と具体的にどのようにかかわり合うかは明らかではない。以上にみた中止・断行両面の基本論旨を、当時の要約によって全国的動向との関連でみれば第八表のようになる。改正案は大隈案のことである。この案によれば全項が外国の利にして日本の利益がないようであるが、実際は「十二年の苦痛を以て無限の苦痛を買ひ得るもの(79)」である。一二年後には(5)の如く外国、日本ともに損得なきこととなり、(3)の対等条約と同様なものとなる。中止論の主張は当時の中止論者の一般的主張を要約したものである。これは日本の不利益はことごとく今日に除去し、外国人の利益は日本の都合によって与えよとするもので、反対論者からすればまさに各条約国と日本が戦争し、これを屈服せしめたるのちの戦勝国からする条約改正でもなければ実現しない「ユートピア的妄想(80)」となっている(81)。

ここでは三大事件建白運動にみられた言論集会出版の自由、地租軽減、条約改正問題のうち前二者はすでに問題となっていない。民権要求の後退と無関係ではないのである。当然のことながら「一昨年の事を手柄気に述立つる一派の人々(82)」、つまり旧自由党に対する反対派＝改進党からは、彼らは何故に三自由と地租軽減の要求をしないのかとする批判が集中する。三大事件建白期の状況と客観的に変化のない当時において同様の建白をなしえぬ原因を、新条約実施にともなう関税増加分四〇〇万円と関税保護下に生み出される国内営業者よりの増収分三〇〇万円の合計七〇〇万円の新歳入を捨てざるを得ないこと、その過激、暴力的運動よりする三自由の要求があまりにも自己矛盾を生じているために提出しえない点に求められている。

この理由の後者はともかくとして、前者の関税増加による国家財政の補填、そのための地租軽減という図式は改進

第8表　条約改正中止・断行論利害表

(1)現行条約	(2)改　正　案	(3)対策条約	(4)中止論者の主張	(5)改正案実行の12年後
①領事裁判所を実行し日本法律に従はず {日本人の損 外国人の利	①イ）5年間領事裁判持続 ロ）12年間外国裁判官任用 ハ）新法を反訳し外国人に知らしむ {日本人の損 外国人の利	①互に司法権をもつ 損得なし	①イ）直に領事裁判権廃止 ロ）外人法官任用は憲法違反 ハ）内国法を外人に示すは内政干渉を許すもの {日本人の利 外国人の損	①互に司法権をもつ 損得なし
②海関税の制限 {日本人の損 外国人の利	②なお12年間海関税制限す {日本人の損 外国人の利	②互に海関税もつ 損得なし	②直に海関税制限廃止 {日本人の利 外国人の損	②互に海関税権もつ 損得なし
③外国人の内地雑居不許可 {日本人の利 外国人の損	③雑居の自由 {日本人の損 外国人の利	③互に雑居を許可 損得なし	③内地雑居を不許可 {日本人の利 外国人の損	③互に内地雑居を許可 損得なし
④特許以外の旅行不許可 {日本人に損得なし 外国人の不便	④旅行の自由 {日本人に損得なし 外国人に便利	④互に旅行の自由を与う 損得なし	④旅行の自由 {日本人に損得なし 外国人に不便	④互に相互の自由を与う 損得なし
⑤動産不動産所有権なし {日本人の利 外国人の損	⑤動産不動産所有権の認可 {日本人の損 外国人の利	⑤互に動産不動産所有権認む 損得なし	⑤動産不動産所有権の不認可 {日本人の利 外国人の損	⑤互に動産不動産所有権を与う 損得なし

党の一貫した主張であった。条約改正のための手段として地租軽減を主張するきらいのある報知派に対し、地方的基盤をもつ毎日派は、より地租軽減に期待していたことは言うまでもない。とは言え彼らもまた条約改正にともなう資本と知識の輸入がまず商工業の繁栄をもたらし、地租軽減はそのもとでの農業の利益として期待されたにすぎない。条約改正問題をもっぱら国権損傷問題として反対する保守派はともかくとして、国権問題として述べながらも地方的経

済の混乱を指摘する旧自由党派は、その混乱を内地雑居にともなう外人による土地所有権の独占と外資導入による地方産業の没落として懸念する。つまり地主的立場と地方的小産業の担い手としての立場からする反対論となる。ほぼ同じ階層を支持基盤とする改進党の、とくに毎日派とこれら旧自由党派との差は、当時の日本資本主義をどのようにとらえ、地方的産業を如何に位置づけるかにかかわっていた。

6　むすび

大同団結運動はこの時期、改進党に敵対することによって旧自由党は反動的保守派と結んで展開された。谷干城、三浦梧楼の統率する国粋保存派もしくは日本主義派、鳥尾小弥太の率いる保守中正派、九州団体別派の福岡玄洋社、熊本紫溟会と大同団結右派の大同倶楽部と、同じく左派の大同協和会は一丸となって改進党に対し、条約改正という「国事の問題を挙げて党派問題」[83]とした感があった。そのため改進党はいきおい条約改正賛成論を通じて大隈弁護の性格を強め、反対派の主張する「御用政党」的役割を果すはめとなっている。このことは同党に対し、ときの政府が改進党による組織でない以上、改進党は政府党ではないはずであるとして改進党の政府側へのとりこまれに注意する主張もみられる。「一の大隈伯の為めに全党を犠牲として自ら政府の弁護者」[84]となる愚かさが忠告されている。大隈入閣に際して表明された報知派の立場、すなわち国家人民の利益を基準として政府の処置に是々非々の態度で臨む主義からして、大隈に関する態度も同様とする立場の再吟味が要請されるのである。政府内の有識者と在野の有識者との連合をめざす改進党の連合のあり方が、まえに報知派の政党依人論と毎日派の改党依主義論とのかかわりとして問題にされているのであって、その場合大隈という個性と主義とが報知系や毎日系の地方有志にどのように意識されていたかが重要となる。

当時、政治社会に勢力を有する三党派は自治党、大同団結派であった。自治党員は「社会の上流にある豪商豪農」で、「地方の農工商の事業に於てその利益をし占有し（若しくは壟断し）、地方の生産上の勢力を握るもの」[85]、つまり地方の上流社会人であり、改進党員は中等社会のうちでも「幾分か豪商豪農に偏」在し、大同団結派は同じく中等社会のうちでも「概ね恒の産なく恒の業なき専門政治家」、いわゆる有志家、壮士が多い。

松方デフレ以後、綿糸紡績業を先頭とする近代的機械工業の展開は、条約改正の中心課題としての海関税問題はもちろん、地方機業および産業界全般の編成替えもおしすすめることになった。この過程で同じ地方経済の担い手として競合し、あるいは重層的関係にある自治党員ないしその同調者と、改進党員ないしその同調者とは、政治的にも重層化する性格をもっていた。このことが改進党自体の、またその地方的基盤の変化を招来する原因となる。

また、一方では旧自由党系の大同団結運動とその性格も変化させることになる。大隈負傷にともなう改正中止派の優勢のなかで、ともにたたかった大同団結派の保守派と旧自由党とは、再び分離することになったが、後者自体はやがて大同倶楽部派、大同協和会系の自由党（再興）、また愛国公党系にとそれぞれ分立するのである。これらはやがて庚寅倶楽部に統合されるが、この分裂と統一とは主義やそれを構成する倶楽部員および党員の性格の差異を根底としたものではなかった。彼らによって再び地租軽減、民力休養が主張されるが、それらは一〇年代の主張とは異って、デフレ期を通じて転成しつつあった地主層の軽減要求として述べられたものであった。改進党のとくに毎日系の地方的党員がそうであったように、自由党員もまた産業構造の編成替えのもとで性質の転換を強いられたのであって、条約改正問題はまさに有志者＝運動推進者の性格転換期に、国権的色彩の強い党派問題として展開されたのであった。改進党の地方的基盤となる豪農層が、自生ブルジョア的性格を大資本のもとに編成替えするように、自由党系の人々もまた地主的政党への色揚げをする党派政争として条約改正問題は利用された側面が強いのである。

（1）井上清『条約改正』（岩波新書、一九五五年）
（2）庄司吉之助「大同団結運動の経済的背景」『商学論集』二七―一、庄司吉之助「大同団結と政党成立」、遠山茂樹、堀江英一編『自由民権期の研究』（有斐閣、一九五九年）第三巻　一四一頁
（3）庄司吉之助　前掲書
（4）兼近輝雄「明治一九年から二三年にいたる政党の連合運動について」上『社会科学研究』一九―一一
（5）「郵便報知新聞」明治二〇年一月二七日～三〇日、二月三日～五日
（6）伊藤隆「明治一七年～二三年の立憲改進党」『社会科学の基礎問題』下巻所収。六二三頁
（7）『明治政史』上　五〇七頁
（8）明治一八年「公文付録」『元老院建白』国立公文書館、以下同
（9）小山博也「条約改正をめぐる初期政党」『論集日本歴史』一一「立憲政治」所収　一四四頁
（10）海野福寿、渡辺隆喜「明治国家と地方自治」『大系日本国家史』近代Ⅰ（東京大学出版会、一九七六年）
（11）明治一九年「改進党ニ関スル探聞書類」『三島通庸文書』国会図書館憲政資料室
（12）明治二〇年二月二八日「矢野文雄の談話」『三島通庸文書』憲政資料室
（13）明治二〇年三月二一日「改進党員失野文雄ノ談話」前同
（14）明治一九年一二月二九日「改進党員藤田茂吉ノ談話」前同
（15）明治一九年一二月二九日「改進党書記原弥一郎ノ談話」前同
（16）前同
（17）明治一九年一二月二二日「改進党員島田三郎談話」前同
（18）明治二〇年「浅草鷗遊館ニ於テ開催シタル改進党大会ノ景況」前同
（19）注（17）に同じ
（20）、（21）『自由党史』下　岩波文庫　二七九頁
（22）「国民之友」第一四号　明治二一年一月二〇日　時事欄

(23)『自由党史』下　二七九頁
(24)同、二八四頁
(25)『自由党史』下　三〇三頁
(26)同　三〇九頁
(27)「東雲新聞」明治二一年四月一一日社説「農族諸君に告ぐ」
(28)小山博也、前掲書　一四八頁
(29)『自由党史』下　二八九頁
(30)「国民之友」第三四号、明治二一年一一月一六日、以下同
(31)「読売新聞」明治二一年九月二三日
(32)「東京輿論新誌」三六二号「読売新聞の政党論」明治二一年九月二六日
(33)明治二一年九月「改進党矢野文雄カ地方党員ニ送リタル書面ノ大意」三島通庸文書　前同
(34)伊藤隆　前掲論文
(35)「朝野新聞」明治二一年八月十二日、雑報「明治倶楽部」
(36)兼近輝雄「立憲改進党の倶楽部組織について」河原宏編『政治の思想と歴史』(内田繁隆古希記念論文集、一九六三年)所収
(37)、(38)「国民之友」第三九号「改進党運動の現状」明治二二年一月二二日
(39)「東雲新聞」明治二一年一一月九日寄書「政社と『クラブ』との区別」
(40)これら結社は当時の毎日新聞、朝野新聞、東雲新聞、国民之友、絵入自由新聞などから抽出したものである。その他「東京公論」、「時事新報」、「東京日日新聞」のほか鳥海靖「帝国議会開設に至る『民党』の形成」(『論集日本歴史』一〇「自由民権」所収)を参照した。
(41)「絵入自由新聞」明治二二年七月一六日雑報
(42)「東雲新聞」明治二二年七月二一日付録「大隈邸の会議」

(43) 「東雲新聞」明治二二年八月九日社説「御用建白」
(44) 「東雲新聞」明治二二年七月二三日雑報
(45) 「東雲新聞」明治二二年一〇月一二日雑報「中止及断行の建白」
(46) 「毎日新聞」明治二一年一一月一日社説「立憲改進党員運動の方針」
(47) 「毎日新聞」明治二一年一〇月三一日雑報「鹿沼駅同志懇親会の景況」
(48) 「朝野新聞」明治二一年一二月一二日雑報「下野通信」
(49) 「朝野新聞」明治二一年一二月二日雑報「下野同志会の景況」
(50) 「上毛新聞」明治二二年六月一九日「栃木県の政況一斑」
(51) 「義人全集」白叙伝書簡集、四六二頁
(52) 「毎日新聞」明治二一年一二月一四日雑報「栃木県下の結社彙報」
(53) のちに栃木県では下野新聞社より「明治倶楽部員報告」なる新聞が付録として条約改正建白の時期に発行されている(県史編纂室調査、下野新聞)。このことより下野明治倶楽部の存在は確認できるが、組織活動状況は明確でない。当時。栃木県の改進党は県会議員を中心に「横尾派田中派と去る頃より二派に分れ非常の軋轢ありしが、今回の場合、中間喧嘩の時節ならずと頻りに仲裁」(「朝野新聞」明治二一年一二月一二日　雑報)が行なわれた時期であり、毎日系の田中派と報知系の横尾派とは対立する場合が多く、ために明治倶楽部の組織化も一様ではなかったと思われる。
(54) 明治二二年三月二四書簡、『佐野市赤見吉岡ノブ家文書』
(55) 「毎日新聞」明治二二年九月一五日雑報「条的改正決行の建白」
(56) 「下野新聞」明治二二年五月二九日雑報「明治倶楽部の発会」
(57) 当時の安蘇郡における改進主義者の現状につき、田中正造は明治二一年一二月段階で「安蘇郡中には二百余名の改進主義の人有之」(「義人全集」自叙伝書簡集　四六二頁)と述べている。このうち何人が改進党員として正式に登録していたか明らかではないが、県全体の党員二〇四名のうちでもその多くの部分が安蘇郡地方に分布したであろうことが推測されよう。明治17年当時、栃木県下の改進党勢力は四〇〇余名、その半分二〇〇余名は安蘇郡に集中していた(第三

章「下野中節社と自由民権運動」)。
(58) 年月不明、書簡、田沼町栃本『川俣磯八家文書』
(59) 「下野新聞」明治二二年五月一一日雑報「大同団結派の模様」
(60) 「毎日新聞」明治二二年八月二二日雑報
(61) 絵入自由新聞、明治二二年一〇月一三日雑報「十二団」
(62) 「毎日新聞」明治二二年八月二二日雑報「条約改正断行の建白」
(63) 明治二二年八月三日「通俗教育談話会諸費扣」佐野市鐙塚町山崎正家文書
(64) 「絵入自由新聞」明治二二年八月一八日雑報「栃木政況」
(65) 「絵入自由新聞」明治二二年九月一九日雑報「条約改正中止建白」
(66) 「朝野新聞」明治二二年九月二七日雑報「条約改正断行の建白」
(67) 「毎日新聞」明治二二年九月一五日雑報「条約改正決行の建白」
(68) 「絵入自由新聞」明治二二年一二月五日雑報「政治熱の沸騰」
(69) 「毎日新聞」明治二二年九月一五日雑報「条約改正決行の建白」
(70) 「東京輿論新誌」第四一五号「時事」明治二二年一〇月三日
(71) 改進党時に輿論の担い手とされた中等人士とは主に地方における資本主義的発展の担い手としての豪農層である。条約改正建白運動の段階においては、市制町村制の発布による地方自治の担い手として公民層が設定されたところから、この層までをまきこんで用いられるようになったと思われる。ただしその地域の豪農商層に指導が期待されていることは言うまでもない。
(72) 『義人全集』自叙伝書簡集　三〇頁
(73) 『佐野市史』資料編三、近代　二三九頁
(74) 「東雲新聞」明治二二年九月一〇日　雑報、「斉に事んか楚に事んか」
(75) 「下野新聞」「毎日新聞」『島田三郎全集』第二巻

(76) 明治二二年一〇月「条約改正中止建言」、佐野市立図書館、須永文庫
(77) 前同
(78) 「下野新聞」明治二一年一〇月一〇日雑報、「桐生実業家の意見」
(79) 「明治の輿論」第二三号、論説
(80) 前同
(81) これら改正案に対する当時の諸主張を区分すれば、反対論者は法典の編纂、内地雑居を認めながらも、一二年間の外人裁判官の任用、海関税の不公平の継続、土地所有権の許可を不可とする中和派、外人のための法律編纂を不可とし内地雑居ほかすべてを認めない過激派、条約改正の任にあたる大隈と改進党に対抗意識をいだく雷同派とにわけられるが、須永の主張はさしずめ過激的雷同派とでも言えるものであった。一方断行論者は難事たる条約改正を井上案に比してよりよく改正した大隈への称讃的弁護派、いまだの不充分さを認めながら、段階的進歩を認める賛成派、条約改王交渉の数次にわたる中止が及ぼすであろう対外関係を考慮し、一二年間を堪えしのぼうとする忍耐派、改進党の首領としての大隈に期待し大隈・改進党ともに弁護する雷同派などに区分されるが、これによれば安蘇地方の断行論者は賛成的雷同派であったとみられる。「曾て前外務大臣の条約改正に反対したるもの」(憲法雑誌第一八号「条約改正得失比較表」)は、早稲田＝大隈直系、つまり報知派と異なる御義理合派(改進党首領としての大隈への援兵派)に多いという。賛成的雷同派はまた御義理合派でもあったのである。
(82) 「東京輿論新誌」第四〇六号、社説、明治二二年七月三一日
(83) 「国民之友」第五八号、「改進党・大同団結派を論じて条約改正に及ぶ」
(84) 「国民之友」第六五号、「改進党に忠告す」
(85) 「国民之友」第六五号、「改進党自治党及び大同団大結」。以下同

第7章　地方自治論と市町村制

1　はじめに

本章は明治二十年代前後の地方自治論の特色を、新聞・雑誌を素材として、市町村制との関連において明らかにすることを課題とする。とくに政府の地方制度変更の動きに対応する在野勢力の立場を明確にし、初期議会期の民党勢力形成史の一側面を描くことを意図している。この課題の解明をつうじて、当時の反政府勢力の理論と行動を、地方制度にそくして明らかにしようと思うからである。

明治二十年代初頭の地方自治問題に関しては、制度史的研究から実態史まで、若干の蓄積をもっている。これら研究の詳細な検討は紙数の関係で後日に譲らざるをえない。

2　地方制度改良論の特色

明治十六年十二月、内務卿に就任し、明治二十三年五月、府県制・郡制の公布をもって内務大臣の椅子を去るまで、一貫して近代地方制度の確立に中心的役割を果たした山県有朋は、新制度実施にいかなる意味をみいだしたのであろうか。

彼が制度改正に積極的に取り組んだ根本は、すでに説かれているように、国会が開設されれば「人民争フテ権利ヲ主張シ、併セテ義務ヲ免レントスル現況ニ陥ル」（『府県制度資料』上巻、二四三頁）ことを恐れたからであることはいうまでもない。それゆえ権利の主張にさきだつ義務の確定という立場にたち、改正の要点は、必然的に国家的見地からする自治の決定（＝限定）という基本的特質が付されることになった。

彼の自治観は、明治二十二年十二月、彼が内閣を組織した直後、全国地方長官に発した訓令によく表われている。山県によれば「治道ノ要ハ平易ニシテ民ニ近キ上下阻隔スル所無ク、法律規則ノ外ニ於テ靄然トシテ親和スル所」（『大森鍾一』一二三頁）にあった。それゆえ「一県一郡又ハ一村ニシテ却テ中央ノ政論ニ熱心シ、其選挙又ハ会議等ヲ機トシテ党派ノ争論ヲ聞ク事」（同）は断じて許されない。彼はこのような弊害を除くことを地方官に期待した。地方官は「宜シク屹然トシテ中流ノ砥柱タルベキノミナラズ、亦宜シク人民ノ為メニ適当ノ標準ヲ示」（同、一二二頁）すものでなければならなかった。けだし「行政権ハ至尊ノ大権ナリ、其ノ執行ノ任ニ当ル者ハ宜シク各種政党ノ外」（同）に立ち、公正な方向をとる重任に耐えねばならなかったからである。

すなわち、ここでは地方政治における政党政派の排除を強調し、地方官は超然的態度をもって天皇委任の行政担当者として、愚昧の民を善導する専制的官僚的政治観をのべている。それゆえ彼にとっての地方自治とは、国家権力によって委譲された一定地域の小事務を、国家および地方官僚の監視のもとに、みずからあるていどおこなわせるという意味での、限定された自治にすぎず、町村は「靄然トシテ親和」せる非政治・非政党化された伝統的自然村が前提されていた。

このような意図を充足するものとして、政府は新地方制度を準備し、市町村制、府県郡制として公布する。

このような政府案にたいし、つぎに市町村制公布にいたる過程での在野勢力の地方制度改良案についてみておこう。

当時の世論の中間的立場にある改進党左派系の地方自治論を検討すればつぎのようになろう。

地方自治における自治権には、①地方固有の共同事務……道路・橋梁・街燈・引水等、②法律命令の範囲内において施行すべき共同事務……教育・衛生、救貧等、③国家委任事務……徴兵・国税・警察・監獄等が包含さるべきである。とくに注意すべきは自治の本義を完うするために、警察事務は地方団体が管理し、かつこれと密着する監獄事務も地方に委譲されねばならない。これら行政事務を処弁するため、地方団体には規約制定および命令発布権を与え、あわせて司法権の一部も委任すべきである。それゆえ、地方団体の確定する法律や民間の情理に訴えて習慣にただす勧解裁判のみならず、各自治団体間の、あるいは個人と自治団体と、あるいは上級の自治団体と下級のそれとのあいだの、また自治体内各機関のあいだの権限および処分をめぐる争いを解決するための行政裁判所が必要である。

自治体の機関は「代議共和政躰」（上野岩太郎『地方制度』「政治一斑」所収）とし、首長は公選し、議政権は民選議会に一任する。このようになると地方自治団体が独立し、政府と対抗する姿となるが、政府には監察権があるので憂うることはない。政府が自治体を規制するには訓戒、監察、報告の三権のほか強制権を有するが、強制権は非常のさいに限らねばならない。地方団体には以上の諸権限が保障されてはじめて最大多数の最大幸福を得ることのできる平民主義が発達する。

そこでわが国の地方制度の改正は、旧来から存続する郷村の自治的性格を踏まえ、府県にまでおよぼすべきで、英、仏、孛（プロシア）制を模倣して形態の完全を期す必要はない。そのため改正の要点の第一は、自治団体の執行機関は独任制とし、一人の行政首長に責任を委ねる方法がよい。これは現行制度であるが、事務遂行に有利であり、マイナス面の事務の専決を一人に委任することより生ずる専断的弊害は「代議会の権限を拡充し、常置委員に付するに監視の権を以」（同）し、議会と双方で職権濫用をチェックすればよい。

改正上の第二点は首長の性格である。自治制において首長は名誉職であることが外国の一般例である。地方費節減の方策であるこの制度は、貴族はじめ閑人の多い英国ならばいざ知らず、日本には不適当である。もし名誉職にすれば、門閥の弊風を生じ自治の発達を阻害するばかりか、かえって彼らを補佐する専任職員を多くし、地方費は節減どころか増加するので、日本では有給法が適当である。

第三点は改革の着手順の問題である。プロシアでは郡を中心とするが、日本のばあいは府県の自治体化を第一にすべきである。府県を第一級、都市（一万人以上）・郡区を第二級、町村を第三級の自治団体とし、おのおののあいだに事務が配分さるべきだが、その理由は、今日わが国人民のもっとも切望するは町村より府県自治である。府県自治が確立すれば下級自治体、とくに町村はすでに政府の干渉を免れることができるからである。

第四は、とはいえ町村は国家の基礎であり、じゅうぶんに自治が与えられねばならない。現在の連合戸長制は町村自治を害するが、いっぽうにおいて町村が狭小、貧弱であることも事実なので、多少の町村の連合はやむをえない。しかし、各町村は自治体とし町村固有の事務を担当し、町村会を設置し町村費を徴収する。町村には惣代をおき戸長の監督に服す。戸長は戸長管区長として国家委任事務ないし、法律の範囲で施行する事務を管理する。そのため戸長管区はやや行政区とし、純然たる自治区の町村と二機関があいまって運用されるとき、現在の町村は純然たる自治体になる、という。

第五は知事および郡区長・戸長の人民公選の問題である。吏員が政府の代官ならば、人民は直接の干渉をこうむるので、かならず公選にすべきで、「地方行政首長の公撰は実に我が地方自治組合の生命」（同）である。この公選は直接でなく議会による複選がよい。

第六は府県会および町村会の権限拡張の問題である。議会は行政官と同等の地位に立ち、地方団体の事業および支出のための租税とその徴収法、公有財産の売買、立法の制定のほか首長の執行を監視する。あわせてその実行について忠告するほか、監督庁の同意を得て弾劾権をもたせねばならない。議会はそのなかより常置委員を選任し、首長の諮問に応えるとともに行政吏員の監視もおこなう必要がある。

第七は選挙法の問題で、選挙法を改正し三級選挙法を採用する。そのばあい、区町村は区町村費、府県は地方税の多寡をもって被選挙権、選挙権を与え、選挙人総納税額の三分の一に達する上位納税者をもって一級とし、次の三分の一納税者をもって二級とし、以下を三級とする。各級はおのおの同数の議員を選挙する。そうすれば上中下階級の人民その権衡を得、「自治の機関をして下等人民の手裡に放任」（同）しなくてよくなるという。

このような意見は、当時の在野勢力のなかでもっとも体系化された典型的自治論であった。その特質は以下の点にある。

まず第一に執行機関としての知事、郡区長、戸長の公選要求である。国家官僚による統制の排除が意図される。第二は地方議会の権限拡張による自治拡大の要求である。これは首長の監視権、弾劾権の保持とともに独断専行性の排除も意図されている。第三は地方経費の増大を招く無給職の排斥と有給職制の採用の主張である。第四は地方自治団体への警察権、監獄事務の帰属を、第五に地方自治上の紛争解決に行政裁判権の付与を主張し、第六に政府による地方の規制を有効ならしめる強制権も非常時に限るなど、まったく山県的地方自治に対立する内容となっている。

にもかかわらず、①等級選挙制の採用、②首長の複選制、③府県自治の早期確立の主張に、この自治論の中等社会中心志向が読みとれるが、とくに④町村自治における戸長管区制と町村との重層構造的把握のなかに、伝統的自然村の制度化に曖昧性を残すことになった。とはいえ、町村税納入住民全員に選挙権を与え、自治的性格を維持した必要限度の町村合併のうえに、惣代中心の町村運営を獲得しようとするこの案は、たんなる伝統的自然村の枠内にとどまらず、自治の基礎としての地位を確定するものであったことはいうまでもない。このような地方自治論が、部分的あるいは相当の体系性をもって繰返し主張されていたのが明治二十年ごろまでの状況であった。

3　改進党系勢力の市町村制論

明治二十一年四月十七日、政府は法律第一号をもって市制（七章一三三条）・町村制（八章一三九条）を公布し、同月二十五日付官報に記載した。

自治制の公布近しと待っていた民間諸勢力はこれを機にさっそく論評を加えている。まず改進党系勢力の市町村制にたいする評価をみれば、総じて彼らは肯定論であり、右派ほど賛美論であった。賛美的肯定論の主なるものは読売新聞や郵便報知新聞である。だが、それらもさすがに国権に従属する地方自治には反対する。しかし地方自治が国家の団結を破ることを恐れ、国家を一方的に重視しないという意味で「政府と社会との結合制」（読売、明治二十一年十一月九日社説）としての地方自治を説くことになる。この立場からか読売はまったく評価を加えずに市町村制の条文解釈に終始し、郵便報知は肯定的評価のなかで、市長の民選制、市町村税の制限などに希望をのべているにすぎない。そして町村自治区設定には町村合併が必然となるゆえ、市町村制公布から実施までの一年間は、人民は官と協議し改進をもって適正化をはかることが期待されている。

これにたいし、おなじ肯定的評価ながらよりきびしく論評したのは、おなじ改進党系でも左派系勢力であった。この派の地方自治に関する典型的立場は前節にみたとおりであるが、市町村制との関連で若干の相違をみれば、東京輿論新誌は郡区廃止論、市自治制創設を説いている。地方官・戸長の公選制、議会権限の拡張はおなじく主張されたが、郡区役所は府県と町村のあいだに介在する事務上の「取次所」にすぎず、独自の財政基盤もなく経費のみ増大させる元凶なので、郡区自治制は不必要というのである。地方自治は府県自治、都市自治、町村自治に限定するこの主張は、この派の他紙でも説かれている。

市町村制において公認された無給の名誉職制は、門閥主義の助長として、また地方財政の増加の原因として反対する。無給名誉職でありながら政府より監督されることにも批判が集中し、政府の統制、監督は認めながらも、それを知事・郡長にでなく町村会に弾劾権は与えることによっておこなうべきことを朝野新聞は主張する。おなじく人民に吏員監視権を与えるという主張は新潟新聞などにもみられる。行政的統制に加え、地方自治の生殺与奪の権を握る警察は、真の自治をねがうなら、その権限は人民の手に委ねるべきことを毎日新聞は主張している。

これら統制、警察問題では、一応の批判にすぎなかったこの派の人びとが、一致して強調したのは、自治にともなう負担問題であった。「義務と権利との間に権衡を失ふ」（毎日、明治二十一年三月八日社説）ことを恐れた毎日は、それを保障するものとして自治の基礎たる資力の創出に留意する。現今の町村には共有財産がなく、新制度実施によって必然的に町村税に期待せざるを得ない。現在の地方税、町村税すら負担が重く、身代限りの人民が多いのに、市町村制はいっそうの負担増を強制することになるので、政府は官有林野を払い下げ、市町村の共有財産を造成すべきことを主張する。この市町村の基本財産につき、官有林野の払い下げに加え、政府の保管運用する備荒儲蓄米を、本来の貯蓄者たる人民の手に戻し、共有財産創出の助けにせよと主張したのは、国民之友であった。また朝野新聞は、政府が「国税に属する土地の税額を低減し、一方にハ財源休養の本旨を貫き、一方にハ市町村の特別税源に余地を与えて彼の不足を償」（同、明治二十一年五月九日社説）う地租軽減を主張していた。

このような中央紙にたいし、現実に直面する地方紙はより切実で、山陽新聞のごとく「民間疲弊の痼疾に一時生分を与ふる補ひ薬の如き夫役の法より、寧ろ此痼疾の根を絶ち葉を枯す適薬とも申す可き政費節減、民力休養の計画あらんことを所望」（同、明治二十一年六月二日社説）した。市町村制のもつ矛盾を、より根元としての人民活計の余裕化より批判したのであった。

ところで、地方自治の基礎としての町村については、江戸時代以来の自治的性格の拡大を志向するのが一般的であった。法的には孛国の翻訳的市町村制を批判し、自治主義に立脚する簡易な制度を期待した毎日から、地方制度にかぎり孛国制の優秀性をみとめた朝野まで、対応はさまざまであったが、町村をもって伝統的自然村の自治の核とみたことはおなじである。いずれも旧来の町村規模は狭小とみ、町村分合を承認したが、自治区造成にあたっては政治的強制の排除をのぞみ、適正自治区造成までには過渡的な町村組合を設ける案（東京輿論新誌）や、当該人民の会同による利害得失の検討に期待（毎日）されている。

とはいえ、伝統的自然村の自治の拡大を語るとき、彼らは公民権の資格要件を市町村税とし資格の拡大を要求するものの、公民権自体を承認し等級選挙制を肯定する。毎日の地方自治論に基本的に同調する国民之友が、「公民なる一階級を作りて、公民ならざる者を政治社会の外に拒絶する」（同、第四九号）市町村制を批判したのは稀であった。いずれにしても、朝野が名は立憲代議制たるも実は専制抑圧のドイツ現行制度に反発しながら、地方制度に限ってドイツ制を肯定するとき、それは国権と自治権との権衡が前提されていたのである。東京輿論新誌がまた「妄リニ純乎タル地方自治ノ制度ヲ主張」（同、第二八六号）するものではなく、「多少中央政府ニ管理ヲ受ケ、事ノ次第ニ由テハ大ニ干渉ヲ施スモ亦必要」（同）と主張するとき、この派の人びとの国家授権的発想の根強さをみることができよう。

4　自由党系勢力の市町村制論

自由党系勢力の市町村制論もまた全体が同一というわけではない。市町村制を肯定的に評価しながら批判に重点をおく絵入自由、東雲、東海などの各新聞から、ほとんど評価せず批判する政論、山形新聞などに大別される。彼らは一様に下等社会に理解を示す点で共通していた。

市町村制をもって「大ヒニ地方分権ノ主義ヲ実行」(東雲、明治二十一年五月十五日社説）するものと評価する東雲も、いっぽうで「政府監視ノ権モ亦強大ナリ」(同）と批判する。東海もまた真の地方自治とはいえないという市町村制批判論を展開する。これら新聞の批判点の第一は、町村長・助役選任の認可権が知事にあり、しかも知事に強大な行政監督権があり、独立的法人格をもつ町村自治の否定に連なる点にあった。第二は郡自治制の否定であり、人民負担の軽減を群自治制の費用の減却か国費節減に求めている点である。第三は名誉職の否定であり、名誉職の設定は「予め委随温柔の人物を網羅して異日国会議士撰挙の地を為す」(東雲、明治二十一年五月二十日社説）ものと推測する。第四は等級選挙制を批判し、普通選挙制を主張し、下等社会の開化をはかるとともに、公民のみならず住民の立場の尊重こそ、町村公益をはかる自治制の目的とされている点である。第五は陪審官制の採用による吏員と人民との紛争の処理が提言されていることである。

以上は第四点を除けば改進党左派の自治論に近似しているといえよう。これにたいし、独自の立場からきびしく批判したのは政論と山形新聞であった。山形は市町村制批判の原則的立場を明らかにし、①町村自治の源泉は隣保団結の旧慣尊重の拡張にあるが、はたして市町村制はこの自治的内容の強化をはかるものか、はたまた制度的空文か。②市町村制による利益は、その実施により生ずる負担に相応するか否かの二点より迫っている。これらの視点より分析すれば、市町村制は「嗚呼何ぞ権利に属する部分の極めて少くして、義務に属する部分の極めて多きや」(山形、明治二十一年五月十一日社説)、茫然自失するほどである、という。

そのうえ、「市町村制併せて二百七拾二条の繁雑手数は、自治の虚名と空利の為めに市民を煩累するもの」(同、明治二十一年五月十二日社説）で、しかもこの制度実施により「生出する過重の負担は独立の虚名と空利を買収する価金」(同）にほかならないのではないかと問いかける。もしそうであるならば、「専制体に自治名を載せた」(山形、明治二十一年五月五日社説）ものにすぎない、と山県的自治のありかたを適確に批判したのであった。そして新制度

千葉県の市町村制研究会開催地

郡	研究会開設町村
千葉郡	千葉町、**千葉本町**、千葉南道場町、佐山村、○中野村、南生実村、千葉寺村、千葉吾妻町
市原郡	五井村（共和会）、大久保村近傍、中野村、磯谷村、飯沼村、鶴牧村近傍
東葛飾郡	**流山、本行徳、松戸**
印旛郡	山梨村、○上砂村外９ヵ村、復村、○小谷流村、百井村、六崎村、◎布鎌南四ヶ村新田
下埴生郡	荒海村（共研会）、和田村近傍、関戸村、成田町、酒々井村連合
長柄郡	一宮本郷村、小萱場村近傍（研法会）、南吉田村、本納村
山辺郡	上布田村、押堀村、◎菱沼村、○極楽寺村連合、富口村、◎家ノ子村、○川場村、一ノ袋村、◎東金町、◎**東金町**、今泉村
武射郡	○森村、柴山村（談話会）、長倉村外11ヵ村、**成東町**、新島村（同志社）、**柴山村**
香取郡	伊能村、万力村（螢雪社）、深野谷村、鏑木村、○佐原町、◎高萩村、○小見川村近傍、◎田部村、◎万才村、七沢村、滑川村、栗源村、豊和村
匝瑳郡	木積村（青年会）、八日市場村、○上谷中村、富谷村、芝崎村、老川村連合
海上郡	網戸村、西部村々
望陀郡	中央村々、木更津村、◎久留里村
天羽郡	中綱村
夷隅郡	興津村、長者町（以文会）、◎大多喜町、刈谷村連合、中魚落郷、◎葛藤村
平郡	平久里中村、本郷村外４ヵ村
朝夷郡	（研究会アリ、村名不詳）
長狭郡	金東村、大幡村

（注）○学術演説　◎政談演説　太字は改進党系、「東海新報」「毎日新聞」

実施が町村に共有財産すくなく、租税にのみ依頼せざるをえない今日、政府は分権により省けた事務費部分を軽減し、地方自治施行に応ずるべきなのに、それも約束されていない。政費節減、民力休養による地方経済の充実が急務だが、市町村制とともに府県郡制の実施、国会開設に加え外交上に名をかりた国費増大がはかられるとすれば、地方自治の破壊は必至であると、その後の展開も正確に予測していた。市町村制が旧慣に背馳し、かつ政府の干渉がはげしく、地方経済の実力以上の負担になる以上、地方人民は遠慮なく政府に建議し、改正を求めるべきであるというのがその主張であった。

「自治の実力は財産の有無に因て其強弱を示すもの」（山形、明治二十一年五月三十日社説）とみ、市町村有財産の造成に山林・牧場・秣場などの払い下げを実行しない政府に不満を示す山形新報の立場を、より明確に主張したのは政論であった。

政論もまた市町村制を自治の実なき制度的空文とみる。その理由はこの制度が市町村に多くの責任と関連する多額の経費を課すにもかかわらず、「政府官吏ノ干渉ス可キ区域ノ頗ル広大」（政論、第一号）のうえ、権利がすくないこと、新制度による費用の増大が市町村経済の負担増を招くこと、等級選挙の否定すなわち「成丈ヶ汎ク細民ニ撰挙権ヲ賦与」（同）せざることを批判する。そのため政論は「完全ナル地方制度ヲ制定スルノミナラズ、併セテ人民ノ参政并ニ他ノ重要ナル諸権利ヲ承諾スルニ至ル迄ハ、寧ロ断然其実施ヲ停止」（同）すべきことを主張した。もちろんこの実施一時停止要求は、人民による完全なる地方制度要求の運動を強める考えが背景にあったことはいうまでもない。このように自由党系勢力の市町村制論は下等社会を含め、制度のもつ本質に迫る批判が展開されていたのである。

5　市町村制研究会と政治運動

明治二十一年四月、市町村制公布から実施が予定された翌二十二年四月までの一年間は、在野勢力は地方自治を推進するうえで、この間を有効に活用し、人民の研究会による法的知識の獲得と、法施行による人民側の自主的対応を準備するよう訴えていた。政論の法施行停止要求は突出していたとしても、さまざまな立場からする市町村制の研究は必要であったのである。

市町村制研究会、地方制度研究会、自治研究会、あるいは市町村制講義会などと称する研究会が、各地に設立されるのは市町村制公布後一、二ヵ月を経過したころからである。静岡県では明治二十一年五月ごろには、「県下各地の有志者ハ同制を研究する為め、夫れ〳〵小団結を為さんと奔走中」（東雲、明治二十一年六月一日雑報）であり、七月には市町村制に関する「研究会若くハ演説会を開くもの続々あり（中略）、実に公開演説会の多きこと全国中無類」

（読売、明治二十一年七月十九日雑報）のありさまとなった。この傾向は関東各府県でも同様であり、群馬県では「各町村に於て自治会或ハ研究会を起」（朝野、明治二十一年九月一日雑報）している。

一例を千葉にとってみれば、市町村制講義会の開設地は前頁の表のようになる。当時の千葉県下の町村総数二四五七ヵ村に比較すれば、約三〇ヵ村に一会が開かれたことになる。新町村にすると総数三五八ヵ町村、つまり四ヵ町村に一会である。もっとも前頁の表の数字は史料的制約で改進党系研究会の全体がつかめたものではない。実際にはもっと多いはずである。これら研究会は毎週日曜日に定期的に開かれるばあいが多かったが、なかには学術演説会や政談演説会と同時に開設され、政治運動の一環にくみこまれるばあいもあった。この点は共和会、研法会、同志社、青年会などの学習結社のほか、民権結社の以文会が研究会を主催していたこととも関連する。また直接に市町村制研究会の名称を名のらないまでも、同時期に各地で開かれていた政社結成の母体となった懇談会や政談演説会でも、市町村制は必ず話題となっていた。

このあいだの事情につき、やや具体的に愛知県名古屋のばあいをみると、

市町村制度の発布ありてより以来、当区内に於ても其研究会を開設すること恰も一種の流行物の如くなりて、東西南北所々に標札を掲げ代言人等を招聘して研究を為すもの少なからず、中には名を市町村制研究会に托して、陰に来年四月市長撰挙の競争の下繕（したつくろ）ひを為すものあれば、又籍りて以て政治上の団結を計らんとするものあり。去れバにや、現在研究会の数を算ふれば蓋し十余ヶ所もある事なれども、市の区画は如何に之を画定すべき乎、市の財産は如何に之を分割すべきや、特に自治の費用は如何にして之を支弁すべき乎（朝野、明治二十一年九月二十八日雑報）

などの実地必要の討議というよりは、多分に政治的性格を帯びていたことを指摘している。もちろんこの研究会の動

向は、大きく当時の大同団結運動のなかに位置づけられており、各地の政治的社交結社の母体結成に利用されていたことはいうまでもない。

しかし、そのなかにあっても改進党系勢力の研究会はより学術的であった。読売新聞主筆高田早苗は改進党の鷗渡会系の中心人物として、東京専門学校の講師層を動員し、各地の市町村制研究会に積極的に講師を派出した。読売新聞をつうじての啓蒙にあきたりなかった高田は、専門評論紙の憲法雑誌を創刊し、講壇改進主義を標榜した。

ここで講壇改進主義とは、「守旧頑愚の説」と「急激粗暴の説」とを排除する秩序的進歩主義のことであるという。「秩序的進歩を為さしめんにハ狂奔せず停止せず、着実に其歩を進ましめんにハ政治学法律学の原理を普及せしむるに若くは無」(『憲法雑誌』第一号)く、「専断と空想とに憑らざる歴史的兼哲理的なる政治学法律学の原理の普及」(同)が先決であると、まず専門知識の普及を主張する。つまり講壇改進とは教育的な知識獲得による改進のことであり、この立場からして読売紙上の市町村制論が条文解釈に終わり、批判的観点が欠落したことはとうぜんであったのであろう。彼の指導した栃木県佐野の自治制研究会に残された講義録は、この点をよく表わしている(高田早苗『安蘇郡自治制研究会講義録』)。

この改進党系の研究会活動は教育的でありながらも、それ自体はまた政治的同志獲得の場であったが、研究会活動をより政治的に利用したのは自由党系勢力であったと思われる。市町村制研究の直接的成果として提出されたか否かは不明であるが、新潟県会では旧自由党系県会議員数名によって、市町村制実施延期の建議が提出されている。提案理由は第一に町村人民を区分し公民と住民とに分けたことは、義務・負担の軽重により権利の強弱を異にするもので弊害が多い。平等の社会でなければ共同の利益は保持できない。第二は「方今の急務ハ負担を弛めて生計に余裕を与へ、為めに休養の道を求むるの外あらず、此時に当りて本県へこの制を実施するハ、譬バ冬天の候餓寒身に迫まるものに向ふて、夏の葛衣を勧るが如し」(読売、明治二十一年十二月十三日雑報)、市町村制と負担との関連も解決しないで急速に改正をおこなうべきでない、という。

この新潟県会の動きは市町村制のもつ矛盾にたいするもっとも徹底した批判行動であった。不幸にしてこの建議は新潟県会で否決され、県全体の輿論として政府に建議されなかったが、当時の自由党系勢力の典型的対応のひとつであった。建議の途がとざされた政治運動は、おりから熾烈化した大同団結運動をつうじ、地方政社の結成により有志の団結をつよめ、政費節減・民力休養の民党路線にはずみをつけるにいたった。千葉県でも建議の動きがありながら実現せず、政社結成に移行するが、この間の事情は紙数の都合で割愛する。

6　おわりに

在野勢力の町村自治の原点は、いずれのばあいも伝統的自然村にあり、その自治的慣行の維持・拡大に制度改革の方向を認めていた。それゆえ町村規模狭小ゆえの自治区造成にさいしては、改進党系、自由党系ともに強制的合併を否定し、近隣町村民の研究会をつうじての話合い路線を主張する。そのばあい、より学術的で穏健な改進党系でさえ、行政上の監督権・弾劾権・警察権をもった町村会と、民選有給町村長による自治的運営を説いており、自治を支える資力の充実を山林原野払い下げ論や備荒儲蓄米払い下げ論として、共有財産の設定を切望していたのであった。基本的には中等社会擁護論からする等級選挙制の肯定があるとはいえ、彼らもまた自治的財源の不足から政費節減・民力休養の要求に、容易に転換するものであった。

この点、自由党系勢力は下等社会擁護の立場から、公民・住民の格差解消と普通選挙制を主張するごとく、財源不足にはより敏感に反応し、いっそう政費節減・民力休養を強調したのである。普通選挙による町村会と町村長とが、政治的平等な住民の合意のもとに合併した自治町村で、監督庁より相対的に独立して自治政治をおこなうとき、それは山県的自治町村からはもちろん改進党系勢力の描く自治町村より以上に革新的な自治町村を創造する可能性をもつものであった。

このような自治的論理を生みだしながら、自由党系、改進党系ともに政府の先攻にたいしては、政費節減・民力休養の負担軽減問題に集約された政治行動に転換せざるをえず、それによって足場とすべき町村の場の改革が、後景に追いやられる結果となってしまったのが当時の現状であった。

第8章　初期帝国議会期の民党運動

1　はじめに

明治二〇年代初頭は新市町村制、県郡制、帝国憲法、衆議院議員選挙法等の公布、実施をつうじ、近代国家体制の確立期であった。これら体制は明治一〇年代の国民的要求の国家的統合を示すものであったから、一部要求を組み入れながらも体制的に国家的意図が貫徹するものになったことは云うまでもない。明治憲法体制と称するこのしくみは、体制確立の当初にあっては一〇年代以来の国民的要求が、体制内的な運動に性格をかえながらも継続されていた。確立当初であるがゆえにまた、体制的運営はまさに国民的要求との対抗上に、力関係として進展する可能性をより強くもった時期ともいえよう。この国民的要求の運動が民党運動である。

本章はこの民党の運動を、第一〜三議会期を中心に一〇年代以来の地租軽減・政費節減要求の延長ととらえ、政党、政社との関連に留意するとともに地方自治運動の一環として明らかにすることを目的にしている。究明すべき対象は埼玉県である。

かつてこの研究は何人かの先学に関説され若干の蓄積をもっている。が多くの課題がそうであったように、この問題もまた中央政界を中心に、資料的にも第二次資料を中心に論及され、政府と民党との対立と妥協の現象や、立憲自由党の構造、地租軽減論の展開が説かれているにすぎない。民党運動の各地の実態を究明する作業は緒についたばかりである。この点からする研究の重要性が指摘されてすでに久しい[1]が、ほとんど進んでいないのが現状である。最近の国民統合論、ヘゲモニイ論からする運動の否定的評価の全般的高まりのなかで、なおかつ限界性に留意しながらも、その積極的意味も正当に評価されねばならないと思われる。当時の民党運動の全体像を描くためには、地方的実態の解明は一層必要となろうが、本章はそのための準備的考察の一つである。

2　選挙運動と総選挙

明治二二年二月一一日、大日本帝国憲法の公布にともない衆議院議員選挙法が頒布された。これにより明治二三年に開設を約束された帝国議会は、全国府県の選挙区と議員定数配分が明らかになり、これを契機に、事実上の選挙戦に突入する。それまで展開していた大同団結運動は、きわめて実際的な目標が与えられ、全国的な選挙運動の様相を呈し、新町村制実施後に活発となった条約改正建白運動は、第一回総選挙の前哨戦の位置を与えられるにいたった。

埼玉県におけるこの間の事情は[2]、三大事件建白運動に一時期同調した旧自由党系と改進党系勢力は、大隈外相の入閣をめぐって分立しながら、町村制研究会および憲法研究会で学術的には協同する反面、条約改正建白運動では再び激しく対立して運動を展開する。もっとも町村研究会、憲法研究会などは自由党系、改進党系と別々に開かれる場合も多かった[3]が、なかには北埼玉郡のように明治二二年、「郡下の団結ヲ鞏固ニシ（中略）、町村制及ヒ憲法ノ義理ヲ研究[4]」する目的で、超党派の北埼玉学術研究会が組織される場合もあった。

北埼玉学術研究会は松岡半六、天野三郎ら旧郡長と湯本義憲、田島竹之助らのち政府系の忍同志会にはしる大地主と、堀越寛介、岡戸勝三郎、根岸貞三郎ら旧自由党系の人々により組織され、やがて「会員相互ノ親睦ヲ厚フシ且ツ公衆ノ福利」[5]を企図する埼玉倶楽部に発展する。この倶楽部は明治二二年四月、県中央に大同派による埼玉倶楽部が成立し、同年六月、第一回大会で「東京倶楽部、関東会及大同協和会ト気脈を通ズル」[6]ことを明確化するにおよんで、名称の同一性と党派性を区別するため北埼玉倶楽部に改称され、一貫して学術結社的性格を維持していた。条約改正建白運動が熾烈化し、各地の運動で党派性が強制される同年七月頃まで、学術演説活動を主としたこの北埼玉倶楽部は、その後の運動で旧自由党系勢力と改進党系勢力の対立により有名無実化する。年末には消滅したようである。

明治二三年前半、それまで埼玉県の政治運動をリードしてきた大同協和会系の埼玉倶楽部は、中央勢力と呼応し自由党再興派として行動を共にするが、愛国公党派の成立にともない北埼玉郡、大里郡の自由党系勢力はこれに接近し、北武倶楽部を組織する。[7]中央における大同倶楽部、自由党再興派、愛国公党の三派鼎立は、埼玉県では圧倒的な勢力の再興派と前記北武倶楽部を組織した一部の愛国公党派の分裂にとどまったが、政治勢力はこれらに川越、鴻巣、浦和、草加などに拠点をもつ改進党系勢力が対抗する関係にあった。前者は中央での三派合同の庚寅倶楽部の成立によって、県下の分立も解消し、再び自由党系と改進党系との対立となるものの、選挙運動をつうじて明治一〇年代の改進党全盛期はすぎ去り、県議会も自由党県議が登場し、自由党優位の時代へと変化する過渡期をなしていた。

明治二三年、各政党勢力は県下各地に政社を組織し、選挙運動推進の母体としたが、前年末の結社がわずか継続したほかは、この年度にほとんど新に結成されている。第1表は二三年度結成の政社一覧表であるが、各結社が演説会、懇親会を開き、各地の政治的交流をはかり、私選投票や話合いをつうじ県会議員候補者や国会議員の候補を決めている。

ところで、選挙運動の過程で候補者の確定が如何にして行われたかについてみておこう。衆議院議員選挙法公布の後、県内で代議士候補として下馬評にのぼった人々（表示略）をみれば、つぎのような特色のあることがわかる。下馬評にのぼった人々はほぼそのまま選挙戦にのぞんだこと、つまり政党による候補者の一本化ないし特定が行われて

第１表　明治23年埼玉県の諸結社

結　社	創立日	地　域	代表的人物	政　派
武蔵倶楽部	明治 23. 1. 7	児玉郡児玉町	倉林太郎兵衛（幹事長）	改進党系
秩父同好会	23. 1.16	秩父郡	宮川四郎、新井市三郎	〃
北武倶楽部	23. 1.17	北埼玉郡	堀越寛介、岡村新三郎	自由党系
四郡同好会	23. 1.30	入間、高麗、比企、横見	綾部惣兵衛、福田久松	改進党系
乾武倶楽部	23. 2.15	賀美郡	戸矢三郎、荒井富五郎	〃
武蔵自由倶楽部	23. 2.23（以前）	児玉郡	長谷部信恭、千代田三郎	自由党系
共同会	23. 2.23	本庄町	井上源賢、根岸伊十郎	〃
川越倶楽部	23. 2.23	入間郡（川越）	橋本三九郎、岩岡美作	〃
秩父倶楽部	23. 2.24	秩父郡	富田左右治、若林慶次郎	改進党系
武蔵野郷友会	23. 4. 6	入間、高麗、比企、横見	福田久松、神木三郎兵衛	〃
横見倶楽部	23. 4. 6	横見郡	新井恭明、田中一郎	〃
農商倶楽部	23. 5. 3	比企郡（小川町）	小久保満尊、関根温	〃
埼玉平民会	23. 6（以前）	全県	川上参三郎	自由党系
北足立新座両郡倶楽部	23. 8. 1	北足立、新座郡	高橋安爾	〃
北足立新座同志会	23. 9.13	〃	加藤政之助、永田荘作	改進党系
西武庚寅倶楽部	23.10.29	秩父郡	大久保巳之作、小鹿原順作	自由党系
庚寅団体（倶楽部）	23.12.26	南埼玉郡	新井啓一郎、飯野喜四郎	〃
大幡倶楽部	？	大里、幡羅郡	？	〃

（注）「郵便報知」「毎日」「朝野」その他新聞、『飯野家文書』県立文書館

いないことである。にもかかわらず、その間、数回の広告候補者の変化をみれば、最初は県会議員でかっての民権運動家が中心に下馬評にあがっていたが、明治二三年にはいると、有力県会議員のほかに郡長、中央で活躍する代言人ないし県出身の高級官吏、実業家がとり沙汰されてくる。これらはいずれも中立派とされながら、現実には保守系ないし改進党系の人々が多い。この時期登場したのは第一区で天野三郎（旧郡長）、第二区で改進党の高田早苗（読売新聞主筆、東京専門学校講師）、桐原捨三（北足立郡出身、代言人）、第三区の間中進之（旧郡長）、間中忠直（通運会社長）、第四区の尾高惇忠（銀行支配人）、第五区の間中忠道（旧農商務省官吏）、山中麟之助（大商人）らである。このほか総選挙日直前に姿を消すが、林包明（代言人、埼玉倶楽

部員、土佐）、元田肇（代言人、大分）、宇川盛三郎（内務省官吏、川越地方制度研究会講師）らが一時期、候補と目されていた。結局、総選挙は県議層と高級官吏、実業家の対決となった。

選挙活動をつうじての特徴的な変化は、自由党系勢力の動向である。当初は中央で政治活動する有名人を輸入し候補者とする予定で、県下における演説会の弁士選定も、この立場から行われている。たとえば矢部忠右衛門、川上参三郎、原又右衛門らは選挙法公布後上京し、後藤象二郎、星亨、大石正巳らと会談し、県内の自由党候補の相談を行った。このとき飯野喜四郎は「川上参三郎氏ト供ニ上京、元田肇、中島又五郎両氏ヲ訪問、第三区候補者ノ承諾ヲ求ム、両氏共快諾セリ（当時ノ資格ハ地租十五円以上、両氏ノ資格ヲ作ル為メ土地貸与セリ）[8]」といわれている。二二年四月のことで、以後、演説会弁士として二人は来県するようになる。

また、林包明を候補にしようとした埼玉倶楽部の意向に対し、地元候補者の推薦を主張し、北葛飾郡では分立して蘭交倶楽部を組織する。この林、元田、中島らはいずれも埼玉倶楽部の推す人物であったが、地元優先派の分立などが影響し、二三年五月には輸入を決定していた第三区でさえ、「区内各地ニ代議士選挙ニ付政談演説会ヲ開会、我党ハ野口褧、大島寛爾氏ヲ候補[9]」に推薦し、輸入候補を排除するのである。

改進党の場合、地元を優先しながらも自由党に比較すると輸入候補的性格が強い。県会議長加藤政之助が報知新聞記者であったことのほか、桐原捨三、野口本之助、宇川盛三郎、山中麟之助らの活動の場は中央にあり、特に高田早苗は典型であった。もっとも彼らは県出身者であるか、あるいは地方制度、憲法研究会の講師として来県しており、演説活動をつうじ一〇年代より地元に密接な関係はもっていた。高田も例外ではない。

高田は川越地方に演説会弁士として、また川越地方制度研究会講師として関係しており、川越町の竹谷兼吉、綾部惣兵衛らの意向を中井尚珍、黒須広吉らが上京し読売新聞社で立候補を懇請する理由があった。このため川越では土地所有者名義を高田に変更し、直接国税一五円の被選挙資格を作ったのである[10]。これに対し、選挙区内の入間、高麗郡の民情を代表しうる地元人士の選出をつよく希望し、輸入候補に反対した人々も多い。かつてこの地で行動を共にしながら、候補者問題を契機に改進党から離れ、自由党に接近する有力者もあらわれ、県議会における入間郡地方の自由党勢力伸長の原因ともなっている。

第二、三区が以上の状態であったとすれば、第四区は地元候補者の選定をめぐり選挙活動は当初より激戦をきわめた。第四区の中心北埼玉郡は「県内に於て最も難治とされた処[11]」で、「衆議院と云はず県会または郡会と云はず、凡そ選挙となれば必ず猛烈な競争をするので有名」な地域で、以後、熊本市と並び称される全国一の選挙激戦地となった。この地域は埼玉県自由民権運動の発祥地であり、自由党系勢力の中心地で、これに対立したのは改進党系勢力ではなく、政府系の忍同志会にはしる大地主層とこれを支持する勢力であった。この対立は新町村制実施の町村長・町村会議員選挙にはじまり、県会議員選挙を経、衆議院議員選挙へと買収問題をひき起しながら激化している。

この過程を前述した結社の変遷と関連してみれば、超党派の北埼玉倶楽部の解体過程に照応し、学術演説活動でとりあえず統一をみせながら、現実には内部対立を秘め、大地主層の推薦依頼に対し、同じ倶楽部員ながら岡村新三郎は、「賄賂ニ依テ議員タラントスルカ如キモノハ周旋シ難ク、且ツ湯本ノ如キ精神ノ定マラサルモノハ我々ノ不利益[12]」として拒絶するのである。

明治二三年には自由党系は北武倶楽部として独立し、三月の県会議員半数改選では郡下の三領、すなわち羽生領、騎西領、忍領より有志者の「試選投票」により各々自派候補を擁立したが、結果は大地主系候補の買収工作により惨敗に終っている。これを教訓に、岡村は堀越寛介と相談し、「卑劣党ヲシテ投票買入ノ周旋ヲ防キ、正当ノ投票ヲ為サシムルノ各町村各字遊説方法等」を申合わせ、賄賂撲滅懇親会を開き、「選挙弊風矯正会[13]」の設置を決定した。幹事五人、協議員一五人を各領より選び組織を運営し、演説活動により運動をすゝめたが、この過程で衆議院議員の候補者に有志者は、「是迄十有余年来採ル所ノ主義ヲ拡張セン為メ、同主義者タル堀越ヲ撰出[14]」することを決定する。

第2表　衆議院議員第1回総選挙結果　　（埼玉県）

第1区	北足立、新座郡	選挙人　3,205人	棄権　119票	無効　14票
	当　選	天野三郎	自由倶楽部	844票
	次　点	高橋安爾	自由党	834票
		永田荘作	改進党	720票
		加藤政之助、他	改進党	642票
第2区	入間、高麗、横見、比企郡	選挙人　3,998人	棄権　80人	無効　67票
	当　選	高田早苗	議員集会所	1,220票
		清水宗徳	自由倶楽部	997票
	次　点	桐原捨三	改進党	968票
		福田久松	〃	893票
		長谷部信恭	〃	837票
		片岡勇三郎	〃	663票
		鈴木善恭	〃	583票
		その他5人略		
第3区	南埼玉、北葛飾郡、中葛飾郡	選挙人　4,809人	棄権　132人	無効　65票
	当　選	真中忠直		1,613票
		間中進之		1,519票
	次　点	野口褧	自由党	1,421票
		佐藤乾信	改進党	955票
		井上精一郎	〃	909票
		中島端蔵	保守	890票
		大島寛爾	自由党	699票
		その他5人略		
第4区	北埼玉、大里、幡羅、榛沢、男衾郡	選挙人　5,273人	棄権　118人	無効　28票
	当　選	堀越寛介	自由倶楽部	2,761票
		湯本義憲	大成会	2,360票
	次　点	長谷川敬助		2,000票
		斉藤珪次	自由党	1,291票
		尾高惇忠		889票
		竹井澹如		739票
		その他		170票
第5区	児玉、賀美、那賀、秩父郡	選挙人　793人	棄権　34人	無効　1票
	当　選	山中麟之助	議員集会所	162票
	次　点	井上源賢	自由党	154票
		持田直	〃	139票
		真中忠道		114票
		松本庄八		95票
		原善三郎		76票
		その他		17票
合計	選挙人　18,078人	棄権　483人	無効　175票	
	当選者得票　11,476票	落選者得票　19,340票	合計　30,816票	

（注）「衆議院議員選挙一覧表」（『新編埼玉県史』資料編19）

堀越は立候補にあたり「同志者を募ルノ旨趣書」(15)を発表し、総選挙こそ人民の幸福を増進し、人民の輿望を担う人を選ぶべきで、「人民カ平民主義ナレハ平民主義ノ代議士ヲ撰出シ、人民ガ地租減額ヲ願ヘハ地租減額ヲ主張スル議員ヲ撰」ぶべきことを主張し、平民主義の立場から地租軽減を主張する同志者の結合と自分への投票を呼びかけた。

以来、選挙矯風会の演説活動は自由党系勢力の選挙運動となり、七月一日の総選挙に突入するのである。総選挙の結果は第2表のようになった。結果的に候補者の統一化はすゝまず、各候補者の影響力がそのまゝ得票にあらわれる選挙となっている。

3　立憲自由党の成立と地租問題

明治二三年七月の第一回総選挙は、衆議院議員の全国定員三〇〇名の決定をみた。その内訳は立場不明のもの三名を除き、保守系三五名、改進党系四九名、中立八七名、庚寅倶楽部系一〇五名であった。総選挙直前、合同し庚寅倶楽部を結成した自由党系当選者の内訳は大同派五五人、愛国派三二人、自由派一六人、合同派二人となっていたが、総選挙後は実質的な合同にむけ準備がすゝめられている。

七月一六日、庚寅倶楽部事務員の会合をかわきりに愛国公党、自由党、大同倶楽部、九州同志会の四派が、新党樹立の代表者会議を開いたのは同月二五日のことであった。この日、党名を立憲自由党とし、九月一五日結党大会を開くことを決めている。同時期、改進党も臨時大会を開き、進歩党連合問題に決着をつけ、評議員を増加し加藤政之助、高橋荘右衛門ら三〇名を選出し、評議員中より尾崎行雄、桐原捨三ら七人の事務委員を選び党務を担当することを決定している。

九月一五日、結党式を挙行した立憲自由党は主義、綱領、党議党則を可決した。自由主義を標榜し、民権拡張を目的とするこの立憲自由党は、「内治ハ干渉ノ政略ヲ省テ、外交ハ対等ノ条約ヲ期ス」、「代議政体ノ実ヲ挙ケ、政党内閣の成立ヲ期ス」(16) ことを綱領とする。この目的を達成するため

政務を簡便ニシ政費ヲ節減スル事

税法を改正シ務テ地租ノ軽減ヲ謀ル事

地方制度ヲ改正シ其経済ノ整理ヲ謀ル事

等を党議として決めている。立憲自由党に属する衆議院議員はすでに弥生倶楽部を設立し、各議員に六つの政務部門を分担させ目的完遂をめざしていた。

立憲自由党は大会―常議員会―幹事によって組織的に機構化され、大会は各府県、各選挙区の党員によって議員定数と同数の代議員により組織され、常議員は各府県の党員中より二名が選出されて組織し、党務に参議し役員を監督することになった。幹事五名は常議員会で選び党務一切を監督し、党務の実際にあたる事務員三名を選ぶことになっていた。結党時の幹事は田中賢道、重野謙二郎、片岡健吉、石塚重平、石坂昌孝ら合併四派のバランスを配慮し、常議員には埼玉県からは高橋安爾、斉藤珪次が選ばれ承認されている。

このような中央の動向に対し、埼玉県下の政党勢力も運動を再開する。総選挙は「競争には正に堂々見苦るしからぬ運動を為せる者ほど失敗[17]」したとみる政党勢力は、「アマリ感服せぬ仕打」により当選した議員に対し、青年層を中心に辞職勧告の巡回演説会が七月一五日の熊谷を皮切りに開始される。従来、県会議員であった候補者が落選した状況は、他県と比較し「奇観」とみる有志者は、正当な地元代表者を選ぶために、これを契機に結社組織化も進行する。

総選挙後一ヵ月を経ずして八月一日には、北足立・新座両群倶楽部の発会式が挙行される。自派候補高橋安爾を落選させた自由党系勢力の、選挙区（＝第一区）内の結集をはかったものであり、発会式には板垣退助、大井憲太郎、内藤魯一らも出席した。同じく自派候補を落選させた改進党も、これに対抗し北足立・新座同志会を組織する[18]。他区でも従来の政社を中心に当選者の慰労会や祝宴会が開かれる一方、足場をもたぬ当選者は、その祝勝会を母体に新政社の組織化をはじめている。

九月には立憲自由党結党式への出席問題が関心事となり、行田地域では祝電ですませたものの、矢部忠右衛門が県内有力者に出席を呼びかけている。結党式直前の一四日、東京で開催する予定の臨時関東大懇親会には、矢部のほか、斉藤珪次、野口褧、新井啓一郎、清水宗徳、吉田茂助、宮崎鏻三郎、阪泰碩、武政美三郎、井上源賢、山中鱗之助らが発起人に名をつらね、準備員には高橋安爾が参画していた。この直後の結党式にはこれら自由党系有力者はすべて出席したと思われるが、実際には「野口、矢部、根岸、吉田、小生等十四五人」[19]といわれ、前記有志者全員であったか否かは不明である。

岩岡美作が常議員をつとめる川越倶楽部は、清水宗徳の当選祝賀会ののち、臨時総会を予定し、総選挙における自派候補当選の実績から、「本部ノ規模以前ト其勢力ヲ一変シ、即チ加盟者日増ニ相増」[20]し、繁忙となった事務整理と倶楽部維持法、役員選挙、帝国議会傍聴に関する協議を行うことにした。岩岡は立憲自由党結党式への矢部の呼びかけをふまえて、幹事橋本三九郎に川越倶楽部を非政社組織とし、全員の立憲自由党への加盟を具申し、自身率先し加盟する。[21]

このように中央の立憲自由党の結党に応じた埼玉県自由党系勢力は、一〇月一二日熊谷町熊谷寺に会し、県下自由党の組織問題を協議した。当日の決定によれば、埼玉県立憲自由党の評議員は

第一区　高橋安爾、天野三郎
第二区　本多隆禎、橋本三九郎、国分枡蔵、簾藤巻作
第三区　大島寛爾、新井啓一郎、長瀬精一郎、川上参三郎
第四区　斉藤珪次、四分一清作、塚田啓太郎、根岸貞三郎
第五区　持田直、山田綱太郎

となり、常議員には大島寛爾、斉藤珪次の二人が選ばれている。これは明治二三年一一月の埼玉倶楽部総会以来の、

県下自由党の組織が、総選挙を基礎に再確定されたことを意味していた。

　ちょうどこの時期は、埼玉県下は大洪水の被害対策に努力している最中であった。他県でも被害が出た場合が多い。埼玉県では被害の激しかった県北から県東部は、自由党系勢力の基盤であったこととも関連し、彼らを窓口に復旧対策を県に働きかけていた。

第3表　明治23年埼玉県郡別洪水被害表

郡　名	田反別	被害歩合	畑反別	被害歩合	合計
北足立	5,400町歩	4歩5厘	2,400町歩	1歩6厘	7,800町歩
入　間	2,270	4割1歩1厘	2,000	1割3歩1厘	4,270
横　見	700	6割3歩7厘	1,000	7割5歩2厘	1,700
大　里	409	2割2歩3厘	803	4割1歩4厘	1,212
幡　羅	1,309	6割1歩	1,838	5割6歩4厘	3,147
北埼玉	7,986	6割6歩	5,334	5割2歩6厘	13,320
南埼玉	7,020	6割	5,400	5割9歩8厘	12,420
北葛飾	3,870	4割7歩	1,614	4割1歩1厘	5,484
合　計	30,304	4割4歩9厘	23,313	2割3歩5厘	53,617

（注）明治23年「庶務部」県立文書館

　明治二三年八月初旬降り続いた雨は、中旬に一層激しさを増し、二三日に大洪水となって県下に被害をもたらした。三〇日再び暴風雨となり、諸河川はかさねて暴漲し、農作物に多大の損害を与えた。この洪水被害割合を耕地について各群別にみれば第3表のようになる。

　埼玉県全体の水田被害率は四四・九%、畑作被害率は二三・五%である。郡別にみれば水田は横見郡が最高で幡羅、南、北埼玉郡が六割余に達し、畑作もこれら郡に被害が多い。北足立郡は被害率こそ少ないものの、被害反別は南、北埼玉郡につぎ、地租をめぐる運動に積極化する郡の一となる。

　埼玉県の水害をめぐって原善三郎、加藤政之助、高田早苗らによる義損金募集運動が始まるが、県民にとってより重大事は、この水害の善後策協議をめぐって召集された一〇月の臨時県会の動向であった。県会に提案された二三年度の追加予算案は、支出総額六一万三九三六円で、そのうち土木費は五四万五〇〇六円、町村土木費補助金が六万六一六八円、地方税取扱費二七〇〇円であった。この財源は地方税一一万三五八一円、国庫補助金二〇万〇〇五四円、寄付金利子三〇〇円、借入金三〇万円が予定されていた。この支出案が承認され、収入案の審議が行なわれた二三日の県議会において、二〇万円余の国庫補助を受けることに決したものの、県下の水害による農民の疲弊から地方税負担の困難なる事情にかんがみ、なお一六万円余の国庫補助を申請することを決定した。そして県会代表の高橋荘右衛門、福田久松、野口本之助ら七人の陳情委員を選出し、内務、大蔵省に請願することを決定した。この背景に従来からの地租の重圧に対する軽減の要求や、地方税負担の軽減、地租貸与、国庫補助をねがう県下人民の輿論があったことはいうまでもない。このとき県会宛に提出された県民の建議は数十通にのぼり、署名者も数千名に達していた。

また、建白のみならず、県会議員への請願は、「数十人づゝ隊伍を組て議員を宿屋に訪問[22]」したばかりか、県会審議の当日には「傍聴人無慮一千人、実に県会創始以来未曾有[23]」の動員体制をとっていた。」これら運動の中心は南、北埼玉郡、北足立郡、横見郡など被害甚大地であったが、なかでも南埼玉郡岩槻以北の村々が強硬であった。それはこれら町村の補助額五万円が、他郡に比較し三分かた少なかったことによるもので、罹災民は大挙して県庁に押しかけ知事に面会を強要し、補助額の増額を迫っている。激昂した彼らの行動は補助額の少なさにくわえ、補助額配分法が下に厚く被害をまともにうけた中上層農家に薄かったことに起因していた。

そのため、彼らを中心とする地租補助要求運動は、郡役所および県庁への強訴的運動のみにとどまらず、篠津、江面、岡泉、黒浜、百間、綾瀬、河合、須賀、慈恩寺、内牧、大袋、新方、増林の諸村は村長はじめ役場吏員全員が辞表を提出し、行政事務のボイコット運動も展開した。警部長は東京憲兵隊の応援を求め、この一揆状態を打開しようとしたが、結局、権力による圧力では解決せず、農民側に人望ある郡書記と自由党幹部大島寛爾の斡旋で、一三町村に調査洩れがあったという理由で、補助の追加申請が許可されている。

地租補助問題はこうして一応は農民側の意向が通ったが、この事件はやがて郡長排斥運動から警部長、知事批判運動へと発展する契機となった。農民側はこの事件で県庁との間に立ち、斡旋の労をとった大島の徳を多とし、政党への期待をこめて自由党に入党する。その数「数百名」[24]ともいわれ、この年の干支にちなんで結社名を庚寅団体（または庚寅倶楽部）と称している。[25]二三年一二月二六日のことであったという。

倶楽部発会式は翌春、久喜町藤田屋で開かれたというが、現在までのところ確証はない。この結社の中心人物飯野喜四郎の日記類をみると、明治二四年は庚寅団体の活躍は記されているが、倶楽部発会式は二五年一月五日、篠津村高岩の忠恩寺における板垣伯招待政談大演説会をもってその時としている。倶楽部名は少々遅れたとは云え、庚寅を名のるからには二三年の地租問題が結成の契機となったことは間違いなかろう。またその構成員も、結社の事情を反映し、中農以上のこの地の有力者達であった。明治二三年以降、埼玉県における自由党勢力の伸長が、粕谷義三を中心する入間郡と庚寅団体を中心とする南埼玉郡に顕著であったことの背景には、以上のような事情が伏在したのである。地租補助問題が解決にむかおうとしていた二三年一一月二三日、大宮公園藤戸楼で自由党系の関東会が開かれている。埼玉県を主催者に関東各府県から二百数十名が出席したこの会で、地価修正、地租条例の改正、選挙区および選挙権の拡張を帝国議会に建議すること、加波山事件入獄者の特別嘆願等を決めている。[26]直接的には大洪水を契機とする地租補助問題が世間の耳目を集めたが、当時の地租軽減要求が必しも被害地だけからの要求ではなかったように、根底では民力休養問題であり、地方全体の世論として政党勢力を押しあげていた。関東地方の地価修正要求は、のちに述べるように小作貧農層の立場からする地価の内在的批判としてではなく、地主層の地租軽減という地租の量的減少をかちとるための手段としての、高地価の修正をその骨子としたものであったが、それでも同じ地価修正を掲げる他地域と異って、洪水被害に触発された負担の軽減を志向するものとなっていた。

4　地租軽減・地価修正運動

関東会の決議は結成されたばかりの立憲自由党の活動方針への提案の意味をもつものであったが、この時期、各政党は帝国議会提出の政務調査をすゝめていた。立憲自由党は合併四派の派閥的行動と、当選議員と院外党員との不和が目立っており、政務調査機関として設置した当選議員による弥生倶楽部の部門別調査の方式も、常議員会で修正される場合が多かった。そのため政務調査は弥生倶楽部のほか、常議員会から同数の議員を選出して行うこと、また議会提出議案は党員若干名と議員中半数による評議員会を組織し、その会で内決することとした。

議員と院外党員の連携による政務調査と議案の作成というこの改正は、地方的基盤に立つ再興自由党派の主導権で実現した。この改正は議員の自由を束縛するものという大同派系議員の反対を押し切って、最終的にダメ押ししたのは、「百や百二十の議員のみにて何事が出来るべき、我々が院外より腰押するの外なし、其れとも此の原案同意とあれば、吾々は別に政務調査に取掛り、大に為すことあるべし。其の時尻を打たれて苦しむ勿れ」[27]という大井憲太郎の演説であった。

この立憲自由党の政務調査が一段落するのは一〇月末である。この時期に開かれた常議員会で、「立憲自由党経費収入予算案」のほか、「立憲自由党臨時評議員会規則」の決定を行い、その旨各党員に通知した。後者は各府県二名からなる臨時評議員会を設け、党議に関する事項を審議するもので、結党式直後の常議員会の決定を具体化したものであった。

立憲自由党は帝国議会提出の党議案の審議を、一一月一一日から臨時評議員会で行い、次のように決定した。大井、河野、星ら調査委員提出の原案のうち、第一号議案の条約改正は治外法権の撤去、税権回復の建議など原案どうりに決定し、第二号議案税法改正は次のように修正された。

原案　第二号　税法改正

〇地租軽減ノ事

一、地租条例第一条ヲ改正シ、地租ハ五厘ヲ減スル事

一、地租ヲ減ズルト同事ニ、全国中非常ニ地価ノ低廉ナル諸府県ノ地価ヲ引上クル事

決定

〇地租軽減ノ事

一、地租条例一条ヲ改正シ、地租ハ五厘ヲ減スル事　但シ明治廿四年ヨリ実施スル事

地租軽減について軽減率五厘の原案は要求どうり認められたものの、低地価地域の是正は認められず、かわって軽減の時期が明確化されたのである。地価修正として後に問題となる第二項は、党議としては否定されたことは留意されねばならない。税法改正はこのほか所得税の規定のみ原案どうり残し、他の宅地税、営業税、交通証印税、資本益税等を削除した。税制は全国一率軽減の地租と、合理化された所得税の二本立とし、新税賦課に途をひらく他の税目をことさら提案しないことに決したのである。

第三号官制改正は官省の統廃合、官吏減省、給料減少等は原案どうり政費節減を期待して決定している。第四号学制改正は帝国大学と官立専門学校の独立と、高等中学の廃止を原案どうり決め、学制の錯雑化や私立校への補助の禁止条項は修正している。このほか裁判所構成法改正、集会新聞出版等諸法律改正、選挙法改正、議院法改正など原案の趣旨を生かして修正され整理されている。表現の自由、選挙権の拡張、議院権威の確立など、従来からの主張を体系化したものであった。

立憲自由党が臨時評議員会で党議確定にあたっていた時期、世間でも地租軽減論が強く論ぜられていた。「総選挙

に際し、各選挙区の演説に於て最も声高く、幅広く響き渡り、又た最も選挙人が其の心を傾けたるものは地租軽減問題であり、それ「故に各派の議員が政務調査を為すに当り、皆な先つ地租軽減を以て第一の重要科目に置いた」からである。[28]

この地租軽減の方法は、臨時評議員会で修正されたように二様の方法があった。一つは現行地価を動かすことなく、二分五厘の税率のうち五厘の定率を削減する場合と、他は地租改正時における山口県、宮城県など低地価地方の地価修正により、全国的に平準化を徹底したうえで地租軽減をはかろうとする場合である。臨時評議員会は多額の経費を要し、かつ仲間のなかから反対者の出る恐れの充分ある地価修正案を回避したのである。

ところが原案作成者たる調査委員の定率減租案と、地価修正案の同時提出は、軽減租税分の代替案的役割を果す新税提案とあいまって、調査委員に代表される衆議院議員層＝弥生倶楽部と、院外壮士層との溝をはしなくも露呈させるにいたった。再興自由党系の努力によって院外勢力を加えた臨時評議員会で、定率減租案として結着がついたにもかかわらず、これを面白く思わない同じ立憲自由党の議員によって、地価修正論が復活し、これが地価修正によって受ける地域的な影響に規定されて、党派を超えた対立が、議会内外で展表されることになる。

議会召集後、立憲自由党は塩田奥造をもって定率軽減案を衆議院に提出することを発表したが、その直後、同じ党員で高知県選出議員林有造は、「地価特別修正法案」を公表し、低地価県の地価是正（＝地租増額）を主張した。云うまでもなくこの案は評議員会決定の無視であり、実質上の党議違反であった。にもかかわらず弥生倶楽部のある雰囲気を代表するものであった。このような党議と、その議員層に対する規制の弱さは、翌二四年早々の政府予算案に対する立憲自由党の土佐派の裏切り行為に象徴的に表われる。

この点を検討する前に、当時の埼玉県の政党勢力の動向をみておこう。

埼玉県では二三年末は前述の地租問題のほか、郡制施行準備のための北部四郡合併問題、県庁移転問題で対応にせわしかったが、帝国議会の召集をむかえて、県選出議員の動向を一斉に注目するにいたった。

明治二四年一月、埼玉県有志者は京橋区新肴町開花亭に埼玉県人有志者相談会を開き、一〇〇人の出席を得、郡長公選および郡制中の郡会への大地主議員互選制の廃止を衆議院に建議することを決めている(29)。この直後、臨時県会のため浦和に集った県会議員は、国家予算につき国会において硬派軟派に分裂したことを知り、予算査定案すなわち硬派説を県議のみならず百余万県民の総意なりとして、県選出代議士に対し、「予算案に対する意見を叩き、且つ人民一般の意向は硬派にあることを忠告(30)」するため、新年宴会を計画する。

この新年宴会は一月八日、東京根津の神泉亭に開かれ、県会議員主催により衆貴両院議員および有志者が出席した。出席代議士のうち山中麟之助、高田早苗、堀越寛介、清水宗徳、天野三郎らは、「飽マテ硬派ノ説ヲ確守シ、奮テ民力ノ休養ヲ務メ、国家ノ利益ヲ図ラン事ヲ誓(31)」っている。埼玉県有志者のため国家のため、この方針に共鳴した出席者一同は、目的達成のため帝国議会に対する埼玉県有志の運動方針を決定した。

この方針によれば、①埼玉県有志者は帝国議会開催中、一〇名の在京委員を選出すること（但し一五日交替）。②委員の集会所は下谷車坂町一番地利根川良輔方（和泉屋）とする。③委員は毎日集会所に出頭し、うち一、二名は議会を傍聴する。④集会所費用は有志者で出金すること等を決めている。埼玉県として帝国議会の監視体制を整えたのである。この方針は翌々二〇日の協議でさらに具体化した。

埼玉県有志者運動法に関する当日の委員会決議によれば、㋑在京委員は埼玉県同志会在京委員の名称を用い、県地との通信その他にあたること。㋺在京委員の事務所総集日は一、六の日の午後三時とする。㋩在京委員の運動費は県下で義損金を募ること。㊁常置委員をおき手当を支給する。常置委員は斉藤珪次とし、川上参三郎を補助とする。㋭埼玉県有志の新年宴会に欠席した湯本義憲代議士の国家予算に対する意見をきくため福田久松、山田綱太郎、榧木寛則を、㋬同じく真中忠直代議士の意見をきくため篠田清嗣、石川得郎、岡戸勝三郎を訪問委員とし、二三日までにその結果を報告すること。㋣地価修正請願書起草委員には野口本之助、橋本近、高橋荘右衛門と、㋠利根川治水に関する請願書起草委員に斉藤珪次、持田直、大島寛爾、飯塚徽らを選任し、各請願書は二三日までに脱稿し、県内各地の調印は委員が担当する。㋷会計掛は岡戸勝三郎、高橋荘右衛門とすること等を決め、(32)翌日の例会でこの運動に参加する委員を選定している。

この日選出された委員は、県会議員中より大島寛爾、田中万次郎、持田直、福田久松、高橋荘右衛門、山田綱太郎、橋本近、篠田清嗣、新井鬼司、岡戸勝三郎、片岡勇三郎、野口本之助、永田荘作、榧木寛則、大久保巳之作の一五名、有志者中より高橋安爾、吉田茂助、斉藤珪次、新井啓一郎、飯塚徽、田島竹之助、新堀良策、石川得郎、橋本義三、国分升三、小和瀬祐美、簾藤巻作、関根寅松、井上源賢、長瀬精一郎、根岸貞三郎、小林浜次郎、鳩ヶ谷清一郎、川田清作、岩田武三郎ら二〇名であった。これら正規の、当初決められた委員のほかに斉藤徳三郎、井出庸造、練木市左衛門、根岸千佽、原又右衛門、金子吉次郎、高橋荘之亟らが新たに参画した。この委員会は埼玉県下の自由党および改進党県会議員を中心に、同党系の県議クラスの有力者を網羅しており、民党運動推進の中核組織となっている。唯一の例外は大成会入りし、新年宴会に欠席したゝめ国家予算に対する意見を問われることになった湯本代議士に、もっとも近い田島竹之助が選ばれていることである。もっともこれら人々も、利根川治水請願には密接な利害をもち、地主経営の安定上からも参加は必要なことであった。

埼玉県有志者が初期帝国議会に対する運動方針を確定したこの時期、すでに群馬県、茨城県等は運動を開始していた。群馬県は明治二三年一二月二五日、前橋の臨江閣に有志三〇〇余名が集会し、「地租軽減及地価修正期成同盟会」(33)を組織し、各郡に委員五名をおき、県下一七郡の請願署名を集めており、この署名一万八五三八人の請願書を携え、代表野村藤太、宮口二郎、猪谷秀麿が上京していた。この運動は群馬県会中止にともなう県民の激昂を背景に、県知事失政の追求による転任請願運動と連動しており、関東諸県はもちろん関西までも同志を集めて運動の拡大を意図していた。

茨城県もまた、地租軽減および選挙法改正の請願のため、調印書を携え代表者が上京していた。栃木県は埼玉県と同日、下野立憲自由党の春季大会を開き、地租軽減、選挙権拡張を決議し、請願書の調印を始めており、千葉県もほゞ同時期に運動をはじめ、代表石橋市兵衛らを上京させている。

関東各県の運動が高揚するなかで、対議会運動体制を整えた埼玉県有志者は、翌日より早速運動を開始する。地価修正につき群馬県委員と打合わせた埼玉県有志者は、二三日さらに、群馬、千葉、茨城、栃木、神奈川の各県委員と会合し、地価修正に関する運動方針を審議する一方、湯本、真中両代議士の訪問報告も行なわれ、回答が「不満足」であったことから、県下輿論を受け入れぬ場合の、公開演説会や雑誌上での攻撃方針をきめている。この日、あわせて埼玉県の「地価修正ノ趣旨ハ単ニ地価ノ高キ地方ヲ引下グル事ニ執ル事[34]」等を確認し、運動経費募集法を決定した。

埼玉県同志会の基本方針は、地価修正にあっても平準化のための低地価県の増額（＝増租）を招く修正ではなく、逆に高地価県の引下げのみによる地価修正と地租軽減を主張したのである。この方針は翌二七日の委員会で地価修正願いは急を要するため、群馬県の書類を用いて各郡の調印を開始し、その間に請願本書の起草を完了することに決めているが、群馬県はじめ関東地方の地価修正論は、埼玉県と基本的に同一だったと思われる。全国的地租改正の体験をふまえ、大蔵省主導のもとに予定収穫量の配布が徹底され、結果的に増租となった関東諸県の、一致した願いが修正の形をとって地租軽減の要求になったものであろう。こゝに従来の地租軽減案の二説、つまり全国一率の五厘軽減案と、低地価一府一〇県の増額修正による引上げ後、五厘軽減する案に対し、高地価県の減額修正による五厘軽減案の三説が登場したわけで、この第三案こそ政府にとってもっとも不都合なもの、人民にとってもっとも好都合な人民のための案である、とする批評も展開されていた。

埼玉県における地価修正請願書は、二月三日より県下各地で調印が開始された。この調印に用いられた請願書は、群馬県同様、「地価修正及地租軽減請願書」[35]と表現されている。内容は法定地価と売買地価との懸隔に現象する各地の不同を解消するため、全国市場の統一により、平均化した統一米価を基準に地価を改算し、全国均一の負担にすべしという。そのため各府県の最近五ヵ年平均の米価により地価を算定し、現地租額より六七九万四〇〇〇円余を軽減せよと主張する。

この請願書の提出は、地租改正上の正当の論理というよりは、地方農民の地租過重による生活難という現実によるものであることをうたっているが、請願書に添付した「収穫地価石代及利子表」によれば、水田の場合、石当り米価の修正による増価県は、山口県のほか富山、長野、新潟、福島、山形、秋田、宮城、岩手、青森、大分の一一県である。地価修正請願の要旨は、これら低地価県の増額修正にではなく、高地価県の減額修正にあったゝめ、兵庫県の一円七六銭余の減額修正を最高として、東京につゞいて埼玉県は石価にして六〇銭六厘の減価修正となり、反当地価も五二円三一銭余から四五円八八銭余に、六円四三銭余の減価となっている。畑の場合も、石価で五八銭余と全国第三位の減価となり、これにともない反当地価は一円八八銭余の減額となり、全国的にみても埼玉県は地租軽減が多く予定された府県の一つであった。減額総計六七九万四〇〇〇円余は、政府総収入八〇〇〇万円余の五%にあたるが、高地価修正によって蒙る軽減の恩恵は、埼玉県の場合、他県より大きかったものを思われる。

埼玉県下における地価修正請願書の調印は、在京委員にさらに八木橋克、三須丈右衛門、井上精一郎ら改進党系有志者を委員に補充したほか、現実の調印運動はさらに多くの自由・改進党系有志が動員されている。一方、在京委員も高橋、持田、福田、橋本、大島、斉藤の常任委員をきめ、持田、斉藤を「常詰」委員とし、書記を雇い事務体制も強化する。この常詰委員は各県との連絡にあたり、群馬県主催の委員会に出席、関東以外の愛知、滋賀、岐阜、徳島の諸県とともに連合事務所も設置する。これを地価修正同盟事務所と称し、態度不明県への働きかけを決定するが、この地価修正同盟事務所の埼玉県常議員は斉藤、持田のほか橋本の自由党員三人を選出し、自県の主張する地価修正および地租軽減の、「両件相立ヲ主張スル事[36]」を確認している。衆議院議員の同主義者と共闘をはかったことは云うまでもない。

埼玉県における地価修正請願書の第一回提出は、吉田茂助、山田綱太郎ら在京委員一〇名が代表者となり、北足立郡草加町浅古半兵衛ほか五五八二人署名分が、二月一六日に行なわれている。貴衆両院とも埼玉県選出代議士および新荘直陳子爵を紹介者として提出した。第二回は児玉町持田直ほか四八八〇人調印分で、衆議院に大島、篠田ら七名が代表し、貴族院には持田、井出ら三人が代表し、同月二四日に提出した。第三回は入間郡太田村福田久松ほか六五七三人調印分が、同月二七日に両院に提出されている。このほか調印されながら未提出資料も残っており、短期間に急速に行なわれたようである。

この間、地価修正同盟の運動も進展し、地価修正の運動方針は、「硬派的運動ノ〆ニ決ス、然レ𪜈其帰着スル処ハ中軟派（地価ノ高キ地方ノミヲ引下ケルノ意）ニアル可キヲ以テ、硬派的運動ハ其政策トシテ為スニ過キ[37]」ざることに決し、形式上はとにかく、実質的には埼玉県の方針が貫かれたものとみていた。地価修正に関する代議士会にも、同盟会の意向を反映させるため委員が派遣され、「中軟派」方針の確定をみたという。

この地価修正同盟事務所の決定を、新聞はつぎのように報じている。「最近五ケ年間の平均米価を標準と為し、以て一般の地価を修正し、其規制地価より増額すべきものは、其の増額高も現制地価の二割五厘迄に止め、（地租百分の五厘に当る）、然る後、更に一般に地租百分の五厘を軽減する方策[38]」であるという。これによれば、修正結果は山口県および東北諸県も、現行負担の地租額を増すことなく、他の諸県との不均衡を矯正できる方法であるというのである。つまり、この方法によれば、高額地価県のみの低額修正という埼玉県の立場とは異り、低額地価県の限度内の増額地価化を前提にしており、増額限度が現行地価の二五％とは云え、それが地租五％に相当したとすれば、全国一率に軽減さるべき地租率五％に対応しており、低額地価県での地租軽減のメリットは失なわれるものとなってくる。

実情は埼玉県の主張のごとく、高額地価県の低額修正を可能にしているとは云え、立憲自由党の党議原案に近い内容となり、形式的平準化を求めるあまり、運動としては後退した内容にならざるを得なかったが、この決議も第二議会で変化し、埼玉県の主張が強く反映する修正案となる。

二月二六日には、地価修正同盟に加盟する各県有志者（埼玉県より三〇名余参加）が集合し、内藤魯一指揮のもとに、同盟員の印として各人ハンカチーフを首に巻き、議会傍聴に出かけ、傍聴時には退場命令を恐れず反対者の演説を妨害する手段を整えたが、結局、地租問題は審議されずに終っている。空振りに終った有志者は、この夜、江東中村楼に親睦会を開き、当面の方針を話合い、「議事ハ湯浅案ニ決（地価ノ高キ地方ノミ低クスル〔〕）[39]」し、地価修正期成同盟会を興すことに決定した。再び群馬、埼玉県の立場が確認されるのである。

第一回帝国議会は二三年一一月二九日開会後、地租定率軽減を目的とする地租条例改正案は、一二月一九日鈴木重遠によって提出され、衆議院において二月二七日修正可決した。のち貴族院に回されたが審議未了で成立しなかった。特別地価修正案は天春文衛により二月一七日提出された。だが三月四日に否決され、六日に閉院式をむかえている。これら二案の審議が重なった二月は、請願運動はピークをむかえていた。

この時期はまた、国家予算をめぐる重大局面をむかえ、二月二〇日には予算案をめぐり、天野若円の緊急動議が出され、「硬派大敗」し、硬派支持の立場を明らかにしていた「清水、堀越、天野ノ三氏ハ変節シテ軟派ニ属[40]」する結果となって、埼玉県有志者の反発をかうにいたった。

帝国議会の閉式後、埼玉県在京委員は「委員詰所ハ議会閉会ト共ニ閉鎖」することをきめていたので、三月六日に委員総会を開き、今後の対策を協議した。この席で次のように決定された。①埼玉県同志倶楽部を設置し、将来とも運動を継続すること。②倶楽部規約は、「会員相互ノ交際ヲ親密ニシ、併セテ県下ノ利害ヲ企図」することを目的とすること。③倶楽部の人的組織および財政基礎に関する件。④創立事務委員および請願事件残務委員に橋本近、大島寛爾、片岡勇三郎ら一三名を選定している。

その後、四月一一日ふたゝび下谷車坂町和泉屋に、有志者五〇余名が参会し総会を開き、㋑第二回帝国議会には地価修正および利根川、渡良瀬川、江戸川、荒川等の治水費国庫支弁を請求すること。㋺来五月に大阪で開く全国地価修正同盟会に、委員二名を派遣する。㋩在京委員会を埼玉会と改称し、請願事件はすべて埼玉会で取扱うこと等を決めている。前会の倶楽部設立方針にかわって埼玉会がおかれ、政社組織とせず請願運動体とし、広く民党の結集の場としたが、目的は県下の実利を志向したことにかわりはない。政府予算問題にしろ、地価修正請願や利根川治水費補助問題にしろ、いずれも失敗に終った体験から長期運動を覚悟したのである。

大阪大会に派遣された福田久松と持田直らが帰県すると、その報告会と第二議会にむけての準備のため、残務整理委員と地方委員が大宮公園に集合したのは六月一三日のことであった。この席で従来の運動費が精算され、同時に次期議会に対する運動推進体制をきめ、各町村に委員一名、各郡に常議員二名以上六名までをおき、総括する常務委員二名には持田と福田を選出した。事務所は前同様、下谷の和泉屋におき、埼玉会の名で事務運営がきめられ、第二議会下で再び請願運動と代議士への働きかけを強めようとしていた。

5　初期議会と在地民党勢力

埼玉県における地価修正・地租軽減請願運動や政府予算案削減運動は、県下における他のさまざまな運動と連動して推進されている。そのうちの一つは、前述の地租問題がいまだ継続していたのである。

在京委員として東京で議会対策の第一線に立つことはなかったが、県内水害地問題の先頭で活躍したのは、庚寅団体の中心人物飯野喜四郎であった。彼は県地において水害地の貧民救助にあたり、水害激甚五郡の委員として、県庁との交渉や地価修正、利根川治水費請願の調印とりに回村する一方、帝国議会傍聴のため度々上京し、在京委員会議に出席し、東京と県地とのパイプ役を果していた。五郡委員会は再三、県庁に地租補助の公平を訴え、独自に上京し内務省や大蔵省に請願運動を展開した。南埼玉郡一三ヵ村の強訴的請願運動は一応の決着をみたものの、五郡全体にわたる地租補助の公平化の問題はいまだ解決されていなかった。

地租上納期をむかえ、所有地公売処分におびえた水害地農民は、①備荒儲蓄法による補助は、町村長の調査による実態をふまえ行なわれていないこと。②納租額を標準とする地租貸与は、米価が下落し肥料代もなく、かつ莫大な土木工事費の捻出に困難をきわめる中等農家に苦痛を与えていること。③備荒儲蓄法の場合、被害に応じ蓄積人は米穀の還付をうける権利があるにもかかわらず、町村長の判断を尊重せず処理されたこと[41]等を理由に反対運動をつよめていた。この問題にそれまで対応してきた小松原英太郎知事は、警保局長へ転出後、新聞紙上に広告し、地租補助にあずからぬものは豪農で、土地の公売処分に無関係な人ばかりであると反論したが、五郡農民は、これに対しても、知事は備荒儲蓄金の運用法を誤るものとの立場から再反論し、「中農以上[42]」の被害者への考慮を求めている。

小松原知事にかわって就任した久保田知事のもとで、この運動は継続され、八月三日、前知事と同調した南埼玉郡長に辞職勧告のため、郡下三八カ村五七二人の調印をもって、惣代二六名が県庁を訪れ、代表新井啓一郎、佐藤乾信、大垣六郎右衛門ら自由党、改進党県議らが知事に面会した。翌四日、郡長は免職となったが、この動きはやがて久保田知事排斥へと引きつがれてゆく。

当時の埼玉県に起った第二の問題は、県議会における知事と議員層との対立である。帝国議会への地租軽減請願運動が行なわれる直前、明治二四年一月一五日、臨時県会が召集された。こゝで衆議院議員選挙および昨年八月大洪水被害に際し、警官と郡吏員の出張諸費用が、予算を大巾に上わまわったゝめ、約八〇〇〇円余の追加予算が上程された。これに対し議員層から、このような臨時急施の費用は常置委員会で審議すべきにもかかわらず、その手続きを経ないで臨時県会を開いたのは違法であるとの疑義が出され、調査委員会を開いて検討することになった。調査委員会の結論もまた県側の違法を断定し、超党派で議員層は一致し、県会審議権を踏みにじる行為として反発したゝめ、小松原知事は即時に県会を中止、法制局の裁定をあおいでいる。この一連の経過の背景をなしたのは、総選挙における巡査増員とその干渉的派遣、および水害時の水利上の対立に対する巡査増派介入問題があり、議員側に当局への批判的空気が強まっており、そこに費用のツケが廻わされたからである。

法制局は当然県側の味方であり、埼玉県会の案件は臨時急施のことではなく、適法と裁決した。この裁決を得て、知事は二月一三日県会を再開、追加議案を審議したが、これに反発した県会議員は大巾な減額修正で応えている。この事件で県会中止中、昨年一〇月以来、昼夜兼行で行なわれていた治水工事は、知事の命令で裁定のあるまで郡吏の派遣を見あわせたゝめ中止となり、県当局と議員および県民とは一触即発の状況となっていた。

第三は帝国議会における予算案と、県選出代議士と県政界との相関々係である。議会への働きかけが、予算案をめぐる県選出代議士の監視にあったことはすでに述べたとうりである。そのため埼玉県同志会在京委員は、国会開催日は連日傍聴に出かけ、その結果は事務所会議に報告されていた。二月一二日の議会では、「大多数ヲ以テ査定案通過」[43]した際、堀越、真中、湯本の三代議士は欠席していたこと、二月二〇日軟派議員天野若円の緊急動議で、「硬派大敗」するにいたった議会には、天野、清水、堀越、高田、真中の五代議士が欠席しており、先の「誓言ニ反シ清水、堀越、天野ノ三氏ハ変説シテ軟派ニ属シ」[44]たことなどが報告され、在京委員らの怒りをかった。県選出代議士のうち湯本義憲、真中忠直は吏党的立場から、当初より軟派であり、天野、清水、堀越は板垣らの土佐派と行動を共にし、民力休養をはかる硬派的運動の査定案に対する反対派にくみしたのである。

その結果、四月一一日、東京下谷に開かれた埼玉有志協議会では、①県選出の変節議員に辞職勧告書を送り、かつその勧告書を各新聞紙上に掲載すること。②勧告書起草委員を七名選出すること。③各選挙区ごとに三回以上の演説会を開き、変節議員および軟派議員を攻撃すること。④演説会は軟派攻撃政談演説会と称すること[45]、が決議され実践される。

このとき軟派に変節した堀越寛介の選挙区では、つぎのような事態が起っている。帝国議会閉会後、選挙区では地価修正、利根川治水請願の調印に尽力した岡村新三郎ら堀越派の人々は、堀越自身の「地方ノ人士カ如何ナル批評ヲナスモ決シテ意[47]」にかいさない態度に反発し、「絶交」することを話合っている。しかし、なお堀越の意見も聞いたうえで、最終的態度を決定するよう皆を説得した岡村は、堀越と会いつぎのような話合いをもった[48]。

生曰ク

是迄失敬或ハ過激ナル書面ヲ数回呈シタルハ実ニ失敬ナリ。乍併貴下カ衆議院議場ノ論説及動作、予算案ニ就テノ意見ニ付、我撰挙区及地方有志者ハ勿論、政党外之諸士頻リニ小生等ニ向テ攻撃シ来リ、生等貴下ノ為メ身ヲ措クノ地ナシ。止ヲ得ス書面ヲ呈シタル所以ナリ。亦、地方人士ハ悉ク査定案ヲ賛成シ、特別地価修正ヲ熱望シテ止マサルモノナリ。殊ニ当地方ノミナラス、新聞紙上ニ於テ見ルモ、全国ノ輿論ト謂テ可ナリ。当地方有志者カ貴下ニ対スルノ人情ハ実ニ甚シ。

堀越氏曰ク

査定案ニ賛成スル能ハサル理由ハ、査定案ハ憲法ニ違背シ、到底国民ハ憲（法）或ハ法律ニ犯スル議決ヲナス能ハス。政府ハ之ニ向テ同意セサルノミ、却テ不幸ヲ視ルノ恐レアリ。且、査定案ハ自由党ノ反対スル大隈伯ヨリ出タルモノナレハナリ。然レ𪜈万止ヲ得ス党議トナリタルヲ以テ、一時賛成シタリ。

小生

憲法及法律ニ違反スル議案ヲナスモ、政府ハ同意セサルヘシ、乍併法律及憲法ニ規定スル歳入出者、政府ノ同意ナクシテハ可ナラサル明文アリ。然レ𪜈、加此𪜊ハ到底衆議院議員ハ予算案ヲ議定スルノ余地ナシ。殊ニ貴下ハ選挙競争ノ当時、藤屋ニ於テ、仮令解散セラルヽモ徹頭徹尾、憲法法律ヲシテ十分帝国議会ノ権利ヲ拡張スル事ヲ勉ムヘシト云ヘシハ、尚耳朶ニ残レリ。然ルニ是ヲナサヽルハ如何、進テ党議ヲ維持シ之ヲ議定シ、然ルニ後之ニ対スル法律ノ改正ヲ上答スルノ手続ヲナスヘシ。亦我党一身同躰トナリ運動セサレハ、将来決シテ政党内閣ヲ組織スル事能ハサルヘシ。

堀　自由党ニモ改進党ニモ、目下政党内閣ヲ組織スルノ人物ナシ。地価修正モ容易ニ出来ス、依テ漸々政党ノ組織ヲ鞏固シテ、憲法及法律ノ範囲内ニ於テ運動シ、然ル後政党内閣ヲ組織スル様務ムルヲ可トス。欧州各国ハ鮮血ヲ流シタル後憲法出来タレ𪜈、日本ハ陛下ノ殊ニ下ニ賜リタルモノナレハ、其心得ニテセサレハナラス、予ハ決シテ食言スルモノニ非ス。

生　平和ノ間ニ憲法ヲ発布セラレ、国会ヲ開設セラルヽト雖モ、国会開設ノ勅令ノ下リシハ、政党ノ尤モ盛ナルトキニシテ、若勅命ナカリセハ容易ナラサル事ヲ知レハナリ。今君ノ如キハ自然出来得ルノ時機ヲ持ツト云フアリテ、進テ之ヲ得ルト云ニアラサルハ、生等諸士ハ国家ノ為メ、身命犠牲ニ供シタル所ニ対シ不徳義極マル所ナリ。君ハ始メ軟派ニ賛成シ、次ニ党議ニ止ヲ得サルヨリ硬派ヲ賛成シ、亦軟派ニ賛成シタルハ、振舞ハ小男児ノ心胆ニシテ、如此事アルヤ君ハ撰挙区ノ公衆ニ向テ、予算ニ対シ如何ナル言ヲ以テ分疏スルヤ、又将来我々ト倶ニ社会ニ立チ、同主義ヲ採リテ運動シ、湯本ノ設立シタル同志会ヲ攻撃スルヤ、其都合ニヨリテハ小生等ハ将来ノ方針ヲ定メサルヘカラス。

堀　予算ニ対スル小生ノ意見ハ、小冊子トシテ十分其趣意ヲ撰挙区諸士ヘ頒チ、亦主義ヲ同シテ倶ニ奔走シ、来ル十一日頃、大政談演説会ヲ行田ニ開キ、同志会ヲ攻撃シテ将来倶楽部ナルモノヲ設立シテ、諸士ト倶ニ地方ノ為メニ尽スヘシ。

議会に対する二人の態度はあまりにも対照的である。地方民衆の期待に立つ岡村の舌鋒の鋭さが目立つ。帝国議会における堀越の態度につき、選挙区内から苦情が殺到し、反省を求める激しい内容の手紙を、岡村が数回送らざるを得なかった事情が判明するが、なおかつ堀越に対する最終的な態度を決定するため厳しい質問を行なっている。この話合いに失望した岡村は、行田地方有志者と相談し、堀越から申し入れのあった演説会は、自由党ばかりでなく、大成会からも攻撃をうけ不利益となるので見合わせること、堀越に対し岡村が、有志者を代表して絶交状を送ること、堀越と断絶し、新たに自分達の倶楽部を結成すること、自由党の演説会を独自に開くこと等を決めている。

彼らは翌々日、堀越宛に絶交状を送るとともに、従来の堀越をつうじて愛国公党（土佐派）系に結びつき、それが軟派への変節の契機になったことの反省から、再興自由党派に近づき、新倶楽部結成を準備する。同じ第四区内に大成会に所属した湯本義憲派が、この年三月、同志会を結成しており、これに対抗するため、新たに「統一倶楽部」が不動岡に結成された。北埼玉郡の自由党系有志者によって結成されたこの倶楽部は、「全員相互の交際ヲ親密ニシ実利ヲ希図スル」(50)ことを目的にしており、また、同年七月頃、大里郡を中心に「公誼会」が結成され、同選挙区内の二大自由党系勢力となった。

公誼会は本部を熊谷におき、大里郡公誼会とも称されたが、「会員相互ノ交際ヲ親密ニスルヲ以テ目的」(51)とする社交結社である。地理的に熊谷に近い行田地方の自由党系勢力はこれに属したものも多いとみられる。八月には創立大会ともいうべき政談大演説会を熊谷に開き、大井憲太郎、中村克昌、林包明、高橋庄之助、小久保喜七ら再興自由党系弁士が熱弁をふるった。選挙区内では斉藤珪次、持田直、西村高貞らが弁士となっており、傍聴人一三〇〇余名に達したという。堀越は完全に除外されていた。

この演説会を契機に、行田地方の自由党員が中心となり、選挙区内の五郡有志懇親会が組織され、第一回を一一月一日行田で開いている。この会で北埼玉郡は岡村新三郎、今津徳之助、根岸貞三郎、新井鬼司、大里郡は小林富重郎、松崎定吉、幡羅郡は塚田啓太郎、福島栄作、榛沢郡は小林徳次郎、蛭川勇八らを幹事に選出し、二五年度政府予算は必ず政費節減、民力休養の減額説に賛成することを申合わせ、第四区選出代議士にその旨の手紙を出すこと、文案起草には斉藤珪次があたり、幹事が代表して発送することを決めている。民党運動の立場から変節代議士を糾弾し、あくまでも民力休養の実現にむけ、運動の継続を確認したのである。

このような動向と関連して、県内に起った民力休養のための運動に地方税営業税軽減運動があった。埼玉県では二四年五月頃には、川越町の発起で、商業税軽減同盟会が組織され、その第一回は六月二日熊谷町で開催している。この会で軽減請願委員の各町村からの選出、その委員による委員会の開催、請願費用の分担および事務取扱いなどを協議した。最初の委員会は七月四日、一六町二ヵ村の委員四一名によって開かれたが、この会で、請願期日（七月一五日）の決定のほか、各郡選出の県会議員の説得、県会への傍聴人の派遣、運動状況の新聞雑誌への発表等を決めている。議長は綾部惣兵衛（川越町）、副議長は根岸常次郎（熊谷町）で改進党系勢力主導のもとに自由党系勢力も同調し、県下最初の統一的な営業税軽減運動となった。もっとも、なかには所沢町のごとく、営業税減税請願は明治十九年以来行っているとして、この運動に同調しなかった町も一部にあったが。

このとき作成された熊谷町の請願書、「地方税営業税軽減ノ儀ニ付請願」(52)書によれば、その主張するところは、地方税賦課法における営業税賦課率の変更による、負担の公平を期すことの訴えであった。埼玉県は地方税収入における営業税は総額一四万三九五九円余にして、総収入額の四二％にあたり大きな比率を占めていた。隣県と比較しても地租割に対する営業税は、群馬県は三五・二％、茨城県は四五％、栃木県は四八％にあたり、埼玉県のみ五七％に達し権衡が失なわれている。隣県は商業が盛んにもかかわらず比率は低く、埼玉県は地租割の比率が軽く、逆に営業税が非情に重く、熊谷においても営業税滞納者が続出している。それゆえ二五年度中の営業税は軽減のうえ、営業者の負担の公平化をはかられたい、というのである。

添付された明治二四年度地方税四県比較表をみれば、この請願運動にはやや限界のあったことがわかる。まず、営業税の総収入に占める割合は、埼玉県の実際が二九・七％で四二％には達していないこと、しかも栃木、茨城県より低率であることなどである。また、請願者の性格が雑種税（料理屋、水車、漁業）はほとんど無視され、営業税のなかでも商業税の軽減に重点がおかれているように思われる点である。そのため、当時の全国的な政治運動の中心課題であった地租さえも、農民負担の軽さを指摘しており、右のごとき請願運動は論拠の薄弱さと、同盟者の少なさを生み、大きな影響を与えたとは思われない。にもかゝわらず、営業発展の途への期待も内包しており、民党勢力が統一して推進していた民力休養の運動の地方的基盤となり得ており、以後、展開される地方産業育成を目標とする営業税軽減運動の先駆けをなし、県会に問題提起した点で意味をもった。

請願運動の結果、二四年度通常県会において、翌二五年度収入予算は営業税収入六万六九五七円余と、前年比三万二一五三円余の大巾減に決っている。減税率は工業に対し商業税に高い。同じ県会において教育費が減額修正されたが、これは師範学校盟休事件に対する民党系議員の当局に対する反発があったゝめである。全国的民党運動のもとで、県内においてさまざまな地方自治確立のための政治運動が伏在していたのである。

明治二四年一一月二一日、第二回帝国議会が召集された。明治二五年度の国家予算案を審議するためである。その前日、開催された地価修正各府県委員会には委員一五〇名余と衆議院議員が参加し、同会規約案、組織、地価修正法などを討議した。第二議会においても地価修正運動を積極的に推進しようとするもので、この時期にも三重県、静岡県、愛知県を中心に、衆議院への地価修正請願があいついだ。埼玉県でも間仁田勇吉ほか七五名の「地価修正地租軽減」[53]請願書が清水宗徳の紹介で提出されている。

第二議会下における地租に関する請願運動は、内容的に五派に分裂し多様化した。第一は二億円の地価修正を可とし、地租五厘減を否とする絶対的地価修正論である。鹿児島県選出代議士を中心とする一派である。第二は二億円の地価修正を可とし、地租五厘減も可とする修正軽減併行論である。改進党の大部分と自由党の一部がこの派に属した。第三は一億五〇〇〇万円の修正を可とし、三厘の地租軽減を可とする修正軽減折合論である。岡田孤鹿ほか数拾名がこれを支持した。第四は修正を否とし、地租五厘減を可とする絶対的地租軽減論者である。東北民党のほか非地価修正の民党がこれを主張した。第五は地価修正を否とし、また地租軽減も否とする絶対的非休養論者である。東京、山口そのほか非修正派に属する吏党がこれを主張した。

民力休養を否定する吏党に対し、民党側は四派に分裂し、足並みを乱していた。埼玉県は第二派に属したが、その修正は高地価県のみとするもっとも徹底した民力休養路線であったことは前述した。第二議会へ提出された地価修正案は基本的には埼玉県の立場を代表し「現在田畑の地価偏重ト認ムルモノニ限リ特ニ修正低減ス」る案であった。第一議会の修正案の弱点が是正された法案通過の可能性を増したとは云え、修正自体を提起することにより問題を錯雑化し倭小化した責任はまぬがれまい。

一一月二六日開院式後の第二議会は、予算案をめぐって衝突し、一二月二五日解散された。地価修正案は衆議院を通過したものの、解散のため再び廃案となった。解散後、各県では翌年二月の第二回総選挙にむけて準備を開始する。選挙区の期待を裏切って、土佐派に合流し自由俱楽部を組織していた代議士の再選難も喧伝されている。埼玉県では、堀越、清水、天野、神奈川県で山口左七郎、群馬県で新井毫、千葉県で千葉禎太郎ら四人、そのほか三重、高知県の各一人で、圧倒的に関東地方が主であった。自由俱楽部は民力休養、政費節減の民衆の期待を裏切ったがために、前任者の再選は、「頗る困難を極め、解散後其の帰郷を急ぐもの多き、此の一派を以て第一」とした。(54)

6 知事・警部長排斥事件の展開

第二回総選挙にむけての準備は、埼玉県は議会解散直後から始った。第一区の改進党系結社、北足立・新座同志会は一二月三一日、幹事永田荘作、浪江梯三、星野平兵衛ら二三人が集会、党議にそって加藤政之助を候補者に決定した。前回の複数立候補による散票化を防ぐための一本化であった。同じ時期、自由党系の北足立・新座両郡倶楽部も高橋安爾の立候補を決めている。

第二区も同時期、改進党系は定員二名に対し、前議員高田早苗と福田久松を候補に決めた。前回の同じ改進党系の乱立の反省のうえに、早く二名にしぼったとみられる。前回次点の桐原捨三は一月に、推薦母体であった比企、横見郡の有権者に対し、今回は福田に協力する旨の手紙を出している。自由党は二区内を統一し中武政会が組織されており、この会を母体に再度清水宗徳を推薦した。彼は第一議会以来、自由党を脱し自由倶楽部に所属しており、予算案をめぐる選挙民への裏切り行為と党籍のなさという二重の弱味にくわえ、警察の後援をうけていたらしく、改進党勢力から攻撃をうけることになった。自由党本部は中武政会の清水推薦は、「頗る不都合の事なりとし、早速、中武政会へ照会し事実調査の上、何分の処分を為す」(55)とした。改進党は自由党「本部幹事石塚重平氏は本党名簿に清水氏の名なしと明言」(56)したとし、査定案に反対し変節した事実をあげて攻撃している。このような動向の中で中武政会は分裂し、脱会者を出している。

第三区は一二月三〇日、庚寅団体の幹事会を開き運動に着手し、一月五日倶楽部発会式を兼ねて大政談演説会を開き、また候補者の選定会を開き、自由党候補者として新井啓一郎、野口褧を選出した。新井は庚寅倶楽部、野口は蘭交倶楽部からの立候補である。改進党は井上精一郎を推した。前議員真中忠直は吏党であり、「第一回の議会に於て地租軽減に反対したことが疵」(57)となったという。

第四区は一月三日、公誼会および五郡有志会を開き、自由党の立候補者を統一倶楽部の斉藤珪次にしぼり、熊谷と不動岡に運動本部をおき、要地に支部を、各町村に方面長をおく運動推進体制をくんでいる。翌六日、不動岡に大政談演説会（弁士板垣退助、新井章吾、山田東次ら）を開き、三〇〇〇余の聴衆を集めている。吏党系の同志会は前議員湯本義憲を推したが、この同志会と公誼会、統一倶楽部にはさまれて、改進党系勢力の動きは表面化しなかった。

第五区は自由党が立候補者を立てえず、前議員で改進党系の山中麟之助と吏党の原善三郎の争いとなった。

選挙戦は各地で演説会、懇親会が開かれ、警察官の監視下に進められている。全国的にみれば、高知県、福岡県、栃木県などで選挙干渉が激しく、埼玉県は比較的少ない県であったが、それでも陰に陽に干渉されたらしい。第一区で警察による妨害が報告され、二区、三区にも同様な動きがあった。本来、民党の中心として活躍しなければならなかった堀越、清水、天野らが、査定案をめぐり変節したことで、警察では彼らを応援こそすれ、弾圧すべき対象ではなくなっていたからでもあろう。それゆえ、かわって擁立された自由党系および改進党系候補者がとくに妨害されており、後に知事、警部長排斥の理由ともなっている。

二月五日　総選挙の前哨戦として、県会議員の半数改進が行なわれた。その結果は

第一区　北足立、新座郡　永田荘作（改）　須田守三（改）
第二区　比企・横見郡　柴生田彦三郎（改）　町田藤助（改）
第三区　南埼玉郡　佐藤乾信（改）　高橋荘之丞（自）　北・中葛飾郡　篠田清嗣（改）　染谷保次郎（改）
第四区　北埼玉郡　福島哲次郎（中立）　岡戸勝三郎（自）　大里郡　柴田忠明（改）　那賀郡　山田綱太郎（改）　榛沢郡　橋本近（改）
第五区　秩父郡　若林慶次郎（改）　児玉郡　春山正兵衛（中立）

以上一五名が当選した。政党内訳けは改進党系一一名、自由党系二名、中立二名（吏党に近い）であり、「半数改撰は全く改進党の勝利に帰」[58]した。改選による自由党勢力の進出の少なさは、明らかに査定案に対する自由党系代議士の変節が作用していたようである。改選により埼玉県会議員は議員定数四〇名、その内訳けは改進党二二名、自由党一四名、中立派四名となり、敵失により一〇年代以来の改進党全盛期が延長できたものの、初期帝国議会期をつうじ、自由党に逆転される過渡期にあった。

改進党全勝でむかえた第二回総選挙は第一区は加藤政之助（改）、第二区高田早苗（改）、福田久松（改）、第三区は野口褧（自）、新井啓一郎（自）、第四区は斉藤珪次（自）、湯本義憲（大成会）、第五区は原善三郎（大成会）が当選した。国政レベルでは改進党に自由党が並び、吏党も前回より五区で議席を増した。第一回総選挙で当選した自由党系議員三人はいずれも査定案をめぐり変節したゝめ、今回、中武政会に推された清水のみが一四〇〇票を獲得（次点）したほかは、天野は四五七票、堀越は一四八票しか得票できず、まったくの惨敗に終った。

選挙結果が判明し、当選祝宴会など総選挙跡始末が終る頃より、選挙干渉の責任追求をめぐる運動が、各県で盛んとなった。干渉責任を追求するため上京し嘆願する有志者も増し、埼玉県でも請願が行なわれている。当選した新議員による代議士会が開かれる頃には、干渉追求問題は民党の重要課題となっていた。

四月三日　立憲改進党は臨時大会でこの問題をとりあげ、選挙干渉責任追求に関する国民的運動を展開することを決めた。この決定をふまえ、代表者島田三郎、加藤政之助ら八名は内閣総理大臣、陸軍大臣を訪れ抗議した。

中央におけるかゝる動向は、もともと選挙戦で干渉に苦しんだ各地の怨みを代表するものであったから、この時期から全国的に干渉追求の運動が展開する。埼玉県は四月一八日上野桜雲台に第八回県人懇親会を開き、選出民党代議士六名出席のもと、選挙干渉問題を討議し、各郡委員を選任し運動推進の体制を決めている。

自由党系勢力は、この問題の推進母体となる関東会が、四月二〇日に再生し、帝国議会開設以来の、関東地方の地盤沈下を挽回しようと意図している。同月二四日開かれた自由党大会においても、新議会に対する民力休養路線の確認とともに、選挙干渉問題に注意し、代議士中心の党運営を改善するため、全国を地理的に区分した政治団体をつくり、院外党員の活性化により党勢の活発化をはかることを提案した。党勢不活発の原因が、代議士主導の党運営にありとする関東会の建議は、討論をしないまゝ多数決で否決されたが、こゝで提起された地方的基盤の確立という要請は、全国的展開の可能性をもつ選挙干渉の責任追求運動の動向を前提としていた。関東会は選挙干渉につき内閣の反省を促すことを決議し、卒先して院外民党懇親会を開き、干渉問題に対する意見を政府に提出した。

五月二日召集の第三議会では、九日、衆議院において河野広中ら七名が、一一六名の賛成を得て「選挙干渉の上奏案」を提出し、一〇日には貴族院でも選挙干渉処分の建議案が提出された。結局、前者は三票差で否決されたものの、後者は可決され、議会は停止になった。

埼玉県では埼玉県人懇親会につゞき、各郡選出の選挙干渉問題委員会を、五月八日下谷車坂の和泉屋に開いている。この決定により、同月二一日大宮公園西角井に民党代議士慰労会を開く。出席者は民党六代議士のほか有志者七〇〇名余であった。

この慰労会で各代議士は第三議会における諸問題、すなわち上奏案議事の実況、選挙干渉決議案の概況、地租問題、監獄問題等を報告し、出席者はその日を期して、代議士とともに上京し、院外活動の強化を申合わせている。一方、この席で川上参三郎の発議により、選挙干渉問題につき、先頃県下有志者から貴衆両院に提出した請願の趣旨にもとづき、「知事警部長の処分を内務大臣に要求する件(59)」を決議し、その推進委員をえらび、あわせて埼玉県選出吏党議員に辞職勧告書を送ることも決めている。

この後、関東会内部に混乱が生じ、二ヵ月ほどの空白が生じたゝめ、この影響をうけた埼玉県の知事・警部長排斥運動は、八月にはいって活発化する。第三議会における軍艦建造費問題をめぐる新井章吾の変節に端を発し、彼と大井憲太郎を中心とする関東会に対する批判派は、関東倶楽部をつくって分離し、六月には別行動をとるにいたった。この結果、関東会は立憲自由党より独立し、東洋自由党組織のための準備政社化する。埼玉県の自由党員は大宮公園に協議会を開き、関東会に対する態度を決議した。

この決議は、埼玉県の同志者は関東会と絶交し、自由党と連携し運動すること、そのため埼玉中央倶楽部を設立することであった(60)。当時、県下における自由党系政社には北足立・新座両郡倶楽部、統一倶楽部（北埼玉郡）、交誼会（大里郡）、庚寅倶楽部（南埼玉郡）、葛飾団体（葛飾郡）、有志会（児玉郡）、中武政会（入間郡）などがあり、これらと埼玉中央倶楽部の関係は、①中央倶楽部が各団体の交渉、通信を担当すること、②中央倶楽部は各郡村団体より五名以上の代表者を出して組織すること、③中央倶楽部の経費は各団体が負担すること、④中央倶楽部に幹事をおき、諸般の事務を管掌することなどを決めている(61)。立憲自由党の県下評議員、常議員体制を、現実の政社を基盤に再編強化しようとしたもので、選挙および政治運動の推進体制を整備したものであった。

体制の整った八月、県下諸団体の相談会を開き、一四日のその第二回協議会で、「知事転任を請ふことを議決(62)」した。これを契機に県当局の責任追求と排斥運動は急展開する。この日の決議にもとづき、大島寛爾、高橋安爾、星野平兵衛ら自由、改進両党首脳が代表となり、知事、警部長宛に、つぎのような勧告書を提出した(63)。

埼玉県有志総代、謹て書を貴下等に呈す。我々県民の貴下等が赴任せしより以来、今日に至る迄、其の治績を案するに、県治上不満足の事四五にして止まらす。今其の二三を挙くれは、師範学校職員生徒紛擾の事、土木工事不正入札の取消を命せさる事、衆議院議員撰挙に干渉して撰挙権を侵害したること、県会の決議に重を置かさること、土木工事公入札の実を挙けさる事、等は最も不満を感する処なり。故に我々県民は到底貴下等が県治の下に、福利安寧を得る能はさるものと確信致候間、県民の為め、貴下等其職を去らんことを希望す

埼玉県知事　久保田貫一殿
埼玉県警部長　有田義資殿

この勧告書によれば、選挙干渉は師範校紛擾事件、土木工事入札事件、県会決議の軽視問題などとともに排斥の理由の一に揚げられている。選挙干渉事件は知事のそれまでの一連の失政を追求する際の最大眼目として重視された。埼玉県有志は排斥の目的達成のため、各郡委員を中心に、東京神田小柳町三河屋に事務所を設け、各大臣を訪問し嘆願運動を展開する。第一陣は一五日、加藤政之助、野口褧ら一七人が井上内務大臣、仁礼海軍大臣を訪問した。このように中央官省訪問運動を継続する一方、県下では全県会議員と町村長の大半が、辞職覚悟で排斥演説活動を開始した。八月末より九月はじめに東部地域で相ついで県治問題政談演説会が開かれ、郡長および警察の弾圧にもかかわらず多くの聴衆を集めている。

一一月一八日、召集された臨時県会で、議員四〇名中、三八名の賛成を得て知事の不信案を可決した。予想どおり県会が解散されると、県民大会、郡民大会が各地で開かれて世論が盛り上り、第三回県民大会当日の一二月六日、同日づけで知事久保田貫一は非職となり、銀林綱男が後任に発令された。

7　む　す　び

埼玉県における知事・警部長排斥運動は、目的貫徹に終ったが、このような動向は、多かれ少なかれ他県にも共通の問題であった。全国的に各府県会で、この時期、選挙干渉による警察費削減問題がとりあげられ、知事あるいは警部長の不信任、もしくは転任請願が行なわれる場合が少なくなかった。そのため、埼玉県のごとく県会中止、解散にたちいたった県には徳島県会（一二月一〇日解散）、三重県会（一二月二日中止）、新潟県会（一二月一〇日中止）、神奈川県会（一二月一〇日中止）などがあり、大阪府では秘密会議で山田知事の転任請願を決議し、石川県会では巡査帯剣廃止案を可決し、なお戸田参事官の不信任、選挙に関する知事の処分不当を内務大臣へ上申することを申合わせている。

兵庫県会もまた巡査帯剣の廃止を決議し、佐賀県会は警察費の削減、大分県会は巡査減員、機密費削減を可決し、鹿児島県会も八二名の巡査減員を、長野県会は巡査三〇名と機密費削減を決定した。福岡県会もまた警察の不信用を内務大臣に建議し、あわせて機密費の削減、福岡警察署新築費の否決を行っている。東京市会も警察署五ヵ所の廃止を決めており、選挙干渉を契機にして知事および警察に対する不信は全国的風潮となっていた(64)。

埼玉県の検討から知れるように、選挙干渉問題は一連の失政追求の最大眼目であり、それまで各地でつみかさねられてきた民党的運動の総決算としての位置を占めている。地租補助問題をめぐる県と被害民との対立、県予算をめぐる知事と県議会との対立、営業税地方税をめぐる県と営業者の対立など、つまるところ、県民の要求を国政に反映させる代表者の、充分な活動の場の保証を要求する運動の下準備であった。県民要求は国政レベルでは政府予算の削減（＝政費節減）、地租軽減・地価修正に統一され、底流で変化をみながらも、自由民権運動以来の地方自治、地方産業育成の要求が、国会開設下で、地方レベルの富裕化に帰結する民力休養路線として要請されていた。

初期議会期の地租軽減・地価修正問題は、全国的な統一運動とはならず、当初より足並みが乱れたが、埼玉県をはじめとする関東諸県は、地価修正を要求しながらも、生産費を改訂する地価算定の封建的性格の否定まで含まぬものの、高地価地域のみの現行石代価にもとずく地価修正を基盤に、全国一率の地租軽減を要請し、その限り、当時としてもっとも妥当な要求案であった。しかも、当時の地価修正運動は、当初の石代是正による修正案から収穫量の低減、さらには利子率の改訂までも含めた修正を目標としており、修正の合理化は一層すすむものとみたのである。

民党運動を推進した各地の政社との関連をみれば、自由党、改進党のいわゆる民党は、選挙こそ激しい競争を展開しながらも、政府に対しては同一歩調をとり、矛盾もそれほど顕在化していなかった。国会への請願運動、国会議員の活動監視体制、なかでも政府予算案に対するとり組みなどで協調関係にあり、埼玉県ではむしろ土佐派と行動をともにした自由党代議士に対して反発した。その選出母体となった政社は分裂するか分散し、後者の場合、代議士と絶縁して民党理念にたつ新たな政社が結成されるのである。政社が代議士の行動の規制機能をもっており、いまだ少数名望家の、または政治家個人の団体化はしておらず、政社代表者には地域利害の代弁を要求していた。その限り、政社は社交結社的姿態をとりながら、各地の中農層以上の政治的要求の中核体として存在したのである。

（1）大石嘉一郎「初期帝国議会下の民党運動」（『立憲政治』『論集日本歴史』十一所収）
（2）拙稿「大同団結運動と地方政情」『駿台史』学五〇号
（3）拙稿「地方自治論と市町村制」『歴史公論』No.一一〇
（4）『新編埼玉県史』資料編二五　二九八頁
（5）、（6）「埼玉倶楽部規約」行田市桶上『岡村家文書』「各倶楽部規約報告編冊」
（7）「読売新聞」明治二三年一月二一日雑報「北武倶楽部」
（8）、（9）飯野喜四郎『手控』埼玉県立文書館
（10）高田早苗『半峯昔ばなし』（早稲田大学出版部、一九二七年）二〇三頁以下
（11）林有章『熊谷史話、幽章閑話』（国書刊行会、一九八一年）五一四頁　以下同
（12）明治二二年「内外手稿」前掲『岡村家文書』以下同
（13）「新編埼玉県史」資料編一九、六三〇頁
（14）明治二三年「内外日誌」前掲『岡村家文書』

(15) 明治二三年「同志者ヲ募ルノ旨趣書」羽生市本川俣『堀越家文書』慶応大学情報センター室所収文書
(16)「明治政史」第二三編『明治文化全集』第一〇巻　正史編　下巻　二五四頁
(17)「朝野新聞」明治二三年七月二二日雑報「埼玉県選挙後の改正」以下同
(18) 北足立・新座同志会の会則および組織をみればつぎのようになっている。
第一条　本会ハ北足立新坐同志会ト称ス
第二条　本会ノ目的ハ広ク同志者ヲ糾合シ、両郡ノ公益ヲ謀ルニ在リ
第三条　本会ハ浦和町二百五十七番地に仮事務所ヲ置ク
第四条　支会ヲ左ノ九ケ所ニ置キ、時事及会務ヲ談合スヘシ
　大宮町、原市町、桶川町、鴻巣町、草加町、大門町、大和田町、浦和町、吹上町
以下略。各支会ごと幹事二名を選出したが、星野平兵衛、永田荘作らがその中心であった。会員総数一五四〇名、選挙区内各町村会議員を中心とする上層農民と思われる。和光市下新倉『田中家文書』
(19) 飯野喜四郎『手控』
(20) 明治二三年九月「臨時総会開会につき通知」所沢市山口『岩岡家文書』
(21) 当時の新聞報道によれば、川越倶楽部は「同主義者の加盟する者八百余人の多きに及び（中略）、今度有志者の尽力にて川越自由倶楽部と称」（「自由新聞」明治二三年一一月二日雑報「川越自由倶楽部の大団結」）するとある。第二選挙区内の自由党勢力の団結が企てられ、やがて中武政会へ発展する。
(22)「読売新聞」明治二三年一〇月二五日雑報
(23)「朝野新聞」明治二三年一〇月二五日雑報
(24) 青木平八「埼玉県政と政党史」（同書出版後援会、一九三一年）八三頁
(25) 明治二四年「懐中日記」県立文書館『飯野家文書』
(26)「自由新聞」明治二三年一一月二五日雑報「関東大懇親会」
(27)「朝野新聞」明治二三年九月三〇日雑報「立憲自由党の内幕」

(28)「郵便報知新聞」明治二三年一一月九日社説「地租軽減案」以下同
(29)「郵便報知新聞」明治二四年一月一二日雑報「郡制改正の建白」
(30)「郵便報知新聞」明治二四年一月一八日雑報「人民の意向硬派にあり」
(31)埼玉会「請願事務摘要及精算報告」熊谷市下奈良『石坂家文書』
(32)明治二四年一月「埼玉県有志者運動方法につき委員決議事項」『新編埼玉県史』資料編一九　五九五頁
(33)「自由新聞」明治二四年一月一八日雑報「請願人の上京」
(34)注(31)に同じ
(35)『新編埼玉県史』資料編一九　五九六頁
(36)、(37)注(31)に同じ
(38)「毎日新聞」明治二四年二月一八日雑報「地価修正派の決議」
(39)、(40)注(31)に同じ
(41)「東京日日新聞」明治二四年四月二二日雑報「埼玉県水害人民の陳情」
(42)「読売新聞」明治二四年四月二五日雑報「天下の志士に訴ふ」
(43)、(44)埼玉会「請願事務摘要及精算報告」前掲石坂家文書
(45)「埼玉平民雑誌」第六号　明治二四年四月一八日
(46)このとき清水宗徳に送られた勧告書は、「足下は自由の主義を固守し、代議政体の基礎を鞏固にし、大に其実を挙げんことを期す可しとは、足下が公言せる処にして、我も人も皆其言を信認したるにあらずや、然るに足下が近時の挙動を観察すれば、今や其言を食み、我を欺き人を欺き、窃に疑を吏権党に送り民権党に反対す。何ぞ足下の節操なき（後略）」とある。
(47)、(48)明治二四年「内外日誌」前掲『岡村家文書』
(49)、(50)『新編埼玉県史』資料編一九　五五二頁　五五四頁
(51)明治二四年(?)「交誼会規約」前掲『岡村家文書』

(52) 明治二四年「地方税営業税軽減ノ儀ニ付請願」前掲『岡村家文書』
(53)「読売新聞」明治二四年一二月一日附録、「衆議院の請願書」
(54)「朝野新聞」明治二四年一二月三〇日雑報「総選挙に於ける各党派の現況」
(55)「毎日新聞」明治二五年二月九日雑報「清水宗徳氏」
(56)「毎日新聞」明治二五年二月一三日雑報「清水宗徳氏は自由党に非ず」
(57)「平民雑誌」第一八号　明治二五年二月一三日
(58)「毎日新聞」明治二五年二月一〇日雑報「埼玉県会議員半数改撰の模様」
(59)「郵便報知事新」明治二五年五月二五日雑報「埼玉県民党有志者の決議」
(60)「郵便報知新聞」明治二五年七月九日雑報「埼玉県自由党員の決議」
(61)「埼玉平民雑誌」第二四号　明治二五年七月二六日
(62)「毎日新聞」明治二五年八月一六日雑報「埼玉県民知事の転任を請ふ」
(63) 国会　明治二五年八月一六日雑報「埼玉県知事の辞職勧告沙汰」　郵便報知新聞　明治二五年八月一六日雑報「埼玉県知事に対する辞職勧告」なお、内務大臣宛陳情書は右勧告書を骨子としたもので、『新編埼玉県史』資料編一九　六〇五ページに掲載されている。
(64) 長岡新吉「明治二〇年代の地租軽減論について」宇野俊一編「立憲政治」『論集日本歴史』(有精堂、一九七五年)一一所収

第9章　産業革命期の地域政治

1　はじめに

日清・日露戦間期は日本の産業革命期である。近代都市中心の工業社会の成立は、封建社会以来主流であった農村社会にいかに影響を与え、変革を推進したのであろうか。資本主義の成立にともない、国家の地方的基盤として遅れた産業を代表する農村の、政治的財政的性格の特質を検討するのが本章である。

ところで、当該期の検討にあたって主題とするところは、政党史と地租および地方財政との関連である。研究史上有名なように、それまで地租軽減を主張し民党的性格を代表した自由党が、明治二六年以降、政府に接近し、三一年一二月、第二次山県内閣の第一一議会において地租増徴案に賛成し、積極財政支持の立場を明らかにし、ついに三三年、伊藤博文の組織する立憲政友会に合流する過程は、変節し軍国主義政党の性格を明確にする時期であった。幸徳秋水の「嗚乎自由党死す矣。而して其光栄ある歴史は全く抹殺されぬ」とする自由党を祭る文が公表される背景がそれであった。かっての農村を代表し国税軽減、地方財政緊縮にともなう地方自治確立を要求した自由党の面影はすでにない。積極財政と軍国経済支持への変節が、地域にもたらした影響は何であったかを、福島県を対象に検証する。

その場合、当該期のみならずその前後とのかかわりで、近代地方政党史の財政との関連で特色を明らかにしたいと

第1表　明治期の各県政況

〈明治10年代〉	〈明治20年代〉	〈明治30年代〉	〈明治40年代〉	〈特色〉
長崎県　同好会・鶴鳴会（九州改進党）	鶴鳴会系多数派 国民協会	政友会（同好会系） 非政友	伯仲	政友派横暴の県政
静岡県　静陵社 岳南自由党 遠陽自由党	改進党伸張期	加藤平四郎知事 自由党育成	李家知事 政友派	党弊、利欲 党略の犠牲県
新潟県　自由党 頚城改進党	前半・自由党全盛後半・改進党伸張（越佐会）	三四倶楽部 （改進・国権分裂）	進歩、政友、非政友伯仲	政友派知事登場
埼玉県　自由、改進党伯仲（秩父事件）	改進党全盛 明治27自由党伸張	自由・政友全盛	藩閥知事＋政友派	党弊他県より少
福島県　自由党福島支部（福島・加波山） 福島自由新聞	大成会（吏党）と対立 岩磐大同倶楽部（自由党）伸張	自由党→政友会 東北同盟会、進歩党	政友会全盛へ	鉄道、発電所問題 同志派7分、政友派3分

（注）「政綱政策は主体なり、政権は後副条件なり（中略）。彼等党人の徒は此賭易き道理を逆転して、政権を第一義とし政綱政策の如きは捨てて顧みず」
「我国には政府自身の政争はあり、政党自身の党略はあり、然れども国民自体の政治なき」「国民の政治的に無自覚なる事其罪は大半に居る」（細井肇『戦争と党弊』大正3刊）

思う。細井肇がその著『政争と党弊』（大正三年刊）のなかで、明治期の議会制度を回顧して「今や人民自体の政治が最も完全に行なわざる可らざるの時なり。然るに事実は全く之に反し、自治制は危機に瀕し憲政は其実なし」（1頁）とし、それは「今日の政治は国民の実生活と没交渉なる政治也」とする。「我国には政府自身の政争はあり、政党自身の党略はあり、然れども国民全体の政治なき」ゆえであるという。

人民の自由権利を保護し、輿論の代弁者たる代議士がその理念を忘れ、目前の利害にのみ拘泥する姿をなげき、普通選挙制による人民の覚醒を願うのである。茅原華山もこの著の序文で、国民生活を基礎とすべき政党が、「唯地主の代表者たるに留まる」こと、しかもその地主さえ自覚的に代議士を選出しておらず、生活に根ざした政論が形成されないばかりか、利益争奪の道具になっていることを指摘している。これら指摘は普選実施に活路を求めたものであったが、実情は今日でも同様のことが云えるように思われる。

『政争と党弊』により各府県の産業革命期における

党争の特徴を明らかにし、あわせて福島県中心に五県の政党勢力伸長史を概観すれば第1表のようになる。五県に共通することは、改進党系勢力のつよかった明治一〇、二〇年代から旧自由党を吸収した立憲政友会系勢力が伸長する四〇年代へと変化する画渡期に、明治三〇年代は位置しているということである。三〇年代は産業革命期であるから、この時期は農村政党たる自由党系勢力が、政府に接近し吏党的性格を強めつつ、改進党系勢力を凌駕するところに特色がある。同著の序文との関連でいえば、政党の地主的性格、朋党主義が進み、国民生活より遊離する時期ということになる。全国的にも同様なことが云えるが、この傾向のなかで福島県がいかに対応したかをまず検証してみたい。

2　福島県政の党派的特色

福島県は東北における自由民権運動の中心地である。民権運動にかかわる研究も数多い。いま民権運動期の政党問題についてはここで触れない。明治二〇年代以降の議会開設期の動向に限定したい。

福島県の党派的傾向の推移を知るために、初期議会以来の衆議院議員の選挙結果を表示すれば第2表のようになる。明治二三年七月に実施された第一回総選挙は、有権者総数一三一三三人、このうち棄権者六四一人、ゆえに投票率は九五％である。当選議員は自由党二人に対し大成会五人で、実に福島事件以来の体制派への回帰の結果を、如実に反映する結果になった。総数七人のうち五人の吏党系議員は、民権運動の激しさの反動ともいえるものであった。それゆえ第二回総選挙では一挙に逆転し、定員七人のうち自由党四人、改進党一人となり、大成会系は二人に減少する。明治二七年三月の第三回総選挙では自由党五人と革新系二人となり、ついに吏党系は一人もいなくなる。

ところが、福島県が地県と異なるのはこれ以後の動きである。明治二七年九月の第四回総選挙では、自由党系四人―第二区平島松尾、第三区河野広中、吉田正雄、第五区愛沢寧堅―のほか革新系二人―第四区佐治幸平、柴四郎と大

第２表　福島県衆議院議員選挙結果表

	有権者	棄権・無効	棄権率	政派別議員数	総数
第１回（明23.７）	13,133人	641人	5%	自由２、大成会５	（7）
第２回（明25.２）	11,885	758	6	自由４、改進１、大成会２	（7）
第３回（明27.３）	12,271	920	7	自由５、革新２	
第４回（明27.９）	13,269	1,355	10	自由４、革新２、太平倶楽部１	（7）
第５回（明31.３）	13,171	1,293	10	改進４、無所属１、他２	（7）
第６回（明31.８）	14,548	2,973	20	憲本７	（7）
第７回（明35.８）	36,026	4,802	13	政友会３、憲本６	（9）
第８回（明36.３）	34,958	6,062	17	政友会２、憲本６、中立１	（9）
第９回（明37.３）	26,093	3,638	14	政友会２、憲本６、無所属１	（9）
第10回（明41.５）	50,234	11,086	22	政友会３、憲本２、猶興会２、大同１、無１	（9）
第11回（明45.５）	46,161	3,794	8	政友会５、国民党４	（9）
第12回（大４.３）	47,283	4,507	10	政友会３、同志会６	（9）

（注）『大日本政戦記録史』（福島県）

平倶楽部一人―第一区佐藤忠望の七人となる。これが第五回総選挙（明治三一年三月）では自由党系が零となる。かって自由党であった第三区当選者の河野広中、白石義郎は同盟倶楽部に移り、改進党系の進歩党が芳賀宇之吉（第一区）、佐治幸平、柴四郎（第四区）、門馬尚経（第五区）の四人に増す。第二区の当選者安部井磐根は所属政党を明らかにしていないが、第一回総選挙以来大成会系の吏党であった。

明治三一年八月の第六回総選挙は、第五回総選挙結果を一層明確に示すことになった。改進党系の憲政本党が七人を独占するからである。当選者の菅野善右衛門（第一区）、安部井磐根（第二区）、河野広中、鈴木万治郎（第三区）、柴四郎、佐治幸平（第四区）、門馬尚経（第五区）がいずれも憲政本党を名乗り、また次点者の対抗馬も憲政本党系という、本党間の総選挙戦であった。かっての自由党、大成会系も憲政本党に合流しているのである。

全国的にも稀なこのような福島県の動向も、明治三五年八月の第七回総選挙以降は、全国的動向に準ずる動きとなる。大選区制となり若松市と郡部の二選挙区となった福島県は、有権者は三六〇二六人に増し、議員定数も九名となる。立憲政友会の結成がこの間に行なわれたのにともない、自由党系の政友会からの当選者は三人―渡辺鼎（市部）、日下義雄、室原重福（郡部）となり、憲政本党の六人に対抗する。この傾向は明治期をつうじ変わっていない。ただ明治四〇年代になり四一年五月の第一〇回総選挙で、多数派の憲政本党に内訌が起り、その影響から四五年五月総選挙（第一一回）では政友会系議員が五人に増加し、改進党系の国民党四人を上回ることになる。

この間、第一〇回総選挙より有権者数は五〇二三四人に増し、直接国税による有権者資格も下降し、増加した新有権者を政友会系勢力が獲得するかたちで当選者が決定したことになる。明治四五年五月の政友会系議員の得票は二三四二九票で全体の五三％を占め、国民党は一八八八〇票で四三％である。得票率のわりには当選者が政友会系に多いのは、選挙戦の上手さによるものと思われる。第九回総選挙から一一回総選挙にかけての新有権者の増加分は、政友会系が七四％、国民党系が二六％獲得したことになり、政友会と新有権者の相関が問われねばならない。

以上の経過を、具体的地域に即して検討するため、安達郡を対象として分析してみよう。安達郡は福島県の中通り地方中央部に位置し、信達郡の一角をなし県内きっての経済発展地である。初期議会以来、大成会系の安部井磐根と自由党（→憲政本党）系の平島松尾の対立する第二区に安積郡（中心は郡山）とともに属す。分析するためには、平島松尾著『安達憲政史』（図書刊行会）があるので便利である。安達郡における衆議院議員の選挙結果は第３表のようにな

第３表　第２区（安達・安積郡）選挙結果

	有権者	棄権	無効	当選者	次　点
第１回	2,049人	81人	4人	安倍井磐根　771票	平島松尾　762票
第２回	1,813	93	3	安倍井磐根　1,004	平島松尾　707
第３回	1,866	137	3	平島松尾　875	安倍井磐根　846
第４回	2,044	140	2	平島松尾　963	安倍井磐根　937
第５回	2,092	164	2	安倍井磐根　983	平島松尾　938
第６回	2,308	711	3	安倍井磐根　1,515	平島松尾　74
郡部					
第７回	35,658	4,497	270	平島松尾　2,094	安倍井磐根　1,107 若松市１、郡部８
第８回	34,612	5,820	224	平島松尾　3,481	
第９回	25,784	3,484	134	平島松尾　1,824	安倍井磐根　1,153
第10回	49,588	10,630	356	平島松尾　3,122	
第11回	45,440	3,382	365	平島松尾　3,238	

（注）『大日本政戦記録史』（福島県）

第4表　第5回衆院総選挙各町村別得票（明31．3）

町村名	有権者	平島得票	安倍井得票	合計	棄権無効
本宮町	55	17	20	37	18
荒・青・仁村	86	64	22	86	0
岩根・高川村	37	23	14	37	0
和木沢村	121	28	93	121	0
白岩村	135	101	34	135	0
安達郡合計	1,480	696	632	1,328	152
安積郡	666	242	351	593	73
総計	2,146	938	983	1,921	225

（注）　平島松尾『安達憲政史』178ページ。

第5表　福島県会議員の党派別推移表

	選挙年月日	自由	改進	その他	合計	安達郡選出
第8回	明治25．5	40人	10人	18人	68人	田倉岱州、平島松尾、安斉新八（以上自由）本間忠蔵、安倍匡（以上吏党）
第9回	明治27．3				68	平島、田倉、安斉（非改選）、伊藤弥、橋本隆之介（自）
第10回	29．3				68	伊藤、田倉、橋本（自由）、大内政吉、安倍匡（進歩）
第11回	31．2	東北同盟19	進歩14	3	36	田倉岱州、伊藤弥、伊東一
第12回	31．3	東北同盟19	16	1	36	田倉（東北）、伊藤八郎（進歩）、佐々木道綱（中立）
第13回	32．3	20	8	1	36	伊藤（憲政）、菅原（憲本）、佐々木（中立）
第14回	32．9	29	6	2	37	伊藤（憲政）、安倍匡、佐藤奨（憲本）
第15回	36．9	29	5	3	37	安斉新八（憲本）、後藤良介（政）、伊藤武寿（中立）
第16回	40．9	24	14	2	40	古田部健太郎（憲本）、伊藤武寿、玉窓平治郎（政）
第17回	44．9	26	12	1	39	田倉孝雄（国民）、小松四郎（国民）、伊藤武寿（政）
第18回	大正4．9	23	16	1	40	安斉新八（同志）、伊藤武寿、谷良治（政）

（注）　平島松尾『安達憲政史』

る。

表によると第一、二回は大成会系の安部井磐根、第三、四回が自由党の平島松尾が当選する。第五、六回は安部井で、第七回以降一一回までは平島が選出されている。つまり安達郡は当初、吏党の地盤であり、間もなく自由党が逆転しながらその選出議員が東北同盟会を経て憲政本党に合同するため改進党系の地盤に変容する地域である。福島県の一般的傾向を典型的に代弁する土地柄であった。

第4表は明治三一年三月、第五回総選挙時の安達郡内における町村別得票表である。安部井当選時の結果を示すが、本宮地域を中心にみれば本宮町、和木沢村が安部井の支持基盤であり、他は平島支持村であったことがわかる。このような結果を、福島県会の党派別議員の推移と関連させてみれば、第5表のようになる。

福島県会における議員党派の消長は、明治一四年二月当時は自由党系二五名に対し、改進党系一三名、吏党系二七名、中立二六名と吏党、中立系が多く、必ずしも自由党の天下とはいい難い状況にあった。一六年二月選挙で自由二七名、改進一八名となり、民権政党系が伸長し、吏党系二四、中立系二四名と併立する。それでも圧倒的とは云い難い。この状況は明治二四年頃まで続く。

明治二五年三月現在、県史によれば自由三九名、改進一名に対し吏党一九、中立一四名となり、ようやく民権系四〇対吏党中立系三三となり、勢力差が明確になる。『安達憲政史』によれば、「議員総数六八名中、自由党所属の議員は四〇余名」（四三四ページ）とあり、残り二六名が改進党系ないし吏党・中立系であったことになる。自由党の「絶対過半数」がこのとき初めて確立する。この傾向は二九年まで続く。これを安達郡でみれば、二〇年代前半は自由党と吏党との対立、二七年三月改選で全議席五名が自由党となり、二九年には自由三に対し二名の進歩派議員が誕生する。この傾向は三〇年二月をもって大きく様変わりする。

同月一五日、中央において自由、改進（進歩）両党を合し、国民的大政党を樹立し、強力な政党改革を行い、藩閥勢力に対抗することを意図した河野広中らが、自由党を脱退する退党趣意書を発表するからである。福島県下の多くの政友はこれに同調したが、相馬、石城郡有志がこれに反対し、自由党に残ったため、脱党者は東北同盟会を組織し、自由党が分裂するに至った。この東北同盟会は改進党系の進歩党を合併し憲政本党となり、福島県政の中核を担うことになるが、安達郡ではこの動きに同調した平島松尾衆議院議員に対し、県会議員有志は河野、平島の「専断同志を売るものと称して、自由党存続の議を定[1]」めたという。そのため福島県選出代議士および県会議員の主導勢力たる憲政本党に対し、安達郡の動向はむしろ反対的である。明治三一年二月の府県制施行による第一回選挙以来、安部井磐根系の中立議員と、自由系、改進（進歩）系の各一名が、政友会二対憲政本党一の割合になる。つまり安達郡は福島県会と異なり政友会主導の郡ということになる。

このことは当時開設された郡会において顕著である。安達郡会選挙は明治三〇年一一月の第一回選挙で、自由一三名、進歩一三名であったものが、明治三二年一〇月の第二回選挙では自由系憲政会一三名に対し、憲政本党一七名となり、これが三六年一〇月の第三回選挙では政友会一一名、憲政本党一一名、中立八名となる。明治四〇年一〇月の第四回選挙で勢力比は逆転し、政友一五名に対し改進系の同志会八名、中立七名となる。このとき逆転した政友派は四四年に再逆転されるものの、大正期をつうじ大勢派になるのである。

問題は以上のような勢力消長史が何を物語るかである。福島県は国会および県会で明治三〇年代以降大正中期まで、改進党系の進歩党―憲政本党―国民党―同志会系勢力が主導するが、安達郡ではこの体制をつき崩す、旧自由党系の憲政会―立憲政友会系勢力が台頭、郡会より県会に波及し大正中期以降の政友会主導体制を準備する、先兵の役割を果すのである。産業革命期の日清・日露戦間期は、まさにこのような動向が出そろった時期であった。

3　大同団結運動と福島県

産業革命期の福島県が、それまでの民党の中心、自由党の全盛期から、やはり民党の一翼を担っていた改進党系勢力への交代期であると同時に、吏党化する自由党残留勢力が政友会に結集し、郡会、町村会を基盤に、やがて県会↓国会へ勢力を拡張する画期であった。このような勢力交代の意味が問題になる。ここではこのような動きを招来した県内の地域政社の動向を、その掲げる政論との関係で検討しておこう。

明治二〇年代の福島県において、県会および国会議員選挙をつうじ自由党の躍進を支えたのは、当然のこととして地域政社であった。三大事件建白運動にはじまる大同団結運動は、福島県においても活発であった。明治二〇年末の府県別三大事件建白数をみれば、福島県は七件で信夫郡より二件、田村郡一件、石川郡二件、その他二件となっており、[2]建白運動に対する熱度は一〇点と、最高点数がつけられていた。最高の一〇点がついた府県は、福島県のほか宮城県（一一件）、高知県（三三件）のみで、これについで新潟県（四件）、長野県（三件）の五点、栃木県（六件）の四点となっている。この運動のため上京した人々は福島県の場合四四人、建白惣代は八人にのぼり、そのうち六人が保安条例により皇居外三里の地に退去させられている。[3]これは高知県上京人三六七人、惣代五八人、退去二三四人に遠く及ばないものの、新潟、長野、栃木県とともに、より多くの上京人や退去者を出した県となっている。

建白数を正確にみるため、元老院編「建白書一覧表」（国立公文書館）によって提出順にみれば、福島県の場合、つぎのようになる。

第六二号　　条約改正ノ議　　福島県平民　佐々木宇三郎外二三名
第八六号　　条約改正ノ議　　同　　同　　阿部正明外三一名

第八七号　条約改正ノ議　同　士族　三輪正治外一一七名
第八八号　条約改正ノ議　同　平民　武藤久松外三名
第一〇一号　条約改正ノ議　同　同　田倉岱州外四名
第一〇二号　条約改正ノ議　同　同　移川与太郎外六名
第一一五号　条約改正ノ議　同　同　吉田正雄外一〇六名
第一一七号　条約改正ノ議　同　士族　岡田健長外八一名
第一一九号　条約改正ノ議　同　平民　佐藤忠望外五五名
第一三一号　条約改正・言論集会ノ議　同　同　鐸木三郎兵衛外二四名

高知県が減租、言論集会の自由、条約改正の三大事件を建白にしているのに対し、福島県はほとんど条約改正のみの建白である。このような傾向は宮城県、新潟県との三県にのみみられる。この特徴が地域的特色とかかわる運動の進め方であったのか否かは明らかではない。佐藤忠望外五五名提出の建白書は、その控えによれば「条約改正ノ議ニ付建白」[(4)]となっており、苅宿仲衛も総代の一人で、県会議長安部井磐根をはじめ県会議員クラスの有力者を網羅していた。鐸木三郎兵衛外二四名の建白「条約改正・言論集会出版之議ニ付建白」[(5)]は二大事件の建白となっており、地租軽減が含まれていない。安達郡本宮町周辺五か村有志も「条約改正ノ議ニ付建白書」[(6)]を提出したようであるが、前記元老院の建白受付書にはない。田倉岱州の各村有力者宛の書簡が残され、建白方法を相談しているので、右建白書のうちの一〇一点号これに相当するかも知れない。書簡では「小生方ハ五名連署」し提出すると伝えている。福島県の三大事件建白運動は広がりをもったように思われるが、建白内容に特色があった。

この三大事件で条約改正に重点をおいた福島県は、明治二二年の条約改正建白運動でも積極的であった。明治二二年二月、憲法発布を契機に大赦で大阪事件、保安条例違反、秘密出版事件などで逮捕されていた人々が出獄し、政治活動を再開する。後藤象二郎の東北遊説時、これに賛成し結成された岩磐協会は、同年五月、大同派の東京総会における分裂で、非政社派の大同協和会が結成されたので、分立した政社派の大同倶楽部に所属した。政社組織による強固な政治団体を意図する革新派は、岩磐協会よりわかれ岩磐大同倶楽部を組織する。平島松尾出獄と同時に組織されていた安達協会も、政党無用論に固執する安部井磐根派と分裂し、安達交親会を組織する。

中央における大同倶楽部組織化に参加していた福島県委員の平島は、八月下旬、信夫・伊達・安達三郡一〇〇余名の有志を代表し、条約改正中止建白書を元老院に提出した。「之れは完に本県に於ける中止建白の魁」(7)であった。明治二二年八月以降、全国的に高揚した条約改正建白運動は、外相大隈の玄洋社員来島恒喜による襲撃事件で終息するが、この間、全国的には「八五三件」にわたる建白が行なわれたという。第6表はその府県別一覧表である。表によれば総件数五五九件のうち、福島県は三四件を占める。栃木県六六件についで多く、宮城、兵庫、高知県などとともに運動の激しい県であった。建白運動も改進党系の断行建白の多い栃木県と異なり、福島県は自由党系の中止建白が多かった。福島県では三浦信六草稿の会津協会建白案が流布しているが、「大審院ニ外国人ヲ備ヘテ裁判官トナスガ如キ」(8)は憲法に抵触するものと批判している。

第6表　明治22年条約改正建白表

府県	件数		府県	件数	
青森	3	東北80	静岡	24	東海・近畿78
岩手	4		愛知	19	
秋田	2		三重	18	
山形	5		和歌山	4	
宮城	32		奈良	4	
福島	34		大阪	3	
新潟	24	中部76	京都	6	
石川	18		兵庫	31	四国・中国138
福井	1		岡山	6	
長野	21		鳥取	8	
山梨	2		山口	2	
岐阜	10		愛知	25	
栃木	66	関東161	香川	15	
群馬	9		徳島	2	
千葉	25		高知	31	
埼玉	20		福岡	6	九州26
東京	21		大分	4	
神奈川	20		宮崎	1	
			長崎	15	

（注）合計559件「東雲新聞」明治23年1月7日雑報

かっての民権派志士三浦信六、山口千代作らによって明治二二年四月二一日に発会した会津協会は、建白捧呈委員として秋山清八を送り、その帰国報告会を経て、政談大演説会が計画されたが、本来は「会津五郡ノ平和ヲ維持シ、交際ヲ親密ニスル」[9]ことを目的とする地域独立的な社交結社であった。「世人会津協会を名けて旧肝煎党と云」[10]うが如く、やがてその権威主義が批判され、明治二三年七月総選挙に当選し、大成会入りする山口、三浦の選挙母体として右傾化する存在であった。一旦、協会に結集した会津五郡の有志者は、二三年に分裂し大同派の勢力も伸長する。二二年当時は左右両派が、会津地域の独立結社として連合し中止建白運動を展開したのである。

福島町の大内修平、丹治経雄ら五五名の中止建白書[11]は、大隈外相の新条約案は「我カ国司法ノ大権ヲ彼ニ仮シ、帝国不磨ノ憲法ヲ傷クルモノニシテ、内治干渉ノ幣是ヨリ孕胎」すると批判した。論旨は会津協会の建白書と同一である。来年度開設の国会で審議するよう求めている。福島県で特徴的なことは、明治二二年一二月に、安達郡の寺院住職らによる衆議院議員選挙法に関する建白が行なわれていることである。

衆議院議員選挙法第一二条の、「神官及ヒ諸宗ノ僧侶又ハ教師ハ抜選人タルヲ得ス」[12]とする条文に対し、議員資格は族籍や職務の異同によるのではなく、平等の立場から被選挙権も付与すべしとする要求建白であった。政教分離論からする僧侶への被選挙制限は、仏教がわが国文化の先導者として政治に翼賛してきた歴史を無視するものとの批判である。僧侶もまた「一般臣民ノ通権ヲ享有」したいというのである。当時は衆議院開設を翌年にひかえ、買弁的条約改正の中止を訴える建白運動も含め、選挙権拡大の要請のうえに選挙運動の準備が行なわれた時期であった。

条約改正中止建白運動が盛り上った明治二二年後半は、また四月一日の新町村制実施により、新町村体制が固められる時期でもあった。福島県における当時の町村状況につき、郡長の報告をみれば第7表のようになる。

全国的にみて大同団結運動の盛んであった福島県の政治運動は、底辺を支えた町村が新町村制施行によって基盤が動揺する。町村議会議員の選挙区をめぐって慣行が成立せず、地域内の選挙競争が激化し、政治運動に影響するからである。議員の選出母体を旧村（大字）とする場合が多いなか、旧村規模による議員の多寡をめぐって争いが起る。

第7表　町村制実施後の各郡景況

郡　別	町村会	民俗ノ変遷
信夫郡	選挙競争ナシ、吏員ハ町村会ノ意ニ従ウ 町村会ハ……役場ニ攻撃ヲ加フルノ情勢	町村自治ヲ主張、自由権利ト唱ヒ軽躁浮薄ニ走ルノ情況
伊達郡	部落平均法ナクバ競争アリ、吏員ハ町村会ニ従フ、 町村会ハ町村行政機関ノ運転ヲ妨ク	新制自治ハ自己ノ便利私欲ヲ恣ニスルモノト誤解
安達郡	部落平均シ平和、町村会カ吏員ヲ見ル其傭人ノ如キ状アリ、(国会ノ民力休養論、町村会ニ波及)	町村自治ヲ誤解、浮薄、滞納　町村費軽減論二・三村アリ
安積郡	競争ハ二・三村ノミ、吏員ト町村会折合円滑、財政審議支障ナシ、シカシ軽減企図ノ傾向	浮薄ノ傾向、シカシ実業興起
岩瀬郡	選挙円滑、吏員ト町村会ノ軋轢少シ	人民質朴、官令遵守、町村制ハ人民ニ権ヲ与フルコト広大ニ過ク
南会津郡	選挙軋轢ナシ、吏員ト議員トノ間円滑 徒ニ費用ヲ節シ町村事務ノ如何ヲ顧慮セズ	軽佻ノ風尠シ、東部ニ他日ノ政党ヲ形チ造ル動キアリ
北会津郡	選挙非常ノ競争、吏員トノ折合悪シ	吏員ヲ傭人ト同一視、人情浮薄化自治ノ本旨ヲ誤ル
耶麻郡	平和、吏員トノ折合異状ナシ	軽佻ノ徒名ヲ政党ニ托シ奔走
河沼郡	軋轢ナシ、吏員トノ折合異状ナシ 議会ハ費用節倹ニ汲々タルモノヽ如シ	一、二村テ代言人様ノモノ共有財産分配主張
大沼郡	競争ナシ、吏員ト議員、折合悪シ 役場、概ネ村会ニ左右セラル	人情日々浮薄軽佻ニ流ル
東白川郡	選挙平和ナレド政党ノ余波徒ラ議員 選挙ニ波及スルアリ	人気質朴、南方ハ公事訴訟多ク新取ノ気象ニ富ム
西白河郡	競争紛擾ナシ、行政・議政密着、将来ノ権限ヲ争ウ	口ニ公利公益ヲ唱ヒ私利ヲ謀ル
石川郡	競争ナシ、吏員ト議員ノ折合良シ、一、二村軋轢	狡獪ノ徒ハ兎角同志ヲ糾合シ或ハ行政、代議ノ機関ニ迫ル
田村郡	議員選出法ノ重視、事々物々紛擾多シ 議員タルモノハ民費減少ヲ職分ト誤認	少壮者ハ利口弁舌ヲ貴ビ虚飾是レ事トシ
菊多、磐城郡	競争著シ、議会不円滑 減額説ニ至リテハ勢力頗ル強大	人情浮薄、外ニ公益ヲ説キ内ニ私利ヲ射
楢葉・標葉郡	競争ナシ、議政ト行政ノ折合良シ	村長等重立モノハ自治体ニ官ノ干渉ヲ厭
行方・宇多郡	競争ヤヤ有、吏員ト議員折合円滑 一、二村人民ト村長争イ有リ	淳朴ノ風漸ク変シテ軽佻

(注)　明治23年『町村制実施後之情況』福島県立文化センター所蔵

くわえて東白川郡のごとく、「政党ノ余波延ヲ議員選挙ニ波及」[13]する場合は余計の激戦になった。伊達郡、北会津郡、田村郡、菊多・磐城郡などはこの傾向が強い。田村郡に至っては「事々物々紛擾絶ヘサルモノヽ如シ」とされている。町村制実施期の福島県に特徴的なことは、この議員選出法の争いだけでなく、議会と町村長・助役（吏員）との折合いの悪いことであり、町村会審議が町村長や県庁の行政機関の思いどうりにならなかったことであった。

議員と吏員との折合いがよくないのは、安積郡、岩瀬郡、南会津郡、那麻郡、河沼郡、西白河郡、石川郡、楢葉・標葉郡、行方・宇多郡などである。その他は信夫、伊達郡の如く吏員は議員に従い、安達郡に至っては町村会が吏員をみるに「其傭人ノ如キ状」があった。それゆえ「衆議院ニテ予算案ヲ減シ民力休養ノ口吻ヲ、自然町村会ニ及ホシタル実況」とされており、政費節減、民力休養の初期議会期のスローガンは、福島県の町村会においても同様にみられ、郡長はこれを町村自治を誤解するものと批判したが、まさに町村自治確立のための胎動がみられたのであった。これは安達郡に限らない福島県全郡の傾向であった。

岩瀬郡、西白河郡、楢葉・標葉郡など山間地は村長・助役ら吏員の主導権が確立し、議会の実をあげることは少なかったようである。このような行政権優位の体制的諸郡においても、人情の軽佻浮薄化が指摘されており、このことは本来とりもなおさず支配に従順でない、政党化され権利主張の強まりに対するなげきの言葉として用いられていた。

4　民党運動と政論

初期議会の成立にともなう地域社会の政治的要求と、地域の実態との相関を検討するのがここでの課題である。県会および衆議院議員選挙にともなう福島県の動向については既に述べたが、衆議院選挙の場合、明治二三年七月の第一回総選挙時の吏党＝大成会の優勢が、明治二十七年三月の第三回総選挙には完全に逆転し、自由五、革新二となり、吏党系は全滅したことを指摘した。憲政党成立にともなう隈板内閣時を経、明治三一年八月の第六回総選挙では、進歩党（改進党）系の憲政本党が定員七人を独占する全国的に特異な県であること、県会においても同様な推移を示すこと、これに対し安達郡は、自由党の伸長がそのまま三〇年代の憲政本党の伸長に連続せず、全国的傾向と同様に政友会勢力の展開地となり、郡会もその影響下にあったことがわかっている。

全国的動向に相反する福島県の国、県会の動向と、むしろ国、県会の動向に相反し、全国的動向に近い安達郡の情況とを、いかに理解するかがここでの課題となろう。

初期議会期、自由党の伸長を許した地域的状況は、「政費節減」、「民力休養」のスローガン成立を可能とした在地動向であったことはいうまでもない。三大事件建白から条約改正建白運動に至る大同団結運動期の政治運動は、福島県では直接的には条約改正問題に集中したきらいがあるが、全国的動向と同様に地租軽減をその基調としていたことは間違いない。そのことは町村制実施後の町村会審議の状況に如実に示されているが、この成果は当然に県会および国会審議にも反映される。政治運動として初期議会で最初にこの問題が展開されたのは、第一回帝国議会における予算案審議の場であった。

初期議会での予算案審議は、当初、民党側は予算額の大幅削減方針で臨んだが、結局、土佐派の裏切りとこれに同調する一部自由党議員の裏切りがあって、政府原案の小幅修正で可決される。「立憲自由党有志」を名乗る人々は、「敢テ我党ノ諸君ニ告白ス」(14)なる文書を全国に発送し、「此一期ノ国会ハ、不徳義無節操ノ徒若干名ノ為メニ蹂躙セラレタリト謂フ可シ」と述べ、「之レガ回復ヲ謀」ることを主張していた。「民力休養」の実をあげるべきであるという。これが明治二四年三月の段階であった。これより前、全国的に自由党方針とも関連し各地で地租軽減、地価修正請願書が提出される。福島県下のこの当時の状況を示すものに「地租軽減請願書」がある。これは県下世論を代弁したものので、地租を軽減し地価の一〇〇分の一にし、経済の正常に備えるという地租改正条例の趣旨に反し、「農民の負担は実際却て重きを加」えているのが現状である。そこで「先ず現今の地租につき、少くとも其五分の一を軽減し、以て民力を休養」すべきであるという。当時の地租は地価の一〇〇分の二・五であったから、「五分の一」の軽減とは五厘の軽減のことで、地価の一〇〇分の二とするようにとの要望である。これは立憲自由党の初期議会への異議要求内容と同一であった。

このような運動と同趣旨の建白は、二五年四月に提出される。選挙干渉に激昂した弾劾建白が提出される時期であった。安達郡青田村などより「市町村制及郡府県制改正請願書」[15]等が提出されるが、この内容は市町村制および郡県制改正に関するもののほか、「衆議院議員選挙法改正請願」、「地租軽減ニ付請願」および「濁酒税廃止ノ請願」の四項から成っていた。

「市町村制及郡府県制改正請願」の内容は、市町村制の場合、公民資格を二年以上在住、二五歳以上の制限を廃止し「一年以上及丁年以上」と改正すること、二等級選挙法は「豪族政治ヲ作為セントスル者」にして国民の権利を侵害するゆえ削除すること、郡府県制における議員選挙法の被選制の採用は、憲法に規定する国民参政権を「壅塞」するゆえ、改正して市町村公民の直選法とすること、郡長および助役の民選、大地主選出法の廃止などが主張される。つまり「凡テ議会及参事会ノ組織権限ヲ拡張シ、監督官庁ノ制肝ヲ受ケシメヌ自治体」とするためであるという。市町村制および府県制の地方自治を全うするための改正請願であった。「中央集権ノ弊ヲ矯メ立憲政体ノ趣旨ヲ確立」するためには、現今の干渉選挙に照らして速かに改正されねばならなかったのである。

「衆議院議員選挙法改正請願」は有権者資格を、直接国税一五円以上を納入する二五歳以上の男子とし、被選挙権も納税資格を制限し三〇歳以上とするのは、「制限頗ル過当ニシテ国民ノ権限ヲ狭小ニシ、代議政体ノ本旨ニ反スル」ものとする。選挙区画も拡大し、かつ農繁期の七月選挙も改正すべきで、「代議政体ノ実ヲ挙ケ、国民参政権ノ平衡」を得るために至急を要するという、選挙権拡張が主たる要求であった。

「地租軽減ニ付請願」は地租改正条例で諸種の税目収入が二〇〇万円以上に達した場合は、地租は一〇〇分の一にすることが明示されているにも拘わらず、明治一〇年に一〇〇分の二・五に軽減されたのみである。去る明治二二年の特別地価修正は、調査粗漏で地方的に偏重を是正したのみで農家疲弊を助けるものとはなっていない。輿論政治の実施期たる昨今こそ地租を公正にすべきで、中等以下の人民救済を図らねばならない。政府は新しい税目を起し、すでに二一五〇万円余の収入に達しているのであるから、地租を地価の一〇〇分の一にするのは当然である。しかし急激な軽減は国家財政に悪影響を与えるというのであれば、一〇〇分の二・五を改正し、まず一〇〇分の二にすべきである。民力休養、国本鞏固にするためには是非とも必要な軽減であることが主張されている。

「濁酒税廃止ノ請願」は、現行税目中もっとも偏重偏軽の激しい自家用酒税を改正し、一九年七月勅令による製造高一石につき鑑札料八〇銭を是正すべきである。自家用酒のうち濁酒は東北農村の生活に欠くことの出来ないものである。自家用酒鑑札料の廃止は世論である。衆議院議員は民情を洞察し、民間の希望を達すべきであるという。

この濁酒税が福島県でのいかなる状況を代弁したか正確には明らかでない。主張の如く、偏重偏軽の是正という近代税制の立場からする近代性の要求であるにしても、何故に酒税の廃止かは明確でない。重税感の払拭のための要求と思われるが、選挙権拡張と地租軽減による地方自治の確立という前者の明確な主張とはやや異なったものとなっている。いずれにしてもこれらは、明治二五年当時の民党運動の明確な要求内容であった。

以上の政治的要求を主張した県下の状況を、民党の組織と運動の側面から検討すれば次のようになる。明治二五年中に福島県下で結成されていた民党組織は第8表の通りである。三月二八日結成の石川民会の規約をみれば、活動の目的を第二条で次のように掲げている。(16)

一、会員ノ親睦ヲ旨トシ、知識ヲ交換シ、社会ノ進歩ニ随伴シ吾人ノ権義ヲ全フセン事ヲ務ムルモノトス。

二、郡内ニ起ル百般ノ事、弊害ト認ムル者ハ本会ノ輿論ヲ以テ之ヲ除去スル事ニ務ムベシ。

第８表　明治25年福島県各地の民党組織

年月日	名称	本部	中心人物
3.28	石川民会	石川郡石川村	鈴木重謙、中島広吉
4. 3	東白川郡自立会	東白川郡	（自由党系）
4.	東白倶楽部	〃	（改進党系）
7.14	夏井同盟会	田村郡夏井村	先崎賢、吉田佑三郎
8. 2	杵衛民会	岩瀬郡	
9. 6	七郷民会	田村郡	
9. 8	宇多社交倶楽部	宇多郡中村町	（自由党系）
9.26	行方民会	行方郡原町	愛沢寧堅、桧本良七
10. 7	高野民党	田村郡高野村	岩崎政義、橋本平蔵
10.12	川南民会	北会津郡川南村	
10.15	磐城自由党	磐城郡平町	斉藤又郎
10.22	会津親民会	会津	「自由改進独立ノ三派合併」
11.27	安達交親会	安達郡二本松町	平島松尾、沢田清之助
12.11	安達民会	〃	〈同上改称〉
12.22	美山民会	田村郡美山村	吉田升蔵、橋本顕吉

（注）　明治25年「福島県下民会状況」『庄司家文書』福島県立文化センター所蔵

三、郡内実業家ノ改良ヲ計リ、生産力ノ発達スベキ方策ヲ研究シ、其実果ヲ奏セン事ヲ務ムルモノトス。
四、本会ハ政治上民党ノ意見ヲ包括スル各政党ト同一ノ運動ヲナシ、施政ノ改良ヲ計ルベシ。

会員親睦、弊害除去、実業発達、民党活動などを掲げ、地域経済の発達をはかりながら個人の権義を基礎とする政治運動の基本組織化を意図したのである。「民会」名称はその意図を象徴的に示している。事実、石川民会の発会式の開会演説では衆議院議員総選挙における吏党勢力との対抗のうえ、相手を圧倒して結成されたことが強調されており、明治二五年総選挙で民党系勝利の結果として誕生したものであった。

石川民会と同様、郡規模で組織されたものに安達交親会、その改称による安達民会がある。安達交親会は前述の如く明治二二年五月、大同倶楽部の成立にともない、これに所属して安達協会から分立した民党組織であった。[17] 安達郡内における吏党系の阿部井磐根派に対抗する組織で、明治二五年九月に評議員会通知を出し、「目下緊急問題」の協議を呼びかけていた。その緊急課題とは「国民協会ニ対する件、民報新聞の件、第四回国会運動の件、法典研究の件、本会秋期総会の件、本会々計の件」などである。交親会の財政的基礎をかため、自派の宣伝紙民報を維持しつつ吏党に対抗し、政治運動を展開しようとするのである。当時の国会での主要課題たる民・商法典問題の研究をも提起していた。

この評議員会を経、一二月一一日には二本松町大和屋に交親会大会を開き、「安達交親会ヲ以テ安達民会ト改称」[18]した。従来の規約を多少修正したのみの名称変更である。安達民会規約によればその目的は「会員相互ノ交際ヲ親密ニシ、公衆ノ実利ヲ謀ルニアリ」[19]とされている。福島県史の当該部分の執筆者は、これを記して石川民会同様に、政治綱領は明確でなく、温和な大衆団体としている。[20]果してそうか。規約こそ社交結社的性格をうたっているものの、安達民会発会式では「第一回帝国議会に請願した三条例の改正、濁酒税の全廃、登記法の改正、選挙法の改正、保安条例予戒令の廃止および地租軽減等ノ目的」[21]を達するため、実に今国会に請願し、貴族院での審議未了にはならぬよう努力することを決議している。就中、地租軽減について委員として沢田清之介を明日上京することを決議した。他の請願条件については改めて調印を行うことを決めている。したがって前述の四月における市町村制、選挙法改正、地租軽減、濁酒税廃止の請願は、第一回帝国議会への請願と連動し、安達民会もまた石川民会と同様、民党運動の支持母体であり、その熱心な推進者達の組織であったといえよう。

一郡規模の民会のほか、各町村にもこの時期に民会が組織されている。安達郡嶽下村では民会組織が協議されたが、「一村毎ニ民会ヲ組織シテ、其団体ヲ鞏固ナラシメントノ旨趣」であったから、安達民会の基礎的な下部組織化が目指されていた。石川民会は五郡民会の組織化を主張し、共同して県会および国会への働きかけを決議しているので、民会組織は村―郡―県に連なる重層化が意図され、運動された時期であった。

田村郡高野民党は「自由ノ主義」、「民権ノ拡張」、「政党内閣ノ成立」を綱領、党則としており、村規模とはいえ明らかに政治課題の達成を主張した組織であった。夏井同盟会は「表面上ハ勧業上ノ目的ニシテ、内密自由的ノ団体ヲ組織スルノ目的」をもっており、表示してはいないが安達郡小浜村青年会でも、「先ズ目今ハ只々社交的ノ運動ヲ為シ、自然政社ヲ組織スルモノ」とされており、「社会改良、進歩主義」を目的とした。これは安達協和会の別働隊とされているので、改進党系青年結社であったらしい。

一村結社であったため、具体的に村政問題を掲げた場合もあった。会津協会派＝吏党系勢力の優勢な会津地方でも、衆議院および県会議員選挙後、その勝利を強固にするため「爾来、増々進ンテ団体ノ鞏固ヲ計ルモノヽ如ク、各部落ニ民会抔ト唱フル団体ヲ組織」したり、「懇親会又ハ懇話会等ノ名義ヲ以テ相会シ、頻リト人心ヲ煽動」し、同志を募る風潮が盛んであったという。村長、村会議員が発起人となり談話会が開催された場合もあり、組織された北会津郡川南村民会の場合、「自治ヲ完成シ村治ノ改良ヲ謀ル事」を目的とした。「一村ハ論ナク地方問題ノ到来シタルトキハ臨時会議ヲ要ス」とされており、村落自治を基礎に地方自治の確立に向けて活動する組織であった。田村郡美山民会は美山村自由党員が中心となり組織したもので、発会式では県会議員を招待し、県政結果の報告を求め、推進中の請願問題と、今後の運動方法を申合わせている。福島県自由党の政治課題を遂行する一村政社であった。

当時の福島県の政治状況は、県庁から内務省への報告によれば、明治二五年は九月頃をさかいに前期は政治運動が退潮していたが、その間進められていた「非地価修正運動」が、後期に至って政熱展開の契機になったと伝えている。「政熱ノ勃興ハ遠ク其因ヲ非地価修正運動ニ汲シ、奥羽連合同志懇親会其勢ヲ助長シ、其反発力顕ハレテ福島自由党、岩瀬自由党、磐城自由党（共ニ政社）トナリ、又同志派ハ福島同志会、白河同志会、磐城同志会（共ニ非政社）トナリ、其機関トシテ東北指針（雑誌）ヲ発行スルニ至リタリ」(22)という。報告書は続いて「全ク同志派ハ自由党ニ組スルノ潜勢」にして、政社は「仮設的ノ団体ニシテ、唯表札ヲ掲ケ虚勢ヲ示ス」のみという。果してそうか。報告はこの時期を契機に、衆議院および県会において自由党系議員が、全勝を占めた運動の本質を理解していないようである。また前期以来、法律問題に関して民商法典延期断行論について代言人、公証人等は断行論を主張するなかで、一般民衆の冷淡なことが指摘されている。民衆の法律知識のなさを指摘しつつも、一方では「民心ヲ動揺セシムル」ものとして町村制をあげている。町村制実施後三年を迎え、人民に参政権を与える自治制を許可したのは、尚早と思われるほど「甚シキ状態」が今年起っているという。自治の何たるかを知らぬ人民は、町村政をもって「党員等之レヲ機トシ自治ノ機関」とし、選挙競争に熱中する。町村会議員選挙にかぎらず県会議員にも競争がおよび、「自治制其体ヲ傷ケタリ、党派ノ弊害茲ニ及ブ」となげいている。町村レベルから民会が組織され、自治制をはじめとする請願運動なども過小評価したようである。

明治二五年一二月、内務大臣宛に福島県下の請願運動についても報告している。輸出税全廃請願運動は東京輸出税全廃同盟会に呼応し、委員の上京を決議しており、鉄道敷設請願運動は会津地方のみならず白河、須賀川および浜通り七郡もまた委員を上京させていること、諸税軽減請願運動も「地租軽減并ニ菓子煙草酒迄、自家用料酒税等廃減ニ関シテ、世ニ所謂民党者流ノ主唱ニ出テ、貴衆両院に対シ請願」していた。地租・煙草・酒の「三税は貴族院ニ、他ハ皆貴衆両院ニ請願シ、院内民党ニ応援シ、飽マテ目的ヲ達セン事ヲ図リ、田村、宇多、岩瀬三郡内民党等ハ、已ニ其請願書テ起稿シ、目下調印誘導中」であり、まとまり次第委員を上京させることになっていた。鉄道敷設問題の如き政党の民党的性格を変質させた問題を含みながら、いまだ民力休養をめざす諸税軽減および全廃運動が、政党活動の重点におかれていたのである。

この基礎に町村自治をめざす民党運動があったことは前述したが、一方では選挙大干渉の結果、県会で自由党勢力が絶対多数を占め、干渉知事渡辺清の追放となり、後述の日下義雄知事に対しても官尊民卑を改める「当局と県会を同等の地位(23)」とすべき建議案を「即決」する。選挙干渉は「官民調熟の建議案(24)」を提出し、警官と知事の責任を追求し、監獄費不当支出を告発するのである。府県自治を志向すると同時に、国政の真の代議政体化が意図された時であった。

5　農村社会の変質と政党活動

明治二七年、日清戦争前後の、福島県における町村政治と政党活動の相関について検討しておこう。産業革命前夜の農村社会の変化がその前提である。ここでは農村社会の変化を町村政として、町村会および町村会議員選挙、吏員との関連として検討してみよう。

すでに述べたこの時期の福島県下の衆議院議員選挙における党派的対立は、明治二三年七月の第一回総選挙での当選者、自由党二、大成会五の比率は、二七年三月の第三回総選挙には自由五、革新二となり、大成会は零となる。つまり日清戦争時は民党系の全勝期であり、そのうちでも自由党系が大勢を制した時であった。ところが第五回の明治三一年三月総選挙では同盟倶楽部二、改進党系の進歩党四、大成会系無所属一となる。零となった自由党系は一旦、東北同盟会に合流し同盟倶楽部となったが、やがて進歩党系の憲政本党に合流する。明治二七年の日清戦争とその直後における福島県の国政レベルの政治的潮流は自由党の全勝から改進党系の進歩党、憲政本党の全勝へと変化する画期であった。

県会レベルにおいても同様な傾向を示す。自由・改進党の民党系と、吏党・中立がほぼ同数で勢力を争っていた明治二〇年代のなかばまでの状況が、自由・改進党の民党系に重点が移ったのは明治二五年五月の第八回選挙の時である。このような全県的動向に対し、安達郡は二七年三月改選で全員自由党系の県議が選出される。二九年には自由三に対し進歩二となり、民党系全勝のなかでも改進党系が進出し、三一年二月の県会選挙以降の、自由党系憲政会の分裂による改進党系憲政本党が多数派を形成する基礎となる。

いずれにしても、明治二七、八年の福島県は、自由党の全盛時代であった。この当時の福島県自由党の活動状況を、財政問題についてみれば第9表のようになる。

明治二七年一〇月から二八年九月までの、自由党福島支部の経費に関する収支決算は、収入の総額一一七五円一二銭に対し、支出総額は一〇四一円七六銭で黒字となっている。ところが収支の内訳けは、各郡負担額一一〇円余と特別寄付金四〇六円、これ以外は未納金の取立分による収入とされている。別途会計でみると、各郡負担金は、明治二五年から二七年までに、全郡で三七三円余の未納額となっており、それらは「再応督促スルモ、責任者ナキヲ以テ、収入ノ見込ナシ」[25]とされている。これに続いて別途会計で、二七年一〇月から二八年九月までの、各郡別党費負担額が記されているが、全郡合計で二八二円の負担総額に対し、収入は一一〇円九〇銭しかない。残り一七一円一〇銭が未納金となっている。

第9表　自由党福島支部経費決算
（明治27年10月～明治28年9月）

収入		支出	
各郡負担金	110円90銭	幹事手当	180円
特別寄付金	406円	事務員手当	60円
別途寄付金	100円	出張旅費	73円10銭
前期未納金		代議員上乗費	90円
小計	616円90銭	通信費	4円83銭
負担額未納	568円22銭	筆墨諸費	2円40銭
総合計	1175円12銭	新聞紙代	1円25銭
		雑費	19円32銭
		家賃	45円
		本部負担金	100円
		借入金返却	120円
		小計	695円90銭
		未払分返済	345円86銭
		総計	1041円76銭
差引　133円36銭　29年度へ繰越			

（注）「自由党福島支部収支予算」安達郡本宮町仲町『伊藤家文書』

前記、支部収入総額のうちの各郡負担金一一〇円余は、この別途会計の各郡収入一一〇円余に相当しており、未納金は将来的に納入されるものと考えられたようである。しかし、その同じ別途会計の備考欄には「磐前郡、北会津郡負担額未納金ハ、全部収入ノ見込ナシ」とされている。つまり、右の事情からいえることは、選挙による自由党の大躍進にしても、財政的には厳しい状況で、各郡負担金の集金率は半分以下であったことが判明する。したがって、年間収入のなかに前年度までの未納金三七三円や、今年度未納金一七一円余を収入額に加えていても、ほとんど収入の見込みはなかったと思われる。

いきおい、収入は特別寄付金や県会議員、代議士寄金に頼らざるを得なくなる。明治二八年一〇月から二九年九月までの年間収入は、これら三者の寄付金のみとなっており、財政規模の縮小のみならず、政党支部の性格も変化する。政党員の共同負担による本来的な支部運営にかわり、議員間の互助的性格と党員の従属的性格とを強めることになる。収入の右のような性格変化は、支出についてもみられる。支出のうち多額のものは、幹事および事務員手当てである。これに本部負担金や事務所家賃、旅費、通信費、新聞紙代などが加わる。重要な幹事や事務員手当てに、未払い分が生ずることになる。これらは議員や銀行からの借入れで賄っているが、それも限度がある。このような収支を見る限り、活発な党運営、支部運営とはいいがたい。かろうじて選出議員の共同出資で運営されていた。政党活動が、比較的地域利害と重なっていたと思われる当時においてさえ、このような状況であるとすれば、より以上の利害の県政や国政への反映が必要になってくる筈であった。しかし、実態はそうならなかったようである。

このような県および国政選挙にともなう党派的変化は、農村社会や町村会といかにかかわり、いかなる民意を代弁したかがここでの問題となる。全国的にみれば「対外硬」と地租問題に集約される政治状況のもとにおいてである。福島県会では明治二五年総選挙における大干渉で奮激した県民が、民党運動をつうじ多数派を形成し知事を罷免し、官僚政治を批判する世論が高揚した。三島通庸知事時代の財政紊乱が尾をひき、これとからんで監獄問題の対立が県会の主要な課題であった(26)。明治二六年は監獄問題を継続し、一方で阿武隈川治水問題が登場し、県会で請願が決議される。治水期成同盟会も発足した。

明治二七年の県会は、日清戦争中であったため、政府、県当局との対立が抑制され、逆に自由党は政府に接近する。二八年一一月、幹部河野広中ら自由党と伊藤総理大臣との提携がなされ、板垣の入閣が実現する。福島県会は「特筆する内容にとぼしい平凡な県会に終始(27)」したという。福島県の明治二〇年代後半は、民党的風潮を残しながら農村の変質する時期であった。

たとえば、明治二七年一月には郡制施行をひかえ、各町村の実態調査が行なわれている。伊達郡の場合は、次のように報告されている。町村制実施後、「新町村団結ノ力愈鞏固ニシテ、固有ノ町村ノ如キニ至ルノ日ハ、猶他年ノ後ニ在ラン」(28)とされている。行政機関の統一を欠き、そのうえ「議員選挙ノ競争軋轢ノ如キ、大ニ町村自治ノ発達ヲ阻格スルモノアルハ、現時ノ状況」であるという。「紛々争擾ノ多キカ如キ、行政機関ノ放縦ニ流レ、鞏固ヲ欠ク」。このように「町村ノ組織及治務ノ不整理」が多いため、郡制実施は延期すべきであると上申している。

同郡保原町周辺では、町村税の滞納処分の遅延を中心に、事務整理も遅れており、柱沢村の如く「従来、村長ト議員村民等非常ニ軋轢ノ結果、遂ニ村長辞職」(29)に発展し、混乱が続く。これが徐々に改善される時期になっていた。各町村でも「知事郡長ノ監督ニ対スル感情」は、「別ニ悪感情ヲ有セス、監督上指示シタル時項ハ之ヲ遵守スルノ風ナリ」とされている。多少手前みその表現にしても、行政側の指導権が徐々に確立しだしていたようである。政党との関係でみれば、耶麻郡相川村組合の場合、「本組合村長ハ自由党員ナリ、故ニ議員其地ニテ党員若クハ賛成者（党員名簿ニ其名ヲ掲ケサルモノ）多ケレトモ、異主義ノモノナキ故カ折合至テ宜シ」(30)とされている。村政事務の整理にも積極的と報告されており、政党上の争いが町村のなかに持込まれ、議員選挙や町村長選出に多少の影響は残していたものの、県郡側の「監督ニ依リ、漸次十分ノ整理ヲ期スルノ希望アリト思ハル」る状況が生み出されつつあった。

町村制実施以来の町村政の混乱は、漸く静まりつつあったが、それでも民党的風潮は続いていた。この時期の選挙を第四区についてみれば次のようになる。会津地域の衆議院議員選挙は自由党と、「外人を雑居せしめて国の利害を顧みさる非日本人」(31)と主張する独立派との争いであると同時に、「公債請願の為め籍を自由党に置」く人々と革新派との対決でもあった。変質化しはじめた自由党と、国権化した独立派、いまだ民党的性格を残す革新派との争いである。

福島県において明治三〇年二月は、政党史上、大変動の時であった。伊藤内閣との提携の途をさぐっていた河野広中が、「元勲を政党に引入れ、藩閥を政党に同化」[32]する意図が敗れ、伊藤の老獪さを知り「藩閥より残肴の割与を受けて恬として恥ぢざる」[33]自由党に愛想をつかし脱党するからである。「脱党主意書」によれば、脱党の目的は連立内閣は藩閥元老に政党が利用されるのみであるから、真の政党内閣とするためには「内閣を組織するに足る大政党を樹立」せねばならないとする。しかしこれだけでは脱党の真意はあまり明白ではない。藩閥元老に利用されない一大政党の樹立方針が明確ではないばかりか、伊藤との提携を、自由党員として従来探ってきた自分の責任に言及していないからである。提携失敗の自己反省と、今後への明確な見通しを政治的信念としてはっきり言うべきであった。

政友同志との相談もなく、脱党の単独行動は多くの人々を困惑させた。この行動に驚いた福島県下の有志は、その多くは同調したものの、反発し自由党に残った有力者も何人かいた。福島県政は脱党し東北同盟会をつくり、やがて改進党系の憲政本党に移った河野ら一派が主流となったが、残留した自由党系憲政会の人々によって政友会が組織され、大正期からは併立する二大勢力となる。

河野広中の脱党に同調した福島県の有志は、自由党福島支部から離れ自由倶楽部を設置し、やがて東北各県の有志に呼びかけ大政社を結成すべく活動を開始する。そして同年五月、仙台で藩閥打破、政界刷新を標榜し「東北同盟会」を発足させた。「非藩閥東北同志大会」と称することよりみれば、藩閥元老への批判が主であったらしく、綱領の最初には「藩閥を排除し、責任内閣を実行する事」[34]「政界を刷新し真正公党を樹立する事」を掲げている。そのため政費節減、税法改正、選挙権拡張、議員数の増加、府県郡、市町村制の改正、治水方針の確定、台湾経営策の確定、北海道、沖縄県への参政権付与等を主張していた。

東北同盟会の第二回大会に、祝電を寄せた福島県下の諸団体は第10表のようになっている。この第二回大会は一〇月一〇日に仙台で開かれている。明治三一年三月実施の第五回総選挙において、東北同盟会は第三区で河野広中、白石義郎の二名を当選させたのみであったが、一、二、三、五区で次点者がでており、有権者総数一三一七一人のうち棄権一二七〇票、無効二七票、有効投票一一八七八票のうち六四四二票を獲得した。つまり五四％に達する。他の当選者は進歩党四名で最も多く、所属不明の安部井磐根（第二区）は間もなく進歩党に接近するので、福島県では改進党系進歩党の得票数は七一七四票、得票率は六〇％に達するので、衆議院議員七名全員と次点者は進歩党と東北同盟会によって占められたことになる。両者を合せて得票率はほぼ一〇〇％に達する。正確には双方で一一四％に達し、統計は正確性に欠ける。[35] 明治二七年には全勝をほこった自由党は、全県でわずか数百票に過ぎなかった。劇的な変化である。

このような変化が河野個人のカリスマ性のみではないとすれば、何故に起ったかは、福島県政党史を農村史との関連で考える場合、大問題となる。この点を検討する手がかりを得るため、明治三一年当時の福島県下の農村と地域政治のかかわりをみておこう。

第10表　東北同盟会賛成団体
（明治30年10月）

名　称	郡　町
田村自由倶楽部	
沢山青年会	田村郡
相馬自由倶楽部	
岩瀬自由党	岩瀬郡
白陽会	白河郡
東白川自由党	棚倉町
安積自由党	郡山町
石城自由党	平町
無名館	福島町
守山民会	田村町
岩代南山青年会	
岩代伊南青年会	
長江青年会	
野沢青年会	河沼郡
耶麻自由党	耶麻郡
会津五郡青年連合会	会津
南会津青年会	
真野村同盟会	相馬郡

（注）「東北同盟会記事」東大『明治文庫』

当時、福島県でもっとも政党運動の激しかった地域は東白川郡であったと思われる。この東白川郡の状況を、「町村巡視ニ関スル郡長復命書」[36] にみれば次のようになる。長文をいとわず史料を引用すれば、

一、政党

本郡ハ政党ノ軋轢甚シク、啻ニ議員選挙ノ競争ニ止マラス、住々親戚朋友ト雖モ、党派ヲ異ニスルモノハ其交ヲ絶ツニ至ル。殊ニ郡制県制ノ施行ニ依リ、県会議員郡会議員ノ複選ト相成タルヨリ、町村会議員ノ選挙ニ一層ノ度ヲ増シ、殆ント競争

ナキ町村ナキニ至レリ。然リ而シテ本郡内ニ於ケル政党ナルモノハ、町村内有力家ノ相反目スルモノ、名ヲ政党ニ仮リテ以テ他ヲ圧倒セントシ、政党亦之等ヲ利用シテ、以テ党務ヲ張ラントスル状況ナリ。蓋シ之レカ実際ヲ穿テハ用党ニシテ、政党ヲ加味セントスルモノト謂フ可シ、故ニ自由進歩等ノ合同ニシテ新政党ヲ作ルニ会スルモ、本郡ノ如キハ感情的ヨリ、到底合同ノ実ヲ挙クル能ハス、随テ競争ヲ絶ツニ到ラサル可シ。本年五月、町村会議員半数改選ニ際シ、競争ノ為メ各町村トモ各派ノ徒費タル金額ハ、少ナキモ三四拾円、多キハ弐百円余ナリト云フ。参考ノ為メ附記ス。

二、戸口、民力　省略

三、諸税負担

諸税ノ負担ハ前年ニ比シ、凡ソ二割ヲ増ス。其然ル所、此ノモノハ水害ノ為メ県税ヲ増シ、郡制施行ニ依リ町村費ヲ増加セルモ重ナル原因トス。元来、本県ハ他ノ府県ニ比シ負担重シト雖トモ、就中、町村税ニ於テ多シトス。而シテ町村税中比較的戸別割ニ重ク、為メニ貧民ヲシテ納税ニ苦セシムルノ状アリ。蓋シ地価割ハ制限アリテ之ヲ超ユルヲ得ズ。所得納税者、営業者等は僅少ニシテ負担亦タ少ナシ。故ニ其余ハ悉ク戸別ニ賦課スルヲ以テ、戸別割（町村税）一戸平均三円、乃至五円余ノ額ニ上ル。尤モ戸別割ハ貧富ノ等差ヲ設クルト雖モ、平均以上以下ノ賦課額ヲシテ納税者ノ実力ニ照シ監査セル。而シテ平均以上（中略）ニ軽ク、以下ニ重キノ恐アリ。然ルモ容易ニ之ヲ軽減セサルハ、議員ノ利己的感情ヲ脱セサルニ由ルナラン（後略）。

恐らくこの報告は、当時の最大公約数の意見を示すものであろう。他郡では政争、会議とも平穏無事とされる村が多くなり、多少の選挙競争や諸税負担における戸別割の増大と、貧富度の懸隔が指摘されるのみである。むしろ折からの「昨年来諸物価騰貴ノ為メ、細民ハ非常ニ困難ヲ極メ、村税渋滞ノ傾向」[37]を生み、民力上昇のなか、当時の矛盾はこの点に集約されている。郡長復命書が政党も町村会議も平穏と報告する場合、脱政党化による地主的保守的町村政の確立を述べているのが一般的であるが、福島県の当時の状況は、充分に地主的町村体制の確立期とは言い難い段階であったように思われる。

たとえば、この段階の政社についてみれば、前述の如く報告された東白川郡にあって、高野村では、明治二九年三月に高野議会が結成されており、その主意は次のようなものであった。宇内の形成をみれば欧米列強は兵備拡張し、他国を「併呑」することを試み、我国は政党政派の競争に汲々とし将来の大計を誤るときではない。わが郡に進入せんとする政争の弊害から身を守るため高野議会を組織し、将来のため次のような方法を定め、「本村将来ノ安寧幸福ヲ増進(38)」せねばならないという。

まず第一に殖産興業および教育の進歩をはかること。第二に村の平和のため村会議員一二名と定め、一区につき一名を区内で公選し、残り二名は一般村民公選し、確定のうえは村治は議員に一任し、村民これに容喙しないこと。第三に「経費ヲ節減シ、民力ヲ休養スルヲ以テ、村治ノ方針ヲ取ル事」としていた。日清戦争後の対外危機の農村への浸透に際し、地域平和の確立を地域経済、地域文化、地域政治確立のうえに主張しているのであり、それも政費節減、民力休養の初期議会以来の主張を基本としていた。

このような議会を組織した高野村を、郡長復命書にみれば、明治三一年七月現在において、村内全体の状況は、「本村ハ郡内第一ノ貧村ニシテ戸口又少ナシ、且ツ村中有力者ナク民度甚ク劣等ナリ。近来、他ノ煽動ヲ受ケ自由進歩ノ党派ヲナシ、役場派ハ他ヲ抑制セントシ抗争絶ヘス。戸口ハ年々幾分ノ増加ヲ見ルモ、未タ民力ノ伸長ヲ見ス。野蛮ノ体ヲ免カレス(39)」とされている。町村会議の景況も、「村長ノ暴威ニ畏怖シ、抗論ヲ試ミルナリ、且ツ議員皆木偶ノ如ク、其職ニ適スルモノナキ有様」と伝えている。議員選挙は「近来、他ノ煽動ト村長ヲ排斥セントスルノ思念ヨリ、競争心ヲ起シ」非常の競争が行なわれていると指摘されている。村長は旧棚倉藩士で性格に問題ある人物であったという。

地主的保守的体制確立以前の、村治体制の継続を読みとることができよう。このような村々ではまた、増大する地租に対しても抵抗する。明治三一年一二月、第二次山県内閣は自由党系勢力と提携し、地租増徴案を議会で通過させた。地租軽減、民力休養をかかげて戦ってきた自由党の変節＝裏切りを示すものであったが、福島県のような地主体制の確立が遅れた地域では、素直にこれに賛同しづらかったと思われる。中央政党間のかけ引きとして、増徴案に賛成するには福島県の大勢は、それを許す状況になく、地租増徴案反対の進歩党の主張が受け入れやすかったと思われる。

たとえば、安達郡新殿村では「今期帝国議会政府提出増租案ノ件」(40)につき村会が、一二月一六日に招集されている。村長は自由党から進歩党系の憲政本党に所属かえをする安斉新八である。地租増徴反対運動をきめた新殿村では、直ちに二人の運動者を上京させ、衆議院議員選挙有権者を役場に集め、地方の運動法を協議した。一二月二四日には「地租増徴反対及知事不信任ヲ県会ニ於テ議決セラレタツニ付、福島ニテ同志懇親会ノ大会アル筈」(41)とし出席者を決めている。二本松では「非増租運動顚末報告ノ件」(42)、「地租軽減期成同盟ノ件」、「県会報告ノ件」を代議士安部井磐根および前代議士平島松尾の出席のもと、翌年一月四日に開くことになった。運動経費は各村、各大字に割当てられており、地租増徴反対は村々をあげての運動であったことがわかる。

東北同盟会から進歩党系の憲政本党への合流による憲本党による国、県会の独占という福島県の農村的基盤は以上のようなものであった。

6　政友会の成立と憲政本党

福島県における政界変動は、河野とその一派による東北同盟会の設立、その後の憲政本党への合流という大勢のなかで、立憲政友会成立の状況は、全国的動向と異なるものとなった。河野らの自由党脱党を、「憐れにも彼れ自ら彼を葬らんとする晩鐘」[43]とし、河野の伊藤博文との提携失敗を指弾する反対派の残留自由党は、やがて立憲政友会福島支部を結成する。

この間の事情を若干説明しておこう。これより先、隈板内閣の時期、明治三一年八月に実施された第六回総選挙は、自由党系、進歩党系の合同になる憲政党が、一大政党として戦った選挙であり、福島県も例外ではなかった。その意味で、河野広中のいう藩閥に対抗しうる「一大政党」が、この時期に成立したが故に、最初の政党内閣としての隈板内閣が成立したのである。この総選挙における当選者は、福島県では全七名が憲政党所属であった。全国的にみても当選者の内訳けは、憲政党二六〇名に対し非憲政党〔国民協会系、無所属〕は四〇名に過ぎなかった。

しかし、憲政党内閣はわずか四ヵ月間しかもたなかった。結成当初からうっ積していた旧自由党者と旧進歩党系の対立が、人事をめぐって爆発し、くわえて藩閥からの切り崩しにあったためである。中央のこの確執は、従来から選挙をめぐって争ってきた地方党員の間にも根深い感情的しこりを残していた。そのことが再分裂を招き、旧自由党系はそのまま憲政党を名のり、旧進歩党系は憲政本党と名のって併立する。旧自由党系は河野一派が復党せず、対立する憲政本党に合流したため、福島県では明治三二年三月、旧自由党福島支部の再興をめざし、「憲政党福島支部」を創立する。有力者には信夫郡の小笠原貞信、安達郡で伊藤弥、会津若松で日下義雄（元知事）、河沼郡で中島友八、相馬郡の松本孫右衛門らがおり、松本を「福島民報」の主幹としてその機関紙とした。

この間、憲政本党および政府反対派は、山県内閣の提出した地租増徴案に反対し、政府につよく迫ったが、憲政党が内閣と提携して賛成にまわり、ついに地価一〇〇分の三・三の増租案が通過する。長く地租軽減運動を展開してきた農村派の自由党＝憲政党は、自己の最も重要な拠り所を放棄する。しかも藩閥の中心人物伊藤の組織した立憲政友会に合流する。

この間の事情について、「立憲政友会福島県史」は何も触れていない。「河野が伊藤に一杯食わされ（中略）、河野は独り大味噌を着け[44]」、閥族のあなどり難いことを知った筈と説いた残留自由派が、山県内閣で地租増徴案に賛成し、見返りがないままわけ前を「断念」した理由も何も述べていない。閥族の代表者伊藤との提携による立憲政友会の合流について、かっての河野への批判内容そのままを自分達がしながら反省すらない。地租増徴案が全国組織の地租増徴反対同盟や憲政本党のみならず、自派の憲政党内部にさえ反対者が多く、多くの地方支部は言うにおよばず、党の政務調査会で全会一致で増租反対を決議し、代議士総会で反対決議をしながら、何故に妥協せざるを得なかったかも触れていない。自己の変節に対する分析は皆無といってよい。

この立憲政友会の成立は、明治三三年八月二五日である。藩閥の立場から軍国主義を推進する租税増徴をはかる人物に、地租軽減、民力休養、地方自治、地域産業の育成による地域活性化を旗印とする自由党は、本来、対立し敵対すべき立場にあった。この合流は平民主義の己れの立場を捨て、国家主義に転換し、自己のよって立つ農村を裏切ることになった。このような変節の理由は、従来、種々の研究がなされてきた。

変節の最初となった地租増徴案への賛成について、今日における最も一般的な解釈は、①当初、増徴期限を五年間に限っていたこと、②地価修正を同時に実施し、全国的不均衡を是正したこと、③日清戦争前後に政治的進出が顕著であった商工業と、自由党との結びつきが始まったこと、つまり地租増徴の直接の受益者としての彼らの意向が強まったこと、④日清戦後経営の積極財政上、地租増徴が不可避であったこと等があげられている。

ところで右の説明は変節する農村党ともいうべき自由党を主体的にとらえたものではない。財政策ないし政治状況史として解釈したものでしかなく、農村自体からの問題提起や解釈とはなっていないのである。農村史と政党史とのかかわりという本稿の主題からすれば、このような説明が不充分であることはいうまでもない。

この点に論及する前に、福島県政友会の成立事情をみておこう。河野脱党に不満を抱いたのは少壮派の松本孫右衛門、石射文五郎、苅宿仲衛、目黒重真、高岡唯一郎、中目猪三郎らであった。県下、酒造業の代表として自由党系の中心人物星亨に会い、憲政党再興を任されたのは石射文五郎であった。星の「此一言こそ憲政党の再興となり、続いて政友会の命脈になった」[45]という。政府接近に熱心な星の影響下に行動したのである。

明治三二年三月二五日、福島松葉館において憲政党支部創立総会が開かれ、本部より板垣総理、星亨、江原素六の出席のもと、憲政党福島支部規則を定め、役員として常任幹事に苅宿、幹事に石射、中島、鈴木、評議員に西白河は中目、桑名、東白川は佐川、岩瀬は後藤、石城は高岡、佐藤、南会津は児玉、酒井、安達は伊藤弥らを選んでいる。代議員は目黒重真、野沢鶏一、松本孫右衛門、室原重福であった。この組織が基礎になって、立憲政友会が組織されるのは三三年九月である。同党の福島支部創立総会は一一月二五日、福島町福島ホテルで開かれた。出席者二〇〇余名、その役員は、

常任幹事　大河原治一郎

幹事　根本清五郎、松本孫右衛門、苅宿仲衛、唐橋左源次ら七人

事務員　小荒井茂八

明治三五年当時の福島県下における政党の勢力分野は、憲政本党二万五二〇〇人余、政友会一万五一〇〇人余、帝国党二〇〇〇人余、無所属二〇五〇人余であった。明治三三年当時からこの党友を維持していたとすれば、政友会系勢力は少なくないことになる。だが、当時の県会議員の勢力比は自由派憲政党所属議員八人に対し、その他三七人は憲政本党系である。党友勢力が比較的多いにもかかわらず、何故議員が少なかったのか、考察に値する問題である。国会議員にいたっては全員七人が憲政本党であったことは前述した通りである。

そこで農村史と政党史の関連を検討してみよう。増徴案の成立を、かつての通説的位置を占めた地主制の確立が、増徴を可能にしたとする観点を再検討してみる必要があろう。この点を検討するため、福島県下の明治三四年一月当

時の農村状況をみておこう。第11表は同年度の各郡村政治を簡略化し表示したものである。政友会成立直後のものである。

福島県でもっとも政党活動の活発であった東白河郡の場合をみれば、三一年当時と様変わりがきわ立っている。報告は郡会および町村会の双方にわたっており、この郡は「郡会ハ従来党派ニ偏シ、両派互ニ反目シテ一致ヲ欠キタルモ、近来、郡内一般殖産興業ニ傾向シ、就中、一昨三二年六月郡債ヲ起シ、馬匹ノ改良、機業ノ発達ヲ図ラントスル諮問事件ニ、全会一致可決シタルヲ初メトシ、爾来、実業問題ハ勿論、其他ノ議題ト雖モ、和衷協賛ノ実ヲ挙ケ、殆ント党派ナキノ有様[46]」であると報告されている。追記として、「郡参事員一同来訪、小官ニ語リテ曰ク、近時郡民ハ一般実業に傾向セリ、是レ実ニ喜フヘキノ現象ナリト謂フ可シ、吾輩、党派ニ齟齬タル既往ヲ顧レハ、実ニ慙愧ノ至リニ堪ヘス。故ニ、自今政党ノ関係ヲ断チ、郡内ヲ助ケテ専ラ実業ノ発達ヲ計ラントス。近時、政友会等ノ勧誘ヲ受ケルモ、断シテ謝絶シ居レリト。両派異口同音小官ニ約スルカ如ク、又、党人ノ意向ヲ代表スルカ如シ」と報告している。

町村会議員選挙もまた様変わりしたという。「近時、政党熱ハ殆ント冷却シテ、一般ニ実業ニ傾向シ、郡内ニ於テ最モ党派ノ競争激甚ナリシ村々モ、郡衙ヨリ機台ノ払下ヲ為スニ方リ、従来ノ感情ヲ去リ、両派ノ重ナルモノ数名、資本ヲ合同シテ機業ヲ起ス事トナリ、従来、党派ノ為メ吉凶ノ事アルモ互ニ反目シテ往来セス、去二十五年以降、殆ント私交ヲ絶チ居ルモ、本年ノ年賀ニ至リテハ互ニ回礼シテ、旧事ヲ談笑セリト」と報じている。つまり実業熱の高まりが政治的対立を解消したというのである。その結果、町村の行政機関と議政機関との関係も正常化し、「近年政党熱冷却ト共ニ些ノ軋轢ヲ見ス、総テ円滑ニ行ハレツツアリ、却テ盲従的ニ陥ラサラン事ヲ憂フルノ状況」になっているという。

以上の東白河郡の報告は、政党をめぐる極端から極端への変化を報じているが、大勢はこの方向で動いたことに変

第11表　福島県各郡の政況（明治34年）

郡名	郡会概況	町村会選挙	備考
東白川郡	従来両派対立、近来殖産興業ト共ニ和衷協賛「殆ト党派ナキノ有様」	政党熱ハ冷却	政党熱冷却ニ依リ「総テ円滑」
西白川郡	普通事業ニ党派心ナシ、役員選挙ノミ両派大ニ競争	三四ノ町村激戦	概シテ円満「党人擁立ノ村アリ」
石川郡	極メテ平穏	政派影響二三村ノミ	概シテ平穏「多少原按ノ削減」
田村郡	憲本党員最多、殖産、教育、土木ノ拡張希望	従来党派対立、競争激シ	党派対立少ク、行政・議政円満
石城郡	三四年前迄両派対立、現今反目減少	明治31年迄対立、本年冷却	
双葉郡	過半進歩派、円満、役員選挙争アリ	直選法復帰後競争アリ	概ネ円満、予算削減ノ傾向
伊達郡	行政ト議政ノ争イ明治33年３月ヨリ減	概ネ無競争、競争三村ノミ	町村長専擅ノタメ紛擾多イ
安達郡	全体平穏、郡会信用薄シ	各町村トモ競争、再選少ナシ	軋轢ナク平穏
安積郡	郡会、参事会トモ円満	概シテ平穏、競争ハ五六村	概ネ円満
岩瀬郡	郡会、参事会トモ平穏無事	概ネ平穏、競争ハ三村	概ネ円滑
南会津郡	憲本派過半、至極穏当、地方論アリ	憲本派多数、将来競争	円滑、両党対立ハ三村
北会津郡	特ニ円満	三村競争アリ	概シテ円満
耶麻郡	党派競争激シ、最近改善	党派競争ヤヤ沈静化	「行政機関ハ議政機関ニ制セラレ」本分尽セズ
河沼郡	自由派３、４人　他13人進歩派「議事平穏」	党派対立、沈静化予想	四村ハ党派対立

（注）　明治31．37年「郡長召集ニ関スル書類」福島県立文化センター所蔵

わりはない。町村も行政上の事務がようやく整い、町村行政監督の実効が上ったことになっている。県および郡の行政権の監視が行届き、実業による町村の政党的抵抗の弱まりで国家的町村団体、つまり国権に従属する地方団体の確立に向け、大きく前進する時期であったことを確認しているのである。

東白河郡のこのような動向は、多かれ少なかれ他郡でも同様で、隣の西白河郡の場合、「郡会ハ普通ノ事業ニ対シテハ党派心ヲ挾マス、法令ノ範囲内ニ於テ専心議政機関ノ任ヲ全フセンコトヲ期シ（中略）、然レトモ党派ニ関係ア

ル役員選挙ノ如キニ至リテハ、二派（一ハ政友会派、一ハ憲政本党派）ニ分レ、大ニ競争ヲ試ミ、紛擾ヲ醸スルコトナキヲ保セス、是レ一般ノ通弊ナリ」と言われている。

石川郡でも「議政ト行政トノ関係極メテ円滑」とされたが、町村会議員選挙における政党政派の対立は、「多少競争ノ気味」があったに過ぎないという。田村郡は郡会議員三一名全員が憲政本党に所属しており、対立はなく平穏で、理事者との間も円滑とされながら、町村会議員選挙は平穏の村以外で、「政治上ノ党派角立シ、又仮令政治上ノ党派ニヨラサルモ、一種ノ事情ハ選挙ニ就キ自ラ派ヲ為スモノアリ、是策ニ様ノ中ニアル町村亦尠カラサルヲ以テ、競争ヲ為スモノ頗多カラン」とし、壮士の衝突、腕力に訴えあるいは買収が行なわれていることを報告している。

政党政派の対立のほか、「自ラ派ヲ為スモノ」とは、学校設立位置とか基本財産、区有財産問題についてである。たとえば石川郡では政府の進める町村および学校基本財産の蓄積と管理につき、「従来ノ慣行令俄カニ改メ難キモノアリ、然レトモ町村紛議ノ因ハ、重ニ財政ノ紊乱ヨリ生ス」と述べている。従来の自治的慣行に行政的統制がおよんだ場合の紛議発生の事情を述べているのである。区有（部落有）財産の行政的整理が問題となるため、区民の一致した反抗の形態となり、政党政派に無関係の如くみえるが、これらの背景に政党が無関係であることは殆んどない。

東西白河郡や石川、田村郡の場合、町村会レベルで平穏とされながらも、政党政派に無関係とは言い難い、政党主張による争いというより役員のポスト争い上の、政党対立に過ぎないとする西白河郡の報告は、双葉郡などにも同様にみられ、全国的にも同傾向が目立ちはじめる。しかし、福島県にとってそのような矮小化された問題ではなかったことは、町村会議員選挙をみても明らかである。それは直接、政党政派のスローガンを掲げた政争ではないにしても、町村行政事務の合理化や財源処理問題のなかに潜む、自治的慣行を崩す負担転嫁に、本能的に対応しようとしているのである。

もう少し各郡の状況をみておこう。「四十町村中概ネ競争ナク結了致スヘキ見込」の伊達郡でも、村内の分離派と非分離派の対立、村長との対立、山林購入（村有財産設定）をめぐる対立で、「少シク紛擾」しており、党派上の軋轢のない安達郡でも「地方問題」、つまり地域利害の対立が生ずる場合があり、「議場ニ隅々意見ノ衝突ヲ見ル」程度とする安積郡、岩瀬郡は町村内の対立は数ヵ村に過ぎなくなっているという。

南会津郡は「党派ノ如何ヲ問ハス議会ノ形モ亦、大半地方論ノ傾キアリト雖モ、郡会議員、郡参事会員ハ憲本党派過半ヲ占メ居ル有様ニシテ、意見大体一致」したという。町村会議員選挙も憲本派多数ゆえ、改選でも「該派ノ勝利ニ皈スルヤ必アリ、今其原因如何ヲ察スルニ、憲本派ハ資産家多キニ居ルヲ以テ、質朴ナル本郡々民ハ之ニ反抗スルニ於テハ、資金融通上不便不利ナルヲ以テ、大半賛同スル傾キアリ」と報じ、地域の有力実業家への従属を述べつつも、「本年ノ改撰ニ就テハ、過半ハ非常ノ競争」になると予想している。その理由は触れていない。金融構造と競争の相関が問われねばならない筈である。

北会津郡は総体的に平穏とされ、耶麻郡は「党派の競争甚タシ」かった。従来に比較し「双方相一致」する場面が多くなり、町村会での「党派ノ競争ハ消沈静」したものの、いまだ競争が激しかったという。郡会議員一七人中自由派三、四名、その他は憲本党派の河沼郡も、相対的に平穏なれど町村会議員は「或ハ党派ニ依リ、或ハ議員ノ配置上ニ依リ、若クハ候補者ニ依リ、従来各町村トモ競争アラサルコトナク」、これが最近の通弊であるという。だが「改選ハ憲政本党多数ヲ占メ、現在ト大差ナキ見込」と伝えている。

政友会成立期の福島県下は、憲政本党派が圧倒的につよく、県、郡、町村会をつうじ県政を左右していたことが明らかになる。以上の報告が事実だとするならば、地租増徴賛成につぐ立憲政友会への合流という、かっての民党勢力の中心と化した自由党の変節の背景は、農村政治史との関連でみれば次のようにまとめることが出来よう。まず第一に実業問題、つまり産業革命の確立にともなう地域産業の活性化が、政党的対立を消滅させていくという側面である。第二は地方問題の登場、つまり鉄道敷設に代表されるように治水、道路、教育（学校設置）問題をめぐる地域利害の主張が、政党的理念に先行するという側面である。第三に町村巡視報告にみられる行政合理化策が、地域慣行と衝突するという側面、第四はこれと関連して地租、所得税、営業税など主要な財源を中央に吸収されていることによる地方財源の創出が、区有財産の収奪や戸別割の増大として負担転嫁されるという側面である。第五に政党間の争いが議会内の役員ポスト争いとみられるようになった側面である。中央における売官、猟官の風潮が、資本主義確立にともなう金権化体質の誕生と連動し、地方政界へも波及し、悪しき慣行化を生みつつあった点である。

これら諸側面の相関のなかに、地租増徴を許し積極政策を容認する社会的雰囲気が醸成されていくとみられる。それも地域的、府県的特色に応じて展開する。福島県の場合、一挙に立憲政友会の成立、その主導による県政掌握が行なわれなかったところに特色がある。自由党系の立憲政友会、憲政本党をあわせ、地方財政、町村問題がどのように位置づけられ、一方で地域住民の期待にどれ程応えるものであったかが問題となる。

7　町村財政と政党問題

産業革命期における地方財政全般の特質を検討するのはここでの目的ではない。個別福島県の場合につき地方財政を町村政のかかわりで検討しておこう。

当時の課題は、前述巡視報告の如く、「町村紛議ノ因ハ重ニ財政ノ紊乱ヨリ生ス」るもので、政治の基礎は財政と密着する。「紊乱」の内容は事務上の財政諸帳簿の未整理という派生的問題などではなく、すぐれて賦課法、支出法にかかわる本質的な問題であった。それゆえ地租増徴、地方財政、町村税問題は人民負担の三重の課題であり、当時は町村財政が財政全体の矛盾のしわよせ先として、政治問題に登場する時期であった。

政党史との関連で言えば、藩閥と結び立憲政友会を成立させた旧自由党派の積極政策は、財政収入の一応の必要から重税政策に転じ、民党的性格を弱め、かわって地租軽減、地方税緊縮の旗印をかかげるのは憲政本党である。これら両党の町村問題への言及は研究されておらず、町村財政と政党との相関は未開拓の分野といってよい。

前節までの福島県の検討によれば、明治三二、三三、三四年当時は圧倒的に憲政本党が、町村政および郡、県政を牛耳っている時期であった。日本全体の産業革命による資本主義確立期に、福島県的な地方財政がどのように包摂され、政治運動とどのようにかかわったかがここでの課題となる。その際、注意すべきは前述の南会津郡の動向である。県会のみならず郡会、町村会とも憲政本党が独占しており、町村会議員選挙でも当然憲政本党派議員の当選が予測されている。その理由に注意しなければならない。

「憲本派ハ資産家多キニ居ル」ため、資金融通上を掌握し、一般郡民はそのため反抗できず賛成せざるを得ないとされているからである。にも拘わらず、今年度改選の「過半ハ非常ノ競争」とされている点である。地域金融を支配する憲本党員に対し、猛烈な競争をする相手とは誰かという点である。すでに述べたように、敵対すべき旧自由党系は伊藤と手を結び、地租増徴を推進し、農村党としての性格を変えた時であるから、国政、憲政を担う政友会所属議員の変節と、農村党員の乖離という理解が成り立つか否かである。そうならば政友会系代議士、県会議員は全滅せざるを得ない。

他県では政友会は藩閥と手を結びながら伸長する場合が多い。福島県でもこのときはほぼ全滅したものの、次第に盛りかえし、やがて憲政本党勢力を凌駕するようになる。したがって当時の対抗は、中央で変節する議員層を批判的に、また無批判に受容する旧自由党的性格を継続する一派ということになろう。またはこの時期から全国的に形成される社会主義的政党への同調者ということになる。

問題は福島県政を、当時牛耳った憲政本党の性格である。果して政党的主張で一本化された一枚岩を誇る団体であったか否かである。おおよそ改進党系および憲政本党系の議員が、資産家であったことは一般的に知られている。福島県出身衆議院議員や県会議員の報告は一面の妥当性をもつものであった。資産化が多いゆえに逆に政党的団結の弱さをもち、この点で自由党系につねに遅れをとってきたのが、これまでの経過であった。

明治三〇年代初期の福島県憲政本党の性格をみてみよう。河野広中が脱党し、憲政本党に合流する明治三一年、三二年の福島県会は憲政本党系議員が牛耳っており、この時期の大きな問題は山田春三知事の不信任問題であった。三一年一一月開催の通常県会において、憲本党の元和田広治議員より「県民の輿望に反し、増租賛成の勧誘」(47)をしたことを理由に、不信任案が提出され、可決された。東京芝の紅葉館に開いた地租増徴反対同盟会の同志懇親会では、「地租増徴に賛成する代議士に向て、辞職勧告を為す」(48)ことを決めて、政府の増徴案に対抗した。山県内閣はこの運動を抑圧する一方、山県系地方官に対し、増租賛成の宣伝をするよう内命していたので、山県直系の山田知事は露骨な宣伝につとめていたという。県会議員はこれに一致して反対し、不信任の知事提出議案は審議できぬとして返還決議をし、議場出席も拒否した。福島県会では三島通庸知事時代、明治一五年に全議案否決で対決したことはあったが、不信任と審議拒否をしたのはこれが最初であった。

そのため県会開設以来最初の解散となり、三二年三月に選挙が実施されたが、再び民党系議員が大勢を占め、六月臨時県会で再び不信任案を可決した。「立憲政友会福島県史」(49)によれば、再度の不信任案可決は安達郡の伊藤弥の質問を最初とする自由派県議の活躍と記している。しかし彼らの所属する自由派憲政党が、中央においてすでに地租増徴案に賛成し、それが決定されていたことの意味には全く触れられていない。全くナンセンスである。

同年一〇月、再解散をうけて再三県会議員選挙が実施された。知事は去り「大風一過の県会（中略）、極めて平穏」になったという。以上の経過は、中央における地租増徴案通過後も、なお福島県にあっては地租軽減要求の根強いことを示す事件であったことを物語る。明治三三年県会は、「蚕蛆駆除予防建議案」、「支那留学生派遣建議案」が成立する。前者は県下養蚕業の発達を、後者はわが国商工業の発達に応じた清国への、「国土開拓の任に当り、利源を開き交通を便にし、以て商工業の発達を帰途」する先兵たらしめるものであった。資本主義確立にともなう中国進出は、福島県会でも問題であったのである。

明治三四年県会の大問題は、憲本党員国分虎吉ら提出の「林野整理に関する建議」の取扱いであった。これは明治三二年以来すでに三回目の建議であるという。つまり地租増徴案可決に応じ林野払下げ問題が登場したのである。建議の内容によれば、明治八年の地租改正によって福島県の森林原野合計一三〇万町歩、うち四六万町歩が官林に、五六万町歩が民有になった。だが明治一一年の林野改租において官民有区分査定では、民有五六万町歩のうち四〇万町歩を「官有に引上げ」てしまった。それゆえ、県下一三〇万町歩のうち民有はわずか一七万町歩にしか過ぎない。全く「不当の査定」であるという。以来、国有地御料林野の規則により厳しく関係人民の生活を圧迫してきた。前回建議では関係人民への定価払い下げを要請したが、許可がないので更に次の四項を要求するので採可されたいとしている。

①行政裁判を起し林野下戻しを受けたものがあるので、従来の仕方が調査不行届のある証拠である。しかし資力なく行政裁判を起せないものもいるので、申請あり次第配慮されたい。
②地租改正で図面不備を奇貨とし、「国有地を拡張し民有地を縮小」したが、実態を正しく調査してほしい。
③開墾や小屋掛料、生草払下料などを、昨年一挙に増額したため、借地料を払えぬ人民が多数発生した。ゆえに隣地の最低地租より超えないことにされたい。
④森林官吏の不当処置が多いので、人民の権利を守ってほしい。

以上を県会決議とし、議長八島成正名で内務大臣内海忠勝宛に、一一月三〇日に建議した。まったく当然の主張であったが、前建議と比較し相当後退し、遠慮したものになっている。最低の県民生活の維持が、この要請の背景にあったことは言うまでもない。明治三〇年代初頭に、県会の最大問題になった地租増徴反対、林野払下げ問題は福島県憲政本党の主要課題であった。いずれも県民生活の、また地方財政の確立を図るためのものであった。

ところが、これらの要求を政府が開き入れた形跡はない。国有林の払い下げによる町村財政および町村民の経営拡大を保証する筈であったこの要求も、天皇資産の形成と国有財産創出の国家意図のまえに、無駄な努力でしかなかったようである。いきおい地租増徴反対と林野払い下げに期待する県民の望みを托された憲政本党も、地方金融支配に反発も買うあい矛盾した二面性をもつに至った。旧吏党系の国民派の同調も保守化として嫌われた憲本党は、民党的性格に期待されつつも、やがて小地主成立にともなう政友会勢力の伸長を許すことになる。

当時の地方財政の矛盾は、すでに第四節でも指摘したように、福島県は他県に比較し町村税負担が重く、所得税、営業税の軽さが戸別割に矛盾を集中させ、貧民の負担を重くしていた。戸別割が政治問題化するのは大正期であるが、それまで地主制のもと地方財政の矛盾は貧民に転嫁され、そのうえで地方政治も推移する。明治三〇年代の地方政治と政党問題は、憲政本党に代弁される民党的性格への期待を秘めつつ、その有産者的性格への反発を利用する、かっての民党、つまり変節しつつ政府に接近を始めた政友会への支持も、同時に始った時であった。鉄道敷設による地域利害の競争も、政党展開の基礎におかれ、利害誘導政治が開始される。

明治三四年「町村巡視復命ニ関スル書類」(50)によれば、当時は赤痢発生にともなう町村財政難が指摘されている村々が多い。その結果、「多額ノ負担ハ到底細民ノ堪エル所ニアラス」という。当時、増大しつつあった町村財政は「常ニ財源ヲ土地所有者ニ求メス、戸別割ニノミ重キヲ置クヲ以テ、財政ノ料理困難ヲ来」たしていた。それゆえ町村税滞納も増大する。

このような村の一つ、田村郡御館村では旧自由派、旧国民派の二派に分かれての党争を調整しようとし、三二年一〇月「平和契約書」を郡長指導のもとで作成され、村内政争が沈静化していたが、三四年以降も遵守されている。その契約書は村会議員の大字別選出法、定数、政派別、村吏員の両派交代制、郡会議員の交代制などである。田村全郡から離れる傾向を示す時であったと思われる。政争当事者の直接的対応がみられない。政党が町村財政や貧民問題が「財政ノ整理ハ大ニ困難」を来していた当時、

8　結びにかえて

産業革命期の地方政治を、政党史と財政との関連で明らかにしようとする本稿は、初期議会期以降の地域動向の推移のなかでその特質を探っている。福島県では大同団結運動以来の政党運動は継続的に展開され、自由民権運動末期に運動の退潮とともに、逆に伸長した吏党系勢力を凌駕し、再び自由党系勢力の全盛期を迎えていた。町村制実施後の県下農村は、行政機関が議政機関に従属する場合が多く、政費節減要求とともに初期議会期の民党運動に連る前提が村のなかに形成されつつあった。町村会議員選挙は政党対立がもちこまれ、政費節減と民力休養とは自由党系勢力の町村的基盤として主張され、地方自治確立のための政治要求ともなっていた。

この状況は明治二三年一一月に開設の、初期議会以降も、基本的にかわっていない。福島県の政党運動は、この時期自由党全盛期ではあったが、その自由党が第六議会を契機に政府に接近し、明治三一年の地租増徴案の賛成、三三年の立憲政友会への合流を経、吏党的性格を強める。この間、彼らが捨て去った地租軽減、民力休養の民党的旗印は、河野広中中心の東北同盟会と、彼らが合流した憲政本党に継承される。福島県はその意味で、明治三〇年代まで民党的性格のつよい政党運動が展開した、数少ない県の一つであった。このような民党運動を支えた農村基盤は、一～三町歩所有の中富農層農民を中核とした、資本主義確立下の農村の変質であった。

この点は町村会議員選挙や町村会の変質、および町村財政の変化と軌を一にしていた。地方財政が膨張し、負担が町村税にしわ寄せされる当時、地主制の形成がすすみ、党派対立を解消させ、国家的行財政の態勢が整備される。日

清戦争頃まで地方自治を主張し、革新性を継続した在地勢力も、三〇年代に入り、選挙競争の大字間対立や学校位置問題、村内役職をめぐる対立に矮小化され、官と民との対立軸はかわって地域間の相互対立へと変化する。福島県は総体として民党的性格をもつ、民党運動が継承してはいたものの、その担当者の憲政本党が、旧吏党系の国民派を合流させて保守化をすすめたことが、有産者的性格とあいまって旧来の農村政党としての政友会の復活に手をかすことになった。地方財政はとくに町村財政が戸別割に矛盾をしわ寄せさせて、滞納を生む状況を構造化しつつも、政党運動がこの矛盾解消に直接のり出した形跡はない。

以上のような意味で、産業革命期の地方政治は確立する天皇制国家のもと、農村構造の変質にともなう政党運動が、いまだ民党的性格を残しつつ変化し、新たな矛盾をかかえる時期であったということができる。

(1) 平島松尾『安達憲政史』(国書刊行会、一九八五年)一八七頁
(2) 「国民之友」第一四号、明治二一年一月二〇日
(3) 拙稿「大同団結運動と条約改正問題」『明治大学人文研究所年報』第一八号
(4) 『岩代町史』三 資料編II 近代現代 九六頁
(5) 『福島市史』一〇 近代資料I 四二七頁
(6) 『本宮町史』七 近現代(一) 三一四頁
(7) 平島松尾『安達憲政史』一四二頁
(8) 福島県主文化センター所蔵『庄司家文書』
(9)、(10) 『西会津町史』第五巻(上)近現代資料 四六九頁
(11) 『福島市史』一〇 近代資料I 四三一頁
(12) 『二本松市史』七 資料編五 近代・現代 二四五頁

(13) 明治二三年「町村制実施後之情況」福島県立文化センター所蔵
(14)『福島県史』四　五九一頁
(15)『本宮町史』七　近現代（1）五六九頁
(16) 明治二五年「福島県下民会状況」（福島県立文化センター所蔵『庄司家文書』）
(17)『佐藤家文書』安達郡本宮町
(18)、(19) 注（16）に同じ
(20)『福島県史』四　近代Ⅰ　五八六頁
(21) 注（16）に同じ。以下同
(22) 明治二五年「内務省上申報告書」（福島県立文化センター所蔵『庄司家文書』）以下同
(23)、(24) 平島松尾『安達憲政史』四三四、四三五頁
(25) 明治二八年「自由党福島支部収支予算」本宮町仲町『伊藤家文書』
(26)『福島県史』四　近代Ⅰ　六二五頁
(27) 右同　六三〇頁
(28)『桑折町史』七　近代史料　二九五頁。以下同
(29)『保原町史』第三巻　資料（近代現代）二一頁
(30)『福島県山都町史資料集』第七集　近現代文書Ⅰ　三四二頁。以下同
(31)『西会津町史』第五巻　近現代資料　四八二頁
(32)『河野磐州伝』下巻　三八八頁
(33) 右同　四五三頁
(34)『福島県史』四　近代Ⅰ　六四七頁
(35) 右同　六五〇頁記述も不正確
(36) 明治三一年「町村巡視ニ関スル郡長復命書」県立文化センター所蔵

(37) 右同
(38) 『棚倉町史』六五巻　四六五頁
(39) 右同
(40) 『岩代町史』三　資料編II　近代・現代二三〇頁
(41) 右同　二三一頁
(42) 注（40）に同じ
(43)、(44)『立憲政友会福島県史』六四六頁
(45) 右同　四二頁
(46) 「自明治三十一年至三十七年二月　郡長召集ニ関スル書類」県立文化センター所蔵、以下引用史料も同じ
(47) 「立憲政友会福島県史」（同編纂会、一九二九年）二三四頁
(48) 右同　二三五頁
(49) 右同　二四〇頁
(50) 福島県立文化センター歴史資料館『行政文書』以下同

あとがき

政党成立史の社会経済史的分析を意図する本書は、農村社会の変質と、それにかかわる地租、地方財政との相関で検討することは前述した。それゆえ直接的な政党組織過程の分析ではなく、政党基盤の政社消長史を対象とする成立過程の基礎的研究とも云うべきものである。これが「序説」とした所以である。

右の視点から、政党成立期を日本資本主義確立期に求め、この間の農村経済の動向を探ったものが序章である。時期的には特に明治前半期を対象に、資本主義の原始的蓄積の特質を課題とし、農民層分解の質を問うている。当該期は明治国家確立期でもあり、地租と地方税の創出が、地域の殖産興業との対応で農民層のあり方を規定した。国家財政創出に加え外圧とも関連し、順調なブルジョア的分解は、日本的壊滅化した地主小作分解をともないつつ推移することを主張した。

明治史の基調をなすこのような動向のなかで、農民の政治的成長の特色を検討したのが第一章である。政社形成の原点を探るこの章は、明治五年から一二年頃を対象に、民権結社の形成過程とし検討する。云うまでもなく、従来の土佐中心の愛国社的潮流を問題としたものではなく、在村的潮流を課題としているのが特徴である。

結社の契機は、社会教育を目的とする学舎、新聞講読会、読書会のほか殖産興業、地租改正の学術結社より政論結社化されているが、総じて文明開化の自治的立場を代弁し、地方民会成長の基盤となったことを明らかにした。いずれも地域からする富国化の実現の場を政社や民会に求めたものであった。この動向のなかから、当時の主要課題たる地租改正をめぐり、農民的地価算定の要求から租税共議思想による国会開設要求が展開する。

「民意調達」せざるを得ない地方官の立場を逆手にとり、地方民会開設を要求し、地租改正の公正化を図ろうとする動きが全国で起る。この民会の質を問題にしたのが第二章である。

福島県の民会と地租改正の事例であるが、この県は他県と異なり殖産興業、区画改正、学資金などの審議はなく、専ら地租改正の手順が町村会―区会―県会の重層化のなかで審議された。区戸長主導のため一定の民意調達を可能にしつつも、上意下達機関化し、民会と称しながら政府意図の貫徹を許すことになった。その結果、旧租継承のため地租軽減要求が政治運動として展開されることになる。

このような全国的動向から、立志社は明治一〇年六月、地租軽減、国会開設、条約改正の運動目標を用意したが、このほかにも在来産業の育成、地方自治等は主要な民権運動の目標となった。自由民権運動の一事例を、栃木県で検討したものが第三章である。

栃木県の民権運動の中心にいたのは、民会議員として地租改正を主導し、土佐へ板垣退助を訪れた田中正造である。彼が組織化に尽力した中節社は、改進党左派の嚶鳴社系の政社であった。下毛団結会から国会開設請願方法をめぐって分裂した中節社(安蘇結合会)は、各村に演説結社をつくり巡回演説会を開き政治的研究を重ねたが、憲法起草運動では、憲法構想の英学校設立を意図し、二院制を主張した。中央と地方との連絡方式をめぐり、双方の共同歩調を主張し、地方的結社の統合をめざす自由党と分立する。中央に重点をおく改進党のなかでは、中節社は最も地方基盤の必要を主張した結社であった。

各地の運動実態をふまえ、全国的な政党の地域構造を検討したのが第四章である。自由、改進、帝政の各政党は創業政党論、施政政党論、準備政党論を各々主張し対抗したが、主義政党化は人権主義の民権派と、政略重視の保守派に分裂する。民権派も地方自治、内治先決論で、国約憲法をめぐる「下等社会」の位置づけで対立する。

明治一五年一一月現在の政党一八三党は、政社の政党名化によるが、大きく自由、改進、帝政の三党の系列下にあった。改良主義的小豪農の自由党に対し、大豪農巨商の改進党という図式も、松方デフレ期を経過して重層化し、都市商業資本による地域豪農の従属化を推進し、地主小作分解が強まる時期の政党構造となった。

一旦、沈静化した政治運動が再燃するのは明治一九年以降である。これより二三年までの大同団結運動期の地域社会の動向を検討したものが第五章、第六章、第七章である。埼玉県の事例を検討した第五章は、大同団結期に起こった三大事件建白、条約改正建白、選挙運動の特質を検討する。資本主義形成にともなう県内の社会的基盤の整備問題、県庁移転、警察費等が政党間の主張に登場する。大同協和会系の基盤となった埼玉県は、保守化しつつある県会や中央の土佐派に反対し、一貫し民意反映を求めた。条約改正建白運動では中止建白が自由党系（大同派）、断行建白が改進党系の主張となったが、これと地租問題をつうじ、自由党系政社が伸張する。

大同団結運動期の全国的諸政社の動向を、条約改正問題との関連で検討したものが第六章である。民権期の三大スローガンのうち国会開設は現実化したため、残りの地租軽減、条約改正が地方自治とともに党派間の問題となる。この時期の政社の系統は、大隈重信の入閣にともない在朝道理派と在野道理派の提携で、「政党依人論」を展開する改進党右派＝報知派と、地方豪農、地主層との提携を図る「政党依主義論」を主張する左派＝毎日派とが、地租軽減を主張する大同派＝自由党系と対立した。

この対立は条約改正による関税増加からする国家財政充実論、それを前提にする地租軽減論に後退しがちな改進党に対し、内地雑居から外資導入による地域産業の後退を憂え、一義的に地租軽減論を展開する大同派の立場が背景をなす。大隈条約案で一時的不利をしのんで長期的利益に期待する改進党の断行建白に対し、後者は国権損傷論と地域産業育成論、民力休養論で対抗し、中止建白運動となった。この間、栃木県では大同派の下野倶楽部が進出する。

民権派の掲げた地方自治の主張の内容を分析したものが第七章である。明治二二年四月の町村制実施、同二三年五月府県、郡制公布と地方制度の確立期を迎え、民党系勢力の地方自治論は、いずれも山縣的地方制度の、みせかけの自治性に批判を展開した。知事、郡区長、戸長公選による行政権優位性の排除、地方議会権限の拡張、地方経費の節減、警察権、監獄事務の地方帰属、行政裁判所の設置等が主張されたが、改進党系は「中等社会」擁護の立場から、官民調和の地方制度肯定論となった。公選制、権限拡張、官吏監視権、町村弾劾権が主張されたが、説得性に欠け、町村財源造成問題でも妥協的であった。

自由党系は「下等社会」擁護の立場から、等級選挙制を批判、公民のみならず住民の尊重を説き、行政権偏重と財政負担の重さを批判した。町村財政の貧困を補う山林原野払下げによる町村財産造成を主張したが、改進、自由党系とも政府の先制に押し切られた。

このような主張は政費節減、民力休養の立場からなされており、その主張は初期議会期に公然化する。第八章は埼玉県を事例とする初期議会期の民党運動の分析である。政社は選挙運動の母体化し、輸入候補、官吏、実業家、地元候補をめぐり対立の場ともなった。基本的には地元候補を中心に民党系勢力拡張の政社になった。地租軽減、地価修正、政府予算削減問題をめぐり、地元意志を反映すべく上京運動を展開、土佐派の裏切りに同調した議員のボイコット運動を展開する。選挙干渉に関し、知事、警部長の排斥運動を展開した。

第九章は産業革命期の地域政治を政社との関連で検討する。時期的には、「我国は政府自身の政争にあり、政党自身の党略にあり、然れども国民全体の政治なき」時代へ移行する画期となった。国民生活を基礎とする筈の政党は、「唯地主の代表者」に変化する時期である。福島県を対象とする本章は、自由党系勢力が順調に拡大し、政友会に合流するのではなく、地租増徴問題に反対する改進党系の進歩党、憲政本党が、三〇年代の主流となることを指摘する。増徴賛成の自由党に対し、民党系の代弁を改進党系がするのである。

資本主義確立期に応じ地主制が確立する一方、地主的殖産興業が「政党熱ハ冷却」する。自治を空洞化し、国権重視の地主体制下で、政社は地域利害の代弁から、中央利害の橋渡し的役割へ変質する。金権体質の浸透とあいまって政党の革新性が削がれる時期になった。

以上、政社と政党の性格の変化を指摘した。果たしてこの評価が妥当か否かは、読者に検討していただくしかない。

今後、この成果を基礎に一層の体系化、組織的研究も要請されることと思われる。

本書は現時点までの到達点を確認したものであり、今後への出発点を整理したものでもあるが、本書におさめた論稿の初出を明らかにしておきたい。

序　章　資本主義の形成と農民（石井寛治・海野福寿・中村政則編『近代日本経済史を学ぶ』（上）明治前期　有斐閣　一九七七年）
第一章　民権結社の成立と地方民会論（『大学史紀要』第九号　明治大学　二〇〇五年）
第二章　地租改正と地方民会（田中彰編『近代日本の内と外』吉川弘文館　一九九九年）
第三章　下野中節社と自由民権運動（『駿台史学』第三三号　明治大学　一九七三年）
第四章　自由民権運動と政党構造（『駿台史学』第四二号　明治大学　一九七七年　原題は「自由民権運動と政党構造―政党運動と地域との関連をめぐって―」）
第五章　大同団結運動と地方政情（『駿台史学』第五〇号　明治大学　一九八〇年）
第六章　大同団結運動と条約改正問題（『人文科学研究年報』第一八号　明治大学　一九九六年）
第七章　地方自治論と町村制（『歴史公論』第一一巻一号（通巻一一〇号）　雄山閣　一九八五年）
第八章　初期帝国議会期の民党運動（『駿台史学』第六七号　明治大学　一九八六年）
第九章　産業革命期の地域政治（加藤隆編『産業革命期の政治と経済』東京堂出版　二〇〇六年）

収録を快諾してくださった版元および研究機関にお礼申し上げます。つたない論稿の出版を引き受け下さった日本経済評論社に感謝しお礼も申し上げます。

二〇〇七年四月一五日

渡辺隆喜

［著者紹介］
渡辺隆喜（わたなべ たかき）

1936年 長野県生まれ
経　歴　明治大学文学部教授、明治大学史資料センター所長、文学博士
専　攻　明治維新史、日本近代史
著　書　『明治国家形成と地方自治』吉川弘文館、2001年
　　　　『概論日本歴史』（共編著）吉川弘文館、2000年
　　　　『殖産興業と報徳運動』（共著）東洋経済新報社、1978年
　　　　『近代日本経済史を学ぶ』（共著）有斐閣、1977年
　　　　『大系日本国家史　近代Ⅰ』（共著）東京大学出版会、1976年
　　　　『譜代藩の研究』（共著）八木書店、1972年
現住所　359-0001 埼玉県所沢市下富1043-88 FH35-10

日本政党成立史序説（にほんせいとうせいりつしじょせつ）

2007年4月20日　第1刷発行　定価（本体6800円＋税）

著　者　渡　辺　隆　喜
発行者　栗　原　哲　也

発行所　株式会社　日本経済評論社
〒101-0051 東京都千代田区神田神保町3-2
電話 03-3230-1661　FAX 03-3265-2993
URL : http://www.nikkeihyo.co.jp
印刷・製本　シナノ
装幀　渡辺美知子

乱丁・落丁本はお取り替えいたします　Printed in Japan

ISBN978-4-8188-1937-5 C3021